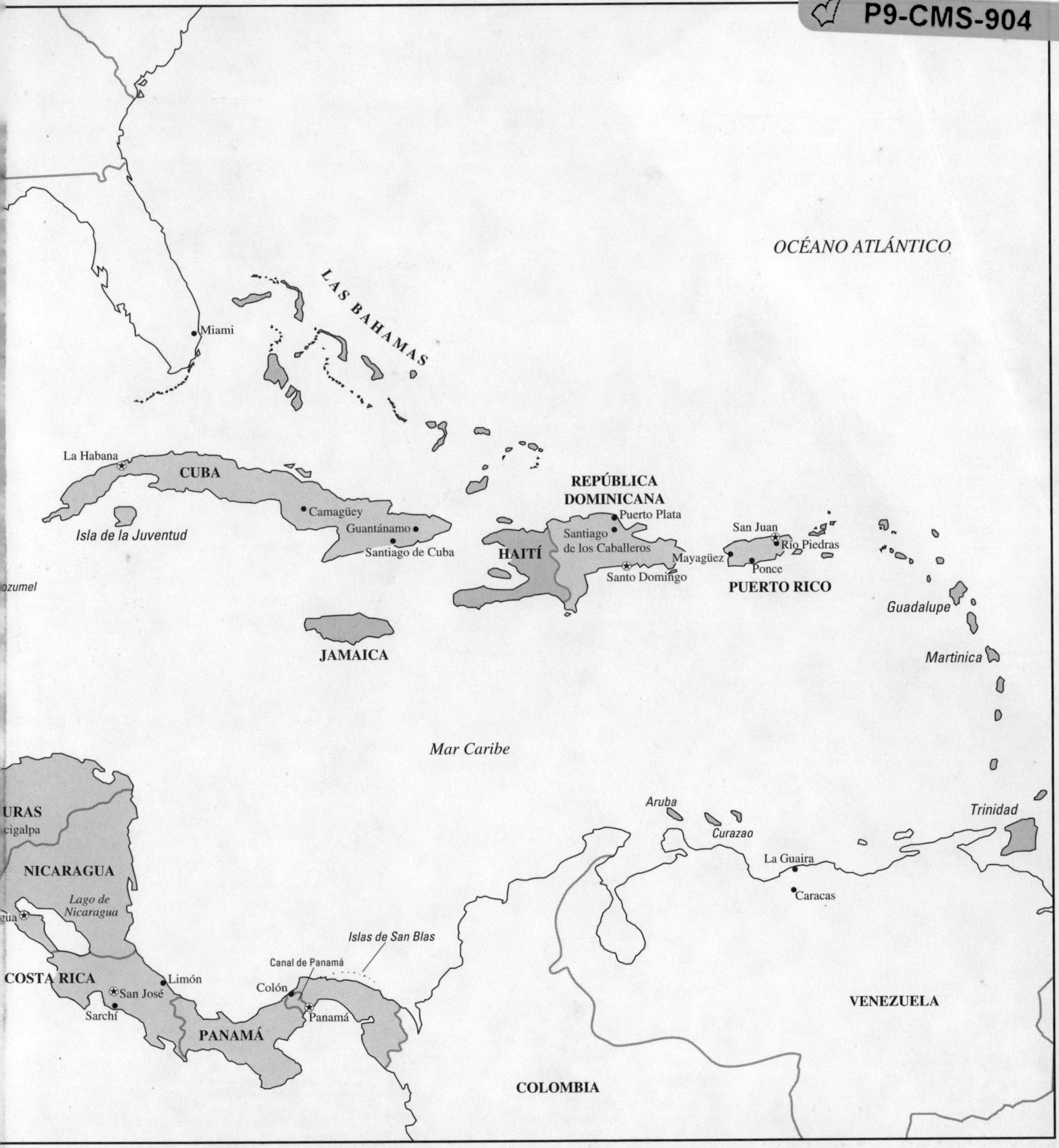
OCÉANO ATLÁNTICO
LAS BAHAMAS
Miami
La Habana
CUBA
Camagüey
Guantánamo
Santiago de Cuba
Isla de la Juventud
HAITÍ
REPÚBLICA DOMINICANA
Puerto Plata
Santiago de los Caballeros
Santo Domingo
San Juan
Río Piedras
Mayagüez
Ponce
PUERTO RICO
Guadalupe
Martinica
JAMAICA
Mar Caribe
Aruba
Curazao
Trinidad
La Guaira
Caracas
VENEZUELA
COLOMBIA
URAS
cigalpa
NICARAGUA
Lago de Nicaragua
gua
Islas de San Blas
Canal de Panamá
COSTA RICA
Limón
San José
Sarchí
Colón
Panamá
PANAMÁ
ozumel

Senior Sponsoring Editor: F. Isabel Campoy Coronado
Senior Development Editor: Sandra Guadano
Project Editor: Judith Ravin
Senior Design/Production Coordinator: Renée Le Verrier
Senior Manufacturing Coordinator: Priscilla Bailey
Marketing Manager: George Kane

Cover photograph by Glenn Kremer
Cover design by Catherine Hawkes

Text Permissions

The authors and editors thank the following persons and publishers for permission to use copyrighted material.

Chapter 7: pages 203–204, "Getting to Know One Another," from *Pair Work Activities for Effective Communication* by Peter Watcyn-Jones (Penguin Books, 1981). Copyright © Peter Watcyn-Jones, 1981, pp. 9–10. Reproduced by permission of Penguin Books, Ltd. **Chapter 8:** pages 220–221, Copyright © 1987 by Houghton Mifflin Company and Librairie Larousse. All rights reserved. Reprinted by permission from *The American Heritage Spanish Dictionary*.

Credits for remaining texts and for photos, illustrations, realia, and simulated realia are found following the index at the back of the book.

Printed in the U.S.A.

Student Text ISBN: 0-395-63836-4

Instructor's Annotated Edition ISBN: 0-395-63989-1

Library of Congress Catalog Card Number: 92-72370

456789-RT-97 96 95

¡Claro que sí!

SECOND EDITION

An Integrated Skills Approach

Lucía Caycedo Garner
University of Wisconsin–Madison

Debbie Rusch
Boston College

Marcela Domínguez
University of California, Los Angeles

Houghton Mifflin Company Boston Toronto
Dallas Geneva, Illinois Palo Alto Princeton, New Jersey

Contents

CAPÍTULO 4

CAPÍTULO 5

CAPÍTULO 6

CAPÍTULO 7

CAPÍTULO 8

CAPÍTULO 9

CAPÍTULO 10

CAPÍTULO 11

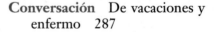

CAPÍTULO 12

CAPÍTULO 13

CAPÍTULO 14

CAPÍTULO 18

REFERENCE SECTION

✵ To the Student

Learning a foreign language means learning skills, not just facts and information. *¡Claro que sí!* is based on the principle that **we learn by doing,** and therefore offers many varied activities designed to develop your skills in listening, speaking, reading, and writing in Spanish. The knowledge of other cultures is also an integral part of learning languages. *¡Claro que sí!* provides an overview of the Spanish-speaking world—its people, places, and customs—so that you can better understand other peoples and their ways of doing things, which may be similar or different from your own.

In order to make the most of *¡Claro que sí!*, read the following description of the different chapter parts and the study tips provided here and at the end of the preliminary chapter.

Chapter Opener

Each chapter opens with a photograph, which helps set the scene for the chapter, and a list of objectives. The objectives describe functions (what you can do with the language, such as greet someone, state your name, etc.) that will be the linguistic and communicative focus for the chapter. It is important that you keep these functions in mind when studying, since they indicate the purpose of the material presented in each chapter.

Story Line

In *¡Claro que sí!* you will get to know a series of characters and follow them through typical events in their lives. This is usually done through listening to a conversation. The conversations serve as a base for learning Spanish and for learning about the Spanish-speaking world. They consist of approximately 80% material that you have already studied and 20% new material, and are accompanied by listening comprehension and speaking activities. In order to develop good listening skills, follow these tips:

- Do not read the conversation before listening to it.
- Visualize the setting of the conversation (a café, a theater, a hotel, etc.) and think of things that may be said in that setting.
- Keep in mind who is speaking and what you know about each of the speakers.
- You will usually hear the conversation twice. The first time you will be asked to listen for global understanding and the second for more specific information. Try to focus on the task at hand.

- It is not important to understand every word in the conversation.
- You may listen to the conversation again in the language lab. All conversations from the textbook are recorded at the end of the corresponding chapter tape.

Lo esencial

The knowledge of vocabulary is essential to learning a language. In *¡Claro que sí!* vocabulary is presented in thematic groups to aid you in the learning process. Vocabulary presentations are followed by activities that give you practice using the new words in a meaningful context.

Hacia la comunicación

Grammar explanations in *¡Claro que sí!* are clear and concise. They are written in English so that you can study them at home. Questions at the beginning or end of many grammar explanations will help you process the information you are studying. The explanations are followed by activities, most of which ask you to interact with classmates using what you have just learned. Remember that knowledge of grammar is the key to communication. Knowing grammar rules is not an end but rather a means to be able to express yourself in another language.

Nuevos horizontes

This section has three goals: to teach you how to read and write effectively in Spanish, and to expand your knowledge of the Hispanic world. Specific techniques are discussed and practiced to develop your reading and writing skills in Spanish. Here are some tips to help you become a more proficient reader and writer in Spanish:

- Focus on the technique being taught.
- Use techniques taught in early chapters while reading selections from later chapters.
- Apply the techniques when you read and write in English.
- Write frequently in Spanish (notes to yourself about what you have to do, a journal with a few short entries each week, etc.).
- When reading, look up only those words that are essential to understanding. List these words on a separate sheet of paper for reference. Do not write translations in the text above the Spanish word.

After the *Nuevos horizontes* section, the sections from the first part of the chapter repeat, but in the following order: *Lo esencial*, story line (usually a conversation), and *Hacia la comunicación*. For easy reference, each chapter ends with a summary of the presented vocabulary that you are expected to know.

Ancillary Components

ACTIVITIES MANUAL: WORKBOOK/LAB MANUAL/VIDEO WORKBOOK

The Workbook provides a variety of practice to help you develop your reading and writing skills. Each chapter in the Workbook is divided as follows:

- Mechanical Practice, Parts I and II.
  Parts I and II are to be done upon completion of the first and second grammar explanation sections, respectively. The exercises give you practice manipulating the grammar topics in isolation.
- Communicative Practice, Parts I and II.
  This section allows you to express yourself in a less controlled way and to practice the functions of the chapter. In order to do this section, you need to use the main grammar points and vocabulary presented in the chapter. *Práctica comunicativa I* should be done after finishing *Hacia la comunicación I*; *Práctica comunicativa II* should be done after studying *Hacia la comunicación II* and before any chapter quizzes or exams.

The Lab Manual develops two very important skills: pronunciation and listening. Each chapter in the Lab Manual contains the following material:

- Pronunciation. An explanation of the sound or sounds to be focused on is followed by practice exercises.
- Listening comprehension. Each chapter contains eight to ten activities based on conversations in different settings, and varied types of ads, announcements, and messages.
- The chapter conversations. Each chapter tape ends with the corresponding conversations from the text.

The recorded activities should be done after studying the second grammar presentation in the text, and before any quizzes or exams.

VIDEO WORKBOOK

The Video Workbook accompanies a series of authentic videos from Radio Televisión Española, a Spanish television network. The videos contain programs about several countries in the Hispanic world and include interviews, commercials, a game show, and segments on music and art. Although the language has not been graded for a beginning student of Spanish, the activities in the Video Workbook help you understand the basic message of the segments without expecting you to comprehend everything you hear. You will be surprised at how much you can understand when you combine your knowledge of language with the visual images provided by video.

COMPUTER STUDY MODULES

The computer software program that accompanies *¡Claro que sí!* provides practice of each chapter's vocabulary and grammar, and also contains reading comprehension activities that will help you become more proficient. The program gives immediate feedback so that you can check your progress in Spanish. You can use the program for extra practice as you study a chapter and for review before quizzes and exams. The Computer Study Modules are available for IBM or IBM-compatible and Macintosh computers.

Acknowledgments

The authors and publisher thank the following people for their reviews of the first edition of *¡Claro que sí!* Their comments and suggestions were invaluable during the development of the revised edition.

Paul Michael Chandler, San Jose State University
Cecilia Colombi, University of California, Davis
Robert L. Davis, University of Oregon
Sally Eyles, Boston College
Barbara H. Firoozye, Western Oregon State College
Roger H. Gilmore, Colorado State University
Trinidad González, California State Polytechnic University, Pomona
Kriss Grandstaff, San Diego Miramar College
Ellen Haynes, University of Colorado, Boulder
Julio Hernández-Miyares, Kingsborough Community College/CUNY
Paula Heusinkveld, Clemson University
Janice Jaffe, Bowdoin College
María Jiménez-Smith, Tarrant County Junior College
Keith Mason, University of Virginia
Juan Cruz Mendizábal, Indiana University of Pennsylvania
Eric Narváez, Normandale Community College
Maricarmen Ohara, Ventura College
Patricia Rush, Ventura College
Sally Thornton, Indiana University of Pennsylvania
Raphael Venegas, Schreiner College
Montserrat Vilarrubla, Illinois State University

We dedicate this book to George and André Garner, Andy Miller, Rufina Rubio-Madison, and Norma and Pete Selly, who gave us inspiration and food for thought.

We are especially grateful to the following people and organizations for their valuable assistance during the development of this project: Grisel Lozano-Garcini for her astute observations and sound suggestions on all aspects of the text; Adán Griego for preparing the index; Louise Neary for updating the Spanish-English vocabulary and index in the second edition; Victoria Junco de Meyer, Olga Tedias Montero, and Almerindo Ojeda for helping assure the linguistic and cultural accuracy of the book; the graduate students and teaching assistants at the University of Wisconsin–Madison and Boston College; the participants of the Spanish for Spanish Teachers course at the University of Wisconsin–Milwaukee, especially Kathy

Solórzano and Jane Spector, and the Center for Latin America at the University of Wisconsin–Milwaukee; Guiomar Borrás-Azpurua for selecting and obtaining permission for realia in the first edition and for contributions to some of the *Nuevos horizontes* sections; Beverly Fuller; Kurt Dorschel; the Monona Grove School District; all our students for their role in testing activities.

¡Hola!
Puerto Rico

CAPÍTULO PRELIMINAR

Chapter Objectives

- Telling your name and where you are from
- Asking others their name and where they are from
- Greeting someone and saying good-by
- Telling the names of many countries and their capitals
- Recognizing a number of classroom expressions, commands, and some Spanish words that are similar to English

Las presentaciones

A: ¿Cómo te llamas?
B: Me llamo Marisa. ¿Y tú?
A: Marta.

A: ¿Cómo se llama usted (Ud.)?
B: Me llamo Tomás Gómez. ¿Y Ud.?
A: Silvio Rivera.

¿LO SABÍAN?

Spanish has two forms of address to reflect different levels of formality. **Usted (Ud.)** is generally used when talking to people whom you would address by their last name (Mrs. Smith, Mr. Jones) or with the words "sir" and "madam." (What would you like, sir?) **Tú** is used when speaking to a young person and to people whom you would call by their first name.

Actividad 1: ¿Cómo te llamas?

Take three minutes to meet as many people in your class as you can by asking their names. Follow the model.

✱ A: ¿Cómo te llamas?
B: Me llamo . . .

Actividad 2: ¿Cómo se llama Ud.?

Choose the name of a president, actor/actress, or famous athlete. Introduce yourself to three other famous personalities in your class. Follow the model.

✱ A: ¿Cómo se llama Ud.?
B: Me llamo . . .

El origen

A: ¿De dónde eres?
B: Soy de Laredo, Texas.
A: Yo soy de Madrid.

A: ¿De dónde es Ud.?
B: Soy de Los Ángeles.
A: Yo soy de Puerto Rico.

Informal = **¿De dónde eres?**

Actividad 3: ¿De dónde eres?

Ask four or five classmates where they are from. Follow the model.

✱ A: ¿De dónde eres?
B: Soy de [Cincinnati, Ohio]. ¿Y tú?

Formal = **¿De dónde es (usted)?**

Spanish requires that punctuation marks be used at the beginning and end of questions and exclamations.

Actividad 4: ¿De dónde es Ud.?

You are a businessman/businesswoman at a cocktail party and you are talking to two other guests. Find out their names and where they are from. Follow the model.

✱ A: ¿Cómo se llama Ud.?
B: . . . ¿Y Ud.?
A: . . . ¿De dónde es?
B: . . .

Los saludos y las despedidas

A: ¡Hola Pedro! ¿Cómo estás?
B: Bien, gracias. ¿Y tú?
A: Bien.

A: Hasta luego, Sra. Ramírez. ¡Buen viaje!
B: Adiós, señorita. Muchas gracias.

Informal = **¿Cómo estás (tú)?** Formal = **¿Cómo está (Ud.)?**

Los saludos *(Greetings)*

Hola. Hi.
Buenos días. Good morning.
Buenas tardes. Good afternoon.
Buenas noches. Good evening.

¿Cómo estás? / **¿Cómo está (Ud.)?** / **¿Qué tal?** *(informal)* — How are you?

¡Muy bien! Very well!
Bien. O.K.
Más o menos. So, so.
Regular. Not bad.
Mal. Lousy. / Awful.

Las despedidas *(Saying Good-by)*

Hasta luego. See you later.
Hasta mañana. See you tomorrow.
Buenas noches. Good night. / Good evening.
Adiós. Good-by.
Chau. / Chao. By. / So long.

¿LO SABÍAN?

Adiós is also used as a greeting when two people pass each other on the street and just want to say "Hi," but have no intention of stopping to chat.

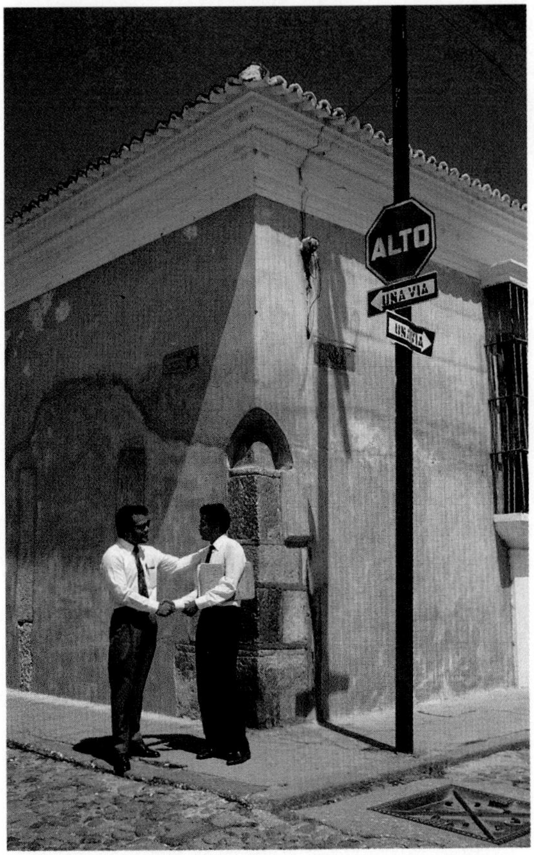

(Left: Antigua, Guatemala) Men often shake hands or sometimes give each other an **abrazo** *(hug)*. In business situations, a handshake is commonly used to greet someone, regardless of sex. (Below: Mexico City) When two women (or a man and a woman) who are friends meet, they often kiss each other on the cheek.

Is the greeting in the activity title formal or informal?

Actividad 5: ¡Hola! ¿Cómo estás?

In pairs, take one of the roles in each of the situations in the drawing (roles A, C, E, and G, or roles B, D, F, and H). Greet each other, ask how you are, and then say good-by.

Actividad 6: En una fiesta

You are at a get-together at your dorm, and you know only some of the guests. Walk around and greet the people you know; introduce yourself to those you don't know. Ask their names and where they are from, and then take leave. Say that you will see them later.

Países y sus capitales

SALIDAS — DEPARTURES			
Iberia	508	MADRID	8:35 a.m.
VIASA	359	CARACAS	8:55 a.m.
AA	622	SAN JUAN	9:25 a.m.

LLEGADAS — ARRIVALS			
Lan Chile	203	SANTIAGO	9:00 a.m.
Aeroperú	270	LIMA	9:50 a.m.
Avianca	875	BOGOTÁ	10:20 a.m.

Países hispanos y sus capitales

Use the maps on the inside covers of your text to learn the names of Hispanic countries and their capitals. Follow the directions of your instructor.

Otros países y sus capitales

Alemania	Berlín
Brasil	Brasilia
Canadá	Ottawa
(los) Estados Unidos	Washington
Francia	París
Inglaterra	Londres
Italia	Roma
Portugal	Lisboa

Actividad 7: Capitales hispanas

In pairs, take three minutes to memorize the capitals of the countries on either the front or back inside cover of your textbook. Your partner will memorize those on the opposite cover. Then turn to the cover that your partner has studied and take turns asking the capitals of all the countries. Follow the model.

✱ A: *(Looking at the back inside cover)* ¿Cuál es la capital de Chile?
B: Santiago.

B: *(Looking at the front inside cover)* ¿Cuál es la capital de Costa Rica?
A: . . .

Actividad 8: Capitales del mundo

Ramiro likes to travel around the world and has visited these capitals: **Bogotá, Ottawa, Montevideo, La Paz, Londres, San José,** and **Tegucigalpa.** In pairs, take turns asking the correct question for each capital he has visited. Follow the model.

✱ A: Bogotá
B: ¿Cuál es la capital de Colombia?

Expresiones para la clase

Learn the following commands **(mandatos)** so that you can react to them when they are used by your instructor.

Mandatos

Abre/Abran el libro en la página . . . Open your book(s) to page . . .
Cierra/Cierren el libro. Close your book(s).
Mira/Miren el ejercicio/la actividad . . . Look at the exercise/the activity . . .
Escucha./Escuchen. Listen.
Escribe./Escriban. Write.
Lee/Lean las instrucciones. Read the instructions.
Saca/Saquen papel/bolígrafo/lápiz. Take out paper/a pen/a pencil.
Repite./Repitan. Repeat.
Siéntate./Siéntense. Sit down.
Levántate./Levántense. Stand up.
[Vicente], pregúntale a [Ana] . . . [Vicente], ask [Ana] . . .
[Ana], contéstale a [Vicente] . . . [Ana], answer [Vicente] . . .
[María], repite la respuesta, por favor. [María], repeat the answer, please.
[María], dile a [Jorge] . . . [María], tell [Jorge] . . .

The following expressions will be useful in the classroom:

¿Cómo se dice . . . en español? How do you say . . . in Spanish?
¿Cómo se escribe . . . ? How do you spell . . . ?
¿Qué quiere decir . . . ? What does . . . mean?
¿En qué página, por favor? What page, please?
No entiendo. / No comprendo. I don't understand.
No sé [la respuesta]. I don't know [the answer].
Más despacio, por favor. More slowly, please.
(Muchas) gracias. Thank you (very much).
De nada. You're welcome.

Actividad 9: Los mandatos

Listen to the commands your instructor gives you and act accordingly.

Actividad 10: ¿Qué dirías tú?

What would you say in the following situations?

1. The instructor is speaking very fast.
2. The instructor asks you a question but you don't know the answer.
3. You do not understand what the word **azafata** means.
4. You do not understand what the instructor is telling you.
5. You did not hear the page number.
6. You want to know how to say *table* in Spanish.

Los cognados

You already know more Spanish than you may think. Many Spanish words, although pronounced differently, are similar in spelling and meaning to English words, for example: **capital** *(capital)*, **instrucciones** *(instructions)*. These words are called cognates **(cognados).** Your ability to recognize them will help you understand Spanish.

Actividad 11: Anuncios

Look at the following newspaper clippings and tell what each is about or what it advertises. Look for cognates to help you.

Actividad 12: ¿Qué entiendes?

The following ad was taken from the yellow pages in San Gabriel, California. Read it quickly, then try to answer the questions.

1. What is this ad advertising?
2. Why is there a picture of a family?
3. Who is Gregory Robins?
4. How many telephone numbers can you call?
5. How many offices are there? Where are they located?
6. Name two services offered.

Other false cognates: **fútbol** *(soccer),* **lectura** *(reading),* **actual** *(current; present).*

¡OJO! *(Watch out!)* There are some words that have similar forms in Spanish and English but have very different meanings. Context will usually help you determine whether the word is a cognate or a false cognate **(cognado falso).** Look at the following examples.

María está muy contenta porque el médico dice que está **embarazada.**	*María is very happy because the doctor says she is* ***pregnant.***
Necesito ir a la **librería** para comprar los libros del semestre.	*I need to go to the* ***bookstore*** *to buy books for the semester.*

ca, co, cu: c is pronounced like *c* in *cat*
ce, ci: c is pronounced like *c* in *center*
ga, go, gu: g is pronounced like *g* in *go* or softer, as in *egg*
ge, gi: g is pronounced like *h* in *hot*
h is always silent

Listen to the tape for each chapter to practice pronunciation.

Pronunciando y deletreando palabras: El alfabeto

A	a	**A**rgentina
B	be, be larga, be grande, be de burro	**B**arcelona
C	ce	**C**entroamérica, **C**anadá
CH	che	**Ch**ile
D	de	Santo **D**omingo
E	e	**E**cuador
F	efe	**F**ilipinas
G	ge	Carta**g**ena, **G**uatemala
H	hache	**H**onduras
I	i	Las **I**slas Canarias
J	jota	San **J**osé
K	ca	**K**ansas
L	ele	**L**ima
LL	elle, doble ele	Marse**ll**a
M	eme	**M**ontevideo
N	ene	**N**icaragua
Ñ	eñe	Espa**ñ**a
O	o	**O**viedo
P	pe	**P**anamá
Q	cu	**Q**uito
R	ere	Pe**r**ú
RR	erre, doble ere	Sie**rr**a Nevada
S	ese	**S**antiago
T	te	**T**oledo
U	u	**U**ruguay
V	uve, ve corta, ve chica, ve de vaca	**V**enezuela
W	doble uve, doble ve, doble u	**W**ashington
X	equis	E**x**tremadura
Y	i griega, ye	**Y**ucatán
Z	zeta	**Z**aragoza

NOTE:

1. The Spanish alphabet has thirty letters. Each letter (except for the **rr**, which never occurs at the beginning of a word) has its own separate entry in dictionaries.

2. The **k** and **w** are usually used with words of foreign origin.

3. All letters are feminine, for example: **las letras son la *a*, la *b*, la *c*,** etc.

Actividad 13: Usen el diccionario

In pairs, see who can locate more quickly the following words in the dictionary at the back of the book: **carro, loco, cara, compañero, chorizo, lluvia, calle.**

Actividad 14: ¿Cómo se escribe . . . ?

Find out the name of two classmates and ask them to spell their last names. Follow the model.

✱ A: ¿Cómo te llamas?
B: Teresa Domínguez Schroeder.
A: ¿Cómo se escribe "Schroeder"?
B: Ese-che-ere-o-e-de-e-ere.

For more information on syllabication and accentuation, see Appendix C.

Acentuando palabras *(Stressing Words)*

In order to pronounce words correctly, you will need to know the stress patterns of Spanish.

1. If a word ends in *n, s,* or a vowel **(vocal),** stress falls on the next-to-last syllable **(penúltima sílaba).**

re**pi**tan **lla**mas **ho**la

2. If a word ends in any consonant **(consonante)** other than *n* or *s*, stress falls on the last syllable **(última sílaba).**

espa**ñol** us**ted** regu**lar**

3. Any exception to rules 1 and 2 has a written accent mark **(acento ortográfico)** on the stressed vowel.

televisi**ó**n tel**é**fono l**á**piz

NOTE: There are two other sets of words that require accents:

1. Question words such as **cómo, de dónde,** and **cuál** always have accents.

2. Certain words change meaning when written with an accent, although pronunciation remains the same: **tú** *(you)*, **tu** *(your);* **él** *(he)*, **el** *(the).*

Actividad 15: Acentos

Indicate the syllable where the stress falls in each word of the following sentences. Listen while your instructor pronounces each sentence.

1. ¿Có-mo es-tá, Se-ñor Pé-rez?
2. La ca-pi-tal de Pe-rú es Li-ma.
3. ¿Có-mo se es-cri-be "Ne-bras-ka"?
4. Re-pi-tan la fra-se.
5. No com-pren-do.
6. Más des-pa-cio, por fa-vor.

Actividad 16: Más acentos

Read the following words, stressing the syllables in bold type. Place a written accent mark over the appropriate vowel when necessary.

1. **ra**pido	5. profe**sor**	9. **Me**xico	13. pi**za**rra
2. Sala**man**ca	6. tele**gra**ma	10. doc**to**ra	14. **can**cer
3. **la**piz	7. ca**fe**	11. **pa**gina	15. Bogo**ta**
4. profe**sion**	8. na**cio**nes	12. universi**dad**	

Vocabulario funcional

LAS PRESENTACIONES *(INTRODUCTIONS)*

¿Cómo te llamas?	*What's your name? (informal)*
¿Cómo se llama (usted)?	*What's your name? (formal)*
Me llamo . . .	*My name is . . .*
¿Y tú/usted?	*And you?*

EL ORIGEN

¿De dónde eres?	*Where are you from? (informal)*
¿De dónde es usted?	*Where are you from? (formal)*
Soy de . . .	*I am from . . .*

LOS SALUDOS Y LAS DESPEDIDAS

See pages 4–5.

EXPRESIONES PARA LA CLASE

See page 8.

PAÍSES HISPANOS Y SUS CAPITALES

¿Cuál es la capital de . . . ? — *What is the capital of . . . ?*

México	México D.F. (Distrito Federal)	América del Norte
Costa Rica	San José	América Central
El Salvador	San Salvador	
Guatemala	Guatemala	
Honduras	Tegucigalpa	
Nicaragua	Managua	
Panamá	Panamá	
Argentina	Buenos Aires	América del Sur
Bolivia	La Paz; Sucre	
Colombia	Bogotá	
Chile	Santiago	
Ecuador	Quito	
Paraguay	Asunción	
Perú	Lima	
Uruguay	Montevideo	
Venezuela	Caracas	
Cuba	La Habana	El Caribe
Puerto Rico	San Juan	
República Dominicana	Santo Domingo	
España	Madrid	Europa

Los protagonistas

These are the main characters you will be reading about throughout *¡Claro que sí!*

1. Teresa Domínguez Schroeder, 22, Puerto Rico
2. Vicente Mendoza Durán, 26, Costa Rica
3. Claudia Dávila Arenas, 21, Colombia
4. Juan Carlos Moreno Arias, 24, Perú
5. Marisel Álvarez Vegas, 19, Venezuela
6. Álvaro Gómez Ortega, 23, España
7. Diana Miller, 25, los Estados Unidos
8. Isabel Ochoa Hermann, 24, Chile
9. Don Alejandro Domínguez Estrada, 55, Puerto Rico

Study Tips

When studying a language, always remember that the goal of language study is communication. Learning a language does not mean memorizing vocabulary lists and studying grammar points. While grammar is the key to communication, knowing grammar rules is not an end, but rather a means that enables you to express yourself in another language. In order to study effectively, always keep in mind the message that you want to convey.

Try to make your studying relevant to you as an individual. Each day ask yourself one question: What concepts can I express today in Spanish that I couldn't yesterday? For example, after studying the Preliminary Chapter you might say, "Now I can greet someone and find out where he/she is from."

¡Claro que sí! is based on the premise that **we learn by doing.** Trying to think in the language, without relying on translation, is the most effective way to learn. Try some of the following techniques to make the most of your study time.

1. Have a positive attitude.

2. Study frequently. It is better to study for a short while every day than to "cram" for an exam. If you learn something quickly, you tend to forget it quickly. If you learn something over time, your retention will improve.

3. Focus on what function is being emphasized. The word *function* refers to what you can do with the language. For example, *saying what you did yesterday* is a function, and in order to perform this function, you need to know how to form the *preterit tense* of verbs. Knowing the function makes it easier to see the purpose for studying a point of grammar.

- Focus on the title of each grammar explanation to understand the function being presented.
- Read examples carefully, keeping in mind the function.
- Create sentences of your own, using the grammar point presented to carry out the function emphasized.

4. Idle time = Study time. Try to spend otherwise nonproductive time studying Spanish. That will mean less "formal" studying and more time for other things. These spontaneous study sessions are a good way to learn quickly and painlessly while retaining a great deal.

- When learning numbers, say your friends' phone numbers in Spanish before dialing them, read license plates off cars, read numbers on houses, say room numbers before entering the rooms, etc.
- When learning descriptive adjectives (i.e., *tall, short, pretty,* etc.), describe people as you walk to class; when watching TV, make up a sentence to describe someone in a commercial; etc.

5. Make personal flash cards that contain no translation. Carry the flash cards with you and go through them as you ride the bus, use an elevator, watch commercials, etc. Once you learn a word, put that card on top of your dresser. At the end of each week, look through the pile of cards and take out any word you may have forgotten and put it in your active file.

The growing pile of cards on your dresser will be a visual reminder of how many words, phrases, and verb conjugations you have learned.

- Draw a picture on one side of the card and write the Spanish equivalent on the other.
- Use brand names that mean something to you: If you use Suave shampoo, write Suave on one side of the card and **champú** on the other.
- Write names of people who remind you of certain words: If you think that Carl Lewis is a fast runner, write Carl Lewis on one side and **rápido** on the other.

6. **Study out loud.** Verbalizing will help you retain more information, as will applying what you are studying to your own life.

- When you wake up in the morning, talk to yourself (in Spanish, of course): "I have to study calculus and I have to go to the bank. I'm going to write a letter today. I like to swim, but I'm going to go to the library."

7. **Write yourself notes in Spanish.** You can write shopping lists in Spanish, messages to your roommate, a "things-to-do list," etc.

8. **Speak to anyone who speaks Spanish.**

9. **Prepare for class each day.** This will cut down on your overall study time. It will also improve your class participation and make class more enjoyable for you.

10. **Participate actively in class.**

Tips for Using the Workbook

1. Do your homework when it is assigned; don't wait until the night before it is due.

2. Study before trying to do the activities.

3. Check your answers with care. Pay attention to punctuation and accents. Write the corrections above your errors in a different color ink.

4. Learn from your mistakes. Write personal notes in the margins to explain or clarify the reason for a correction.

5. Ask your instructor questions to clarify any errors you don't understand.

6. When reviewing for exams, pay specific attention to the notes you made in the margins.

Tips for Using the Tape Program

1. Listen to the pronunciation section when you begin to study each chapter.

2. Do the rest of the lab activities after studying the second grammar explanation in each chapter.

3. Read the directions and the items in each activity in your Lab Manual before listening to the tape.

4. You are not expected to understand every word you hear on the tapes. All you need to be able to do is to comprehend enough information to complete the activities in the Lab Manual.

5. Listen to the tapes as many times as may be needed. Pause and rewind frequently.

6. After correcting your answers in the Lab Manual, listen to the tape again. Having the answers to refer to will help you hear what you may have missed the first time.

Tips for Using the Computer Study Modules

1. Do the Flash exercises while studying each chapter. This can be done every day. These exercises offer mechanical practice and give you immediate feedback on errors.

2. Do the Foundation exercises as you finish each chapter. These exercises will make you use your knowledge of Spanish and will help to improve your reading skills.

3. Before final exams, you may want to redo all the Flash and Foundation exercises for the corresponding chapters, or only specific portions.

CAPÍTULO

1

University campus in Madrid. Students are walking to their department building **(facultad)** *to begin their day.*

Chapter Objectives

- Introducing yourself
- Giving your age
- Telling where you are from
- Telling what you do
- Identifying others and telling their age, origin, and occupation

En el Colegio Mayor Hispanoamericano

Students registering for classes at the Universidad Iberoamericana in Mexico City.

¿Cómo?	What? / What did you say?
No hay de qué.	Don't mention it. / You're welcome.

Teresa has just arrived in Madrid. She has come to Spain to study tourism and to help her uncle at his travel agency. In the following conversation, Teresa is registering at the dorm **(colegio mayor)** where she will be living.

Read the phrases before listening so you know what to listen for.

Actividad 1: ¿Qué escuchas?

While listening to the conversation between Teresa and the receptionist, Andrés Pérez, check only the phrases that you hear.

_____ Buenos días.	_____ Buenas tardes.
_____ ¿Cómo te llamas?	_____ ¿Cómo se llama Ud.?
_____ Sí, soy de Puerto Rico.	_____ Sí, es de Puerto Rico.
_____ ¿Cuál es su dirección?	_____ ¿Cuál es su número de pasaporte?

Is this a formal or informal conversation?

Asking for a repetition

Discussing origin

RECEPCIONISTA	Un momento . . . ¿Sí? Buenos días.
TERESA	Buenos días.
RECEPCIONISTA	¿Cómo se llama Ud.?
TERESA	Soy Teresa Domínguez Schroeder.
RECEPCIONISTA	Domínguez . . . Domínguez . . . ¿Cómo? ¿Cómo es el segundo apellido?
TERESA	Schroeder.
RECEPCIONISTA	¿Cómo se escribe?
TERESA	Ese-che-ere-o-e-de-e-ere.
RECEPCIONISTA	Emmm . . . Domínguez Sánchez, Domínguez Salinas, ¡ah, Domínguez Schroeder! Usted es de Puerto Rico, ¿no?
TERESA	Sí, soy de Puerto Rico.
RECEPCIONISTA	¿Cuál es su número de pasaporte?
TERESA	Cero-dos-tres-uno-cinco-tres-seis-cuatro-cuatro (023153644).
RECEPCIONISTA	Bien, su habitación es la ocho (8), señorita.
TERESA	¿Cómo?
RECEPCIONISTA	La ocho.
TERESA	¡Ah! Muchas gracias, señor. Hasta luego.
RECEPCIONISTA	Adiós. No hay de qué.

Actividad 2: ¿Cierto o falso?

After listening to the conversation, write **C (cierto)** if the statement is true or **F (falso)** if the statement is false.

1. _____ Teresa es de Costa Rica.
2. _____ Ella se llama Teresa Schroeder Domínguez.
3. _____ El número de su habitación es ocho.
4. _____ Teresa está en un hotel.

¿LO SABÍAN?

In Hispanic countries, when students attend a university or college outside their hometown, it is customary for them to stay with relatives who live in that city. When this is not possible, they may live in a dorm **(colegio mayor, residencia)** that is usually independent from the university. Since in some countries dorms are almost nonexistent, it is possible to rent a room in a **pensión,** which is similar to a boarding house. A small number of students rent apartments. What do students in the United States do?

Actividad 3: ¿Cómo te llamas?

Meet three classmates. Introduce yourselves and ask each other where you are from. Follow the model.

✷ A: ¿Cómo te llamas?
B: . . . ¿Y tú?
A: . . .
B: Mucho gusto.
A: Igualmente.
B: ¿De dónde eres?
A: Soy de . . . ¿Y tú?
B: Yo también soy de . . . / Soy de . . .

Actividad 4: ¿Cómo se llama Ud.?

You are Hispanic business people visiting the United States. In pairs, introduce yourselves and ask each other where you are from, following the model. This is a formal conversation.

✷ A: ¿Cómo se llama Ud.?
B: Me llamo . . . ¿Y Ud.?
A: . . .
B: Encantado/a.
A: Igualmente.
B: ¿De dónde es Ud.?
A: De . . . ¿Y Ud.?
B: Soy de . . .

If you don't know, say, **No sé.**

Actividad 5: ¿Cómo se llama?

In pairs, ask each other questions to see how many of the other students' names you can remember. Also, tell where they are from. Follow the model. Note that there are two dialogue possibilities.

✷ A: ¿Cómo se llama?
B: ¿Quién, él?

↙ A: Sí, él.
B: Él se llama . . .

↘ A: No, ella.
B: ¡Ah! Ella se llama . . .

↘↙ A: ¿De dónde es . . . ?
B: Es de . . .

Actividad 6: Conversación

Combine what you have learned so far and greet a classmate that you have not yet met. Find out his/her name and where he/she is from.

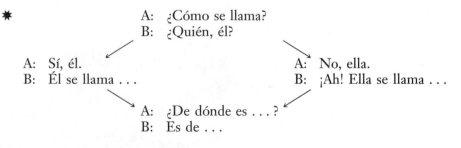

Actividad 7: Tú y él/ella

Write a few sentences introducing yourself and introducing a classmate. State your names and where each of you is from.

Lo esencial I

Los números del uno al cien

To help you remember: All numbers from 16 to 29 that end in **-s** have a written accent.

(0	cero)				
1	uno	11	once	21	veintiuno
2	dos	12	doce	22	veintidós . . .
3	tres	13	trece	30	treinta, treinta y uno . . .
4	cuatro	14	catorce	40	cuarenta, cuarenta y uno . . .
5	cinco	15	quince	50	cincuenta, cincuenta y uno . . .
6	seis	16	dieciséis	60	sesenta, sesenta y uno. . .
7	siete	17	diecisiete	70	setenta, setenta y uno . . .
8	ocho	18	dieciocho	80	ochenta, ochenta y uno . . .
9	nueve	19	diecinueve	90	noventa, noventa y uno . . .
10	diez	20	veinte	100	cien

Actividad 8: Numerológica

Use logic to find the next number in the series.

1. tres, seis, nueve, . . .
2. seis, doce, dieciocho, . . .
3. dos, cuatro, ocho, dieciséis, . . .
4. setenta, sesenta y tres, cincuenta y seis, cuarenta y nueve, . . .
5. cien, noventa, ochenta y uno, setenta y tres, . . .

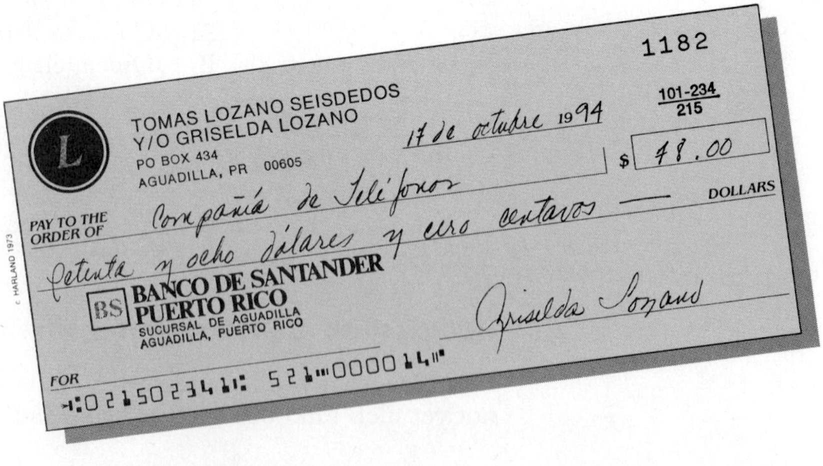

Phone numbers may be from 4 to 7 digits in Hispanic countries, depending on the size of the city or town.

Actividad 9: ¿Cuál es tu número de teléfono?

Mingle with your classmates. Ask and answer the following question.

✱ A: ¿Cuál es tu número de teléfono?
B: Mi número de teléfono es 2-33-65-04 (dos, treinta y tres, sesenta y cinco, cero, cuatro).

Actividad 10: ¡Bingo!

Complete the bingo card using randomly selected numbers in the following manner: Column B (between 1 and 19), Column I (between 20 and 39), Column N (between 40 and 59), Column G (between 60 and 79), and Column O (between 80 and 99). Cross out the numbers as you hear them.

B	I	N	G	O

✱ Hacia la comunicación I

I. Introductions: Subject Pronouns and *Llamarse*

After having used Spanish to communicate with your classmates, answer the following questions to see what you have learned.

Answers to questions are in Appendix B.

- What is the difference between **él se llama** and **ella se llama**?
- How would you tell someone your name?
- What are two ways to ask someone his/her name?
- How would you ask the Dean of Students of your institution his/her name?

To summarize what you have learned, the singular subject pronouns are the following:

Singular Subject Pronouns	
yo	I
tú	you (familiar, singular)
usted (Ud.)	you (formal, singular)
él	he
ella	she

The singular forms of the verb **llamarse** *(to call oneself)* are the following:

llamarse	
yo	**Me llamo** Miguel.
tú	¿Cómo **te llamas**?
Ud.	¿Cómo **se llama** Ud.?
él	¿Cómo **se llama** él?
ella	Ella **se llama** Carmen.

NOTE: Subject pronouns in Spanish are optional and are generally used only for clarification, emphasis, and contrast. In most cases the conjugated verb forms indicate who the subject is. **Usted**, unlike other subject pronouns, is frequently used for politeness.

II. Giving One's Origin: *Ser* + *de*

Answer the following questions based on what you have practiced.

- How would you ask your new roommate where he/she is from?
- How would you ask a professor where he/she is from?
- How would you say where your mother is from? **Mi madre** . . .
- How would you say where your boyfriend/girlfriend is from? **Mi novio/novia** . . .

The singular forms of the verb **ser** + **de** *(to be from)* are the following:

ser de	
yo	**Soy de** Ecuador.
tú	¿**Eres de** Nicaragua?
Ud.	¿**De** dónde **es** Ud.?
él	Él **es de** San Francisco.
ella	Ella **es de** Colorado.

III. Indicating One's Age: *Tener*

One of the uses of the verb **tener** is to indicate one's age. The following are the singular forms of the verb **tener** in the present indicative:

tener	
yo	**Tengo** treinta años.
tú	¿Cuántos años **tienes**?
Ud.	¿Cuántos años **tiene** Ud.?
él	Él **tiene** diecinueve años.
ella	Ella **tiene** veintiún años.*

Do mechanical drills, Workbook, Part I.

*NOTE: The number **veintiuno** loses its final **-o** when followed by a masculine noun. When the **-o** is dropped, an accent is placed over the **-u-**.

Students enjoying a break between classes in Santiago, Chile. How do their clothes compare to what you wear to class?

Actividad 11: ¿Cómo se llama y de dónde es?

In pairs, take turns naming as many of your classmates and their hometowns as you can remember. Follow the model and point at each person you name.

✷ A: Ella se llama María y es de Milwaukee.
B: Él se llama Víctor. No sé de dónde es.

Actividad 12: ¿Cuántos años tienes?

Use the verb **tener** to ask several of your classmates their age. Then look at p. 38 and, in pairs, guess the age of the people in the photographs.

✷ A: ¿Cuántos años tienes?
B: Tengo . . .

A: ¿Cuántos años tiene él?
B: Tiene . . . años.
A: Sí. / No, él tiene . . . años.

¿LO SABÍAN?

In Hispanic countries it is not proper to ask someone, especially a middle-aged or older woman, his/her age. Moreover, age is not commonly given in Hispanic newspaper articles when describing brides and grooms, political candidates, or criminals; neither does it appear in obituaries. Do any of these "rules" apply in the United States?

UNION DE CASTRO CASTAÑEDA Y RODRIGUEZ RODRIGUEZ

Helena De Castro Castañeda y Francisco Rodríguez Rodríguez, se casaron por la religión católica, en la Capilla de Nuestra Señora del Carmen, en Campo Alegre. La encantadora novia fue conducida al altar por su padre, luciendo un bellísimo vestido confeccionado en santug de seda. Cursaron las invitaciones para la boda los padres de ambos contrayentes.

La novia es hija de Eduardo de Castro Benedetti y de Finita Castañeda de Castro, y el novio de Francisco Rodríguez Sobral y de Berta Rodríguez de Rodríguez.

La recepción fue celebrada en la Quinta Campo Claro.

Actividad 13: ¿Qué recuerdas?

In pairs, take turns saying as much as you can about several members of the class. Follow the model.

✷ Ella se llama Elvira, es de Chicago y tiene veintidós años.

Actividad 14: Dos diálogos

In pairs, student "A" covers Column B and student "B" covers Column A. Carry on a conversation with your partner by listening and choosing an appropriate response from each box in your column. There are two conversation possibilities.

A	B
¿Cómo te llamas?	Me llamo Roberto, ¿y tú? Me llamo Laura, ¿y Ud.?
Felipe. ¿Eres de Colombia? Soy el Sr. Mendoza de Colombia.	¡Ah! Yo soy de Colombia también. No, soy de Venezuela.
¡Él es de Venezuela también! ¡Ella es de Colombia también!	¿Cómo se llama él? ¿Cómo se llama ella?
Se llama Ana. Se llama Pepe.	Él es de Caracas, ¿no? ¿Es de la capital ella?
No, es de Maracaibo. Sí, es de Bogotá.	

Actividad 15: En el colegio mayor

Select role **(papel)** A or B and follow the instructions for that role. Do not look at the information given for the role your partner plays. When you finish, role play the second situation.

SITUACIÓN 1: PAPEL A

You are Juan Carlos Moreno Arias and you are registering at a dorm. Give the necessary information to the receptionist when he/she asks you. This is the information you will need:

Juan Carlos Moreno Arias Perú 24 años
Número de pasaporte: 5-66-45-89

PAPEL B

You are the receptionist and you have to ask a new student questions to fill out the registration card on page 28. Remember to show the new student respect by using the **usted** form.

```
Colegio Mayor Hispanoamericano
Nombre    [ ][ ][ ][ ][ ][ ][ ][ ][ ][ ][ ][ ][ ]
Apellidos [ ][ ][ ][ ][ ][ ][ ][ ][ ][ ][ ][ ][ ][ ][ ][ ][ ]
Edad [ ][ ]        País de origen [ ][ ][ ][ ][ ][ ][ ]
Número de pasaporte [ ][ ][ ][ ][ ][ ][ ][ ][ ][ ]
```

SITUACIÓN 2: PAPEL A

You are the receptionist and you have to ask a new student questions to fill out this registration card. Remember to show the new student respect by using the **usted** form.

PAPEL B

You are Isabel Ochoa Hermann and you are registering at a dorm. Give the necessary information to the receptionist when he/she asks you. This is the information you will need:

Isabel Ochoa Hermann Chile 24 años
Número de pasaporte: 8749652-40

✳ Nuevos horizontes

Estrategia de lectura: *Scanning*

In this book, you will learn specific techniques that will help you to become a proficient reader in Spanish. In this chapter, the focus is on a technique called *scanning*. When scanning, you look for specific bits of information as if you were on a search-and-find mission. Your eyes function as radar, ignoring superfluous information and zeroing in on the specific details that you set out to find.

Actividad 16: Completa la ficha

Look at the registration card on page 29 to see what information is requested. Then scan Claudia's application form to the **Colegio Mayor Hispanoamericano** to find the information you need, and fill out Claudia's registration card. Check your answers with a partner.

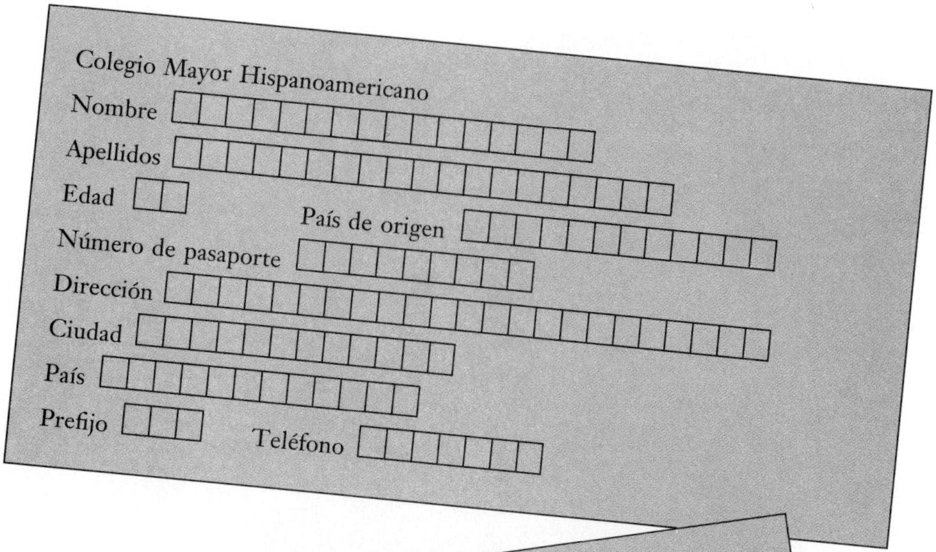
Colegio Mayor Hispanoamericano

Nombre

Apellidos

Edad

País de origen

Número de pasaporte

Dirección

Ciudad

País

Prefijo

Teléfono

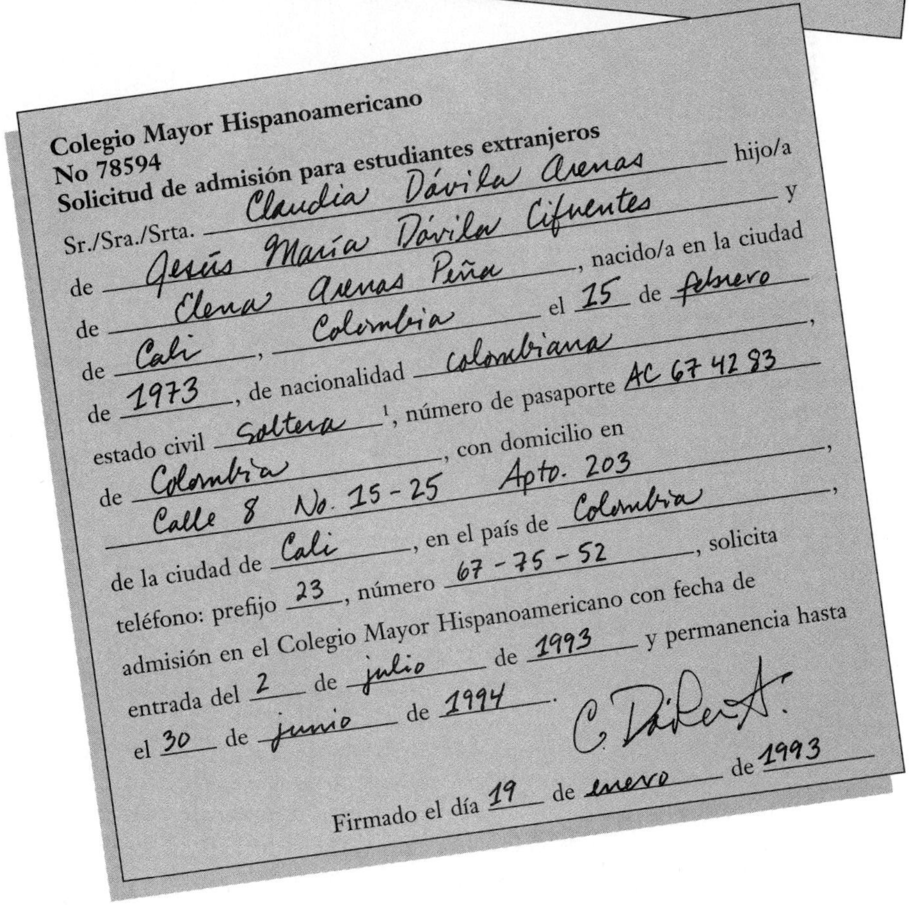
Colegio Mayor Hispanoamericano
No 78594
Solicitud de admisión para estudiantes extranjeros

Sr./Sra./Srta. Claudia Dávila Arenas hijo/a de Jesús María Dávila Cifuentes y de Elena Arenas Peña, nacido/a en la ciudad de Cali, Colombia el 15 de febrero de 1973, de nacionalidad colombiana, estado civil soltera[1], número de pasaporte AC 67 42 83, con domicilio en de Colombia, Calle 8 No. 15-25 Apto. 203, de la ciudad de Cali, en el país de Colombia, solicita teléfono: prefijo 23, número 67-75-52, solicita admisión en el Colegio Mayor Hispanoamericano con fecha de entrada del 2 de julio de 1993 y permanencia hasta el 30 de junio de 1994.

C. Dávila A.

Firmado el día 19 de enero de 1993

1. Single

Lo esencial II

Las ocupaciones

1. actor/actriz
2. atleta
3. dentista
4. estudiante
5. médico (doctor/doctora)
6. economista
7. ingeniero/ingeniera
8. director/directora
9. recepcionista

OTRAS OCUPACIONES

abogado/abogada lawyer
agente de viajes travel agent
ama de casa housewife
camarero/camarera waiter/waitress
dependiente/dependienta store clerk
dueño/dueña de un negocio owner of a business
hombre/mujer de negocios businessman/businesswoman
programador/programadora de computadoras computer programmer
secretario/secretaria secretary

Actividad 17: ¿Qué hace tu familia?

In pairs, role play the parts of Claudia and Vicente. "A" covers Column B and "B" covers Column A. You are meeting each other for the first time. Introduce yourselves and ask questions about each other's families, asking family members' names, where they are from, what they do, etc. Ask questions such as shown in the model.

✱ A: ¿Qué hace tu padre?
B: Mi padre es economista.

A

Los Dávila de Colombia

Claudia—21 años
estudiante

madre—46 años
ama de casa

padre—48 años
médico

B

Los Mendoza de Costa Rica

Vicente—26 años
estudiante

madre—49 años
abogada

padre—57 años
economista

Actividad 18: ¿Qué hace tu padre? ¿Y tu madre?

Interview several classmates and ask them what their parents do.

En la cafetería del colegio mayor

¿Qué hay?	What's up?
¡Oye!	Hey!
entonces	then

After settling in at the dorm, Teresa goes to the snack bar; there she joins her new friend, Marisel Álvarez Vegas, who is from Venezuela. Marisel has lived at the dorm for a while and is telling Teresa who everyone is.

Actividad 19: ¿Quién con quién?

Look at the scene in the snack bar. While listening to the conversation, find out who is talking with whom. Label the drawing. The names of the people are Juan Carlos, Diana, Marisel, Teresa, Álvaro, and Vicente.

TERESA	Hola, Marisel.
MARISEL	¿Qué hay?
TERESA	Oye, ¿quién es ella?
MARISEL	¿La chica? Es Diana.
TERESA	¿Es de España?
MARISEL	No, es de los Estados Unidos.
CAMARERO	¿Qué toman Uds.?
TERESA	Una Coca-Cola.
MARISEL	Yo también.
TERESA	¿Y ellos? ¿Quiénes son?
MARISEL	Se llaman Juan Carlos y Vicente. Juan Carlos es de Perú y Vicente es de Costa Rica.
TERESA	¡Uy! ¡Entonces todos somos de América!
MARISEL	No, el chico que está con Diana es de España, de Córdoba.
TERESA	¿Cómo se llama?
MARISEL	Álvaro Gómez.
TERESA	Todos son estudiantes, ¿no?
MARISEL	Sí y no; son estudiantes, pero Diana también es profesora de inglés.
CAMARERO	Las dos Coca-Colas, 380 pesetas,[1] por favor.
MARISEL	Gracias.
CAMARERO	No hay de qué.

[1]Spanish monetary unit

Negating

Giving information

Expressing amazement

Asking for a confirmation

Actividad 20: Completa la información

As you listen to the conversation again, complete the following chart.

NOMBRE	PAÍS
Diana	________________
________________	Perú
Álvaro	________________
________________	Costa Rica

Actividad 21: Presentaciones

From the people you have met in your class, choose two from the same city or state. Introduce them to your classmates and say where they are from.

Hacia la comunicación II

I. Talking About Yourself and Others

A. Subject Pronouns in the Singular and Plural

Vosotros/as is used only in Spain.

Subject Pronouns

yo	I	**nosotros** / **nosotras**	we
tú	you (informal)	**vosotros** / **vosotras**	you (plural informal)
Ud. (usted)	you (formal)	**Uds. (ustedes)**	you (formal/informal)
él / **ella**	he / she	**ellos** / **ellas**	they

B. Singular and Plural Forms of the Verbs **Llamarse, Ser,** and **Tener**

Note accents on question words.

llamarse

yo	**Me llamo** Ana.	nosotros / nosotras	**Nos llamamos** los Celtics.
tú	¿Cómo **te llamas**?	vosotros / vosotras	¿Cómo **os llamáis**?
Ud.	¿Cómo **se llama** Ud.?	Uds.	¿Cómo **se llaman** Uds.?
él / ella	**Se llama** Vicente. / **Se llama** Diana.	ellos / ellas	**Se llaman** Vicente y Diana. / **Se llaman** Teresa y Marisel.

ser

yo	**Soy** dentista.	nosotros / nosotras	**Somos** de Chile.
tú	¿De dónde **eres**?	vosotros / vosotras	¿De dónde **sois**?
Ud.	¿Quién **es** Ud.?	Uds.	¿Quiénes **son** Uds.?
él / ella	Él **es** Vicente. / Ella **es** Diana.	ellos / ellas	**Son** de Perú.

In this chapter you have seen three uses of the verb **ser**:

1. **Ser** + **de** + *city/country*	to indicate origin
2. **Ser** + *name*	to identify a person **(= llamarse)**
3. **Ser** + *occupation*	to identify what someone does for a living

tener			
yo	**Tengo** 20 años.	nosotros / nosotras	**Tenemos** 20 años.
tú	¿Cuántos años **tienes**?	vosotros / vosotras	¿Cuántos años **tenéis**?
Ud.	Ud. **tiene** 25 años, ¿no?	Uds.	Uds. **tienen** 25 años, ¿no?
él / ella	¿**Tiene** 19 años?	ellos / ellas	¿**Tienen** 19 años?

II. Asking and Giving Information: Question Formation

1. Information questions begin with question words such as **cómo, cuál, cuántos, de dónde, qué,** and **quién/es**. Note the word order in the question and in the response.

¿Question word + verb + subject? →	*Subject + verb.*
¿De dónde es Álvaro?	(Él) es de España.
¿Cómo se llama (ella)?	(Ella) se llama Teresa.

2. Questions that elicit a yes/no response are formed as follows:

¿Es Isabel?	Sí, es Isabel.
¿Es Isabel de Chile? / ¿Es de Chile Isabel?	Sí, Isabel es de Chile.

Another possibility is to add the tag **¿no?** or **¿verdad?** at the end of a statement.

Isabel es de Chile, ¿no? Sí, Isabel es de Chile.

III. Negating

1. Simple negation.

Ellos **no** son de México.
No se llama Marisel.

2. Answering a question with negation.

¿Son ellas de Perú?	**No,** ellas **no** son de Perú. **No,** ellas son de Panamá.

After reading the grammar explanations, answer these questions:

- How many questions can you formulate that would elicit the following responses? (1) **Soy de Quito.** (2) **No, soy de Quito.** (3) **No, no soy de Quito.** There are several possibilities for each.
- How many different responses can you think of for the following question: **¿Son de Guatemala ellos?**

Do mechanical drills, Workbook, Part II.

Actividad 22: ¿De dónde son?

In pairs, say where the following people are from.

1. Julio Iglesias y Seve Ballesteros
2. Sting
3. Steffi Graf y Boris Becker
4. Fernando Valenzuela
5. Gabriela Sabatini y Guillermo Vilas
6. Gabriel García Márquez y Juan Valdés

Gabriela Sabatini

Actividad 23: ¿Toledo o Toledo?

Vicente and Juan Carlos are talking about their friends. Choose the correct responses and practice the conversation with a partner.

VICENTE	JUAN CARLOS
¿Quiénes son ellas?	a. Son Diana y Álvaro. b. Son Diana y Teresa. c. Es Diana.
Teresa es de Suramérica, ¿no?	a. No, no es de Puerto Rico. b. No, es de Puerto Rico. c. No. Él es de Puerto Rico.
Y Diana, ¿también es de Puerto Rico?	a. No, es de Toledo. b. No, no es de España. c. No es de Puerto Rico.
¡Ah! Es de España.	a. No, no es de los Estados Unidos. b. No es de Ohio. c. No, es de Toledo, Ohio.

Actividad 24: Vecinos en el colegio mayor

Assume a Hispanic name. In pairs, talk with other pairs and pretend you are with your roommate, meeting your new neighbors at the dorm. Get to know them by asking questions to elicit the following information: **nombre, origen, edad.**

✷ A: ¡Hola! Somos sus vecinos. Yo me llamo . . .
B: Y yo me llamo . . . ¿Y Uds., cómo se llaman?
C: . . .

Remember: ¿ ... ? and accents on question words.

Actividad 25: Preguntas y respuestas

In three minutes, use the question words you have learned **(cómo, cuál, cuántos, de dónde, qué, quién/es)** to write as many questions as you can about the characters you have met in this chapter (Teresa, Claudia, Juan Carlos, Vicente, Diana, Isabel, Álvaro, and Marisel). Then, in groups of four, quiz each other using the questions you have written.

Actividad 26: ¡Hola! Soy nuevo

In pairs, one of you is a new student who has just transferred into the class. Ask your partner questions to learn about other students. Use questions such as **¿Cómo se llaman ellos? ¿De dónde es él? ¿Quiénes son ellas?**, etc.

Actividad 27: ¡Qué grupo!

Try to combine 2 or 3 ideas in 1 sentence.

Take five minutes to write a brief paragraph identifying a group of people in your class.

Actividad 28: ¿De dónde son estas personas?

Look at the following pictures and try to guess where the people are from.

Vocabulario funcional

EL ORIGEN

¿De dónde es él/ella?	*Where is he/she from?*
ser + de	*to be from*

LAS PERSONAS *(PEOPLE)*

el/la chico/a	*boy/girl*
la madre; la mamá	*mother; mom*
el/la novio/a	*boyfriend/girlfriend*
el padre; el papá	*father; dad*
el señor	*the man*
señor/Sr.	*Mr.*
la señora	*the woman*
señora/Sra.	*Mrs./Ms.*
la señorita	*the young woman*
señorita/Srta.	*Miss/Ms.*

PRONOMBRES PERSONALES *(SUBJECT PRONOUNS)*

See page 34.

LA POSESIÓN

mi	*my*
tu	*your* (*informal*)
su	*his/her/your* (*formal*)

LAS PRESENTACIONES

¿Cómo se llama él/ella?	*What's his/her name?*
Encantado/a. / Mucho gusto.	*Nice to meet you.*
Igualmente.	*Nice to meet you, too. / Same here.*
el nombre (de pila)	*first name*
el primer apellido	*first last name (father's name)*
¿Quién es él/ella?	*Who's he/she?*
el segundo apellido	*second last name (mother's maiden name)*

AGRADECIMIENTOS *(THANKING)*

No hay de qué.	*Don't mention it. / You're welcome.*

LOS NÚMEROS DEL UNO AL CIEN

See page 22.

EXPRESIONES RELACIONADAS CON LOS NÚMEROS

el año	*year*
¿Cuál es tu/su número de . . . ?	*What is your . . . number?*
¿Cuántos años tiene él/ella?	*How old is he/she?*
el pasaporte	*passport*
el teléfono	*telephone*
tener . . . años	*to be . . . years old*

LAS OCUPACIONES

See page 30.

PALABRAS Y EXPRESIONES ÚTILES

la cafetería	*cafeteria/bar/short-order restaurant*
el colegio mayor/la residencia	*dormitory*
¿Cómo?	*What? / What did you say?*
la dirección	*address*
entonces	*then*
no; ¿no?	*no; right? isn't it?*
No sé.	*I don't know.*
¡Oye!	*Hey!*
por favor	*please*
—¿Qué hace él/ella?	*What does he/she do?*
—Es . . .	*He/She is a . . .*
¿Qué hay?	*What's up?*
sí	*yes*
también	*too, also*
todos	*all*
¿verdad?	*right?*
y	*and*

CAPÍTULO 2

A store in a shopping mall in Mexico City. What do they sell in this store?

Chapter Objectives

- Identifying some household objects and their owners
- Discussing your classes
- Talking about likes and dislikes
- Discussing future plans
- Expressing obligation

¡Me gusta mucho!

Claro. **¡Claro que sí!** **Por supuesto.**	Of course.
¿De veras?	Really?

Marisel is studying in her room. Teresa is taking a study break and comes to Marisel's room looking for something to drink and some conversation.

Actividad 1: ¿Qué escuchas?

While listening to the conversation, place a check mark next to the topics that you hear mentioned.

_____ computadoras　　_____ calculadoras
_____ música salsa　　_____ música rock
_____ té　　_____ café

Getting someone's attention

MARISEL　Sí, pasa.
TERESA　Hola. ¿Cómo estás?
MARISEL　Bien. ¿Y tú?
TERESA　Más o menos, tengo que estudiar mucho. ¡Oye! ¿Tienes café?
MARISEL　¡Claro que sí!
TERESA　¡Ah! Tienes computadora.

Expressing preferences

MARISEL	Sí, es una Macintosh.
TERESA	A mí me gusta más la IBM porque es más rápida.
MARISEL	¿De veras?
TERESA	Sí, mi papá tiene una IBM.
MARISEL	Pues a mí me gusta más la Macintosh porque tiene ratón. ¡Oye! ¿Te gusta el café solo o con leche?
TERESA	Solo . . . Mmm. Me gusta mucho. ¡Ah! ¡Qué música tan buena tienes!
MARISEL	Tengo muchos discos de salsa. ¿Te gusta la salsa?
TERESA	Por supuesto. ¿Tienes discos de Rubén Blades?
MARISEL	Claro, y de Juan Luis Guerra, Oscar de León, Wilfrido Vargas . . .

Asking preferences

Actividad 2: Preguntas

Listen to the conversation again, then answer the questions.

1. ¿Qué computadora le gusta a Teresa? ¿Y a Marisel?
2. ¿Tiene computadora Teresa? ¿Y Marisel?
3. ¿Qué significa **ratón** en inglés?
4. ¿Cómo le gusta el café a Teresa, solo o con leche?
5. ¿Quién tiene discos de salsa, Teresa o Marisel?

Actividad 3: ¿Y tú?

In pairs, ask your partner the following questions.

1. ¿Qué computadora te gusta?
2. ¿Tienes computadora? ¿Qué computadora tienes?
3. ¿Tienes discos de salsa?
4. ¿Qué tipos de discos tienes? ¿Rock? ¿Jazz? ¿Música clásica? ¿Música country? ¿Rock ácido?

Actividad 4: ¡Claro!

In pairs, find out whether your partner has the following things. Follow the model.

✷ A: ¿Tienes televisor?
B: ¡Claro! / ¡Por supuesto! / ¡Claro que sí! / No, no tengo.

1. calculadora	3. vídeo	5. guitarra
2. estéreo	4. radio	6. teléfono

Lo esencial I

La habitación de Vicente

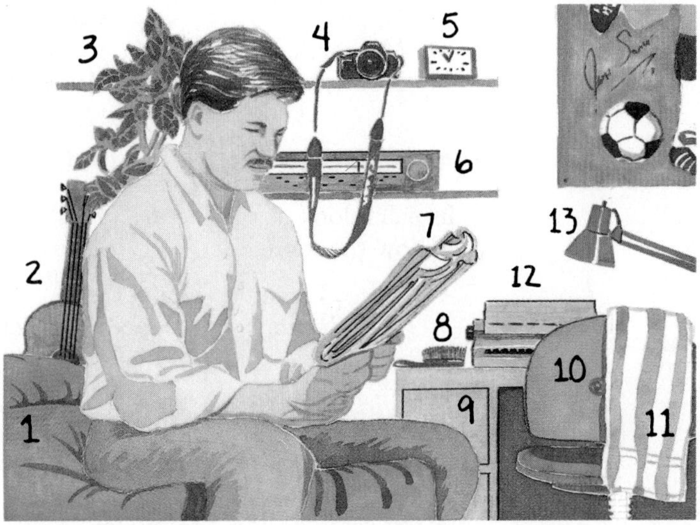

1. cama
2. guitarra
3. plantas
4. cámara
5. reloj
6. estéreo
7. periódico
8. cepillo de pelo
9. escritorio
10. silla
11. toalla
12. máquina de escribir
13. lámpara

To learn vocabulary, think of the word **champú** when you are washing your hair, **jabón** when you wash your hands, etc. Say the words aloud. Remember: idle time = study time.

OTRAS COSAS

el agua de colonia cologne
la calculadora calculator
el cepillo de dientes toothbrush
la cinta/el cassette tape, cassette
la computadora computer
la crema de afeitar shaving cream
el champú shampoo
el diccionario dictionary
el disco; el disco compacto record; compact disc
la grabadora tape recorder
el jabón soap
el kleenex Kleenex, tissue
la máquina de afeitar electric razor
la mesa table
la novela novel
la pasta de dientes toothpaste
el peine comb
el perfume perfume
el/la radio radio
la revista magazine
el sofá sofa, couch
el teléfono telephone
el televisor television set
el vídeo VCR; videocassette

La cinta/el cassette/el casete, la computadora/el computador/el ordenador, and **el vídeo/video** are all accepted in Spanish.

La radio = radio broadcast, radio station. In some countries, **el radio** is used. **El/La radio** = radio (apparatus).

What are some Hispanic products sold in the U.S.?

Actividad 5: Asociaciones

Associate the following brand names with objects.

✷ Prell Prell = champú

1. Panasonic	6. Gillette
2. Colgate	7. Zenith
3. Nikon	8. Chanel Número 5
4. Memorex	9. RCA
5. Norelco	10. Palmolive

Actividad 6: ¿Tiene computadora Vicente?

In pairs, look at the picture of Vicente's room and ask what things he has. Follow the model.

✷ A: ¿Tiene vídeo Vicente?
B: Sí, tiene vídeo. / No, no tiene vídeo.

Actividad 7: ¿Qué tienes en tu habitación?

In pairs, ask your partner what he/she has in his/her room. Make a list of what you have and what your partner has, and be prepared to report back to the class. Follow the model.

✷ A: ¿Tienes estéreo?
B: Sí, tengo estéreo. / No, no tengo estéreo.

¿LO SABÍAN?

There are many words commonly used by Spanish speakers that come directly from English. You have already seen one example: **kleenex**. Other words that fall into this category are **la xerox** *(photocopy),* **el jumbo** *(a jumbo jet or the largest size of a product),* **el hall, el lobby, el pub,** and **el ticket.** Borrowed words are normally masculine in gender. Different Hispanic countries borrow different words from English. Although they may have varying pronunciations, these words are easy to understand for a native speaker of English. English also borrows words from other languages. Some words from Spanish are **barrio, aficionado, patio,** and **taco.** Do you know other Spanish words that are used in English?

Hacia la comunicación I

I. Using Correct Gender and Number

All nouns in Spanish are either masculine or feminine (gender) and singular or plural (number). Nouns referring to males are masculine and those referring to females are feminine. The definite article **(el, la, los, las)** agrees in gender and in number with the noun it modifies.

Nouns have gender in many languages. Even in English we refer to a friend's new car, saying, "She runs really well."

A. Gender

1. Nouns ending in the letters **-l, -o, -n,** or **-r** are usually masculine.

el pape**l**
el cepill**o**
el jabó**n**
el televiso**r**

Common exceptions include **la mano** *(hand)*, **la foto (fotografía),** and **la moto (motocicleta).**

2. Nouns that end in **-e** are usually masculine, but there are high-frequency words that are exceptions: **la tarde, la noche, la clase, la gente, la parte.**

3. Nouns ending in **-a, -ad, -ción,** and **-sión** are usually feminine.

la novel**a**
la universid**ad**
la composi**ción**
la televi**sión**

Common exceptions include **el día** and nouns of Greek origin ending in **-ma, -pa,** and **-ta,** such as **el problema, el programa, el mapa,** and **el planeta.**

El pianista es John. / La pianista es Mary.

4. Most nouns ending in **-e** or **-ista** that refer to people can be masculine or feminine in gender. Context or modifiers such as articles generally help you determine whether the word refers to a male or female.

el estudiant**e**	la estudiant**e**
el pian**ista**	la pian**ista**
el art**ista**	la art**ista**

NOTE: The definite article is used with titles, such as **Sr., Sra., Srta., Dr., profesora,** etc., except when speaking directly to the person:
La Sra. Ramírez es de Santo Domingo.
BUT: **¿De dónde es Ud., Sr. Leyva?**

B. Number: Plural Formation

Singular Definite Article	Plural Definite Article
el	los
la	las

Singular Indefinite Article	Plural Indefinite Article
un	unos
una	unas

1. Nouns ending in a vowel generally add **-s**.

el disco	**los** disco**s**
el presidente	**los** presidente**s**
la revista	**las** revista**s**

2. Nouns ending in a consonant add **-es**.

el profesor	**los** profesor**es**
la mujer	**las** mujer**es**
la ciudad	**las** ciudad**es**
el examen	**los** exámen**es**
la nación	**las** nacion**es**

3. Nouns ending in **-z** change **z** to **c** and add **-es.**

el lápiz	**los** lápi**ces**

II. Expressing Possession

Before studying the grammar explanation, answer the following questions:

- How would you say that you have a radio?
- How would you say that you and your roommate have a television set?
- How would you ask your instructor whether he/she has a stereo?
- How would you say that your friends don't have a VCR?

Note the absence of an article.

1. Tener is not only used to indicate age, but also to show possession, as in **tengo televisor** or **¿tienes discos?**

NOTE: In general, the use of **tener** is similar to English: **Tengo inglés y cálculo. La Macintosh tiene ratón. ¿Tienes problemas?**

tener *(to have)*

Tengo radio.
¿**Tienes** discos de jazz?
Juan Carlos **tiene** dos guitarras.
Nosotros **tenemos** televisor y vídeo.
Vosotros **tenéis** estéreo, ¿no?
Tienen calculadora.

2. The preposition **de** also indicates possession in Spanish:

El estéreo **de** Alfredo

Alfredo*'s* stereo

¿**De** quién es el estéreo?
Las cintas **de** la chica son de Japón.
¿**De** quiénes son las revistas?
Es el televisor **de** la señora Viñals.
BUT: Es el televisor **del** señor Viñals. **(de + el = del)**

Look at the examples to help you answer. See answers in Appendix B.

After studying the grammar explanation, answer the following questions:

- What is the Spanish equivalent of the English *'s*?
- How would you say that the record belongs to Carlos? To Mr. González? To Miss López? To the students?
- How would you ask someone whose towel it is?
- How would you ask someone whose plants they are?

III. Likes and Dislikes: *Gustar*

1. In order to express your likes and dislikes you use the construction **me gusta/n** + *article* + *noun*. The noun that follows the verb **gustar** determines whether the form of the verb is singular or plural.

me gusta/n + *article* + *noun*	
Me gust**a** el libro.	*The book* ***is*** *pleasing to me.* (I like the book.)
Me gust**an** los libros.	*The books* ***are*** *pleasing to me.* (I like the books.)

After having studied the preceding explanation, answer the following question:

- How would you say that you like the following things: **la revista; los periódicos de Nueva York; el vídeo; el estéreo de Carmen**?

2. To talk about the likes and dislikes of others, you need to change only the beginning of the sentence.

(A mí)	me		
(A ti)	te		
(A Ud.) / (A él) / (A ella)	le	+	**gusta** + *singular noun* / **gustan** + *plural noun*
(A nosotros)	nos		
(A vosotros)	os		
(A Uds.) / (A ellos) / (A ellas)	les		

3. The words in parentheses in the preceding chart are optional; they are used for emphasis or clarification. When using **le gusta** or **les gusta,** clarification is especially important because **le** or **les** can refer to several people.

(A él) le gustan los discos de Ana.
(A ellos) les gustan los discos de Ana.
¿**(A ella) le** gusta el café?

NOTE: **A** Miguel **le** gusta el vino.
A la Sra. Ferrer **le** gusta el vino.
BUT: **Al** Sr. Ferrer **le** gusta el vino. **(a + el = al)**

After studying the grammar explanation, answer these questions:

- How would you say that Raúl doesn't like the novel? What would you have to change to say that he doesn't like the novels?
- What are all possible translations for **Le gusta el té**?
- How would you clarify that Tomás, not Elena, likes music?
- How would you say that Mr. Porta likes Coca-Cola and that Mrs. Bert does not?

Do mechanical drills, Workbook, Part I.

Actividad 8: La habitación de Vicente

In pairs, quiz each other by looking at the list of things that Vicente has in his room (p. 43). Follow the model.

✱ A: ¿Tiene vídeo?
B: Sí, tiene. / No, no tiene.

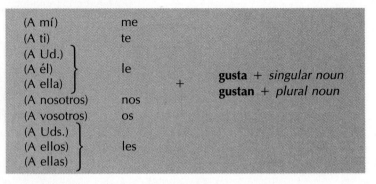

Actividad 9: ¿Qué tienen?

In pairs, write a list of the ten most common items students have in their rooms. Follow the model.

✱ Nosotros tenemos . . .

Check your list for validity by polling other members of your class. Ask questions such as, **¿Tienes radio?** Then, report your findings to your partner.

Actividad 10: Las habitaciones de los estudiantes

In pairs, "A" covers the drawing of Vicente and Juan Carlos's room, and "B" covers the drawing of Marisel and Diana's room. Then, find out what each pair of roommates has in the room by asking your partner questions. Follow the model.

✱ A: ¿Tienen computadora Vicente y Juan Carlos?
B: No, no tienen computadora.

Marisel y Diana

Vicente y Juan Carlos

Actividad 11: Las asignaturas

Mingle with your classmates and find out what classes they have this semester. Some possible subjects are **arte, biología, economía, historia, inglés, literatura, matemáticas,** and **sociología**. Follow the model.

✱ A: ¿Tienes historia?
B: Sí, tengo historia. / No, no tengo historia. / No, pero tengo arte.

Actividad 12: Los artículos del baño

Some of the women at the dorm have left things lying about in the bathroom. In pairs, "A" covers the information in Column B and "B" covers the information in Column A. Ask your partner questions to find out who owns some of the items in the bathroom. Follow the model.

✱ A: ¿De quién es la pasta de dientes?
B: Es de . . .

B: ¿De quiénes son . . . ?
A: Son de . . .

A

jabones – Claudia y Teresa
champú – Marisel
peines – Teresa y Diana
cepillos de dientes – Diana, Marisel, Teresa y Claudia

B

kleenex – Claudia
pasta de dientes – Marisel
toallas – Diana y Teresa
perfume – Marisel

Actividad 13: Los gustos

After studying the verb **gustar,** complete each of the following phrases with an appropriate word.

A mí _____	A ellos _____
A _____ te	A _____ me
A Juan _____	A ____________ les
A la Srta. Gómez _____	_____ Sr. García le
_____ Marta _____	A Uds. _____
A ____________ le	A Marcos y a Ana _____
A nosotros _____	A Marcos y a mí _____

Now complete each of these phrases with the words **gusta** or **gustan.**

____________ la universidad	____________ las plantas
____________ los perfumes de Francia	____________ la pasta de dientes Crest
____________ la clase de español	____________ mi profesor de historia
____________ el jazz	____________ los discos compactos
____________ las novelas de Octavio Paz	____________ los vídeos de Eddie Murphy

When you finish, form sentences by combining a phrase from the first group with one from the second group.

Actividad 14: Tus gustos

In pairs, find out your partner's preferences and jot down his/her answers. Follow the model.

✷ A: ¿Te gusta más Gabriela Sabatini o Steffi Graf?
B: Me gusta más . . .

1. Rubén Blades o Julio Iglesias
2. Nueva York o Los Ángeles
3. Charlie Sheen o Emilio Estévez
4. Andrés Galarraga o José Canseco
5. el béisbol o el basquetbol
6. Oprah Winfrey o Geraldo Rivera
7. MTV o CNN
8. la televisión o la radio
9. el jazz o el rock

Basquetbol/baloncesto/basket(bol) are all used.

Actividad 15: Más gustos

Continue to find out more about your partner's preferences. Follow the model.

✱ A: ¿Te gustan más los Yanquis o los Dodgers?
B: . . .

1. las revistas o los libros
2. las computadoras o las máquinas de escribir
3. las cintas o los discos compactos
4. las novelas de Stephen King o las novelas de Agatha Christie
5. los vídeos de horror o los vídeos de romance
6. los periódicos o las revistas
7. los conciertos de rock o los conciertos de música clásica
8. las fotografías o los vídeos

Actividad 16: Compatibles

Keeping in mind the responses given by your partner in Activities 14 and 15, interview a third person to see whether he/she is compatible with your partner. Be prepared to report back findings to the class. Remember to use definite articles with common nouns. Use sentences such as the following:

✱ Ellos son compatibles porque les gusta la televisión.
Ellos no son compatibles porque a él le gustan las novelas y a ella le gustan las revistas.

¿Qué computadora te gusta más: la IBM, la Macintosh o la Atari?

Actividad 17: Las preferencias

Juan Carlos and Vicente are roommates. Read about their preferences and decide what items belong to whom.

A Juan Carlos le gusta mucho la música y a Vicente le gustan los libros. Entonces, ¿de quién son estas cosas?

Have you read any books by Hemingway or Michener about Hispanic countries?

✷ libro de Hemingway
El libro de Hemingway es de Vicente porque a él le gustan los libros.

1. guitarra
2. diccionario
3. revistas
4. grabadora
5. novelas de James Michener
6. discos compactos y cintas
7. estéreo
8. periódicos

Actividad 18: Descripción

Complete the following paragraph, describing yourself.

Me llamo __________ y soy de __________. Tengo __________ años y me gusta __________; por eso tengo __________ en mi habitación. También me gustan __________, pero no tengo __________.

Redo the preceding paragraph, describing another person in your class. Make all the necessary changes.

✷ Nuevos horizontes

Estrategia de lectura: *Activating Background Knowledge*

We read for many different reasons, but they all fall into two broad categories: pleasure-reading and information-seeking. We employ different reading strategies depending on our purpose and the type of text. When we read, we interact with the text depending on the background knowledge we have on the topic. It is for this reason that two readers might interpret the same text differently. For example, a lawyer and a lay person may not have the same perceptions when reading a legal document.

Before doing the reading in this chapter, you will do two prereading activities that will help you activate your background knowledge by focusing on two topics related to the text: television and music. These two activities will prepare you to obtain a global understanding of the reading selection. It is not important to understand every word; just try to capture the general meaning.

What Spanish songs have been popular in the U.S.?

Actividad 19: La música

Read the following questions, then scan the Top-10 hits list from Argentina to answer them.

¿Cuántos discos son de los Estados Unidos o de Inglaterra? ¿Cuántos son de países hispanos?

Los Top 10 (del 1 al 7 de diciembre de 1991)

1. Dulce salvación (The Cult)
2. Mentiras (EMF)
3. No es hijo mío (Génesis)
4. Guerrero del arco iris (Rata Blanca)
5. The big L (Roxette)
6. La mosca (U2)
7. Más que palabras (Extreme)
8. No llores (Guns n' Roses)
9. Cream (Prince)
10. Mi enfermedad (Fabiana Cantilo)

Name 5 or 6 Hispanic actors and compare your list with that of a classmate.

Actividad 20: La televisión

Scan this portion of a Spanish TV guide to answer the question that follows.

¿Cuáles son los programas de los Estados Unidos?

PROGRAMAS DE TV

MIÉRCOLES
6 de octubre de 1993

18,00 hs

7 **ALF**
Alf tiene que vivir en un garaje porque se porta mal. Willy trata de enseñarle cómo debe comportarse.

13 **EL SHOW DE XUXA**
Programa infantil.

19,00 hs

7 **FÚTBOL: COPA LIBERTADORES**
Final. Boca Juniors vs. River Plate.

9 **McGYVER**
Una amiga tiene problemas. McGyver decide recurrir a la ayuda de su amiga, la bruja haitiana.

13 **MANUELA**
Telenovela.

19,30 hs

11 **¡MÚSICA, MÚSICA, MÚSICA!: "LOS PRINCIPIANTES"**
Musical con David Bowie, Sade. Dir. Julien Temple.

20,00 hs

9 **BUSCANDO DESESPERADAMENTE A SUSAN**
Comedia con Madonna, Rosanna Arquette.

13 **TELEFÉ NOTICIAS**
Noticiero.

A nightclub in Mexico.

Remember to look for cognates to help you understand. At home, analyze the placement of accents in the reading.

Los hispanos y sus gustos

El español es la lengua[1] oficial de veinte países del mundo.[2] En total, hay aproximadamente 350 millones de personas que hablan español, incluyendo[3] unos 24 millones en los Estados Unidos; por eso, la población hispana es un mercado consumidor[4] muy significativo.

A muchos hispanos les gustan muchos tipos de música: la folklórica, la clásica, el rock y el jazz. La música folklórica combina influencias indígenas, africanas y europeas y, por eso, es muy rítmica. La música hispana más popular en los Estados Unidos es la salsa y muchos norteamericanos tienen discos de cantantes como Rubén Blades, Juan Luis Guerra y Oscar de León.

La televisión también es importante en los países hispanos y hay muchos teleadictos. Los hispanos tienen sus propios[5] programas de noticias,[6] de música, comedias y telenovelas, pero también hay muchos programas de los Estados Unidos. Las comedias "M*A*S*H" y "La hora de Cosby" y telenovelas como "La ley de Los Ángeles" y "Beverly Hills 90210: Sensación de vivir" son muy populares, pero tienen una diferencia: ¡Susan Dey no habla inglés, habla español! En algunas ciudades de los Estados Unidos como Nueva York, Miami, Los Ángeles y Chicago, hay canales de televisión en español. Las tres cadenas[7] hispanas de televisión que transmiten en los Estados Unidos son Telemundo, Univisión y Galavisión; también hay más de doscientas emisoras de radio para los hispanos en este país.

[1]language [2]world [3]including [4]**mercado . . .** consumer market [5]own [6]news [7]networks

Actividad 21: Los gustos hispanos

Answer the following questions based on what you have just read. You may need to scan the text for specific information.

1. ¿En cuántos países es el español la lengua oficial?
2. ¿Tenemos programas de televisión en español en los Estados Unidos?
3. ¿Tienen programas de los Estados Unidos en los países hispanos?
4. ¿Dónde hay canales de televisión en español en los Estados Unidos?
5. ¿Cuántas cadenas hay?
6. ¿Tienen Uds. canales de televisión o estaciones de radio en español en su ciudad o estado?
7. ¿Qué significa **teleadicto** en inglés?
8. ¿Te gusta la música hispana?
9. ¿Tienes discos o cintas de música hispana?

Lo esencial II

I. Acciones

1. comer
2. salir
3. beber
4. bailar
5. cantar
6. escuchar música
7. hablar

OTRAS ACCIONES

caminar to walk
comprar to buy
correr to run
escribir to write
esquiar to ski
estudiar to study
leer to read
llevar to carry, take along; to wear
mirar to look (at)
nadar to swim
trabajar to work
visitar to visit

Actividad 22: Asociaciones

Associate the actions in the preceding lists with words that you know. For example: **leer—libro; nadar—Hawai; estudiar—estudiante.**

Actividad 23: ¿Te gusta bailar?

In pairs, use the actions in the preceding lists to find out what activities your partner likes to do. Follow the model.

✷ A: ¿Te gusta bailar?
B: Sí, me gusta bailar. / No, no me gusta bailar.

II. Los días de la semana *(The Days of the Week)*

Days of the week are not capitalized in Spanish.

lunes
martes
miércoles
jueves
viernes
sábado
domingo

EXPRESIONES DE TIEMPO *(TIME EXPRESSIONS)*

esta mañana/tarde/noche this morning/afternoon/evening
el fin de semana weekend
hoy today
el lunes Monday; on Monday
los lunes (los sábados) on Mondays (on Saturdays)
mañana tomorrow
la mañana morning
la semana que viene next week

Actividad 24: El calendario

Look at a calendar for this year and say on what days of the week the following events fall.

✷ el día de San Patricio Es un viernes.

1. tu cumpleaños *(your birthday)*
2. el 4 de julio
3. Navidad *(Christmas)*
4. el día de San Valentín
5. Halloween
6. Año Nuevo *(New Year's Day)*
7. El día de Martin Luther King

Think of other superstitions that are common in the U.S.

¿LO SABÍAN?

In the United States, Friday the 13th evokes feelings of anxiety in some people. In Hispanic countries, bad luck is associated with Tuesday the 13th. That is why the movie *Friday the 13th* was translated into Spanish as ***Martes 13.***

There is a saying in Spanish that refers to Tuesday as being the day of bad luck: **"Martes, ni te cases, ni te embarques, ni de tu casa te apartes."** *(On Tuesdays, don't get married, don't take a trip, and don't leave your home.)*

Planes para una fiesta de bienvenida

Vale is only used in Spain.

No importa.	It doesn't matter.
Vale. / O.K.	O.K.

Marisel has decided to have a welcoming party for her new friend, Teresa. She and Álvaro are now discussing some of the arrangements.

Actividad 25: Cosas para la fiesta

While listening to the conversation, match the following items with the people who are going to take them to the party. Some people are taking more than one item. When you are finished, report to the class using the pattern, **Álvaro va a llevar . . .**

Álvaro	la tortilla de patatas
Vicente	los ingredientes para la sangría
Marisel	la guitarra
Juan Carlos	la grabadora
Claudia	la Coca-Cola
	las papas fritas
	las cintas

MARISEL Bueno, Álvaro, la fiesta es mañana.
ÁLVARO ¿Mañana es sábado?
MARISEL Sí, claro. Tenemos que preparar todo. *(Stating an obligation)*
ÁLVARO Yo voy a llevar la música.
MARISEL ¿Tienes estéreo o grabadora?
ÁLVARO Tengo grabadora y muchas cintas de rock y salsa.
MARISEL ¡Fantástico! Yo tengo guitarra. ¿Y de beber? *(Expressing agreement)*
ÁLVARO ¿Qué te gusta más, la cerveza o el vino? *(Offering an option)*
MARISEL ¿Qué tal una sangría?
ÁLVARO Sí, sí . . . sangría. ¿Quién va a comprar los ingredientes para mañana?
MARISEL Juan Carlos, quizás.
ÁLVARO ¿Moreno?
MARISEL Sí, Juan Carlos Moreno.
ÁLVARO Vale. Y también tenemos que tener Coca-Cola. *(Expressing agreement)*
MARISEL Ah sí, por supuesto. Claudia va a llevar la Coca-Cola y las papas fritas. *(Expressing future actions)*
ÁLVARO Vale. Y Vicente va a llevar la tortilla de patatas.
MARISEL ¡Es tortilla de PAPAS!
ÁLVARO ¡Bueno! Papas o patatas, no importa.

Actividad 26: Preguntas

Listen to the conversation again. Then, in groups of four, answer the following questions based on the conversation and common knowledge.

1. ¿Cómo se dice *potato* en España? ¿Y en Hispanoamérica?
2. ¿Tiene alcohol la sangría?
3. ¿Cuál es el ingrediente principal de la sangría?
4. ¿Cuándo es la fiesta de Marisel y Álvaro? En general, ¿qué día de la semana son las fiestas de Uds.?

Actividad 27: La ópera

What follows is a conversation between Teresa and Vicente about opera. Arrange the lines in logical order, from 1 to 13. The first two have already been done for you. When you finish, read the conversation with a partner.

_____ Me gustan los dos, pero tengo tres cintas de Domingo.
_____ Voy a comprar un disco compacto de ópera.
__1__ ¿Qué hay?
_____ El sábado.
_____ De Plácido Domingo. ¿Te gusta?
_____ Sí, pero a mí me gusta más José Carreras. ¿Y a ti?
__2__ ¡Ah! Vicente. ¿Qué vas a hacer hoy?
_____ Oye, ¿vas a mirar el recital de Monserrat Caballé en la televisión?
_____ No importa, pues yo sí.
_____ ¿De quién?
_____ ¿Cuándo es?
_____ Yo también tengo cintas de Domingo.
_____ No tengo televisor.

¿LO SABÍAN?

Plácido Domingo, Montserrat Caballé, and José Carreras are three world-renowned Spanish opera stars. Plácido Domingo, a tenor, also sings popular music. He has been living in Mexico since 1950. Montserrat Caballé is well known for the purity of her soprano voice. She became popular in the United States after singing in Carnegie Hall in 1965. José Carreras was a rising opera star when he was struck with leukemia. Luckily his illness is in remission after treatment in the United States, and he is appearing once again in theaters throughout the world.

Plácido Domingo, a famous Spanish tenor, as Don José in the opera *Carmen*.

Hacia la comunicación II

I. Expressing Likes and Dislikes: *Gustar*

The verb **gustar** may be followed by infinitives or by nouns with articles.

¿Qué te gusta **hacer**?	*What do you like to do?*
A Juan le gusta **esquiar**.	*Juan likes to ski.*
A Jesús y a Ramón no les gusta **bailar.**	*Jesús and Ramón don't like to dance.*
Al Sr. Moreno le gust**an las cintas** de jazz.	*Mr. Moreno likes jazz tapes.*

You can also use **tener que** to give an excuse.

II. Expressing Obligation: *Tener que*

To express obligation, use a form of the verb **tener** + **que** + *infinitive.*

Tengo que estudi**ar** mañana.	*I have to study tomorrow.*
Tenemos que compr**ar** vino.	*We have to buy wine.*
¿Qué **tienes que** hacer?	*What do you have to do?*
¿Cuándo **tiene que** trabaj**ar** él?	*When does he have to work?*

III. Making Plans: *Ir a*

Before studying the grammar explanation, answer the following question based on the conversation on page 59.

- When Álvaro says, "**¿Quién va a comprar los ingredientes para mañana?,**" is he referring to a past, present, or future action?

To express future plans, use a form of the verb **ir** + **a** + *infinitive.*

ir *(to go)*					
voy	vamos				
vas	vais	+	a	+	*infinitive*
va	van				

Voy a esqui**ar** mañana.	*I'm going to ski tomorrow.*
Juan **va a** estudi**ar** hoy.	*Juan is going to study today.*
Ellos **van a** nad**ar** el sábado.	*They're going to swim on Saturday.*
¿Qué **van a** hac**er** Uds.?	*What are you going to do?*

Do mechanical drills, Workbook, Part II.

Actividad 28: Las preferencias

In groups of five, find out which of the following things the members of your group prefer. Have one person take notes and report the results back to the class. Use the following model.

✷ A: ¿Te gusta escuchar salsa?
B: Sí/No . . .

(To report results) A ellos les gusta escuchar salsa y a nosotros nos gusta escuchar música folklórica.

1. bailar
2. beber Coca-Cola
3. beber Pepsi
4. cantar
5. correr
6. escuchar música clásica
7. escuchar rock
8. esquiar
9. estudiar
10. leer novelas
11. nadar
12. trabajar

Actividad 29: La agenda de Claudia

Look at Claudia's calendar for the week and form as many kinds of questions as you can about her activities. Then ask your classmates questions from your list.

✷ ¿Cuándo van a . . . Claudia y Juan Carlos?
Va a . . . el lunes, ¿no?
¿Tiene que . . . el viernes o el sábado?
¿Qué tiene que hacer el . . . ?

abril	actividades
lunes 5	nadar, escribir una composición, comer con Álvaro
martes 6	Comprar discos, leer la lección 4 para historia
miércoles 7	Visitar el Museo de Arte Contemporáneo
jueves 8	escribir a Rosita, estudiar para el examen de literatura
viernes 9	correr, comprar papas fritas y la Coca-Cola, salir con Juan Carlos
sábado 10	Ir a la fiesta, llevar las papas fritas y la Coca-Cola
domingo 11	Ir a Toledo con Diana, visitar la catedral

Actividad 30: ¿Qué tienes que hacer hoy y mañana?

Tell what you and others *have to* do today and what you and others are *going to* do tomorrow, using one cue from each of the columns that follow.

✷ Hoy tengo que trabajar, pero mañana voy a esquiar.

	HOY	MAÑANA
yo	estudiar	cantar
nosotros	trabajar	bailar
Carlos y Vicente	leer el libro de economía	comer en un restaurante
tú	hacer la tarea	escuchar música
ella y yo	hablar con el profesor	nadar
Uds.	salir con Marisel	correr
Teresa		mirar un vídeo
		esquiar

Actividad 31: Tu futuro

Make a list of five things that you *have to* do next week and five things that you are *going to* do with your friends for fun. Then, in pairs, compare your lists to see whether you are going to do similar things.

Actividad 32: ¡Hola! Soy Álvaro

Read this paragraph and be prepared to answer questions.

Hola. Soy Álvaro Gómez, de Córdoba, una ciudad del sur de España que tiene muchos turistas. Me gusta mucho Córdoba, pero ahora tengo que estudiar en Madrid. Voy a ser abogado.

In Córdoba, Spain, there are constant visual reminders of the city's rich historical past. In the foreground is a Roman bridge and in the background is the **Mezquita**, a Moorish mosque.

Actividad 33: ¡Qué hay! Me llamo Diana

Read this paragraph. Then your instructor will read it to you with some changes. Be ready to correct him/her when the information is not accurate.

¡Qué hay! Me llamo Diana Miller. Mi padre es de los Estados Unidos, pero mi madre es de Barcelona, España. Voy a estudiar para el *masters* de literatura en España. En los Estados Unidos soy profesora de español, pero en España tengo que enseñar inglés porque no tengo mucho dinero.

View of **La Sagrada Familia**, Barcelona, Spain. This masterpiece was designed by Antonio Gaudí (1852–1926), an innovative Spanish architect. Although not yet completed, the church is a major tourist attraction.

Vocabulario funcional

LA POSESIÓN

¿De quién/es?	*Whose?*
tener	*to have*

LAS ASIGNATURAS *(SUBJECTS)*

el arte	*art*
la biología	*biology*
la economía	*economics*
la historia	*history*
el inglés	*English*
la literatura	*literature*
las matemáticas	*mathematics*
la sociología	*sociology*

LOS GUSTOS *(LIKES)*

gustar	*to like, be pleasing*
más	*more*

LAS OBLIGACIONES *(OBLIGATIONS)*

tener que + *infinitive*	*to have* + infinitive *(to eat, to drink . . .)*

LOS PLANES *(PLANS)*

¿Cuándo?	*When?*
ir a + *infinitive*	*to be going* + infinitive *(to swim, to walk . . .)*

LOS DÍAS DE LA SEMANA *(THE DAYS OF THE WEEK)*

See page 57.

EXPRESIONES DE TIEMPO *(TIME EXPRESSIONS)*

See page 57.

LOS ARTÍCULOS DE LA HABITACIÓN Y DEL BAÑO

See page 43.

COMIDAS Y BEBIDAS *(FOOD AND DRINK)*

el café	*coffee*
la cerveza	*beer*
las papas/patatas fritas	*potato chips*
la sangría	*sangria (a wine punch)*
el té	*tea*
la tortilla	*omelette (in Spain)*
el vino	*wine*

LAS ACCIONES

See pages 56–57.

PALABRAS Y EXPRESIONES ÚTILES

Claro. / ¡Claro que sí!	*Of course.*
¿De veras?	*Really?*
el dinero	*money*
el, la, los, las	*the*
la habitación	*room*
hacer	*to do*
mucho	*a lot*
No importa.	*It doesn't matter.*
o	*or*
por eso	*therefore*
Por supuesto.	*Of course.*
¿Qué?	*What?*
la tarea	*homework*
un, una; unos, unas	*a/an; some*
Vale. / O.K.	*O.K.*

CAPÍTULO

3

Both colonial and modern architecture can be found in Quito, Ecuador, a city at an altitude of 10,000 feet above sea level.

Chapter Objectives

- Describing people and things
- Identifying a person's nationality
- Talking about activities that you do every day
- Stating location and where you are going
- Expressing possession

Una llamada de larga distancia

No tengo idea.	I don't have any idea.
demasiado	too much

Claudia is talking long distance to her parents who have gone from Bogotá to Quito for a convention. They are talking about Claudia's classes and her new roommate, Teresa.

Actividad 1: La familia de Teresa

While listening to the conversation, complete the following chart about Teresa's family.

	ORIGEN	OCUPACIÓN
Teresa	________________	________________
Padre	________________	________________
Madre	________________	

Discussing the future

CLAUDIA Y la convención, ¿qué tal?
PADRE ¡Fantástica! Una doctora mexicana va a hablar de medicina nuclear esta tarde.
CLAUDIA ¡Qué interesante!
PADRE Sí, muy interesante, pero ahora tengo que ir a una conferencia. Adiós, hija. Aquí está tu mamá.
CLAUDIA Adiós, papi . . . ¿Mami?

MADRE	Sí, mi hijita. ¿Cómo estás?
CLAUDIA	Muy bien, ¿y tú?
MADRE	Muy bien aquí en Quito. Y tus clases, ¿qué tal?
CLAUDIA	Muy bien. Tengo una clase de economía fabulosa y otra de historia con un profesor excelente.
MADRE	¿Y las otras clases?
CLAUDIA	Regulares.
MADRE	¿Y quién es tu compañera en la residencia?
CLAUDIA	Se llama Teresa Domínguez.
MADRE	Domínguez ¿qué?
CLAUDIA	Domínguez Schroeder; su papá es un actor famoso de Puerto Rico y su mamá es de los Estados Unidos.
MADRE	Ah . . . ¿pero ella es puertorriqueña?
CLAUDIA	Sí, es de Ponce.
MADRE	¿Y qué estudia en España?
CLAUDIA	Estudia turismo y trabaja en una agencia de viajes. Pero, ¿y Uds., qué van a hacer en Quito?
MADRE	Vamos a visitar la parte colonial esta noche y el sábado vamos al pueblo de Santo Domingo de los Colorados.
CLAUDIA	Uds. viajan y yo estudio . . . Bueno mami, tengo que ir a la biblioteca.
MADRE	¡Estudias demasiado, Claudia!
CLAUDIA	Es que tengo un examen de economía mañana. ¿Cuándo regresan Uds. a Bogotá?
MADRE	No tengo idea, pero posiblemente la semana próxima.
CLAUDIA	Bueno mami, entonces hablamos la semana próxima.
MADRE	Bueno, un beso. Adiós.

Describing

Stating profession and origin

Asking about plans

Actividad 2: La familia de Claudia

After listening to the conversation again, answer these questions.

1. ¿Qué piensas tú que hace el padre de Claudia?
2. ¿Qué estudia Claudia?
3. ¿Qué van a visitar los padres de Claudia?
4. ¿Adónde tiene que ir hoy Claudia?
5. ¿Qué tiene Claudia mañana?

Actividad 3: Los papeles

In pairs, role play a conversation between Teresa and her mother about Claudia. Include information about Claudia's occupation, origin, and family.

(Left) Otavalos at a market in Ecuador. (Right) A suburb of Quito in the foothills of the Andes mountains.

¿LO SABÍAN?

The setting of Quito, the capital of Ecuador, is breathtaking. The city lies in a beautiful valley at the base of a volcano. Even though it is close to the equator, Quito enjoys a moderate climate all year round since it is almost 10,000 feet above sea level. The combination of colonial and modern architecture creates a fascinating contrast in the city.

A large percentage of Ecuador's population is of native Andean origin. West of Quito is the town of Santo Domingo de los Colorados. The indigenous group of the Tsa'tchela, or Colorados, lives on the outskirts of this town. The men are well known for their hair, which they cover with red clay and shape in the form of a leaf. The Otavalos, another indigenous group, are renowned for their success in cottage industry and textile commerce.

Actividad 4: ¿Estudias arte?

Mingle and ask people in the class what subjects they are studying **(biología, matemáticas, sociología, historia, economía, literatura).** Follow the model.

✱ A: ¿Estudias arte?
B: Sí, estudio arte. / No, no estudio arte. / No, estudio historia.

Lo esencial I

Adjectives of nationality are not capitalized in Spanish.

Practice using word associations: **Salvador Dalí = español; Lady Di = inglesa;** etc.

Make flash cards of things you associate with each country: **tangos argentinos, enchiladas mexicanas,** etc.

I. Las nacionalidades *(Nationalities)*

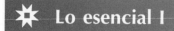

Soy español. Soy mexicana. Somos bolivianos. Somos argentinas.

OTRAS NACIONALIDADES Y ADJETIVOS REGIONALES

africano/a	dominicano/a	indio/a	puertorriqueño/a
asiático/a	ecuatoriano/a	italiano/a	ruso/a
brasileño/a	europeo/a	panameño/a	salvadoreño/a
colombiano/a	guatemalteco/a	paraguayo/a	uruguayo/a
cubano/a	hondureño/a	peruano/a	venezolano/a
chileno/a			

NOTE: Adjectives of nationality ending in **-o** and **-a** form their plural by adding **-s**. For example: **african*os*, african*as*.**

alemán/alemana	inglés/inglesa	portugués/portuguesa
francés/francesa	irlandés/irlandesa	

Review accent rules. See Appendix C (Stress).

NOTE: Adjectives of nationality ending in a consonant add **-es** to form the masculine plural. The feminine singular form adds **-s** to form the plural. For example: **aleman*es*/aleman*as*.** Note that only the masculine singular form has a written accent: **ingl*és*** – **ingl*esa*; ingl*eses*** – **ingl*esas*; franc*és*** – **franc*esa*, franc*eses*** – **franc*esas*.**

árabe
canadiense
costarricense
estadounidense
nicaragüense

NOTE: Adjectives of nationality ending in **-e** can be masculine or feminine. The plural is formed by adding **-s**. For example: **árabe*s***.

¿LO SABÍAN?

How people from the United States are referred to varies in Hispanic countries. **Americanos** is a misnomer, since all people from the Americas are Americans. In some Hispanic countries, such as Colombia, Venezuela, Peru, and Chile, Americans are usually called **gringos,** which is not necessarily a derogatory term. But in Mexico, for example, **gringo** has a negative connotation. In countries such as Spain, Mexico, and Argentina, Americans are called **norteamericanos.** These terms are used since the word **estadounidenses** is somewhat cumbersome. **Estadounidense** is used primarily in formal writing, when filling out forms, or in formal speech, such as newscasts.

Actividad 5: ¿De qué nacionalidad son estas personas?

In pairs, take turns telling the nationality of these people.

1. Monty Python y Lady Di
2. Henry Kissinger
3. Kristi Yamaguchi y Dorothy Hamill
4. Jacques Cousteau
5. Paloma Picasso
6. Plácido Domingo y Monserrat Caballé
7. Michael J. Fox
8. Mikhail y Raisa Gorbachev
9. Fernando Valenzuela

Actividad 6: ¡Qué memoria!

Page through the book if necessary.

In groups of three, have a competition by trying to remember the characters you have met so far in the book. State the country they are from and their nationality. Follow the model.

✱ Teresa es de Puerto Rico, entonces es puertorriqueña.

Remember: **Origen** refers to one's heritage, not to where one was born.

Actividad 7: El origen de tu familia

In groups of five, find out the ancestry of your group members. Follow the model.

✷ A: ¿Cuál es el origen de tu familia?
B: Mi familia es de origen italiano y alemán.

II. Lugares *(Places)*

Identify places while walking or riding through town: **el parque, el cine,** etc. Idle time = study time.

1. el cine
2. la iglesia
3. la playa
4. el supermercado
5. la escuela
6. la librería

OTROS LUGARES

la agencia de viajes travel agency
el banco bank
la biblioteca library
la casa house; home
la farmacia pharmacy, drugstore
el hospital hospital
el museo museum
la oficina office
el parque park
la piscina pool
la plaza plaza, square
el restaurante restaurant
el teatro theater
la tienda store
la universidad university

Actividad 8: Acción y lugar

Choose an action from Column A and a logical place in which to do this action from Column B. Form sentences, following the models.

✳ Me gusta nadar; por eso voy a la piscina.
Tienen que comer; por eso van al restaurante.

Remember: **a** + **el** = **al**

A	B
Me gusta nadar	la piscina
Tienen un examen	el parque
Tiene que estudiar	la biblioteca
Necesito dinero *(money)*	el restaurante
Tenemos que comprar papas	la universidad
Tienen que comer	la farmacia
Me gusta caminar	el banco
Tienes que comprar aspirinas	el supermercado
Me gusta el arte	el museo
	la playa
	la cafetería

Actividad 9: Después de clase

Mingle with your classmates and find out where **(adónde)** others are going after class and with whom **(con quién)** they are going. Follow the model.

✳ A: ¿Adónde vas?
B: Voy a casa.
A: ¿Con quién vas?
B: Voy solo/a. / Voy con . . .

✳ Hacia la comunicación I

I. Expressing Destination: *Ir* + *a* + place

To say where you are going, you need to use a form of **ir** + **a** and the destination. Remember to use **al** when the destination noun is masculine.

Note that prepositions precede the question word.

Vamos al Museo de Antropología.	*We're going to the Museum of Anthropology.*
Voy a la farmacia. ¿Necesitas aspirinas?	*I'm going to the drugstore. Do you need aspirin?*
¿Adónde **vas**?	*Where are you going (to)?*
¿Con quién **vas a la** fiesta?	*Who are you going to the party with?*

Practice **ir a** and **estar en** by reporting your actions to yourself as you do them.

II. Indicating Location: *Estar* + *en* + place

To say where you are, use a form of **estar** + **en** + *place.*

estar			
yo	**estoy**	nosotros/as	**estamos**
tú	**estás**	vosotros/as	**estáis**
Ud. / él/ella	**está**	Uds. / ellos/ellas	**están**

La directora no **está en** la oficina hoy.* — *The director isn't in the office today.*

Mamá, **estoy en** el hospital. — *Mom, I'm in/at the hospital.*

*NOTE: The preposition to express being *in* or *at* a place is **en: Estamos en el cine.** *(We're at the movies.)*

III. Talking About the Present: The Present Indicative

Memorize infinitives. Make lists of **-ar, -er,** and **-ir** verbs and quiz yourself on forms and meanings, for example: **Yo estudio mucho. Mi amigo Paul no estudia. Paul y yo bebemos Pepsi. Mary bebe Coca-Cola.**

Practice automatic pairs: **¿Trabajas? Sí, trabajo. / ¿Trabaja ella? Sí, ella trabaja. / ¿Trabajan Uds.? Sí, trabajamos.**

1. In order to talk about daily or future activities or about actions in progress, use the present indicative. In Spanish, there are three classes of verbs depending on the ending of the infinitives: **-ar (trabajar), -er (beber),** and **-ir (escribir).** The stems **(trabaj-, beb-, escrib-)** of regular verbs do not change. The endings vary according to the subject of the sentence, which can be expressed or not: **(yo) trabajo, (tú) trabajas,** etc. In order to form the present indicative, use the following endings:

trabajar ***(to work)***			
yo	trabaj**o**	nosotros/as	trabaj**amos**
tú	trabaj**as**	vosotros/as	trabaj**áis**
Ud. / él/ella	trabaj**a**	Uds. / ellos/as	trabaj**an**

Mañana **yo** trabajo. — *I work tomorrow.*

Mi madre habla español. — *My mother speaks Spanish.*

beber *(to drink)*			
yo	beb**o**	nosotros/as	beb**emos**
tú	beb**es**	vosotros/as	beb**éis**
Ud. / él/ella	beb**e**	Uds. / ellos/as	beb**en**

¿Beb**es** vino o cerveza? — *Do you drink wine or beer?*
Nosotros com**emos** en la cafetería. — *We eat in the cafeteria.*

escribir *(to write)*			
yo	escrib**o**	nosotros/as	escrib**imos**
tú	escrib**es**	vosotros/as	escrib**ís**
Ud. / él/ella	escrib**e**	Uds. / ellos/as	escrib**en**

Isabel Allende escrib**e** novelas. — *Isabel Allende writes novels.*
Nosotros viv**imos** en Lima. — *We live in Lima.*
¿Recib**es** tus cartas aquí? — *Do you receive your letters here?*

In order to choose the correct ending for a verb, you need to know two things: (1) the infinitive of the verb **(-ar, -er, -ir),** and (2) the subject of the sentence. For example:

(1) beb**er** (2) nosotros = Nosotros beb**emos** Coca-Cola.

2. The following verbs, and most of those you learned in Chapter 2, are regular verbs and therefore follow the pattern of **trabajar, beber,** and **escribir.**

aprender to learn	**regresar** to return
desear to want; to desire	**tocar** to play (an instrument); to touch
molestar to bother	**usar** to use
necesitar to need	**vender** to sell
recibir to receive	**vivir** to live

3. The following verbs have irregular **yo** forms, but follow the pattern of regular verbs in all other present-indicative forms.

hacer	*to do; to make*	yo ha**go**
poner	*to put, place*	yo pon**go**
salir	*to leave; to go out*	yo sal**go**
traer	*to bring*	yo trai**go**
saber	*to know (facts/how to do something)*	yo **sé**
ver	*to see (a thing)*	yo ve**o**
ver a	*to see (a person)*	
conocer*	*to know (a place/thing)*	yo cono**zco**
conocer a	*to know (a person)*	
traducir*	*to translate*	yo tradu**zco**

Ha**go** la tarea todos los días.	*I do my homework every day.*
¿Qué hac**en** Uds.?	*What are you doing?*
Sal**go** con Ramona.	*I go out with Ramona.*
Ella sal**e** de la tienda.	*She is leaving the store.*
No **sé** la respuesta.	*I don't know the answer.*
No cono**zco** a tu profesora.	*I don't know your teacher.*

Do mechanical drills, Workbook, Part I.

*NOTE: Most verbs that end in **-cer** and **-ucir** follow the same pattern as **conocer** and **traducir: ofrecer** *(to offer)*, **establecer** *(to establish)*, **introducir** *(to introduce)*, **producir** *(to produce)*, etc.

Actividad 10: ¿Dónde están?

In pairs, ask and state where the following people or things are located.

1. el presidente de los Estados Unidos
2. la Torre Eiffel y el Arco de Triunfo
3. Bogotá
4. la Estatua de la Libertad y Woody Allen
5. el Vaticano
6. Machu Picchu y Lima

Remember the endings for **-ar, -er,** and **-ir** verbs and subject-verb agreement.

Actividad 11: El verano

In pairs, discuss what you and your partner do during the summer **(el verano).** Use the following verbs and phrases: **bailar, comer en un restaurante, escuchar música, esquiar, estudiar, mirar la televisión, nadar, salir con amigos.** Follow the model.

✱ A: ¿Nadas?
B: Sí, nado todos los días.
A: ¿Dónde nadas?
B: En la piscina de la universidad.

Actividad 12: ¡Una carta de Miguel!

This is a letter from a Honduran student who is studying in the United States. He is describing his daily activities to his parents. Complete the letter with the appropriate conjugated forms of the following verbs: **bailar, correr, escribir, estudiar, hablar, ir, salir, ser, tener.**

Queridos papás:

¿Cómo están? Yo, bien. Me gusta la universidad y __________ muchos amigos. Voy a las clases, __________ composiciones y __________ mucho porque __________ demasiados exámenes; el jueves tengo un examen importante de biología. Los viernes y los sábados yo __________ en la biblioteca y por la noche __________ con un grupo de amigos. Ellos __________ mexicanos, venezolanos y de los Estados Unidos. Los mexicanos siempre __________ de política con los venezolanos.

Yo también __________ a una discoteca los martes porque tienen música latina; entonces yo __________ con Santa, una chica puertorriqueña. Ella __________ bien porque es bailarina profesional.

Bueno, tengo que terminar porque voy a correr. ¡__________ ocho kilómetros al día!

Abrazos y besos,

Miguel

P.D. Gracias por los $$$dólares$$$.

Why is **exámenes** written with an accent and **examen** without? See Appendix C for explanation.

Actividad 13: Gente famosa

In groups of three, name famous people who do the following things: **bailar, cantar, conocer a David Letterman, correr, escribir novelas, esquiar, nadar, saber el número de teléfono del presidente, tocar la guitarra.** Follow the model: **Gabriel García Márquez escribe novelas.**

Actividad 14: ¿Qué hacen ellos?

Describe what these people do by forming sentences with phrases from the three columns. Make any changes necessary. For example: **Ellos saben tu número de teléfono.**

ellos	traducir	tu número de teléfono
Spike Lee	ofrecer	Alaska
yo	producir	libros del inglés al español
mi amigo bilingüe	(no) conocer (a)	películas *(movies)*
muchas universidades	saber	clases de arte
	salir con	programas de televisión
	traer	Jackie O.
	ver (a)	música a la fiesta

Actividad 15: Nosotros y nuestros padres

In groups of three, discuss what students and parents do in a typical week. Think of at least five examples. Follow the model.

✷ Nosotros bailamos los fines de semana y nuestros padres van al cine.

Actividad 16: El cuestionario

You work for an advertising agency and have to conduct a "person-on-the-street" interview on people's likes and dislikes. Work in pairs and use the following questionnaire. The interviewer should use the **Ud.** form and complete questions to elicit responses: **¿Es Ud. estudiante? ¿Qué periódico lee Ud.?** The "person on the street" should not look at the book. When finished, exchange roles. Be prepared to report back to the class.

Cuestionario

Nacionalidad:	______________		
Edad:	____		
Sexo:	Masculino ____	Femenino ____	
Estudiante:	____ Si contesta que sí:		
	¿Dónde? ______________		
Trabajador/a:	____ Si contesta que sí:		
	Ocupación ______________		
Vive (con):	Familia ____	Amigo/a ____	Solo/a ____

Gustos

Leer ____ Si contesta que sí: ¿Qué lee? ______________

Ver la televisión ____ Si contesta que sí:
¿Qué tipos de programas? ______________

Escuchar música ____ Si contesta que sí:
¿Qué tipo de música? ______________

Usar:	Perfume ____	Agua de colonia ____	Nada ____
Escribir con:	Computadora ____	Bolígrafo ____	
	Máquina de escribir ____	Lápiz ____	

✷ Nuevos horizontes

Estrategias de lectura: *Skimming and Word Order*

One of the reading strategies to be focused on in this chapter is *skimming*. When you skim you read quickly to get the main ideas of a text. You do not stop to wonder about the meaning of unknown words. In Spanish word order, the subject normally precedes the verb, but it can sometimes follow the verb or not be expressed at all. In cases where there is one form for more than one subject **(Ud./él/ella bebe),** context should help you deduce the subject. So, when you read in Spanish, look before and after the verb to find the subject; if no subject is expressed, look at the ending of the verb.

Actividad 17: Ideas principales

Each paragraph in the following letter expresses one of the main ideas in the list. Skim through the letter and put the correct paragraph number next to its corresponding idea.

_____ las actividades de Mario	_____ las preguntas a Teresa
_____ la familia de Mario	_____ la composición étnica

Carta de Puerto Rico

Teresa recibe cartas *(letters)* de sus amigos puertorriqueños. La siguiente carta es de su amigo Mario. Él vive con su padre y su madre en San Juan, Puerto Rico.

What appears in the upper right-hand corner? Is there a comma or a colon after **Querida Teresa**? Is this a formal or informal letter? How do you write *P.S.* in Spanish?

San Juan, 20 de octubre

Querida Teresa:

Por fin tengo tiempo para escribir. ¿Cómo estás? Espero que bien. Tengo muchas preguntas porque deseo saber cómo es tu vida en España y cuáles son tus planes y actividades. ¿Te gusta Madrid? ¿Tienes muchos amigos? ¿De dónde son y qué estudian? ¿Qué haces los sábados y los domingos? Escribe pronto y contesta todas las preguntas; todos deseamos recibir noticias de nuestra querida Teresa.

Yo estoy muy bien. Voy a la universidad todas las noches y trabajo por las mañanas en un banco. Soy cajero y me gusta mucho el trabajo. Por las tardes voy a la biblioteca y estudio con Luis Sosa. Conoces a Luis, ¿verdad? Necesito estudiar dos años más y termino mi carrera; voy a ser hombre de negocios. ¿Te gusta la idea? A mí me gusta mucho.

Por cierto, uno de mis cursos es geografía social de Hispanoamérica y es muy interesante, pero tengo que memorizar muchos datos. Por ejemplo, en Argentina la mayoría de las personas son de origen europeo y solamente un 2% tiene mezcla[1] de blancos, indios y negros; pero en México sólo un 5% es de origen europeo; el 25% de los mexicanos son indígenas y el 60% son mestizos.[2] Necesito tener buena memoria porque hay mucha variedad en todos los países, ¿verdad?

Why do **aquí, Tomás,** and **dirección** have accents? Why don't **ahora, todas,** and **origen** have accents? See Appendix C for explanation.

Por aquí, todos bien. Mis padres y yo vivimos ahora en la Calle Sol en el Viejo San Juan. Nos gusta mucho el apartamento. Los amigos están bien. Marta estudia y trabaja todo el día. Tomás, el atleta profesional, practica béisbol ocho horas diarias y Carolina va a comprar una computadora Macintosh. Ahora escribe en mi computadora y quiere aprender todo en tres días, ¡como siempre! Bueno, no tengo más noticias.

Teresa, espero recibir carta muy pronto. Contesta todas las preguntas, ¿O.K.? Adiós.

Cariños,

Mario

P.D. La dirección nueva es: Calle Sol, Residencias "Margaritas", Apto. 34, San Juan, Puerto Rico 00936

[1]mixture [2]of mixed parentage (white and Indian)

A street in Old San Juan, Puerto Rico. What Spanish influences do you see in this photo?

Actividad 18: ¿Quién es el sujeto?

To whom do the following verbs refer? Go back to the letter and note the verb endings and the context given before choosing an answer.

1. "¿De dónde son y qué **estudian**?" (línea 4)
   a. Teresa y Mario
   b. los amigos de Teresa
   c. los amigos de Teresa y Mario
2. "**Necesito** estudiar dos años más y termino mi carrera." (línea 10)
   a. Mario b. Teresa c. Luis
3. "Por ejemplo, en Argentina . . . **son** de origen europeo . . ." (línea 13)
   a. los amigos de Mario
   b. la mayoría de las personas
   c. los hispanoamericanos
4. "Ahora **escribe** en mi computadora . . ." (línea 23)
   a. Marta b. Tomás c. Carolina
5. "Teresa, **espero** recibir carta muy pronto." (línea 25)
   a. Mario b. Teresa c. Carolina

Actividad 19: Preguntas

Answer the following questions based on the letter you have just read.

What do you know about the ethnic make-up of other Hispanic countries?

1. ¿Dónde trabaja Mario y qué hace?
2. ¿Qué practica Tomás todos los días?
3. ¿Qué va a comprar Carolina?
4. ¿Cuál es el origen de los argentinos?
5. En México, ¿qué porcentaje de personas son mestizas?

Estrategia de escritura: *Brainstorming*

One of the many techniques that can help you write successfully is *brainstorming*. Brainstorming is mainly a group activity in which you write down whatever comes to your mind related to the topic at hand. These thoughts do not need to be organized. This activity helps you to learn from others and to develop your own ideas as a starting point for your written work.

Note the format and punctuation in Mario's letter when writing your own.

Actividad 20: Una carta a Mario

Use the following steps in order to write a letter to Mario.

1. In groups of five, imagine that you are Teresa. Brainstorm a list of ideas you could write in your letter to Mario.
2. On your own, choose the best ideas and organize them.
3. Write a letter to Mario.

Lo esencial II

I. Las descripciones: *Ser* + adjective

Adjectives, including adjectives of nationality, agree in number and in gender with the noun modified.

Mayor is generally used when describing people. **Viejo** is also used, but may have a negative connotation.

1. Ella es **alta.**
2. Ella es **baja.**
3. Ellos son **gordos.**
4. Ellos son **delgados.** (Ellos son **flacos.**)
5. Él es **joven.**
6. Él es **mayor.**
7. Ellas son **morenas.**
8. Ellas son **rubias.**

OTROS ADJETIVOS

simpático/a nice	**antipático/a** unpleasant; disagreeable
guapo/a good-looking	**feo/a** ugly
bonito/a pretty	
bueno/a good	**malo/a** bad
inteligente intelligent	**estúpido/a, tonto/a** stupid
grande large, big	**pequeño/a** small
largo/a long	**corto/a** short (in length)
nuevo/a new	**viejo/a** old

Actividad 21: ¿Cómo son?

Describe the following people using one or two adjectives.

1. el/la profesor/a
2. Joan Collins
3. Tom Cruise y Mel Gibson
4. Frankenstein
5. el capitán Picard
6. Michele Pfeiffer y Julia Roberts
7. tu madre o tu padre

Actividad 22: ¿Cómo eres?

The following descriptive adjectives are cognates. Circle the four that best describe you and underline the four that least describe you. When finished, compare your answers with those of a friend.

activo/a	optimista
artístico/a	paciente
atlético/a	pesimista
cómico/a	político/a
conservador/a	realista
formal	religioso/a
idealista	reservado/a
indiferente	responsable
informal	serio/a
intelectual	sociable
liberal	tímido/a
nervioso/a	tradicional

Actividad 23: ¿A quién describo?

In groups of four, take turns describing other people in your class, and have the rest of the group guess who is being described.

II. Las descripciones: *Estar* + adjective

1. Ella está **enferma.**
2. Ella está **aburrida.**
3. Él está **contento.**
4. Él está **enojado.**
5. Ellos están **enamorados.**
6. Ella está **triste.**

OTROS ADJETIVOS

borracho/a drunk
cansado/a tired
preocupado/a worried

Actividad 24: ¿Cómo estoy?

In pairs, act out the different adjectives and have your partner guess how you feel; then switch roles.

Actividad 25: ¿Cómo estamos?

Discuss in what situations you and other people have the following feelings.

✱ Estoy preocupado cuando tengo exámenes.

1. Estoy aburrido/a cuando . . .
2. Estoy triste cuando . . .
3. Estoy cansado/a cuando . . .
4. Una persona está borracha cuando . . .
5. Mis amigos están enojados cuando . . .
6. Estoy contento/a cuando . . .

Actividad 26: ¿Cómo están ellos?

Look at the drawing and answer the following questions.

1. ¿Cómo es él?
2. ¿Cómo es ella?
3. ¿Cómo está él?
4. ¿Cómo está ella?

Hay familias . . . y . . . FAMILIAS

me gustaría	I would like
¿Por qué? Porque . . .	Why? Because . . .
No te preocupes.	Don't worry.

Teresa and Vicente have started going out together. Don Alejandro, Teresa's uncle, wants to meet Vicente to "check him out." Teresa is trying to convince Vicente to meet her uncle.

Actividad 27: ¿Cómo es el tío de Teresa?

Read through the following list. Then, while listening to the conversation, check the adjectives that apply to Teresa's uncle.

El tío de Teresa es:

____ alto	____ bajo
____ moreno	____ rubio
____ delgado	____ gordo
____ simpático	____ antipático
____ pesimista	____ optimista
____ cómico	____ serio
____ liberal	____ conservador

Inviting

Giving a reason

Giving physical description

Describing personality traits

Expressing feelings

VICENTE ¿Te gustaría ir al cine el jueves?
TERESA Me gustaría, pero antes tenemos que tomar un café con mi tío.
VICENTE Pero, ¿por qué?
TERESA Porque es mi tío y por eso, es mi papá en España.
VICENTE Estoy nervioso. ¿Cómo es?
TERESA No te preocupes. Es alto, moreno, un poco gordo . . .
VICENTE ¡No, no! Pero, ¿cómo es? ¿Simpático? ¿Antipático?
TERESA Es muy simpático, es un hombre optimista y siempre está contento.
VICENTE Pero . . . es tu familia . . . y las familias . . .
TERESA Y las familias, ¿qué?
VICENTE No sé, pero, estoy nervioso. ¿Es tradicional tu tío?
TERESA No, hombre. Es un poco serio, pero muy liberal.
VICENTE Bueno, voy, pero después vamos al cine, ¿O.K.?
TERESA Sí, por supuesto, pero con mi tío, ¿no?
VICENTE ¿Cómo? ¿Estás loca?

Actividad 28: Preguntas

Answer the following questions based on the dialogue.

1. ¿Adónde van a ir Teresa y Vicente el jueves?
2. ¿Con quién van a ir?
3. ¿Cómo está Vicente?
4. Vicente le dice a Teresa, "¿Estás loca?"; ¿por qué?

Grandchildren and their grandparents, a common sight in Plaza de las Delicias, the main square of Ponce, Puerto Rico. How often did you see your grandparents when you were growing up?

¿LO SABÍAN?

Since Teresa's parents are in Puerto Rico and her uncle is in Madrid, it is normal for him to consider her welfare an important responsibility. Teresa's duty is to respect him as if he were her father.

The word *family* has different connotations in different cultures. For Hispanics, the word **familia** suggests not only the immediate family, but also grandparents, uncles and aunts, as well as close and distant cousins. What does the word *family* mean to you?

Actividad 29: Una invitación y una excusa

In pairs, invite your partner to go somewhere or to do something. Your partner should give an excuse. Then switch roles. Follow the model.

✷ A: ¿Te gustaría ir al cine/a bailar/. . . ?
B: Me gustaría, pero estoy . . . /tengo que . . . /necesito . . .

Hacia la comunicación II

I. Describing Yourself and Others: Descriptive Adjectives

Before studying the grammar explanation, answer these questions:

- What would you have to change in the sentence **Eduardo está cansado** if the subject were **Carmen** instead of **Eduardo?**
- Since both **ser** and **estar** mean *to be* in English, what is the difference between **¿Cómo es ella?** and **¿Cómo está ella?**
- Even though you may not know these adjectives in Spanish, would you use **ser** or **estar** to say that a person is generous? Courageous? Interesting? Upset? Honest? Elated? Explain your choices.

A. Agreement of Adjectives

1. Adjectives that end in **-o** agree in gender (masculine/feminine) and in number (singular/plural) with the nouns they modify.

Francisco es baj**o** pero **Francisca** es alt**a**.
Ellos son delgad**os** y **ellas** son delgad**as**.

2. Adjectives that end in **-e** and in consonants agree in number (singular/plural) with the nouns they modify.

Ella está triste y **ellos** también están trist**es.**
Camilo no es libera**l. Ana** y **Elisa** tampoco son libera**les.**

NOTE: **joven—jóvenes**

3. Adjectives that end in **-ista** agree in number with the nouns they modify.

Remember: Professions that end in **-ista** also have two forms only: **artista/s.**

Rafael es real**ista** y **Emilia** es ideal**ista.**
Ellos son optim**istas.**

B. **Ser** and **estar** + *adjective*

1. Ser + *adjective* is used to describe *the being:* what someone or something *looks like* or *is like* to someone who is not familiar with the person or thing being described. You use **ser** when describing someone's personality **(Él es inteligente, optimista,** etc.), or when describing a person physically **(Ella es alta, delgada,** etc.**).**

2. Estar + *adjective* is used to describe the *state of being*; it indicates how people or things are, or describes a particular condition: **Él está enfermo.**

3. Certain adjectives convey different meanings depending on whether they are used with **ser** or **estar.**

El político **es aburrido.**	*The politician is boring.*
Ellos **están aburridos.**	*They are bored.*
Ella **es lista.**	*She is clever.*
Él **está listo.**	*He is ready.*
La fruta **es buena.**	*Fruit is good (for you).*
La fruta **está buena.**	*The fruit tastes good.*
El café **es malo.**	*Coffee is bad (for you).*
El café **está malo.**	*The coffee tastes lousy.*
Verónica **es bonita.**	*Veronica is pretty.*
¡Hoy Verónica **está bonita**!	*Veronica is (looks) especially pretty today!*

¿Cómo son estas personas?
¿Cómo están estas personas?

Two couples enjoy the sea breeze in Málaga, Spain, a city on the Mediterranean coast.

II. Expressing Possession: Possessive Adjectives

You already know two ways of expressing possession: **de** + *noun* **(el vídeo es de Juan Carlos/es el vídeo de Juan Carlos)** and **tener** + *noun* **(tengo calculadora).** You can also express possession by using possessive adjectives (*her*, *their*, *our*, etc.). In Spanish, **mi, tu,** and **su** agree in number with the thing or things possessed; **nuestro** and **vuestro** agree in gender and number with the thing or things possessed.

Possessive Adjectives			
mi/s	my	**nuestro/a/os/as**	our
tu/s	your (informal)	**vuestro/a/os/as**	your (informal)
su/s	your (formal) / his, her	**su/s**	your (in/formal) / their

—¿Son los discos de Mario? —No, no son **sus discos,** son **mis discos.**

—¿De quiénes son las guitarras? —Son **nuestras guitarras.**

—¿Es el televisor de Ana y Luis? —Sí, es **su televisor.**

III. Position of Adjectives

1. Possessive adjectives and adjectives of quantity (including indefinite articles) precede the noun they modify.

Mi madre es arquitecta.* — *My mother is an architect.*
Tengo **tres televisores.** — *I have three TV sets.*
Bebo **mucha Coca-Cola.** — *I drink a lot of Coca-Cola.*
¿Tienes **pocos** o **muchos amigos**? — *Do you have few or many friends?*

*NOTE: The indefinite articles (**un, una, unos, unas**—*a/an, some*) are used with occupations only when they are modified by an adjective:
Mi padre es *ingeniero*.
BUT: **Mi padre es *un* ingeniero *fantástico*.**

2. Descriptive adjectives normally follow the nouns they modify.

Do mechanical drills, Workbook, Part II.

Tenemos un **examen importante** en la clase de literatura.

We have an *important exam* in literature class.

Actividad 30: ¿Adónde vas cuando . . . ?

In pairs, ask your partner where he/she goes when in the following moods or situations. Follow the model.

✷ A: ¿Adónde vas cuando estás enojado/a?
B: Cuando estoy enojado/a voy a mi habitación.

1. estar aburrido/a
2. necesitar comprar café
3. tener que trabajar
4. estar enfermo/a
5. necesitar estudiar
6. desear correr
7. estar contento/a
8. necesitar comprar periódicos
9. estar preocupado/a
10. estar con tu novio/a

Listen, select the appropriate sentence, look your partner in the eye, and say the line.

Actividad 31: Una conversación

In pairs, "A" covers Column B and "B" covers Column A. Carry on a conversation with your partner. "A" will need to enunciate very clearly and "B" will need to listen and select the appropriate response.

A	B
¿Estás triste?	No, estoy preocupado/a. Sí, hoy no tengo problemas en la oficina.
¿Por qué? ¿Tienes un problema?	Sí, me gustaría. Sí, es mi padre.
¿Está enfermo?	No, es simpático, joven y muy inteligente. Sí, está en el hospital y está solo.
¿Dónde está?	En Miami y yo voy mañana. De Guadalajara.

Actividad 32: Un compañero de clase

As a class, write a description of one of your classmates. Say what the person's name is, where he/she is from, what he/she looks like, what activities he/she likes to do, etc.

Actividad 33: ¿Quién es?

In groups of five, each person prepares descriptions of a famous man and a famous woman. When you finish writing your descriptions, read them aloud and have the rest of the group identify who is being described.

✷ Es político.
Es un político famoso.
Es un político famoso de Massachusetts.
Está en Washington.
Su familia es de origen irlandés.

Actividad 34: Tu amigo y su amiga

Read the paragraph at the top of page 91, then invent a story about a friend of yours and his girlfriend by completing the paragraph with the types of words indicated in parentheses. Remember that adjectives agree with the nouns they modify.

Mi amigo _Franciso_ es _mejicano_ y es _doctor_.
(nombre) (nacionalidad) (ocupación)
Él tiene _30_ años y es _intelligente_, _simpatico_
(número) (adjetivo) (adjetivo)
y _solícito_. _Mi_ amigo tiene una amiga que
(adjetivo) (adjetivo posesivo)
se llama _Maria_. Ella es _alta_ y _bonita_.
(nombre) (adjetivo) (adjetivo)
Ellos son muy _felices juntos_, pero están _preoccupados_
(adjetivo) (adjetivo)
porque _Maria ~~es~~ esta embarazada de tres meses_.
(?)

Actividad 35: Los gustos

In pairs, discuss what TV programs, music, movies, etc., young kids like, and compare their preferences with yours. Use as many descriptive adjectives as you can. Follow the model.

✷ Sus programas favoritos son . . . , pero nuestros programas favoritos son . . .

Actividad 36: La persona ideal

In groups of five, describe the ideal roommate. When finished, share your description with the other groups.

✷ Nuestro/a compañero/a ideal es . . .

Pay attention to accents and punctuation.

Actividad 37: Autobiografía

Write an autobiographical sketch. Use these questions as a guide.

PÁRRAFO (*PARAGRAPH*) 1

1. ¿Cómo te llamas, de qué nacionalidad eres y cuántos años tienes?
2. ¿Dónde estás y por qué estás allí *(there)*?

PÁRRAFO 2

1. ¿Tienes muchos o pocos amigos? ¿Cómo son?
2. Si son estudiantes, ¿qué estudian? ¿Estudian mucho o poco?
3. Si trabajan, ¿qué hacen? ¿Dónde trabajan? ¿Trabajan mucho o poco?

PÁRRAFO 3

1. ¿Qué te gusta hacer y con quién?
2. ¿Qué hacen Uds. los viernes y los sábados? ¿Adónde van?
3. ¿Estás contento/a cuando estás con tus amigos?

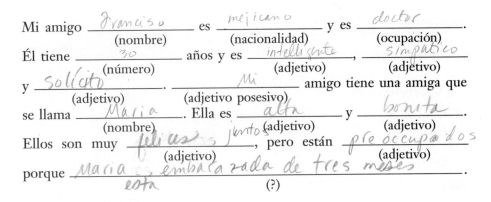

Vocabulario funcional

LAS NACIONALIDADES

¿Cuál es el origen de tu/su familia?	*Where is your family from?*
¿De qué nacionalidad eres/es?	*What nationality are you?*

See pages 70–71.

LA DESCRIPCIÓN

Adjetivos con **ser: ¿Cómo es?**

aburrido/a	*boring*
alto/a	*tall*
antipático/a	*unpleasant; disagreeable*
bajo/a	*short (in height)*
bonito/a	*pretty*
bueno/a	*good*
corto/a	*short (in length)*
delgado/a	*thin*
estúpido/a	*stupid*
feo/a	*ugly*
flaco/a	*skinny*
gordo/a	*fat*
grande	*large, big*
guapo/a	*good-looking*
inteligente	*intelligent*
joven	*young*
largo/a	*long*
listo/a	*clever*
malo/a	*bad*
mayor	*old* (literally *older*)
moreno/a	*brunet/te; dark skinned*
nuevo/a	*new*
pequeño/a	*small*
rubio/a	*blond/e*
simpático/a	*nice*
tonto/a	*stupid*
viejo/a	*old*

LOS ADJETIVOS POSESIVOS

See pages 88–89.

LUGARES

¿Adónde vas/va?	*Where are you going?*
¿Con quién vas/va?	*With whom are you going?*
¿Dónde estás/está?	*Where are you?*
estar en + *lugar*	*to be in/at* + place
el cine	*movie theater*
la escuela	*school*
la iglesia	*church*
la librería	*bookstore*
la playa	*beach*
el supermercado	*supermarket*

OTROS LUGARES

See page 72.

Adjetivos con **estar: ¿Cómo está?**

aburrido/a	*bored*
borracho/a	*drunk*
cansado/a	*tired*
contento/a	*happy*
enamorado/a	*in love*
enfermo/a	*sick*
enojado/a	*angry, mad*
listo/a	*ready*
loco/a	*crazy*
preocupado/a	*worried*
solo/a	*alone*
triste	*sad*

VERBOS

-ar

desear	*to want; to desire*
molestar	*to bother*
necesitar	*to need*
regresar	*to return*
tocar	*to play (an instrument); to touch*
usar	*to use*

-er

aprender	*to learn*
conocer	*to know (a place/thing)*
conocer a	*to know (a person)*
hacer	*to do; to make*
poner	*to put, place*
saber	*to know (facts, how to do something)*
traer	*to bring*
vender	*to sell*
ver	*to see (a thing)*
ver a	*to see (a person)*

-ir

recibir	*to receive*
salir	*to leave; to go out*
traducir	*to translate*
vivir	*to live*

PALABRAS Y EXPRESIONES ÚTILES

la clase	*lesson; class*
con	*with*
demasiado	*too much*
después	*after*
la familia	*family*
me gustaría	*I would like*
muy	*very*
No te preocupes.	*Don't worry.*
No tengo idea.	*I don't have any idea.*
el origen	*origin*
otro/a	*other; another*
la película	*movie*
pero	*but*
poco/pocos	*a little/few*
¿Por qué?	*Why?*
porque	*because*
si	*if*
siempre	*always*
el tío	*uncle*
todos los días	*every day*

CAPÍTULO

4

Un arqueólogo trabaja en las ruinas precolombinas de Copán, Honduras. ¿Sabes en qué países hay ruinas aztecas, mayas o incas?

Chapter Objectives

- Describing what someone is doing
- Discussing daily routines
- Identifying parts of the body
- Talking about who and what you and others know and don't know
- Telling what the weather is like

Noticias de una amiga

Un hombre hace andinismo en una montaña muy rocosa de los Andes peruanos. ¿Te gustaría hacer andinismo?

¡Qué + *adjective*!	How + *adjective*!
¡Qué inteligente!	How intelligent!
hay	there is/there are
deber + *verb*	ought/should + *verb*
debes conocer	ought/should know

José Manuel, un arqueólogo venezolano que está en Perú, recibe una carta de España de su amiga Marisel. José Manuel comenta con Rafael, otro arqueólogo venezolano.

Actividad 1: Cierto o falso

Lee las siguientes oraciones. Mientras escuchas la conversación, escribe **C** si la oración es cierta y **F** si la oración es falsa.

1. _____ Rafael no conoce a Marisel.
2. _____ Marisel es arqueóloga.
3. _____ Marisel tiene una foto de José Manuel.
4. _____ José Manuel practica andinismo.

Being curious

Showing excitement

Reporting

Describing what someone is doing

RAFAEL	Hola, José Manuel. ¿A quién conoces en Madrid?
JOSÉ MANUEL	¿Por qué?
RAFAEL	Porque hay una carta de Madrid para ti.
JOSÉ MANUEL	¡Ay, qué bueno! Es de Marisel.
RAFAEL	¿De quién?
JOSÉ MANUEL	De Marisel. Tú debes conocer a Marisel; es venezolana.
RAFAEL	Ah, sí. Estudia geología, ¿no? ¿Qué dice?[1]
JOSÉ MANUEL	A ver . . . Pregunta mucho sobre el proyecto en Machu Picchu: qué hago en el trabajo, cómo son las ruinas incaicas, si hablo con los indígenas sobre su cultura. Tú sabes, preguntas.
RAFAEL	¿Y qué más?
JOSÉ MANUEL	. . . También dice que tengo que afeitarme porque estoy feo con la barba que tengo y que estoy loco y que voy a tener un accidente.
RAFAEL	¿Cómo sabe que tienes barba y por qué vas a tener un accidente?
JOSÉ MANUEL	Porque tiene una foto donde estoy haciendo andinismo. En la foto estoy subiendo una montaña totalmente vertical.
RAFAEL	¡Qué inteligente es Marisel! Porque, en realidad, tú estás loco.

[1]What does she say?

Actividad 2: El amigo de Marisel

En grupos de tres, hablen de José Manuel. ¿Cómo es? ¿Qué hace? ¿Dónde está? Después, seleccionen tres adjetivos para describir al amigo de Marisel.

Actividad 3: La habitación de tu compañero/a

En parejas *(pairs)*, averigüen *(find out)* cinco cosas que su compañero/a *(partner)* tiene en su habitación. Sigan *(Follow)* el modelo.

✷ A: ¿Hay vídeo en tu habitación?
B: Sí, hay. / No, no hay.

Actividad 4: Los comentarios

Caminas por la calle *(street)* y ves a diferentes personas. Haz un comentario *(Make a comment)* sobre ellas.

✷ Brooke Shields ⟶ "¡Qué bonita!"

Roseanne Arnold, Einstein, Michael Jordan, Cybill Shepherd, Beaver Cleaver, el tío de la familia Addams, Danny DeVito

✷ Lo esencial I

I. Acciones reflexivas

1. lavarse las manos
2. afeitarse
3. cepillarse los dientes
4. cepillarse el pelo
5. ducharse
6. peinarse
7. quitarse la ropa
8. ponerse la ropa

As you do these activities every day, practice Spanish by saying what you are doing: **Me ducho, me lavo con jabón,** etc. Remember: idle time = study time.

OTRAS ACCIONES REFLEXIVAS

bañarse to bathe
desayunarse to have breakfast
levantarse to get up
maquillarse to put on make-up

Actividad 5: ¿En qué orden?

Di *(Tell)* en qué orden *(order)* haces estas acciones.

peinarse, bañarse, afeitarse, levantarse, desayunarse, cepillarse los dientes, ponerse la ropa

II. Las partes del cuerpo *(Parts of the Body)*

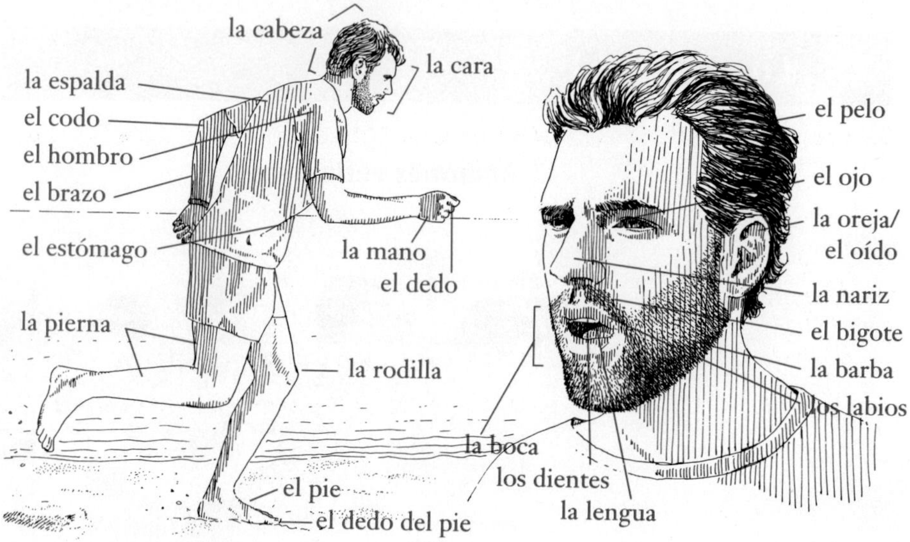

Actividad 6: Relaciones

Relaciona cada *(each)* acción reflexiva con una o más partes correspondientes del cuerpo.

afeitarse	los ojos
lavarse	las manos
peinarse	la barba
maquillarse	el pelo
cepillarse	los dientes
	las piernas
	la cara
	la boca

Actividad 7: Asociaciones

En grupos de tres, digan qué partes del cuerpo Uds. asocian con estas personas o productos.

No Nonsense
Lady Godiva
el príncipe Carlos de Inglaterra
Visine
Fidel Castro
Kleenex
Venus de Milo
Pepsodent
Reebok
Mick Jagger

Actividad 8: Adivina quién es

En parejas, "A" describe a una persona de la clase y "B" tiene que adivinar *(guess)* quién es. Después cambien de papel *(switch roles)*.

✷ A: Esta persona tiene piernas largas, ojos grandes, pelo corto y rubio y tiene barba.
B: Es . . .

¿LO SABÍAN?

Cada lengua *(language)* tiene sus dichos *(sayings)* y proverbios, y el español tiene muchos. Algunos están relacionados con las partes del cuerpo.

¡Ojo!	*Watch out!*
Ojo por ojo, diente por diente.	*An eye for an eye and a tooth for a tooth.*
Tengo la palabra en la punta de la lengua.	*I have the word on the tip of my tongue.*
Habla hasta por los codos.	*He/She runs off at the mouth.*

¿En qué situaciones puedes usar estos dichos? ¿Conoces otros dichos en inglés relacionados con las partes del cuerpo?

Hacia la comunicación I

Remember to use **el, la, los,** or **las** with titles such as **Sra., Dr.,** etc. when speaking about the person.

I. The Personal *a*

When a person receives the action of the verb directly (when it acts as a direct object), you need to use the personal **a.**

Maricarmen mira **a** Juan.
Maricarmen mira **al** Sr. López.
Maricarmen mira **a** la profesora.
BUT: Maricarmen mira la televisión.*

*NOTE: **Televisión** is not a person, therefore it does not take the personal **a. Tener** does not normally take the personal **a: Tengo un amigo.**

II. Describing Daily Routines: Reflexive Verbs

A reflexive verb is used when the subject performs and receives the action of the verb. Study the difference between these three drawings:

Ella lava el carro.
(She performs the action.)

Él se lava.
(He performs and receives the action.)

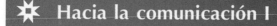

Él se lava las manos.
(He performs and receives the action.)

As a general rule, use definite articles with parts of the body: *He washes his hands* = **Él se lava las manos.**

1. In order to form reflexive verbs, you need to know the reflexive pronouns.

levantar*se* *(to get up)*	
me levant**o**	**nos** levant**amos**
te levant**as**	**os** levant**áis**
se levant**a**	**se** levant**an**

Me levant**o** temprano.	*I get up early.*
Él **se** cepill**a** los dientes después de comer.	*He brushes his teeth after he eats.*
Nos desayun**amos** en la cafetería.	*We have breakfast in the cafeteria.*

2. The reflexive pronoun precedes a simple conjugated verb form.

Todos los días **me levanto** temprano. *I get up early every day.*

3. When there is a conjugated verb + *infinitive*, the reflexive pronoun either precedes the conjugated verb or follows attached to the infinitive.

Mañana **me voy** a levantar tarde.
Mañana voy a **levantarme** tarde.
} *Tomorrow, I'm going to get up late.*

While watching TV, think about the actions taking place: **Están cantando,** etc.

III. Discussing Actions in Progress: *Estar* + *-ando/-iendo*

To discuss actions in progress, you can use the present indicative, as you saw in Chapter 3, or the present progressive. In Spanish, the present progressive is used for actions that are taking place at the moment of speaking.

—¿Qué haces?	*What are you doing?*
—**Estoy** trabaj**ando**.	*I'm working.*
—¿**Está** com**iendo** ella?	*Is she eating?*
—No, **está** escrib**iendo** una carta.	*No, she's writing a letter.*

2. To form this construction, use a form of the verb **estar** and the present participle *(-ing)* of another verb. The present participle is formed by adding **-ando** to the stems of **-ar** verbs and **-iendo** to the stems of **-er** and **-ir** verbs.

estoy estás está estamos estáis están	+	trabaj**ando** com**iendo** escrib**iendo**

NOTE: **-er** and **-ir** verbs whose stems end in a vowel substitute a **-y-** for the **-i-: leer ⟶ le*y*endo.**

Review accent rules. See Appendix C.

3. When you use a reflexive verb in the present progressive, the reflexive pronoun either precedes the conjugated form of **estar** or follows attached to the present participle.

Ella **se** está bañando.
Ella está bañándo**se**.*
} *She is bathing.*

Do mechanical drills, Workbook, Part I.

*NOTE: When the pronoun is attached to the present participle, an accent is needed on the stressed vowel of the verb.

Actividad 9: El amor de Juan Carlos

Completa esta historia *(story)* sobre Claudia y Juan Carlos con **a, al, a la, a los** o **a las** sólo *(only)* si es necesario.

____ Juan Carlos le gusta mucho Claudia y desea salir con ella, pero no sabe si ella va ____ salir con él. Está nervioso y llama ____ Teresa porque ella conoce bien ____ Claudia. Teresa sabe cómo es Claudia y le explica que ____ Claudia le gusta ir ____ cine, que los sábados por la noche baila ____ rock con sus amigos en una discoteca y que toca el saxofón y por eso va ____ bares donde tocan ____ jazz. También dice que ahora Claudia está visitando ____ amigos de sus padres que viven en Ávila y que regresa mañana. Entonces Juan Carlos decide llamar ____ Claudia mañana por la tarde.

Why do **saxofón** and **también** have a written accent?

Actividad 10: La familia Rosado

Di qué hace por la mañana la familia Rosado en un día típico.

Actividad 11: ¿Qué vas a hacer?

Decide qué vas a hacer con estas cosas.

1. un peine
2. una bañera
3. un cepillo de dientes
4. una ducha
5. café y yogur
6. un jabón

Actividad 12: Nuestra rutina

En parejas, digan qué tienen que hacer Uds. por la mañana de un día típico.

✱ Nosotros tenemos que levantarnos . . . / Nosotros nos tenemos que levantar . . .

Actividad 13: La rutina

Pregúntales a tus compañeros si hacen las siguientes actividades. Tienes que encontrar *(find)* dos personas para cada acción.

1. desayunarse todos los días en una cafetería
2. levantarse temprano los domingos
3. lavarse el pelo por la noche
4. hacer gimnasia un mínimo de tres días por semana
5. correr todos los días
6. ir al cine todas las semanas
7. ducharse dos veces por día
8. estudiar los sábados

Actividad 14: ¿Está Diana?

En parejas, "A" llama por teléfono para hablar con una persona, pero la persona está ocupada; "B" dice qué está haciendo esa persona. Después cambien de papel.

✱ B: ¿Aló?
A: Buenos días. ¿Está Diana?
B: Sí, está, pero está duchándose.
A: Ah, muchas gracias, adiós. / Ah, entonces llamo más tarde.

Actividad 15: Imagina

En parejas, cada persona selecciona tres dibujos y usa la imaginación para explicarle a su compañero/a quiénes son las personas, qué están haciendo y dónde están.

✱ Son mis amigos Mike y Eric. Mike es de Miami y Eric es de Chicago. Ellos están esquiando en Vail. Mike esquía muy bien. Eric está aprendiendo y le gusta mucho esquiar.

Nuevos horizontes

Estrategia de lectura: *Predicting*

Predicting helps you start to think about the theme of a selection before you read it. You can predict or guess what a selection will be about by looking at the title, the subtitles and illustrations, as well as by recalling what you know about the topic before you read about it.

In the following exercises, you will be asked some questions to make you aware of what you do and don't know about Machu Picchu; then you will be asked to predict the topics of the selection.

Actividad 16: ¿Qué sabes de Perú?

Contesta estas preguntas sobre Perú. Mira el mapa de Suramérica al final del libro para contestar las preguntas uno a cuatro.

1. ¿Dónde está Perú?
2. ¿Cuál es la capital de Perú?
3. ¿Qué países limitan con *(border)* Perú?
4. ¿Dónde está Machu Picchu?
5. ¿Qué es Machu Picchu?
6. ¿Quiénes son los incas?

Actividad 17: Lee y adivina

Marisel recibe un libro con una nota de José Manuel.

1. Lee la nota de José Manuel e intenta *(try)* completar el título del libro.
2. Lee el primer título de la guía (página 106). ¿Cuál es el tema?
3. Lee los cinco subtítulos y di cuál es la idea principal de cada párrafo.

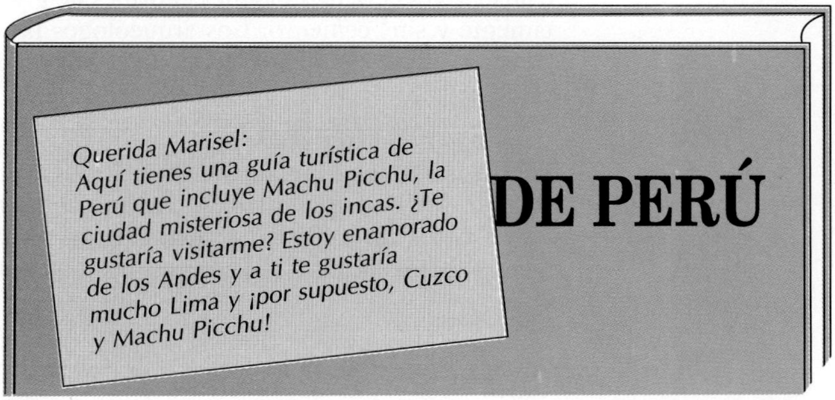

Querida Marisel:
Aquí tienes una guía turística de Perú que incluye Machu Picchu, la ciudad misteriosa de los incas. ¿Te gustaría visitarme? Estoy enamorado de los Andes y a ti te gustaría mucho Lima y ¡por supuesto, Cuzco y Machu Picchu!
DE PERÚ

Machu Picchu, la ciudad sagrada de los incas del Perú.

Machu Picchu: El lugar misterioso de los incas

Historia de Machu Picchu

En los Andes, a más de 2.500 metros está la ciudad sagrada[1] de los incas, Machu Picchu, que Hiram Bingham, arqueólogo norteamericano de la Universidad de Yale, descubrió en 1911. Según una versión de la historia de Machu Picchu, los incas construyeron la ciudad en una montaña para defender a las Mujeres Sagradas, esposas de su dios[2] el Sol. En este refugio de vírgenes, Bingham y otros arqueólogos descubrieron diez esqueletos de mujer por cada esqueleto de hombre.

Arquitectura

Machu Picchu es la construcción más perfecta de los incas. Las ruinas de la ciudad sagrada tienen bloques enormes de granito blanco colocados perfectamente y sin[3] cemento. Los arqueólogos no comprenden cómo los incas construyeron esta ciudad tan perfecta sin tener la rueda,[4] el hierro,[5] ni el cemento.

Cuzco, ciudad imperial

Para visitar Machu Picchu es necesario pasar por Cuzco, capital del Imperio Incaico. Cuzco fue construida por Manco Cápac, el primer emperador de los incas. La mayoría de las personas que viven hoy en Cuzco son descendientes de los incas; mantienen sus costumbres y hablan quechua, la lengua de los incas.

---

[1]sacred [2]god [3]without [4]wheel [5]iron

Cómo ir a Machu Picchu

La aerolínea española, Iberia, tiene vuelos directos de Madrid a Lima; también es posible viajar a Lima desde Miami por AeroPerú. De Lima se va a Cuzco por avión, por tren o por autobús y de Cuzco sale un tren que viaja 117 kilómetros hasta el pie de la montaña donde está Machu Picchu. Aunque hay muchos hoteles en Cuzco y en Lima, hay pocos en Machu Picchu y, por eso, muchas personas regresan a Cuzco después de visitar la ciudad sagrada.

Hoteles

Algunos de los hoteles que hay en Machu Picchu son el Hotel Turista, que acepta Visa, American Express, cheques de viajero y tiene restaurante; el hotel Aguas Calientes y el Albergue Juvenil, que tienen electricidad y restaurante; y el hospedaje Los Camiones, que tiene agua y electricidad desde las 6:30 hasta las 10:00 de la noche.

Actividad 18: Cierto o falso

Después de leer el texto, di si estas oraciones son ciertas o falsas. Corrige *(correct)* las oraciones falsas.

1. Machu Picchu es la capital de los incas.
2. Machu Picchu está en Lima.
3. Un arqueólogo de los Estados Unidos descubrió Machu Picchu en 1911.
4. Las construcciones de esta ciudad tienen cemento.
5. La lengua de los incas es el quechua.
6. Las personas de Cuzco no hablan quechua.
7. Para visitar Machu Picchu, visitamos Cuzco primero.
8. Hay muchos hoteles en Machu Picchu.

Estrategia de escritura: *Outlining*

In Chapter 3 you encountered one of the first steps in the process of writing: *brainstorming*. The next step is usually *outlining*, which will help you plan your writing and therefore write a more organized paragraph or essay.

An outline is an organized list of what you plan to write. It may contain details from the general to the specific. For short compositions, you can use a topic outline: a list of topics you plan to cover, without the details. For example, an outline of the first paragraph in the preceding reading might be as follows:

I. Historia
   Dónde está Machu Picchu
   Arqueólogo norteamericano
   Función de Machu Picchu

Actividad 19: El plan del autor

En grupos de tres, escriban bosquejos *(outlines)* para los otros párrafos de la guía.

Actividad 20: El bosquejo

En grupos de cuatro, Uds. son agentes de viajes. Una estudiante de Perú va a estar dos semanas en los Estados Unidos y va a visitar lugares turísticos. ¿Qué lugares de los Estados Unidos debe conocer o visitar esta estudiante? Hagan *(Make)* una lista de tres lugares que debe conocer la estudiante y organicen sus ideas en forma de bosquejo.

Lo esencial II

I. Los meses, las estaciones y el tiempo *(Months, Seasons, and the Weather)*

Un año en la provincia de Mendoza, Argentina

EL VERANO

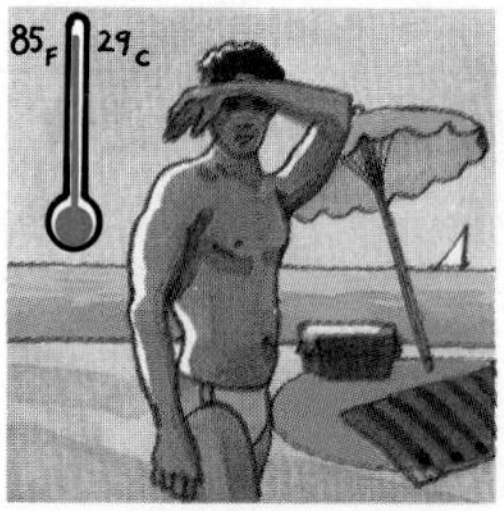

En enero hace calor.

En febrero hace sol.

En marzo está nublado.

EL OTOÑO

En abril hace mal tiempo.

En mayo hace fresco.

En junio hace frío.

Treinta días trae noviembre,
con abril, junio y septiembre;
de veintiocho sólo hay uno y
los demás de treinta y uno.

EL INVIERNO

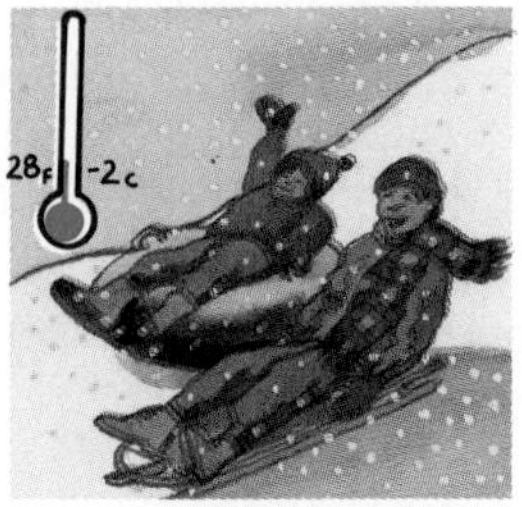

En julio nieva.

En agosto hace viento.

En septiembre hace fresco.

LA PRIMAVERA

En octubre hace buen tiempo.

En noviembre hace sol.

En diciembre llueve.

EXPRESIONES RELACIONADAS CON EL TIEMPO

centígrados centigrade/Celsius
Está a ____ grados (bajo cero). It's ____ degrees (below zero).
¿Qué tiempo hace? What's the weather like?
la temperatura temperature

¿LO SABÍAN?

En los países que están al sur de la línea del ecuador *(equator),* las estaciones no son en los mismos meses que en los Estados Unidos. Por ejemplo, cuando es invierno en este país, es verano en Uruguay; por eso, en el hemisferio sur hace calor en la Navidad *(Christmas).* Hay clases desde el otoño, en marzo, hasta noviembre o diciembre en la primavera.

II. Las fechas *(Dates)*

—¿Cuál es la fecha? What is the date?
—Hoy es el 20 de octubre.* Today is October 20th.

—¿Cuándo es la fiesta? When is the party?
—Es el 21 de marzo.* It's on March 21st.

*NOTA: El **primero** de enero, pero **el dos/tres/cuatro** . . . de enero.

Actividad 21: Los meteorólogos

En parejas, Uds. son meteorólogos que trabajan para Radio Popular. Hablen del tiempo que hace en el mundo, usando la siguiente información.

✷ Aquí en La Paz, Pepito Pérez. Hoy hace sol y la temperatura está a 16 grados centígrados. Ahora a nuestro amigo . . . en . . .

El Mundo — Las temperaturas están expresadas en grados Celsius.

Ciudad	Mín.	Máx.	Condiciones	Ciudad	Mín.	Máx.	Condiciones
Asunción	20	30	Sol	México	10	23	Sol
Atenas	6	16	Lluvia	Miami	22	27	Sol
Berlín	5	8	Nublado	Montevideo	18	21	Buen tiempo
Bogotá	7	18	Nublado	Moscú	2	6	Frío
Bruselas	7	14	Sol	Nueva York	3	3	Sol
Buenos Aires	18	22	Nublado	Panamá	30	32	Nublado
Caracas	18	28	Sol	París	9	14	Nublado
Ginebra	−9	11	Nublado	Pekín	5	14	Buen tiempo
Guatemala	14	26	Sol	Quito	8	19	Nublado
La Habana	21	26	Nublado	Río de Janeiro	19	32	Sol
La Paz	4	16	Sol	Roma	5	9	Sol
Lima	19	25	Nublado	San José	16	27	Sol
Lisboa	11	19	Nublado	San Juan	21	28	Nublado
Londres	6	13	Sol	San Salvador	21	33	Buen tiempo
Los Ángeles	11	16	Nublado	Santo Domingo	20	30	Sol
Madrid	5	20	Sol	Tegucigalpa	21	33	Buen tiempo
Managua	21	32	Sol	Washington	8	19	Sol

Actividad 22: El informe

En grupos de cuatro, escriban un informe *(report)* sobre el tiempo que va a hacer mañana en diferentes partes del país. Usen expresiones como **va a nevar/llover/ hacer sol/estar nublado/**etc. Al terminar, lean el informe a la clase, siguiendo el modelo de la Actividad 21.

Estudiante A: Honolulú
Estudiante B: Nueva York
Estudiante C: Denver
Estudiante D: Seattle

For practice, say dates that are important to your family: birthdays, anniversaries, etc.

Actividad 23: Las celebraciones

En parejas, pregúntenle a su compañero/a en qué mes o fecha específica son estas celebraciones.

✱ A: ¿Cuándo es el Día de San José?
B: Es el 19 de marzo.

1. el Día de San Valentín
2. el Día de la Independencia de los Estados Unidos
3. el Día de San Patricio
4. Navidad
5. Año Nuevo
6. el Día de la Madre
7. el Día del Padre
8. su cumpleaños

✱ El memo

Una librería en Madrid. ¿Tienen libros en inglés? ¿Tienen libros de ciencia? ¿Aceptan tarjetas de crédito?

¿podrías + ***infinitive*****?**	could you . . .?
¿Podrías ir tú?	Could you go?
Un millón de gracias.	Thanks a lot.

Teresa va a la agencia de viajes de su tío para trabajar y recibe un memo.

Actividad 24: Lee y contesta

Mira la primera parte del siguiente memo y contesta estas preguntas.

1. ¿Quién escribe el memo?
2. ¿Quién recibe el memo?
3. ¿Cuál es el tema del memo?
4. ¿Cuál es la fecha del memo?

Which was written as a Roman numeral, the day or the month?

A: Teresa
DE: tu tío Alejandro
FECHA: 20/VI/93
EN RELACIÓN A: información sobre un viaje a Argentina
HA LLAMADO: ______
LLAMAR A: ______

Tengo que ir a la librería La Casa del Libro, pero no tengo tiempo. ¿Podrías ir tú? ¿Sabes dónde está? En la Gran Vía. Tomas el metro o el autobús número dos. Tienes que llevar este paquete de información sobre vacaciones. El señor se llama Federico de Rodrigo y desea ir a esquiar con su familia a Mendoza, Argentina, el mes de agosto. Tú conoces al Sr. de Rodrigo, ¿no? Es bajo, un poco gordo y tiene la nariz larga. Trabaja en el segundo piso[1] en la sección de arte; en ese piso también se venden mapas. ¿Podrías comprar una guía urbana de Madrid de este año? Un millón de gracias.

[1]floor

Actividad 25: Preguntas

Después de leer el memo, contesta estas preguntas.

1. Teresa tiene que hacer dos cosas; ¿cuáles son?
2. ¿Dónde está la librería y cómo se llama?
3. Teresa tiene dos opciones para ir a la librería; ¿cuáles son?
4. ¿Qué se vende en el segundo piso de la librería?
5. ¿Adónde desea ir el Sr. de Rodrigo, con quiénes y por qué?

Actividad 26: Los favores

En parejas, pídanle *(ask)* favores a su compañero/a, usando la expresión **podrías** + *infinitivo.*

✱ A: ¿Podrías comprar champú?
B: Con mucho gusto. / Por supuesto. / No puedo, tengo que estudiar.

Hacia la comunicación II

I. *Saber* and *conocer*

Both **saber** and **conocer** mean *to know*, but they are used to express very different kinds of knowledge in Spanish.

A. **Saber**

1. saber + *infinitive* = to know how to do something

Claudia **sabe** tocar el saxofón.	*Claudia knows how to play the saxophone.*
Juan Carlos **sabe** esquiar.	*Juan Carlos knows how to ski.*

2. saber + *factual information* = to know something (by heart)

Teresa **sabe** el número de teléfono de Vicente.	*Teresa knows Vicente's telephone number.*
¿**Sabes** dónde está la Casa del Libro?	*Do you know where the "Casa del Libro" is?*
¿**Sabes** quién es Rubén Blades?	*Do you know who Rubén Blades is?*

B. **Conocer**

1. conocer a + *person* = to know a person

Claudia **conoce al** tío de Teresa.	*Claudia knows Teresa's uncle.*
¿**Conoces a** Marisel?	*Do you know Marisel?*

2. conocer + *noun* = to be familiar with places and things

Teresa no **conoce** Buenos Aires.	*Teresa doesn't know Buenos Aires.*
¿**Conoces** el libro *Cien años de soledad* de Gabriel García Márquez?	*Do you know the book* One Hundred Years of Solitude *by Gabriel García Márquez?*

Gabriel García Márquez, Colombian, Nobel Prize for Literature in 1982.

Demonstratives are frequently used with **aquí** (here), **allí** (there), and **allá** (there/way over there).

II. Pointing Out: Demonstrative Adjectives and Pronouns

A. Demonstrative Adjectives

Estos discos (aquí) son de jazz, **esos discos** (allí) son de música clásica y **aquellas cintas** (allá) son de rock.

Este has a *t* and you can touch it, **ese** is over there, and **aquel** is so far away you have to *yell.*

In English there are two demonstrative adjectives: *this* and *that.* In Spanish there are three: **este** *(this)*, which indicates something near the speaker; **ese** *(that)*, which indicates something farther from the speaker, and **aquel** *(that)*, which usually indicates something far away from the speaker and the listener. Many native speakers make no distinction between **ese** and **aquel**; they use them interchangeably. Since **este, ese,** and **aquel** are adjectives, they must agree with the noun they modify in gender and in number.

est**e** libr**o**	est**os** libr**os**
est**a** grabador**a**	est**as** grabador**as**
es**e**, es**a**	es**os**, es**as**
aque**l**, aque**lla**	aque**llos**, aque**llas**

B. Demonstrative Pronouns

1. To avoid repetition of a noun with a demonstrative adjective, use a demonstrative pronoun. The pronoun forms are the same as demonstrative adjectives **(esta, ese, aquellas,** etc.**)**, but may have a written accent placed over the stressed vowel: **éste, ésas, aquél,** etc. These accents are optional.

Este disco es bueno, pero **ése** que está allí es fantástico.	*This record is good, but that (other) one over there is fantastic.*

2. **Esto, eso,** and **aquello** are neuter demonstrative pronouns that refer to abstract concepts; they do not have accents.

—Voy a estudiar otorrinolaringología.	*I'm going to study otolaryngology.*
—¿Otorrinolaringología? ¿Qué es **eso**?	*Otolaryngology? What's that?*

III. Generalizing: The Impersonal *se* and the Passive *se*

1. The impersonal **se** + *third-person singular verb form* is used to express an indefinite subject, which would be expressed in English as *one, people, you,* or *they.*

Se dice que Cancún es muy bonito.	*They say Cancún is very pretty.*
En Chile **se esquía** en julio.*	*In Chile, people ski in July.*

*NOTE: You can express the same meaning by saying **Dicen . . .** or **Esquían . . .**

2. The passive **se** + *third-person verb form* is used when the person or persons doing the action are unknown or irrelevant. The action expressed by the verb is stressed. The verb agrees in number with the thing being acted upon.

Se abr**en las oficinas** de lunes a viernes.	*The offices are open from Monday through Friday.*
Se necesit**an vendedores.**	*Salespeople are needed.*
Se vend**e chocolate** en la tienda nueva.	*Chocolate is sold in the new store.*
Aquí **se** habl**a español.**	*Spanish is spoken here.*

Do mechanical drills, Workbook, Part II.

Actividad 27: ¿Sabes esquiar?

En parejas, averigüen tres cosas que su compañero/a sabe hacer y tres cosas que no sabe hacer.

✷ A: ¿Sabes bailar tango?
B: Sí, sé bailar tango. / No, no sé (pero me gustaría).

Actividad 28: ¿Conoces Chicago?

Pregúntales a tus compañeros si conocen diferentes ciudades. Si contestan que sí, pregúntales cómo son.

✷ A: ¿Conoces la ciudad de Chicago?
B: Sí.
A: ¿Cómo es?
B: Es muy bonita, pero hace mucho frío en invierno.

Actividad 29: Una persona que . . .

Busca *(Look for)* a las personas de tu clase que saben o conocen:

1. bailar salsa
2. San Francisco
3. la película E.T.
4. tocar el piano
5. el número de teléfono de la policía
6. cantar "La bamba"
7. Nueva York
8. una persona importante

La Gran Vía, una calle de cafeterías, tiendas, cines y mucho tráfico en el centro de Madrid. ¿Conoces una calle como ésta en los Estados Unidos?

Actividad 30: ¿Este disco o ése?

Completa esta conversación entre dos dependientes de una tienda de música en Puerto Rico.

Bruno: ¿De quién es el disco que tienes en la mano?
Paco: __________ disco es de Juan Luis Guerra. Es nuevo.
Bruno: Me gusta Juan Luis Guerra. Paco, ¿sabes cuánto cuestan __________ cintas de Menudo que están allá?
Paco: __________ cuestan cinco dólares con noventa y cinco centavos porque son viejas y ya no son muy populares.
Bruno: ¿Y __________ discos que veo allí, de música clásica?
Paco: ¿Cuáles? ¿__________? ¿Aquí?
Bruno: No, __________ de Plácido Domingo.
Paco: Ah, Plácido Domingo. No sé. Un momento. Tengo que mirar uno de los discos . . . sí . . . aquí está . . . __________ cuestan once dólares.

Remember to use the personal **a** with **conocer.**

Actividad 31: ¿Éste, ése o aquél?

En parejas, "A" cubre *(covers)* la información de B y "B" cubre la información de A. Uds. están en una fiesta y conocen a muchas personas, pero no a todas. Pregúntale a tu compañero/a si conoce a las personas que tú no conoces. Usa oraciones como, **¿Conoces a ese señor alto que está bailando?**

A

1. Ramón Paredes, hombre de negocios, el novio de Carmen
3. Carmen Barrios, estudiante universitaria, estudia biología
4. Miguel Jiménez, médico, 31 años, no tiene novia
6. Germán Mostaza, periodista, trabaja para *El Diario*, 27 años

B

2. Ramona Carvajal, dentista, argentina, amiga de Laura
5. Laura Salinas, economista, trabaja en el Banco Hispanoamericano
7. José Peña, geólogo, el novio de Begoña
8. Begoña Rodríguez, programadora de computadoras

Actividad 32: Los arreglos

En parejas, "A" es el/la agente de un actor famoso y "B" trabaja en un hotel. "A" necesita información sobre la ciudad, entonces le pregunta a "B".

✷ A: ¿Dónde se come bien?
B: Se come bien en . . .

correr	tomar una cerveza
comprar aspirinas	comprar una novela
nadar	escuchar música buena
bailar	comer hamburguesas buenas

Actividad 33: Las tiendas

Completa estos letreros *(signs)* de diferentes tiendas con uno de estos verbos: **comer, comprar, hablar, necesitar, vender, vivir.**

1. En un restaurante:

   ____________________ bien aquí.

2. En una joyería *(jewelry store):*

   ____________________ diamantes y esmeraldas.

3. En una agencia de viajes en Francia:

   Aquí ____________________ español.

4. En una cafetería:

   ____________________ camareros.

5. En un apartamento:

   ____
   Tel. 446 55 68

6. En un edificio *(building)* de apartamentos:

   ____________________ como un rey *(king)* en los apartamentos Villarreal.

Actividad 34: La investigación

Trabajas para Barron's y vas a escribir una evaluación de universidades norteamericanas para hispanos. Habla con varios estudiantes para averiguar sus opiniones de esta universidad. Pregunta, por ejemplo: **¿Se estudia mucho en esta universidad? / Se dice que se estudia mucho en esta universidad, ¿es verdad? / ¿Estudian mucho los estudiantes en esta universidad?**

La universidad

Se dice que . . .	Sí	No	No sé
se estudia mucho	___	___	___
se aprende mucho	___	___	___
se ofrecen muchas clases diferentes	___	___	___
se hace mucha investigación	___	___	___
hay muchas bibliotecas buenas	___	___	___
los profesores conocen personalmente a los estudiantes	___	___	___

La vida de los estudiantes

Se dice que . . .	Sí	No	No sé
hay piscinas y gimnasios para los estudiantes	___	___	___
se vive bien en las residencias	___	___	___
se come bien en las cafeterías	___	___	___
se ofrecen conciertos buenos	___	___	___
se habla de política	___	___	___
hay asociaciones estudiantiles	___	___	___

Esta universidad es . . .

___ excelente ___ buena ___ regular ___ mala

Estudio en esta universidad porque ______________________

Be attentive to accentuation and punctuation.

Actividad 35: La evaluación

Usa la información de las entrevistas *(interviews)* y escribe la evaluación. Sigue este bosquejo.

I. Introducción
   Nombre de la universidad y dónde está
   Si es buena o mala

II. La universidad y la vida académica
   Profesores y relaciones con los profesores
   Bibliotecas
   Clases e investigación

Remember: dorm = **residencia** (Hispanic America), **colegio mayor** (Spain).

III. La vida de los estudiantes
   Residencias
   Diversiones

IV. Conclusión
   Evaluación global
   Citas *(quotes)* de los estudiantes

Vocabulario funcional

VERBOS REFLEXIVOS

Ver página 97.

LAS PARTES DEL CUERPO

Ver página 98.

ADJETIVOS Y PRONOMBRES DEMOSTRATIVOS

Ver páginas 114–115.

EL TIEMPO

centígrados	*centigrade/Celsius*
Está a ____ grados (bajo cero).	*It's ____ degrees (below zero).*
está nublado	*it's cloudy*
hace buen/mal tiempo	*it's nice/bad out*
hace calor/frío	*it's hot/cold*
hace fresco	*it's chilly*
hace sol	*it's sunny*
hace viento	*it's windy*
llover/llueve	*to rain/it's raining*
nevar/nieva	*to snow/it's snowing*
¿Qué tiempo hace?	*What's the weather like?*
la temperatura	*temperature*

LOS MESES

Ver páginas 108–109.

LAS ESTACIONES

el invierno	*winter*
el otoño	*fall*
la primavera	*spring*
el verano	*summer*

EXPRESIONES DE TIEMPO Y FECHAS

el año	*year*
el cumpleaños	*birthday*
la fecha	*date*
el mes	*month*

PALABRAS Y EXPRESIONES ÚTILES

allá	*over there*
allí	*there*
aquí	*here*
la carta	*letter*
deber + *infinitive*	*ought/should* + verb
hay	*there is/there are*
Un millón de gracias.	*Thanks a lot.*
ocupado/a	*busy*
¿podrías + *infinitive*?	*could you . . .*
¡Qué + *adjective*!	*How* + adjective!
subir	*to go up, climb*
temprano	*early*

CAPÍTULO 5

Una tarde tranquila en Las Ramblas, una avenida grande de Barcelona. Detrás de estas personas hay un cine. ¿Cómo se llama la película?

Chapter Objectives

- Expressing feelings
- Telling time
- Discussing clothing
- Indicating purpose and reason
- Specifying the location of something
- Discussing present and future events

Esta noche no estudiamos

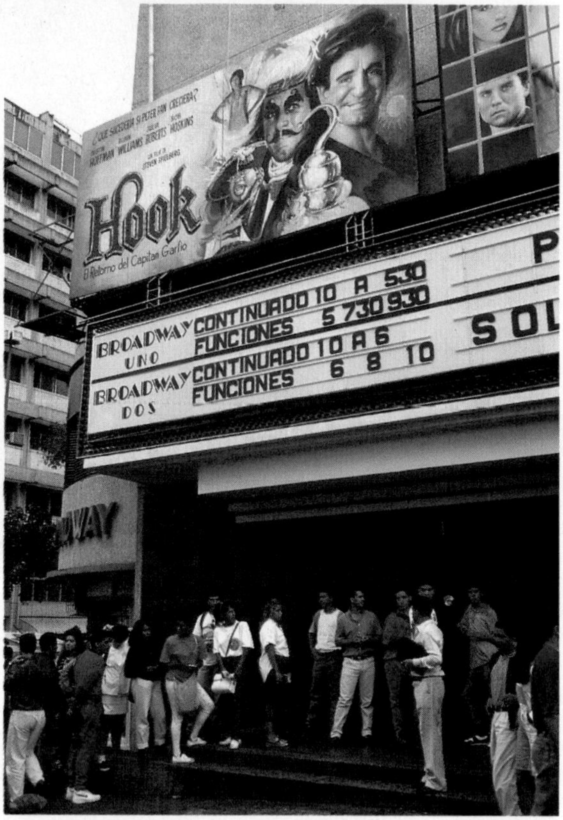

Un cine en Caracas, Venezuela. Las personas hacen cola para comprar entradas para ver la película *Hook*. ¿Hay muchas películas de otros países en tu ciudad? ¿Son dobladas o con subtítulos?

Me fascina/n.	I love it/them.
¡No me diga/s!	No kidding!

Juan Carlos y Claudia están en una cafetería haciendo planes para esta noche.

Actividad 1: Marca las películas

Mientras escuchas la conversación, marca sólo las películas que mencionan Juan Carlos y Claudia. ¡Ojo! Algunas no son películas.

_____ Vértigo	_____ Doña Bárbara
_____ Groucho	_____ María Félix
_____ Casablanca	_____ Psicosis

Inviting

Offering an option

Discussing future time

Telling time

JUAN CARLOS	Bueno, entonces ¿qué te gustaría hacer?
CLAUDIA	No sé.
JUAN CARLOS	¿Te gusta el jazz?
CLAUDIA	¡Uy! Me fascina, pero esta noche no.
JUAN CARLOS	¿Y entonces? ¿Prefieres ir al cine?
CLAUDIA	Sí, me gustaría ver una película vieja.
JUAN CARLOS	Bueno, puedo mirar en un periódico. Camarero. ¿Tiene Ud. un periódico de hoy? Y por favor, otra cerveza que tengo sed.
CAMARERO	Sí, cómo no, señor . . . Aquí está.
JUAN CARLOS	Gracias . . . Vamos a ver . . . En el Alphaville podemos ver *Vértigo* de Hitchcock.
CLAUDIA	Es una película muy buena, pero ¿qué más hay?
JUAN CARLOS	*Doña Bárbara* está en el Cinestudio Groucho.
CLAUDIA	¡Ay! No me gusta la actriz María Félix y es con ella, ¿no?
JUAN CARLOS	Sí . . . También está *Casablanca*.
CLAUDIA	¡No me digas! ¡Qué bueno! Vamos a ésa.
JUAN CARLOS	¿Te gusta Humphrey Bogart?
CLAUDIA	Sí, y me fascina Ingrid Bergman.
JUAN CARLOS	Bueno. La película empieza a las 9:35 en el Cine Luna.
CLAUDIA	¡Uy! Y son las 8:30. Voy a llamar a Vicente y a Teresa para salir a comer después. Ellos también van al cine esta noche.
JUAN CARLOS	O.K. Podemos ir a un restaurante a comer comida china.
CLAUDIA	¡Perfecto!

Actividad 2: Preguntas

Después de escuchar la conversación otra vez *(again)*, contesta estas preguntas.

1. ¿Qué van a hacer esta noche Juan Carlos y Claudia?
2. ¿Dónde buscan información?
3. ¿Qué película van a ver?
4. ¿Conoces esta película? ¿Qué tipo de película es, violenta o romántica? ¿Es un drama o una comedia?
5. ¿Qué van a hacer Juan Carlos y Claudia después del cine?

Actividad 3: Películas norteamericanas

Adivina el nombre en inglés de estas películas norteamericanas.

1. La guerra de las galaxias
2. Lo que el viento se llevó
3. El graduado
4. El cartero llama dos veces
5. El turista accidental
6. El hombre elefante
7. Cuando Harry encontró a Sally
8. Atracción fatal

Actividad 4: Una entrevista

Clasifica *(Rate)* los siguientes tipos de películas en una escala de uno a cinco.

1 no me gustan nada
2 no me gustan
3 me gustan
4 me gustan mucho
5 me fascinan

_____ románticas
_____ de horror
_____ de ciencia ficción
_____ documentales
_____ religiosas
_____ cómicas
_____ dramáticas
_____ de Disney
_____ de suspenso
_____ de violencia

Ahora, en parejas, entrevisten a su compañero/a para ver qué tipo de películas le gusta y cuáles son sus películas, actores, actrices y directores favoritos.

✷ A: ¿Te gustan las películas de horror?
B: No, no me gustan nada.
A: . . .

✷ Lo esencial I

Every time you look at your watch think of the time in Spanish.

The hour may be written 4 different ways depending on the country: **10.00/10,00/10'00/10:00.**

I. La hora, los minutos y los segundos

Es la una y cuarto.

Son las ocho menos diez.

Son las cinco y media.

Es mediodía.

Es medianoche.

EN EL AEROPUERTO

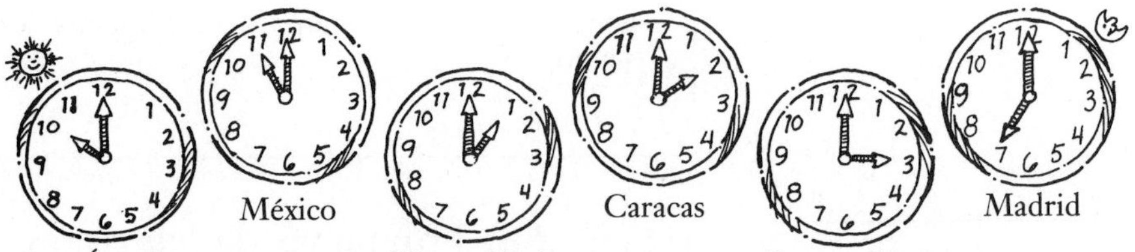

Los Ángeles México Nueva York Caracas Buenos Aires Madrid

¿Qué hora **es** en Los Ángeles?	**Son las diez** de la mañana.
¿Qué hora **es** en Nueva York?	**Es la una** de la tarde.
¿Qué hora **es** en Madrid?	**Son las siete** de la tarde.

¡OJO! Son las once *de* la noche. (with a specific time)
Nunca estudio *por* la noche. (with a general time period)

Actividad 5: La hora en el mundo

Tú estás en el aeropuerto de México. En parejas, miren los relojes de la sección *En el aeropuerto* y pregúntenle a su compañero/a la hora en las diferentes ciudades. Después cambien de papel.

✱ 6:15 A.M. ¿Madrid?

A: Si en México son las 6:15 de la mañana, ¿qué hora es en Madrid?
B: En Madrid son las 2:15 de la tarde.

HORA EN MÉXICO

1. 1:15 A.M. ¿Nueva York?
2. 5:50 A.M. ¿Caracas?
3. 4:25 P.M. ¿Los Ángeles?
4. 3:30 P.M. ¿Buenos Aires?
5. 7:16 A.M. ¿Caracas?
6. 10:20 P.M. ¿Madrid?
7. 8:45 A.M. ¿Nueva York?
8. 2:12 P.M. ¿Madrid?

¿LO SABÍAN?

El uso de "buenas tardes" o "buenas noches" varía entre los países hispanos. En países como Ecuador, Colombia y Venezuela hay doce horas de día y doce horas de noche, porque estos países están cerca de la línea del ecuador. Por eso, la tarde para ellos empieza más o menos después de las 12:00 y termina más o menos a las 6:00, cuando ya casi no hay sol; después de esa hora, generalmente se dice "buenas noches". En cambio, en España, por ejemplo, la tarde empieza como a las 3:00 después de comer y termina a las 10:00, cuando muchos españoles cenan. Por lo tanto, los españoles generalmente empiezan a decir "buenas noches" a partir de las 10:00.

Note: **Son las 7:00** = It is 7:00; **El concierto es a las 7:00** = The concert is at 7:00. Practice this latter construction when reading movie schedules, TV guides, etc.

Actividad 6: Programas de televisión

En grupos de tres, miren esta página de una guía de televisión y pregunten a qué hora son los diferentes programas.

✱ A: ¿A qué hora es "La ley de Los Ángeles"?
B: Es a la/las . . .

TVE-1

NOCHE

8.30 Telediario-2.
9.00 El tiempo.

9.15 La ley de Los Angeles.

Episodio 42. Leland se ve en el compromiso de defender a un amigo suyo que ha sido acusado de agredir a otro con una pierna ortopédica.

10.15 Derecho a discrepar.
Coloquio moderado por Miguel Angel Gozalo.

11.45 A media voz.
12.15 Telediario-3.
12.35 Teledeporte.

TVE-2

NOCHE

9.00 Vía olímpica.
Gimnasia deportiva.
9,05 Suplementos-4.
Campo y mar.
9.35 Todo motor.

10.05 Jueves cine.

La matanza de Texas (1974). Dirección: Tobe Hooper. Intérpretes: Marylin Burns, Allen Danzinger.

Un grupo de jóvenes que acude a visitar el cementerio de un pequeño pueblo tejano, se ve inmerso en una pesadilla de terror.

11.30 Metrópolis.
12.00 Despedida y cierre.

Actividad 7: Adivinanzas

En grupos de tres, completen estas adivinanzas *(guessing games)* sobre la hora y los meses.

✷ 60 s. en un m. ⟶ 60 segundos en un minuto

1. 60 m. en una h.
2. 52 s. en un a.
3. 24 h. en un d.
4. 28 d. en f.
5. 2 d. en un f. de s.
6. 12 m. en un a.
7. 7 d. en una s.
8. 4 s. en un m.
9. 30 d. en n., a., j. y s.

II. Las sensaciones

1. Tienen frío.
2. Tiene calor.

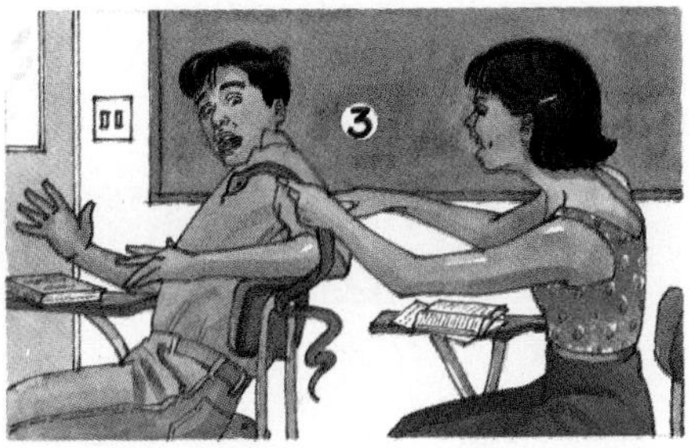

3. Tiene miedo.

4. Tienen hambre.
5. Tiene sed.

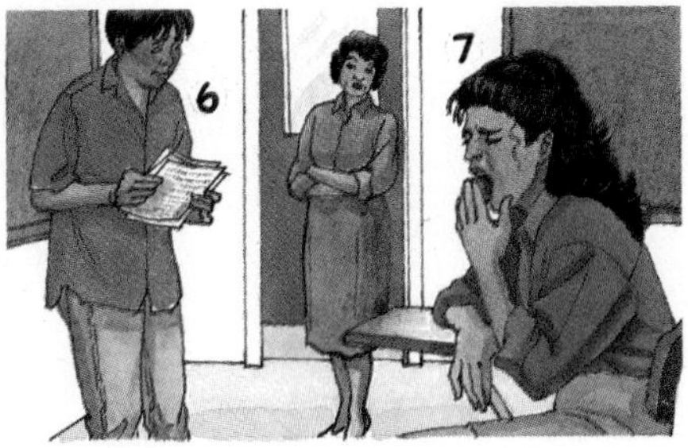

6. Tiene vergüenza.
7. Tiene sueño.

Actividad 8: ¿Cómo se sienten Uds.?

Di qué sensaciones tienen estas personas en las siguientes situaciones.

✷ Si veo un ratón, tengo miedo.

1. Si estás en la playa, . . .
2. En el mes de enero, . . .
3. Después de correr cuatro kilómetros, . . .
4. Si tu amigo ve una película de horror, . . .
5. Si estudias toda la noche, . . .
6. Si voy al dentista, . . .
7. Si deseamos beber una Coca-Cola, . . .
8. Si no comes durante *(during)* ocho horas, . . .

Actividad 9: ¿Cuándo tienes miedo?

En parejas, pregúntenle a su compañero/a en qué situaciones tiene frío, calor, miedo, sueño, sed, vergüenza y hambre.

✷ A: ¿Cuándo tienes vergüenza?
B: Cuando . . .

✷ Hacia la comunicación I

Expressing Habitual and Future Actions and Actions in Progress: Stem-changing Verbs

Drill yourself on these forms.

1. Stem-changing verbs, like regular **-ar, -er,** and **-ir** verbs in the present indicative, express habitual actions as well as actions in progress and future actions. They have the same endings as regular **-ar, -er,** and **-ir** verbs, but there is a vowel change in the last syllable of the stem. You have already seen an irregular verb that has a stem change: **tener (tienes, tiene, tienen).** Stem-changing verbs are often referred to as *boot verbs* (since the conjugation resembles a boot). This should help you remember in which persons the changes occur. (See charts that follow.)

entender (e > ie)	
ent**ie**ndo	entendemos
ent**ie**ndes	entendéis
ent**ie**nde	ent**ie**nden

poder (o > ue)	
p**ue**do	podemos
p**ue**des	podéis
p**ue**de	p**ue**den

pedir (e > i)	
pido	pedimos
pides	pedís
pide	piden

jugar (u > ue)	
juego	jugamos
juegas	jugáis
juega	juegan

¿Entiendes la explicación? — *Do you understand the explanation?*
Mañana no puedo ir. — *I can't go tomorrow.*
Siempre pedimos agua. — *We always order (ask for) water.*
Los chicos juegan al fútbol. — *The kids play soccer.*

Stem-changing Verbs

Note changes in meanings when some verbs become reflexive.

e > ie
cerrar to close
comenzar to begin
despertar to wake someone up
despertarse* to wake up
divertirse* to have fun
empezar to begin
entender to understand
pensar (en) to think (about)
pensar + *infinitivo* to plan to
perder to lose
preferir to prefer
querer to want; to love
sentarse* to sit down
venir** to come

For things you are physically able/unable to do, use **poder;** for things you know/don't know how to do, use **saber.**

o > ue
acostar to put someone to bed
acostarse* to go to bed
almorzar to have lunch
costar to cost
dormir to sleep
dormirse* to fall asleep
encontrar to find
poder to be able, can
probar to taste
probarse* to try on (clothes)
volver to return, come back

e > i
decir** to say; to tell
pedir to ask for
servir to serve
vestirse* to get dressed

u > ue
jugar to play (a sport or game)

*NOTE: Verbs with an asterisk are reflexive verbs; for example, **sentarse: Yo me siento.**

NOTE: Verbs with two asterisks are conjugated the same as stem-changing verbs in the present indicative, except for a different **yo form: **digo, vengo.**

2. Stem-changing verbs that end in **-ir** also have a change in the present participle.

o > ue > **u**	dormir ⟶ d**u**rmiendo
e > ie > **i**	divertirse ⟶ div**i**rtiéndose
e > i > **i**	servir ⟶ s**i**rviendo

El niño está d**u**rmiendo.	*The child is sleeping.*
Nos estamos div**i**rtiendo mucho.	*We're enjoying ourselves a lot./We're having fun.*
Ahora estoy s**i**rviendo la comida.	*I'm serving the meal now.*

Do mechanical drills, Workbook, Part I.

Actividad 10: La agenda de Álvaro

En parejas, "A" cubre la Columna B y "B" cubre la Columna A. Para completar la agenda de Álvaro, pregúntenle a su compañero/a qué día va a hacer Álvaro las cosas de su lista y a qué hora empieza cada actividad.

Remember: **¿A qué hora** ...? refers to the time at which something takes place. **¿Qué hora es?** refers to present time.

✱ A: ¿Qué día es el examen de cálculo?
B: Es el . . .
A: ¿A qué hora empieza . . . ?
B: . . .

A

1. el examen de cálculo
2. la película de Almodóvar en la televisión
3. el concierto de Les Luthiers

B

1. la fiesta de Vicente
2. la exhibición de Dalí
3. el torneo de tenis

9	*lunes*	
10	*martes*	5:30 exhibición de Dalí
11	*miércoles*	12:45 torneo de tenis
12	*jueves*	
13	*viernes*	
14	*sábado*	10:00 fiesta de Vicente
15	*domingo*	

9	*lunes*	3:15 examen de cálculo
10	*martes*	
11	*miércoles*	
12	*jueves*	8:30 película de Almodóvar
13	*viernes*	10:00 concierto de Les Luthiers
14	*sábado*	
15	*domingo*	

Actividad 11: Los deportes

Fútbol americano = football; **fútbol** = soccer.

Habla con varios estudiantes (un mínimo de cinco) y pregúntales si juegan al béisbol, al basquetbol, al fútbol americano, al fútbol, al tenis o al voleibol, y cuándo juegan estos deportes.

✷ A: ¿Juegas al béisbol?
B: Sí, juego muy bien. / No, juego al golf. / No, prefiero jugar al tenis.
A: ¿Cuándo juegas?
B: En el verano. / Todos los días. / Los sábados. / (etc.)

Actividad 12: La vida de Gloria

At home, analyze why the following words do or don't have accents: **así, café, después, entonces, hambre, oficina.**

Completa la historia sobre un día en la vida de Gloria (páginas 131–132) con la forma correcta del verbo indicado; después pon *(put)* los párrafos en orden.

A la 1:30 ________ (almorzar) en una cafetería. Después voy a la universidad para estudiar. A las 6:00 yo ________ (volver) a casa y mi niño y yo ________ (divertirse) un poco. A las 7:00 ________ (servir) la comida y el niño ________ (acostarse) a las 8:30. Por fin yo ________ (sentarse) y estudio y a veces ________ (dormirse) con el libro en la mano. Así es mi vida. ¿Te gusta? A mí, ¡me fascina . . . !

En las películas las personas siempre están contentas y tienen una vida ideal. ¡Pero mi vida no es así! Yo ________ (dormir) poco, ________ (despertarse) a las 5:30 de la mañana, ________ (ducharse) y ________ (vestirse). Siempre tengo mucha prisa. Después yo ________ (despertar) a mi hijo de tres años y él ________ (pedir) el desayuno porque este niño siempre ________ (tener) hambre. A las 7:00 ________ (venir) mi hermana para estar con el niño. Entonces yo ________ (salir) de la casa con mucho cuidado y ________ (cerrar) la puerta silenciosamente porque si el niño ________ (saber) que su madre sale, ________ (empezar) a llorar porque ________ (querer) estar con su mamá.

Al llegar a la oficina, los directores me ______________ qué tengo
(decir)
que hacer. Siempre ______________ cosas imposibles y ______________
(pedir) (querer)
todo en cinco minutos. Nosotras, las secretarias, no ______________
(poder)
beber café ni recibir llamadas personales. ______________ que los di-
(Pensar)
rectores no son directores sino DICTADORES.

Actividad 13: Invitación y excusa

En parejas, una persona invita a su compañero/a a hacer una de las actividades que a él/ella le gustan. La otra persona da una excusa *(gives an excuse)* diciendo por qué no puede.

✷ A: ¿Quieres ir a esquiar?
B: Me gustaría, pero no puedo porque { no tengo tiempo. / no tengo dinero. / necesito estudiar. / vienen mis padres. / (etc.) }

Actividad 14: El cantante salvadoreño

En parejas, escojan el papel A o B y lean las instrucciones para su papel. Cubran las instrucciones para el papel de su compañero/a. Después, mantengan *(have)* una conversación telefónica imaginaria, según las indicaciones.

PAPEL A

Eres hispano/a y trabajas para el Madison Square Garden. Esta semana tienes que recibir a un cantante de El Salvador, Nelson Fernández, que es muy famoso pero también muy excéntrico. Tienes que organizar un horario *(schedule)* de actividades para él. Necesitas saber qué le gusta hacer y cuándo. Esta nota es de tu jefe *(boss).*

Juan/Juana:

Fernández is arriving on Sunday. His concert is on Tuesday, so you need to entertain him on Monday. They say he's wacko. We need to make him happy, so it's up to you. Phone him and find out the following information: (1) When does he wake up? (2) Breakfast: when and where? (3) Preferences for a tour: Greenwich Village, Soho, Empire State, Wall Street (4) Lunch: when and where? (5) Shopping? Bloomingdale's, Saks, Macy's? and (6) Does he nap?

Specific plans: Talk with David Letterman at 5:30 and Geraldo Rivera at 6:15. Party at Geraldo's at 9:00.

PAPEL B

Tú eres el señor Nelson Fernández, un cantante salvadoreño muy excéntrico. El domingo vas a Nueva York y vas a cantar en el Madison Square Garden el martes. No tienes que trabajar el lunes. Una persona del Madison Square Garden te llama por teléfono porque quiere saber qué te gustaría hacer ese día. A ti te gusta dormir muy tarde por las mañanas porque te acuestas a las 3:15 de la mañana todos los días. Siempre te desayunas en un parque. Quieres ver el metro de Nueva York y hablar con muchas personas. Sabes que tienes que hablar con unas personas de la televisión, pero quieres ir a un club a escuchar a Woody Allen tocar el clarinete.

Nuevos horizontes

Estrategia de lectura: *Dealing With Unfamiliar Words*

As was discussed in the Preliminary Chapter, in Spanish there are many cognates (words similar to English words). However, there are other words that might be completely unfamiliar to you that are important to the understanding of an idea. A natural tendency when encountering an unknown word is to look it up in the dictionary. What follows are alternate strategies you can use to deal with unfamiliar words while reading:

1. Identify the grammatical form of the word. For example, if it is a noun, it can refer to a person, place, or thing; if it is a verb, it can refer to an action or state.
2. Try to extract the word's meaning from the context.
3. Check whether the word or expression is explained by the writer.
4. Check whether the word reappears in another context.

These strategies will help you make a reasonable guess regarding the word's meaning. If the meaning is still unclear, the next step would be to consult a dictionary. You will have a chance to practice these strategies after reading the selection.

Actividad 15: Lee y contesta

Lee el título del texto y contesta las siguientes preguntas.

1. ¿Sabes qué formas de gobierno hay en los países suramericanos?
2. ¿Son estables estos gobiernos?
3. ¿Conoces a alguien que no puede vivir en su país por motivos políticos? ¿Cuál era *(was)* la ocupación de esa persona en su país?

Unos jóvenes reparten propaganda política en Santiago, Chile. Después de casi 20 años de dictadura militar, la gente se prepara para participar en la democracia. ¿Cuántos partidos políticos hay en los Estados Unidos? ¿Es común tener dos o más partidos en otros países?

¿Democracia o dictadura?

La situación política en Suramérica varía de país a país, aunque en la década de los ochenta hay una tendencia general hacia la democracia, que continúa en los noventa. Por un lado, hay países como Colombia, donde existe la democracia desde principios de siglo, con sólo tres años y medio de dictadura. Por otro lado, se encuentran países como Argentina, Perú y Uruguay, que vacilan entre democracia y dictadura. La situación de Bolivia es más extrema, con más de cien golpes militares[1] en el siglo XX. Cuando hay golpes militares, muchas personas, especialmente artistas e intelectuales, salen del país porque no pueden expresar sus ideas con libertad. Este éxodo se llama "fuga de cerebros".

Esta "fuga de cerebros" ocurre en Chile en 1973, después del golpe militar al gobierno democrático del presidente Allende. Es entonces cuando comienza la dictadura del general Pinochet. Entre las personas que salen del país está Miguel Littín, un director de cine. En 1985 él vuelve a Chile con una identidad falsa y con el pretexto de filmar un anuncio publicitario para Uruguay, pero su verdadero propósito es filmar un documental sobre los chilenos y la dictadura.

Littín usa tres grupos de filmación europeos que, como él, entran en Chile con diferentes pretextos artísticos. También trabajan jóvenes chilenos en el proyecto porque el director necesita ayuda extra. Littín filma en Chile durante seis semanas y después de seis meses de revisiones en España, produce una película para el cine y otra para la televisión. Las dos películas tienen un gran éxito[2] en Europa.

---

[1]**golpes . . .** coups d'état [2]success

En 1988, el director Littín entra en Chile, pero esta vez con su identidad real para votar en el referéndum sobre la continuación de la dictadura militar. La mayoría de los ciudadanos votan "no" a la dictadura y por eso hay elecciones en 1989. De esta manera, Chile se suma a la lista de los países suramericanos que logran la restauración de la democracia.

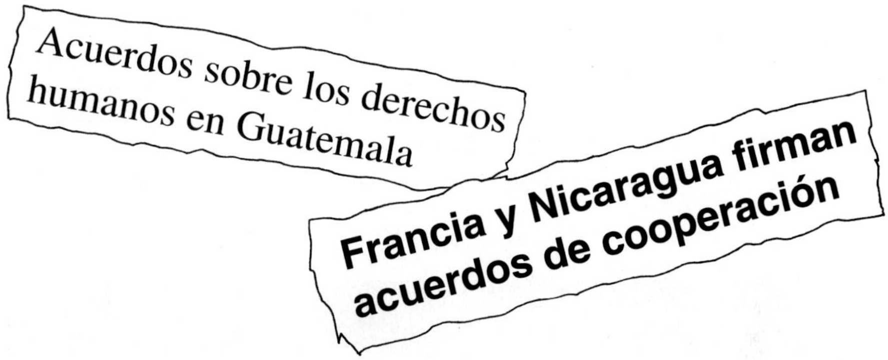

Acuerdos sobre los derechos humanos en Guatemala
Francia y Nicaragua firman acuerdos de cooperación

Actividad 16: Palabras desconocidas

Busca las siguientes palabras en el texto que acabas de leer *(have just read)* y adivina sus significados usando las estrategias de lectura sugeridas en este capítulo. Después compara tus definiciones con las de un/a compañero/a.

1. fuga de cerebros (línea 10)
2. verdadero propósito (línea 16)
3. ayuda (línea 20)
4. se suma (línea 27)

Actividad 17: ¿Cierto, falso o no se sabe?

Después de leer el texto, indica si las siguientes oraciones son ciertas (C), falsas (F) o si el texto no habla de ellas (NH).

1. _____ Uruguay es un país políticamente estable.
2. _____ La dictadura de Pinochet comienza después de un golpe militar.
3. _____ En 1985 Littín va a su país a hacer una película sobre los inmigrantes.
4. _____ Las películas de Littín triunfan en Europa.
5. _____ Los chilenos quieren tener democracia en su país.

Estrategia de escritura: *Writing a Synopsis*

There are times when we need to remember information that we find in written material. One way to remember is to list the main facts in telegramlike form, in what is called a **cuadro sinóptico.**

Actividad 18: La aventura de Littín

Completa el siguiente cuadro sinóptico sobre la aventura de Littín. Recuerda que sólo se escribe la información importante.

1973: Golpe, fin de Allende, dictadura de Pinochet, Littín sale
1985: ______________________________
Verdadero propósito: ______________ Falso: ______________
Trabaja con: 1. ______________________________
2. ______________________________
Tiempo de trabajo: ______________________________
1988: Littín ______________________________
Propósito: ______________________________

Lo esencial II

Colors are adjectives and agree in number with the noun they modify. Those that end in **-o** also agree in gender.

Identify colors in Spanish as you walk down the street.

I. Los colores

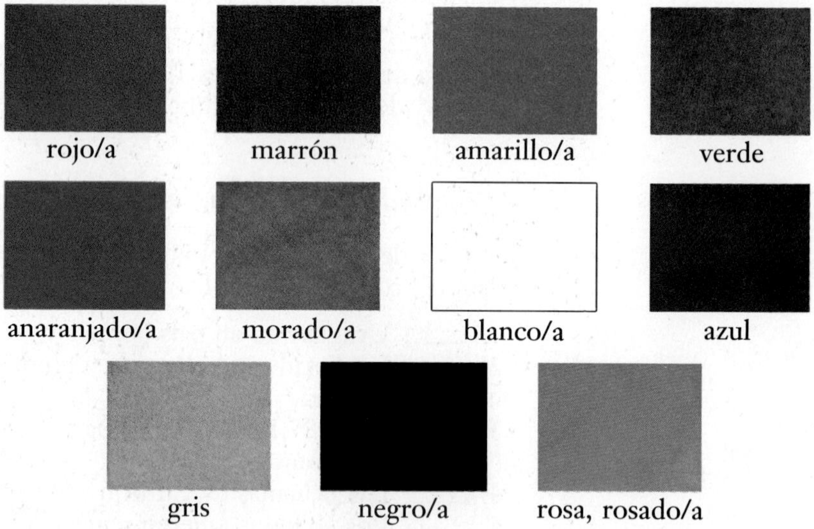

¿LO SABÍAN?

En español, como en inglés, los colores representan diferentes ideas. Por ejemplo, en inglés se dice *"He's/She's blue"* cuando una persona está triste. Adivina qué significan estas expresiones en español: "ver todo color de rosa", "ver todo negro" y "un chiste *(joke)* verde". Mira las respuestas al pie de la página.

Actividad 19: Asociaciones

En grupos de cinco, digan qué colores asocian Uds. con estas cosas.

1. el 14 de febrero
2. el elefante
3. la noche
4. la Coca-Cola
5. el chocolate
6. las plantas
7. el 25 de diciembre
8. el inspector Clouseau y la pantera . . .
9. el arco de McDonald's
10. el café
11. el 4 de julio
12. la crema Nivea
13. el jabón Ivory
14. el 17 de marzo

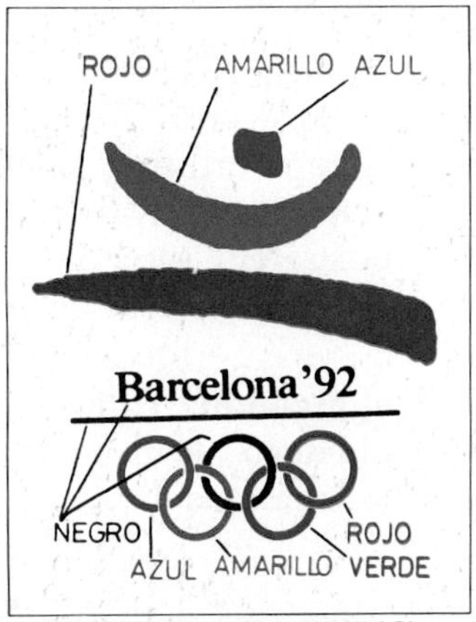

Logotipo de los JJ OO de Barcelona 92, obra de José María Trías.

Actividad 20: El profesor preguntón

En grupos de cinco, uno de Uds. es el profesor que pregunta los colores de cosas que hay en la clase.

✷ Profesor: ¿De qué color es el bolígrafo de Peter?
Estudiante: Es rojo.

Respuestas: *to see everything through rose-colored glasses; to be a pessimist; a dirty joke*

II. La ropa y los materiales *(Clothes and Materials)*

MÁS ROPA

el abrigo coat
la camiseta T-shirt
la ropa interior men's/women's underwear
el suéter sweater
el traje suit
el traje de baño bathing suit
el vestido dress
los (zapatos de) tenis tennis shoes

LOS MATERIALES

el algodón cotton
el cuero leather
la lana wool
el nailon/nilón nylon
el rayón rayon
la seda silk

¿LO SABÍAN?

Como en las zonas tropicales de Hispanoamérica hace calor, con frecuencia los hombres no llevan chaqueta; muchos prefieren llevar guayabera, que es un tipo de camisa muy fresca. Hay guayaberas para uso diario y también hay guayaberas muy elegantes que muchos hombres llevan en vez de traje con corbata.

Un hombre entrevista a otro para un reportaje de la televisión. Los dos hombres llevan guayaberas, camisas típicas del Caribe.

Actividad 21: ¿Qué llevan?

En parejas, describan qué ropa llevan estos dos modelos. Deben decir el color y el material de cada artículo.

Dos modelos en un parque.

Each morning, describe to yourself what you are wearing: the article of clothing, material, and color.

Actividad 22: De compras

Tienes un amigo y una amiga que van a celebrar sus cumpleaños este mes. Decide qué vas a comprar del siguiente catálogo: una cosa para él, una cosa para ella y otra cosa para ti. Después, en parejas, hablen de qué van a comprar, de qué colores y por qué van a comprar esas cosas. Usen oraciones como, **Voy a comprar una blusa de seda roja para mi amiga porque . . .**

A: Vestido de algodón, lavar a máquina. Colores: rosado, morado o amarillo. Talla: P, M, G, XG.
B: Chaquetas de cuero. Colores: negro, marrón oscuro, marrón claro.
C: Botas de cuero Gacela de Chile con tacón alto. Número: 35–40.

D: Trajes informales de lana para todas las ocasiones. Colores: gris, azul o negro.
E: Camisetas de algodón. Colores: blanco o azul.
F: Sombrero de cuero.
G: Abrigo de lana. Color: beige.
H: Gafas de sol Oscar de la Renta.
I: Zapatos de tenis Nike.

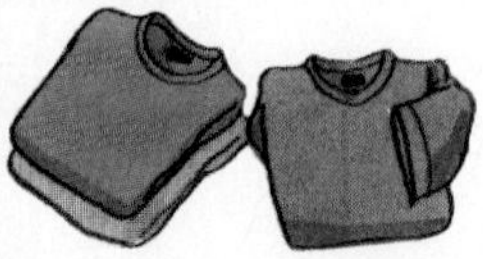
Camisetas de algodón.

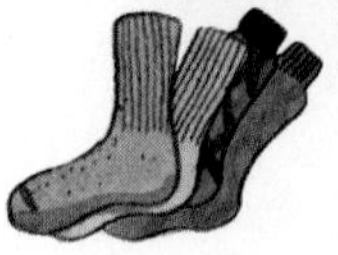
Medias de algodón y lana.

Trajes de baño. Colores: rojo con lunares amarillos o amarillo con lunares morados.

Faldas clásicas de lana en muchos colores.

Blusas de seda de Carolina Herrera.

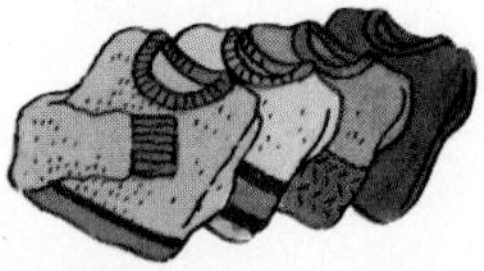
Suéteres, lavar a mano, colores variados.

Talla = clothes size; **número** = shoe size.

Actividad 23: El pedido

En parejas, una persona va a llamar a la tienda del catálogo de la *Actividad 22* para pedir la ropa; la otra persona va a recibir la llamada. Usen las siguientes expresiones en la conversación.

A	B
¿Cuánto cuesta . . . ?	No tenemos la talla . . .
¿Tiene Ud. . . . en azul?	Cuesta . . .
¿Tiene Ud. . . . en talla . . . ?	¿De qué color quiere . . . ?
¿De qué (material) es . . . ?	¿Va a pagar con Visa, American Express o MasterCard?
Es muy caro/barato.	¿Cuál es el número de su tarjeta de [Visa]?
Me gustaría comprar . . .	¿Dónde vive Ud.?

Actividad 24: La noche de los Oscars

En parejas, Uds. están trabajando como reporteros en la ceremonia de los Oscars. Al llegar las estrellas, Uds. tienen que decir qué ropa llevan y con quién vienen.

✷ A: Michael Jackson lleva pantalones y chaqueta de cuero y viene con Brooke Shields.
B: Ella lleva . . .

Las estrellas: Cher, Willie Nelson, Joan Collins, Bette Midler, Bill Cosby, Vanna White, Dan Aykroyd, Danny DeVito, Whoopi Goldberg, Steve Martin, etc.

Un grupo de puertorriqueños miran un crucero que lleva a muchos turistas a la isla. El turismo forma una parte importante de la economía de Puerto Rico. ¿Cuántos hombres llevan guayaberas?

De compras en San Juan

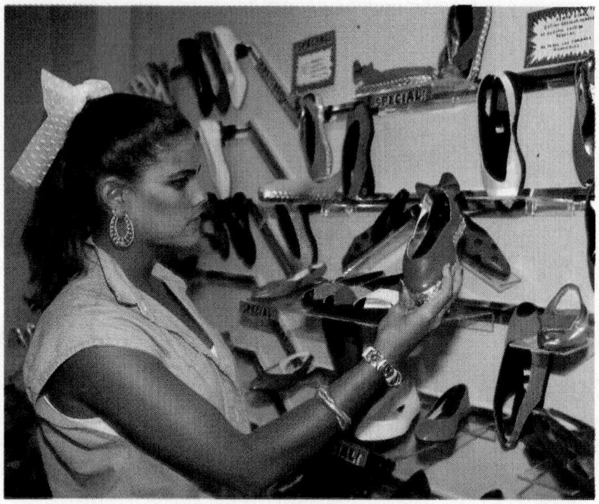

Una tienda de zapatos en Puerto Rico. Como hay mucho turismo de los Estados Unidos en la isla, es muy común ver letreros escritos en inglés como el letrero *Special!* en esta tienda.

acabar de + *infinitive*	to have just + *past participle*
Acaban de llegar.	They have just arrived.
Cuesta un ojo de la cara.	It costs an arm and a leg.
Te queda bien.	It looks good on you. / It fits you well.

Teresa tiene vacaciones y vuelve a Puerto Rico para celebrar el aniversario de sus padres. Ahora Teresa y su hermano Luis están de compras en San Juan.

Actividad 25: Escoge las opciones

Lee las siguientes oraciones y mientras escuchas la conversación, escoge las opciones correctas para completar cada oración. Puede haber más de una respuesta correcta.

1. Teresa quiere comprar . . . .
   a. un vestido para su madre
   b. un vestido elegante
   c. un vestido de fiesta
   d. un vestido caro
2. Luis quiere comprar una guayabera para . . . .
   a. salir con Teresa
   b. una fiesta de aniversario
   c. ir a una cena
   d. almorzar en un restaurante
3. Luis compra una guayabera . . . .
   a. cara
   b. barata
   c. talla 38
   d. de algodón

Indicating the recipient of an action

Indicating purpose

Plaza Las Américas is a mall in Hato Rey, on the outskirts of San Juan.

TERESA Entonces, para mami vamos a comprar un vestido elegante para el aniversario y yo sé exactamente dónde.
LUIS Por favor, no en Anaís porque allí todo cuesta un ojo de la cara.
TERESA ¿Por qué no? Quiero comprar algo especial.
LUIS Mira, allí en González Padín tienen una rebaja. Me gustaría comprar una guayabera nueva para la cena. ¿Tenemos tiempo?
TERESA ¡Por supuesto! Y después, ¿qué tal si almorzamos en la terraza de Plaza Las Américas? En España, siempre pienso en la comida típica puertorriqueña.

En la sección de caballeros de la tienda

Asking prices

The currency used in Puerto Rico is the U.S. dollar. In colloquial usage, **dólares** are called **pesos.**

LUIS Por favor, busco una guayabera fina, para una ocasión especial.
DEPENDIENTE Tenemos unas muy elegantes de seda de China que acaban de llegar y . . . también hay de algodón.
LUIS Me gustaría ver una blanca de talla 40, pero no de algodón, de seda.
DEPENDIENTE Aquí tiene Ud. dos guayaberas muy finas.
TERESA ¿Por qué no te pruebas ésta? ¡Me gusta mucho! ¿Cuánto cuesta?
DEPENDIENTE Ciento noventa dólares.
LUIS ¡Cómo! ¿Ciento . . . ciento noventa? Creo que me pruebo una de algodón.

LUIS ¿Qué piensas?
TERESA Te queda muy bien. Y ésta, ¿cuánto cuesta?
DEPENDIENTE Cuesta ochenta dólares.
LUIS Bueno, me llevo ésta.
TERESA Claro, es que a ti te gustan las tres "bes": **b**ueno, **b**onito y **b**arato. Y vamos, que tenemos que buscar el vestido todavía.

Actividad 26: Preguntas personales

Contesta las siguientes preguntas.

1. ¿A qué tipo de tienda te gusta ir de compras, a una tienda grande o a una boutique?
2. ¿Qué tipo de materiales prefieres usar?
3. ¿Qué prefieres, la ropa práctica o la ropa elegante?

Actividad 27: Los padres de Teresa van de compras

En grupos de tres, dos personas son los padres de Teresa que van a comprar ropa elegante para la fiesta de su aniversario. La otra persona es el/la dependiente/a. Mantengan la conversación en la tienda. Hablen de diferentes opciones, tallas, colores, materiales y precios.

Los padres pueden usar expresiones como, **te queda bien, cuesta un ojo de la cara, voy a probarme . . . .**

El/La dependiente/a puede usar expresiones como, **¿En qué puedo servirle/s?** *(How may I help you?)*, **cuesta/n . . . , también hay en otros colores.**

Hacia la comunicación II

I. Indicating Purpose, Reason, Destination, and Duration: *Para* and *Por*

A. **Para**

1. To explain the purpose or recipient of an action

Because **por** and **para** are prepositions, verbs that follow them directly must be in the infinitive.

¿Para qué? *(What for?)*	**¿Para qué** trabajas?
¿Para quién? *(For whom?)*	**¿Para quién** trabajas?
para + *infinitive (in order to)*	Trabajo **para tener** dinero.
	Paloma estudia **para (ser)** bióloga.

2. To indicate destination (physical or temporal)

El libro es **para Ana.**
El autobús sale **para El Paso, Texas.**
La composición es **para mañana.**

B. **Por**

1. To indicate the reason or motivation for an action

¿Por qué? *(Why?)*	—¿**Por qué** trabajas?
porque *(because)*	—**Porque** necesito dinero.

2. To express duration of an action*

Voy a estar en Caracas **por un año.**
Todas las tardes estudio **por dos horas.**

*NOTE: To express duration, you can also use **durante** or nothing at all before the time expression: **Voy a estar en Caracas *durante* un año. / Voy a estar en Caracas un año.**

3. To express a time period

Trabajo **por** la mañana y estudio **por** la noche.

II. Telling What Something Is Made of and Indicating Location: *Ser de, Ser en,* and *Estar en*

1. You learned in Chapter 1 that **ser de** is used to indicate the origin of people and things. It is also used to indicate what things are made of.

—¿Ese vestido **es de algodón**?
—No, **es de seda.**

2. **Estar en** is used to specify the location of people or things.

Do mechanical drills, Workbook, Part II.

Diana es de los Estados Unidos, pero **está en** España.
Tu suéter **está en** mi habitación.

3. **Ser en** is used to specify where an event *takes place* (a concert, a lecture, an exhibit, etc.).

La clase de arte es en el Museo de Arte Contemporáneo.
La clase ⟶ *the class meeting takes place in the museum*

La clase está en el Museo de Arte Contemporáneo.
La clase ⟶ *the students are in the museum*

Actividad 28: Una encuesta

Haz una encuesta *(poll)* preguntando a tus compañeros si hacen las siguientes cosas. Intenta encontrar a dos personas para cada situación. Escoge **para** o **por** y haz *(ask)* preguntas como, **¿Trabajas para tu padre en el verano? / ¿Para quién trabajas en el verano?**

1. compra una guayabera para/por su padre porque es su cumpleaños
2. estudia para/por ser hombre/mujer de negocios
3. siempre estudia para/por la noche
4. usa la biblioteca mucho para/por aprender
5. va a estar en la universidad para/por tres años más
6. trabaja mientras *(while)* estudia para/por tener dinero
7. tiene que terminar el trabajo para/por el viernes

Actividad 29: Los regalos

En parejas, Uds. van a darles *(give)* las cosas de esta lista a diferentes compañeros de la clase. Decidan para quién es cada cosa, para qué se usa y por qué es para esa persona.

✷ peine El peine es para Chuck, para peinarse porque tiene el pelo muy bonito.

1. estéreo
2. vídeo
3. cámara
4. máquina de afeitar
5. libro de filosofía
6. cinta de Elvis
7. blusa de seda
8. camiseta de rock ácido
9. reloj
10. disco de Plácido Domingo

Actividad 30: El origen y el material

En grupos de cinco, averigüen de dónde y de qué (material) es la ropa de cada persona del grupo. Luego informen a la clase.

✷ A: ¿De qué (material) es tu camisa?
B: Es de . . .

Actividad 31: Cultura general

En grupos de tres, digan dónde están estas cosas.

1. la Estatua de la Libertad
2. el Museo del Prado
3. Machu Picchu
4. el Museo del Louvre y la Torre Eiffel
5. la Pequeña Habana
6. las Pirámides del Sol y de la Luna
7. el Vaticano
8. el Palacio de Buckingham

Actividad 32: Los planes

En parejas, miren los anuncios de la página 147 para unos eventos. Uds. tienen que hacer planes para esta noche. Decidan qué van a hacer, dónde y a qué hora.

✷ A: ¿Te gustaría ir . . . ? / ¿Qué tal si vamos . . . ? / ¿Quieres ir al concierto de . . . ?
B: Sí. ¿Dónde es?
A: Es en el estadio . . .

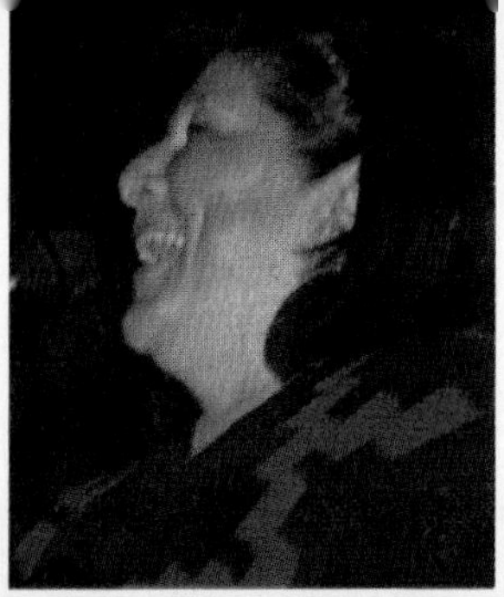

Conciertos

MERCEDES SOSA

Estadio Ferrocarril Oeste; viernes 20 a las 21 Hs.

LUCIANO PAVAROTTI

En el escenario de Av. 9 de Julio y Estados Unidos. Domingo 15 a las 21.30 Hs.

BAGLIETTO–VITALE

Presentando los discos "La Excusa" y "Postales de este lado del mundo". Teatro Opera, 19 al 21 de diciembre, 22 Hs.

CICLO DEL ENCUENTRO

Los 4 de Córdoba, el Negro Alvarez, el Sapo Cativa, Edgard Di Fulvio, Norma Viola y Santiago Ayala. Teatro Alvear, jueves 19 a las 21 Hs.

LA PLAZA

En el Anfiteatro Pablo Casals, con entrada libre y gratuita, actúan La Fundación (15/12, 18.30 Hs.), Solla y el Cinco de Copas (17/12, 18.30 Hs.), Dúo Vat-Macri (18/12, 13 Hs.), Andrea Serri (19/12, 18.30 Hs.) y Rock Royce (20/12, 18.30 Hs.)

LULLABOP

Jóvenes tocan jazz del '40. En la Feria de las Estrellas, Puerto Madero (15/12, 19.30 Hs.).

Actividad 33: El desfile de modas

En parejas, Uds. están en un desfile de modas *(fashion show)*. Observen a su compañero/a y describan qué lleva. Escriban la descripción y después léanle esta descripción al resto de la clase. Mencionen el nombre del/de la modelo y su origen. Describan qué lleva: colores, materiales, origen del conjunto *(outfit)* y para qué tipo de ocasión es.

Vocabulario funcional

LA HORA *(TELLING TIME)*

¿Qué hora es?	*What time is it?*	A la una. / A las dos.	*At one o'clock. / At two o'clock.*
Es la una menos cinco.	*It's five to one.*	cuarto	*quarter (of an hour)*
Es medianoche.	*It's midnight.*	la hora	*hour*
Es mediodía.	*It's noon.*	media	*half (an hour)*
Son las tres y diez.	*It's ten after three.*	el minuto	*minute*
¿A qué hora . . . ?	*At what time . . . ?*	el segundo	*second*

VERBOS CON CAMBIO DE RAÍZ; *VENIR* Y *DECIR*

Ver páginas 128–129.

LAS SENSACIONES

tener calor	*to be hot*
tener frío	*to be cold*
tener hambre	*to be hungry*
tener miedo	*to be scared*
tener sed	*to be thirsty*
tener sueño	*to be tired*
tener vergüenza	*to be ashamed*

LA ROPA

el abrigo	*coat*
la blusa	*blouse*
las botas	*boots*
la camisa	*shirt*
la camiseta	*T-shirt*
la corbata	*tie*
la chaqueta	*jacket*
la falda	*skirt*
las gafas de sol	*sunglasses*
las medias	*stockings; socks*
los pantalones	*pants*
la ropa interior	*men's/women's underwear*
el saco	*sports coat*
el sombrero	*hat*
el suéter	*sweater*
el traje	*suit*
el traje de baño	*bathing suit*
el vestido	*dress*
los zapatos	*shoes*
los (zapatos de) tenis	*tennis shoes*

LOS COLORES

Ver página 136.

claro/a	*light*
¿De qué color es?	*What color is it?*
oscuro/a	*dark*

LOS MATERIALES

¿De qué (material) es?	*What (material) is it made out of?*
el algodón	*cotton*
el cuero	*leather*
la lana	*wool*
el nailon/nilón	*nylon*
el rayón	*rayon*
la seda	*silk*

IR DE COMPRAS

barato/a	*cheap, inexpensive*
caro/a	*expensive*
¿Cuánto cuesta/n . . . ?	*How much is/are . . . ?*
de cuadros	*plaid*
de lunares	*polka dotted*
de rayas	*striped*
la manga	*sleeve*
el número	*shoe size*
la talla	*size*
Te queda bien.	*It looks good on you. / It fits you well.*

PALABRAS Y EXPRESIONES ÚTILES

acabar de + *infinitive*	*to have just* + past participle
Cuesta un ojo de la cara.	*It costs an arm and a leg.*
Me fascina/n.	*I love it/them.*
¡No me diga/s!	*No kidding!*
No me gusta/n nada.	*I don't like it/them at all.*
la película	*movie*
el torneo	*tournament*

CAPÍTULO 6

La calle Florida, una zona de tiendas muy elegantes, en Buenos Aires. ¿Qué se puede comprar en estas tiendas? ¿Hay una calle similar en tu ciudad?

Chapter Objectives

- Talking about things you and others did in the past
- Asking and giving prices
- Discussing the location of people and things
- Describing family relationships

Una carta de Argentina

Buenos Aires es una ciudad muy cosmopolita y algunas personas dicen que es la ciudad más europea de Hispanoamérica.

¡Qué + *noun* + **más** + *adjective*!	What a + *adjective* + *noun*!
¡Qué hotel más lujoso!	What a luxurious hotel!
adjective + **-ísimo/a**	
bello/a ⟶ bellísimo/a	very beautiful

Alejandro, el tío de Teresa, le lee a su esposa *(wife)* una carta de su amigo Federico de Rodrigo, que está viajando por Argentina.

Actividad 1: Escoge opciones

Lee estas oraciones y, mientras escuchas o lees la carta que sigue, escoge la opción correcta.

1. La carta es de . . . .
   a. Buenos Aires — b. Las Leñas
2. Federico está viajando con . . . .
   a. unos amigos — b. su familia
3. El español de Argentina es . . . español de España.
   a. diferente del — b. igual al
4. La Recoleta es . . . .
   a. una zona de tiendas — b. una zona de cafeterías

Dates can be written **20/VII/93, 20 de julio de 1993,** or **20/7/93.**

A colon is preferable to a comma after the greeting, even in informal letters.

El Aconcagua is the highest peak in the Western Hemisphere.

Talking about past events (Paragraphs 2 and 3)

Discussing future plans

Hotel Las Leñas

Reconquista 585 / Mendoza, Argentina

Las Leñas, 20/7/93

Estimado Alejandro:

Aprovecho un rato libre para mandarles un saludo a ti y a tu familia desde Las Leñas, Mendoza, un centro de esquí muy bonito de la zona andina argentina. Los Andes son impresionantes y muy diferentes de los Pirineos españoles, y el Aconcagua es realmente majestuoso. Las Leñas es un lugar excelente para esquiar. En este momento mi esposa y los niños están esquiando y por eso tengo unos minutos para escribir unas líneas.

Llegamos a Buenos Aires el 15 de este mes. Fuimos directamente al Hotel Presidente. ¡Qué hotel más lujoso! Comimos y salimos a ver la ciudad para no perder ni un minuto de nuestro viaje. Buenos Aires es una ciudad muy europea y bellísima. Nos divertimos escuchando hablar a los argentinos con ese acento tan bonito que tienen. Casi cantan al hablar y siempre dicen "che".

Al día siguiente Elena y los niños fueron a la Calle Florida y compraron muchas cosas. El cuero aquí es increíble y baratísimo. Una de las cosas que compró Elena fue un mate porque quiere aprender a beber "yerba". Cerca del hotel, a unos cinco minutos, Elena y yo bailamos tango toda la noche y nuestros hijos fueron a la Recoleta. Les llamó la atención ver esta zona de cafeterías y restaurantes enfrente de un cementerio donde están las tumbas de las personas más importantes del país. De veras que es curioso, ¿no?

Después de esquiar en Las Leñas, vamos a viajar a las Cataratas del Iguazú y después, como sabes, tenemos que regresar a Madrid la semana que viene. ¡Qué pena! Un millón de gracias a ti y a tu sobrina, Teresa, por organizarnos un viaje fantástico.

Como dicen aquí: un abrazo, "che", de tu amigo,

Federico

Actividad 2: ¿Comprendieron?

Escucha o lee la carta otra vez. Luego, en grupos de tres, identifiquen o describan las siguientes cosas o lugares.

1. las montañas donde están Federico y su familia
2. el Hotel Presidente
3. un lugar de compras
4. el mate
5. la Recoleta
6. el itinerario de viaje de la familia

Un estudiante de agronomía toma mate en Buenos Aires, Argentina.

¿LO SABÍAN?

El mate es un té de yerba (hierba) que se toma especialmente en Argentina, Paraguay, Uruguay y en algunas partes de Chile. Se bebe en un recipiente también llamado mate, que puede ser una pequeña calabaza seca *(dry gourd),* o un recipiente de forma similar. Se usa también una bombilla *(a special straw),* y se pasa de persona a persona. Beber mate es una actividad social y normalmente se toma con un grupo de amigos o con la familia.

Yerba is sometimes spelled **hierba.**

In Paraguay they often drink **tereré**, or cold **mate.**

Actividad 3: ¡Qué exageración!

Describe de forma exagerada algunas cosas y personas que conoces. Usa estos adjetivos de una manera original: **altísimas, gordísimo, guapísimos, feísimo, flaquísimo, simpatiquísima.** Recuerda que el adjetivo concuerda *(agrees)* con el sustantivo que modifica.

To keep the [k] sound, final **-c-** changes to **-qu-** before adding **-ísimo/a: flaco/a → flaquísimo/a.**

✱ grandísima — La ciudad de Nueva York es grandísima.

La Boca, un barrio de inmigrantes italianos en Buenos Aires, Argentina. Es famoso por los diferentes colores de los edificios y porque muchos artistas viven allí y venden su arte en la calle.

Lo esencial I

The use of periods and commas differs in English and Spanish: 54.56 and 1,987,789 (Eng.) = **54,56** and **1.987.789** (Sp.).

Note spelling of **quinientos, setecientos,** and **novecientos.**

I. Los números del cien al millón

100	cien (ciento)
101, 102	ciento uno, ciento dos
200	doscientos
300	trescientos
400	cuatrocientos
500	quinientos
600	seiscientos
700	setecientos
800	ochocientos
900	novecientos
1.000	mil
2.000	dos mil
1.000.000	un millón
2.000.000	dos millones

¿LO SABÍAN?

En muchos países hispanos la inflación es un problema muy grave. Como resultado, la moneda *(currency)* se devalúa rápidamente y por eso, se necesitan sumas extraordinarias para pagar algo. En Argentina, en 1986, se cambió el nombre de la moneda de "peso argentino" a "austral" y se quitaron *(took off)* ceros, pues se pensó que una moneda nueva daría *(would give)* a los argentinos confianza en el valor de su dinero. En 1992, se cambió otra vez el nombre a "peso" y nuevamente se quitaron cuatro ceros.

Actividad 4: Los precios

En grupos de cinco, decidan cuánto cuestan generalmente estas cosas en dólares norteamericanos.

1. un estéreo bueno
2. estudiar un año en su universidad
3. un viaje de dos semanas a Hawai
4. un televisor a color de trece pulgadas con control remoto
5. una cámara de vídeo
6. un BMW
7. una chaqueta de cuero
8. una blusa de seda

II. Preposiciones de lugar

Actividad 5: La Meca de la Elegancia

En parejas, Uds. están en la tienda del dibujo, La Meca de la Elegancia. "A" es un/a cliente que quiere comprar una cosa; "B" es un/a dependiente/a.

✷ A: Por favor, ¿(me puede decir) dónde está/n . . . ?
B: Está/n . . .
A: ¿Cuánto cuesta/n . . . ?
B: Cuesta/n . . .
A: . . .

Actividad 6: La ciudad universitaria

En grupos de cinco, una persona describe dónde están los lugares importantes de su ciudad universitaria *(campus)* y los otros adivinan qué lugar es. La persona que adivina correctamente describe el siguiente lugar. Usen preposiciones de lugar.

✷ A: Este lugar está cerca de la cafetería y a la derecha de Bascom Hall.
B: Es . . .

Hacia la comunicación I

I. Talking About the Past: The Preterit

All **-ar** and **-er** stem-changing verbs are regular in the preterit.

1. In Chapter 5 you saw how to discuss the immediate past using **acabar de** + *infinitive*. Now you will learn how to talk about completed past actions using the preterit. All regular verbs as well as stem-changing verbs ending in **-ar** and **-er** are formed as follows. (You will learn the preterit of stem-changing **-ir** verbs in Chapter 7.)

Note the use of accents.

Vosotros form = **tú** form + **-is: bebiste** + **-is** = **bebisteis.**

cerr*ar*	
cerr**é**	cerr**amos**
cerr**aste**	cerr**asteis**
cerr**ó**	cerr**aron**

com*er*	
com**í**	com**imos**
com**iste**	com**isteis**
com**ió**	com**ieron**

escrib*ir*	
escrib**í**	escrib**imos**
escrib**iste**	escrib**isteis**
escrib**ió**	escrib**ieron**

El viernes pasado **vi** una película.	*I saw a movie last Friday.*
Anoche no **estudiamos.**	*We didn't study last night.*
Ayer Paco **almorzó** en un restaurante.	*Paco had lunch in a restaurant yesterday.*
¿**Trabajaste** mucho ayer?	*Did you work a lot yesterday?*
¿Cuándo **empezaron** las clases?	*When did classes begin?*

NOTE:

a. Regular **-ar** and **-ir** verbs have the same ending in the **nosotros** form in the present indicative and the preterit. Context helps determine the tense of the verb. For example: **No almorzamos ayer. / Almorzamos todos los días.**

b. Verbs that end in **-car, -gar,** or **-zar** require a spelling change in the **yo** form: **jugar** ⟶ **jugué, empezar** ⟶ **empecé, tocar** ⟶ **toqué.** For example: **Ayer jugué al fútbol y Juan también jugó.**

c. Regular reflexive verbs follow the same pattern as other regular verbs in the preterit. The reflexive pronoun precedes the conjugated form. For example: **Esta mañana me levanté temprano.**

2. Four common irregular verbs in the preterit are **ir** and **ser,** which have the same preterit forms, **dar** *(to give)*, and **hacer.**

Note the lack of accents.

Note the **z** in **hizo.**

ir/ser	
fui	fuimos
fuiste	fuisteis
fue	fueron

hacer	
hice	hicimos
hiciste	hicisteis
hizo	hicieron

dar	
di	dimos
diste	disteis
dio	dieron

Ella no **fue** al concierto. — *She didn't go to the concert.*
¿Qué **hiciste** anoche? — *What did you do last night?*
Todos **hicieron** la tarea. — *They all did their homework.*

3. The following time expressions frequently signal the use of the preterit to express a completed past action.

anoche last night
ayer yesterday
anteayer the day before yesterday
de repente suddenly
el sábado/mes/año pasado last Saturday/month/year
la semana pasada last week

Here are some frequently used verbs that you will practice in the chapter activities.

abrir to open
aprender to learn
asistir a to attend (class, church, etc.)
buscar to look for
comenzar (e > ie) to begin
decidir to decide
dejar to leave behind; to let, allow
empezar (e > ie) to begin
gritar to shout, scream
llegar to arrive
llorar to cry
pagar to pay (for)
sacar to get a grade; to take out
terminar to finish
tomar to eat, have food or drink; to take (a bus, etc.)
viajar to travel

Terminé anoche a las 10:00. — *I finished last night at 10:00.*
Ayer dos alumnos no **asistieron** a clase. — *Two students didn't attend class yesterday.*
El público **gritó** con entusiasmo. — *The audience shouted enthusiastically.*

II. Indicating Relationships: Prepositions and Prepositional Pronouns

1. Prepositions relate one word with another in a sentence. Common prepositions include **a, con, de, desde, en, hacia, hasta, para, por,** and **sin.**

Él caminó **hacia** la playa.	*He walked towards the beach.*
Prefiero ver el rodeo **desde** aquí.	*I prefer to see the rodeo from here.*
Salimos **sin** tu permiso.	*We went out without your permission.*

You already used these pronouns with **gustar.** See pp. 47–48.

2. When pronouns follow a preposition, the forms of the pronouns are the same as subject pronouns, except for the forms corresponding to **yo** and **tú,** which are **mí** and **ti** respectively.

		Prepositional Pronouns	
a, para, sin, (etc.)	+	**mí**	nosotros/as
		ti	vosotros/as
		Ud.	Uds.
		él	ellos
		ella	ellas

—Tengo un regalo **para ti.**
—**¿Para mí?** Gracias.

—¿Vas a ir **sin Juan**?
—No, no podemos ir **sin él.**

NOTE:

a. With the preposition **con, mí** and **ti** become **conmigo** and **contigo:**

—¿Quieres ir **conmigo**?	*Do you want to go with me?*
—Sí, voy **contigo.**	*Yes, I'll go with you.*

b. The preposition **entre** uses **tú** and **yo:**

—**Entre tú y yo,** esta clase es fácil.	*Between you and me, this class is easy.*

3. When a preposition is immediately followed by a verb, the latter is always in the infinitive.

Después de comer, miraron la tele.	*After eating, they watched TV.*
Antes de ducharse, Fernando tomó un café.	*Before showering, Fernando had a cup of coffee.*

4. Note the prepositions used with the following verbs:

asistir a + *place*	to attend + *place*
casarse con + *person*	to marry + *person*
entrar en + *place*	to enter + *place*
salir de + *place*	to leave + *place*
aprender } **a** + *infinitive*	to learn + *infinitive*
comenzar } **a** + *infinitive*	to begin + *infinitive*
empezar } **a** + *infinitive*	to begin + *infinitive*
enseñar } **a** + *infinitive*	to teach + *infinitive*

NOTE: The verbs **deber, desear, necesitar, poder,** and **querer** are directly followed by the infinitive.

Do mechanical drills, Workbook, Part I.

Necesito estudiar porque tengo un examen. — *I need to study because I have an exam.*
Debemos volver a casa. — *We should return home.*

Actividad 7: Anoche

En tu clase probablemente hay personas que hicieron estas actividades ayer. Haz preguntas para encontrar a estas personas.

✱ A: ¿Hiciste la tarea ayer?
B: Sí, hice la tarea. / No, no hice la tarea.

1. beber Pepsi
2. correr
3. bailar
4. recibir una carta
5. comer a las siete
6. ir al cine
7. tocar el piano
8. mirar la televisión

Actividad 8: La última vez

En parejas, pregúntenle a su compañero/a cuándo fue la última vez *(last time)* que hizo estas acciones.

1. ducharse
2. ir al médico
3. visitar a sus padres
4. sacar "A" en un examen
5. comer pizza
6. jugar al tenis

Actividad 9: Las últimas vacaciones

En parejas, pregúntenle a su compañero/a sobre las últimas vacaciones de sus padres o de unos amigos. Averigüen adónde fueron y qué hicieron. Tomen apuntes *(take notes)*.

If you can't remember, invent! Use the preterit to speak about the past and **ir a** + *infinitive* to speak about the future.

Actividad 10: ¿Qué hicieron estas personas?

En parejas, digan qué hicieron sus padres, amigos o personas famosas el año pasado y qué van a hacer el año que viene. Usen la imaginación. Por ejemplo: **Mi padre visitó Japón el año pasado y va a ir a Rusia el año que viene.**

Actividad 11: ¿Qué ocurrió?

Claudia está contando algo que ocurrió el viernes pasado. Completa el párrafo con la forma del verbo y tiempo *(tense)* correctos. Usa los siguientes verbos: **encontrar, hablar, ir, llegar, perder, recibir.**

El viernes pasado nosotros terminamos las clases y ________________ a la casa del tío de Teresa para celebrar la fiesta de cumpleaños de Carlitos. Juan Carlos ________________ conmigo, y Álvaro con Isabel. Ellos ________________ tarde porque ________________ 150.000 pesetas en el Parque del Retiro. Álvaro e Isabel ________________ con un policía y él les explicó que si la persona que ________________ el dinero no ________________ con la policía antes del lunes que viene, Álvaro e Isabel van a ________________ el dinero.

Actividad 12: De compras

Imagínate que ayer fuiste de compras. En parejas, explíquenle a su compañero/a las siguientes cosas:

1. adónde fuiste
2. quién fue contigo
3. qué viste
4. si compraste algo y para quién
5. qué hiciste después de ir de compras

Actividad 13: La entrevista

Para hacer publicidad, la administración de tu institución quiere saber qué tipo de estudiantes asisten a esta universidad. En parejas, entrevisten a su compañero/a y luego informen al resto de la clase.

Pregúntenle a su compañero/a . . .

1. en qué año empezó sus estudios universitarios.
2. si asistió a otras universidades. ¿Dónde? ¿Por cuánto tiempo?
3. por qué decidió venir aquí.
4. en qué año comenzó a estudiar en esta universidad.
5. si aprendió a usar computadoras en esta universidad, en otra universidad, en la escuela secundaria o en la escuela primaria *(elementary school)*.

6. qué hace después de sus clases todos los días.
7. si juega al tenis, al basquetbol, o a otro deporte.
8. dónde y cuántas horas al día estudia.
9. en qué año va a terminar sus estudios.
10. qué piensa hacer después de terminar la universidad.

Nuevos horizontes

Evaluate your habits: Do you highlight or mark your textbooks? Do you buy used books with notes?

Estrategia de lectura: *Ongoing Prediction*

You have seen that the reading technique of prediction can be used as a means of anticipating the content of a reading selection and you have practiced this technique using titles and photographs. In addition, you can use prediction *while* reading, to guess what the author is going to say next. Then, based on what you read, you confirm or reject your predictions. Most of us are unaware of this interaction with the writer. However, some readers interact overtly with the writer by writing comments in the margins such as "so what?," "important," "don't get it," and "I agree."

You will have a chance to practice prediction as you read the selection.

Actividad 14: Mira y contesta

Lee el título del texto que sigue y contesta las siguientes preguntas.

1. ¿Qué entiendes por "belleza natural"?
2. ¿Recuerdas alguna belleza natural de Suramérica que se mencionó en este libro?
3. ¿Qué sabes del clima de Suramérica? ¿Qué regiones son frías o cálidas?
4. Mira las fotos que acompañan el texto. ¿Conoces lugares como éstos? ¿Están en tu país o en otro?

Actividad 15: Predicción

En el siguiente texto va a haber pausas *(pauses)*. Cuando llegues a una pausa sigue estos pasos *(steps)*:

1. Usa lo que sabes del texto hasta ese momento para hacer una predicción sobre lo que va a decir después el autor.
2. Compara tu predicción con la de un/a compañero/a.
3. Continúa leyendo para confirmar o rechazar *(reject)* tu predicción.

Suramérica y su belleza natural

Suramérica se caracteriza por la diversidad de su belleza natural. Esta belleza varía desde la selva amazónica en países como Ecuador y Perú hasta el árido desierto de Atacama en el norte de Chile. También se encuentran las playas blancas de Colombia, Venezuela y Uruguay que contrastan con los Andes y sus nieves eternas en **(PAUSA)**

Argentina, Chile y Bolivia. Entre las bellezas naturales también están las Cataratas del Iguazú y el Salto Ángel. **(PAUSA)**

Este último está en Venezuela y es la catarata más alta del mundo.

Las Cataratas del Iguazú se encuentran en el río del mismo nombre, en la frontera entre Argentina y Brasil. Tienen una caída de ochenta metros y son veinte metros más altas que las del Niágara. El salto más importante es la Garganta del Diablo.[1] Desde el lado brasileño hay una visión panorámica de las cataratas. **(PAUSA)**

En el lado argentino se puede caminar muy cerca de cada salto o catarata.

Los indígenas de esta zona explican el origen de estas cataratas con una leyenda. **(PAUSA)**

Ésta dice que el dios[2] de los indios eligió a Naipi, la hija del jefe de la tribu, como esposa, pero ella se enamoró de Tarob y un día Naipi y Tarob se fueron en una canoa por el río Iguazú ("agua grande" en la lengua indígena). Cuando el dios escuchó esto se enfureció y decidió crear las cataratas para matar a los enamorados con su torrente de agua. Así terminó la vida de los jóvenes amantes.

Las cataratas no sólo son ricas en vegetación y animales; también son una fuente de electricidad para Argentina, Brasil y Paraguay. Hace aproximadamente dieciocho años **(PAUSA)**

se terminó de construir cerca de las cataratas la planta hidroeléctrica más grande del mundo. En 1984 la UNESCO declaró las Cataratas del Iguazú "patrimonio universal".

---

[1]Devil's Throat [2]god

(Izquierda) Un lago en el desierto de Atacama en la cordillera de los Andes en Chile. ¿Es posible tener un lago en un desierto? (Derecha) Un arco iris en las Cataratas del Iguazú entre Brasil y Argentina.

Actividad 16: Tus preguntas

Después de leer el texto, prepara tres preguntas sobre cosas que no entendiste o cosas que el texto no explica en detalle y que te gustaría saber. Luego, en grupos de tres, háganles *(ask)* estas preguntas a sus compañeros.

Estrategia de escritura: *Linking Words*

When writing a sentence or paragraph, the writer uses connectors or *linking words* either to unite an idea or to provide smooth transitions from one idea to the next. Lack of linking words makes a paragraph choppy and difficult to follow.

In the text about South America, there are some linking words used, such as **pero** and **también.** Can you find any others?

Actividad 17: La leyenda

En grupos de tres, inventen una nueva versión de la leyenda de las Cataratas del Iguazú con un final feliz. Tomen la leyenda original como modelo. Usen el siguiente formato:

* La leyenda dice que . . . , pero . . . . Un día, . . . y entonces, ... Cuando . . . y . . . para . . . .

Lo esencial II

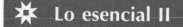

I. Medios de transporte

1. la moto/motocicleta
2. el metro
3. el barco
4. el autobús
5. la bicicleta
6. el taxi
7. el carro/coche/auto
8. el camión
9. el tren
10. el avión

¿LO SABÍAN?

Avianca, la aerolínea nacional de Colombia, fue la primera aerolínea de este hemisferio y comenzó sus operaciones en el año 1919. ¿Sabes de qué países hispanos son las aerolíneas Iberia, Lacsa y VIASA?

Actividad 18: Asociaciones

Di qué medios de transporte se asocian con estas palabras: Greyhound, Northwest, Allied, el color amarillo, Porsche, Titanic, Amtrak, Kawasaki, Pee Wee Herman.

Actividad 19: Los transportes de tu ciudad

En parejas, hagan una lista de los medios de transporte de la ciudad donde Uds. estudian. Digan cuánto cuestan, qué zonas recorren y a qué hora empiezan sus servicios. Expliquen también qué medios de transporte no hay, cuáles piensan que se necesitan y por qué.

II. La familia de Marisel

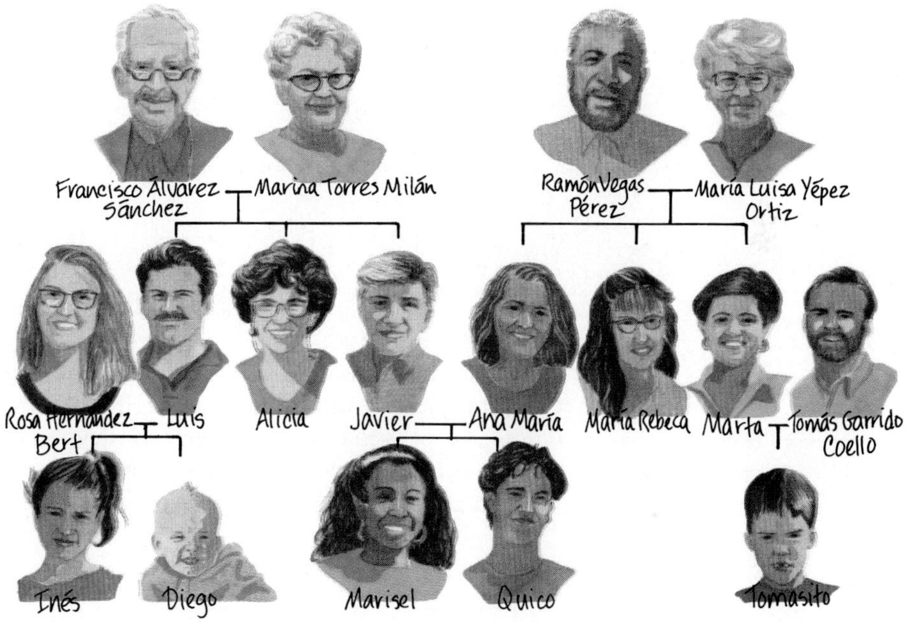

Parientes = relatives; **padres** = parents.

M^{a} = abbreviation for **María.**

Esposo/Marido = husband; **esposa/mujer** = wife.

La familia de Marisel es grande. Sus **abuelos** paternos son Francisco y Marina y sus **abuelos** maternos son Ramón y María Luisa. Su **padre** se llama Javier y su **madre,** Ana María. Marisel tiene un **hermano menor** que se llama Quico y ella, por supuesto, es la **hermana mayor.** Tiene cuatro **tíos:** Luis y Alicia son **hermanos** de su padre y M$^{\underline{a}}$ Rebeca y Marta, **hermanas** de su madre. Para Marta, Marisel es una **sobrina** muy divertida. Marisel también tiene dos **tíos políticos:** Rosa, la **esposa** de su **tío** Luis, y Tomás, el **esposo** de su **tía** Marta. Rosa y Luis tienen dos **hijos,** Inés y Diego, que son **primos** de Marisel; pero su **primo** favorito es Tomasito, **hijo** de su **tía** Marta y su **esposo** Tomás.

Practice family vocabulary by forming sentences about your family and about fictional families on TV: **Beaver y Wally son hermanos.**

Actividad 20: La familia de Javier

En parejas, describan la familia de Marisel en relación con Javier. Por ejemplo: **El padre de Javier se llama Francisco. Javier tiene dos hermanos, Alicia y Luis.** Las siguientes palabras pueden ser útiles:

suegro father-in-law
suegra mother-in-law
cuñado brother-in-law
cuñada sister-in-law

¿LO SABÍAN?

Cuando se casa una mujer hispana, generalmente conserva sus apellidos y añade *(adds)* el primer apellido de su esposo. Por ejemplo, si Olga Tedias Araya se casa con Vicente Montero Salgado, ella se llama Olga Tedias (Araya) de Montero. Si tienen un hijo, sus apellidos van a ser Montero Tedias.

Actividad 21: ¡Bingo!

Vas a jugar al Bingo. Tienes que hacerles preguntas a diferentes compañeros de la clase basándote en la información de las casillas *(boxes)*. Si una persona contesta que sí a una pregunta, escribe su nombre en la casilla correspondiente. La persona que completa primero una fila *(line)* en forma diagonal, vertical u horizontal es el/la ganador/a *(winner)*.

O *(Or)* becomes **u** before words beginning with **o** or **ho.**

B	I	N	G	O
un hermano	cumpleaños en septiembre	madre alta	un abuelo irlandés	una tía enfermera
cumpleaños en febrero	padre gordo	no tiene hermanos	una tía que se llama Ann	tiene primos
tiene cuatro abuelos	un tío que se llama Bill	cumpleaños en julio	tiene esposo	un hermano rubio
dos hermanos	una abuela italiana	dos cuñados	tiene una sobrina	un abuelo con poco pelo
hermanas	tiene un sobrino	tiene una hija	cumpleaños en el otoño	dos hermanas

Actividad 22: Oraciones incompletas

En tres minutos escribe oraciones incompletas sobre la familia. Por ejemplo: **La madre de mi madre es mi ____.**

Luego, en grupos de tres, una persona lee sus oraciones incompletas y los compañeros tienen que completar esas oraciones.

El hotel secreto

Novios, Caracas, Venezuela.

en/por + **barco/tren**/etc.	by boat/train/etc.
tener ganas de + *infinitive*	to feel like + *-ing*
Tengo ganas de viajar.	I feel like traveling.

Isabel fue a Chile por dos semanas para visitar a su familia y para asistir a la boda de su mejor amiga con su primo favorito. Ahora está hablando con dos amigos, Andrés y Camila, sobre la boda, que fue ayer.

Actividad 23: Marca los regalos

Novios = *boyfriend and girlfriend,* as well as *bride and groom.*

Mientras escuchas la conversación, marca sólo los regalos *(presents)* que recibieron los novios. Lee la lista antes de empezar a escuchar.

	¿RECIBIERON?
una grabadora	____
un estéreo	____
un televisor	____
unas toallas	____
muebles	____
una casa	____
un viaje	____

Stating who gave what to whom

Discussing means of transportation

Expressing desires

Making negative statements

ANDRÉS Hola, Isabel. ¿Qué haces?
ISABEL Nada. Estoy cansadísima.
ANDRÉS ¿Y por qué?
ISABEL Es que anoche fue el matrimonio de Olga y mi primo Nando y bailé muchísimo.
CAMILA Los papás de Olga echaron la casa por la ventana.[1] ¡A mí me encantó ver a Nando entrando en la iglesia del brazo de tu tía! ¡Qué buen mozo estaba Nando! Y tu tía, ¡qué madrina[2] más elegante!
ANDRÉS ¿Y sabes qué regalos les dieron?
ISABEL Un tío de ella les dio un televisor, mi abuelo les dio un estéreo y los papás de ella, los muebles de la casa.
CAMILA Nando me dijo que los papás de él les pagaron el viaje de luna de miel.[3]
ANDRÉS ¡No me digas! ¿Adónde?
ISABEL Hoy van a Santo Domingo y después van a viajar en barco por el Caribe.
CAMILA ¡Qué romántico! Yo tengo muchas ganas de ir a la República Dominicana; las islas del Caribe deben ser muy lindas.
ANDRÉS ¿Y sabes en qué hotel se quedaron anoche?
ISABEL No sé. Creo que no le contaron nada a nadie. ¿Tú sabes algo, Camila?
CAMILA ¡Claro que no! Eso . . . no se dice nunca . . .

[1]to go all out [2]maid of honor [3]honeymoon

Actividad 24: Preguntas

Después de escuchar la conversación otra vez, contesta estas preguntas.

1. ¿Quiénes se casaron? ¿Quién es pariente de Isabel: el novio o la novia?
2. ¿Con quién entró el novio en la iglesia?
3. ¿Qué significa "echar la casa por la ventana"?
4. ¿Quiénes les dieron los siguientes regalos: el estéreo, el televisor, los muebles y el viaje?
5. ¿Adónde fueron Nando y Olga para su luna de miel y cómo fueron?
6. ¿Qué tiene ganas de hacer Camila, la amiga de Isabel?

¿LO SABÍAN?

Por lo general, en las bodas hispanas los amigos de los novios no participan directamente en la ceremonia; en cambio, los padres de los novios son los "padrinos" y están en el altar acompañando a sus hijos. El novio entra en la iglesia del brazo de su madre y, como en los Estados Unidos, la novia entra del brazo de su padre. ¿Te gusta la idea de tener a los padres como padrinos en una boda?

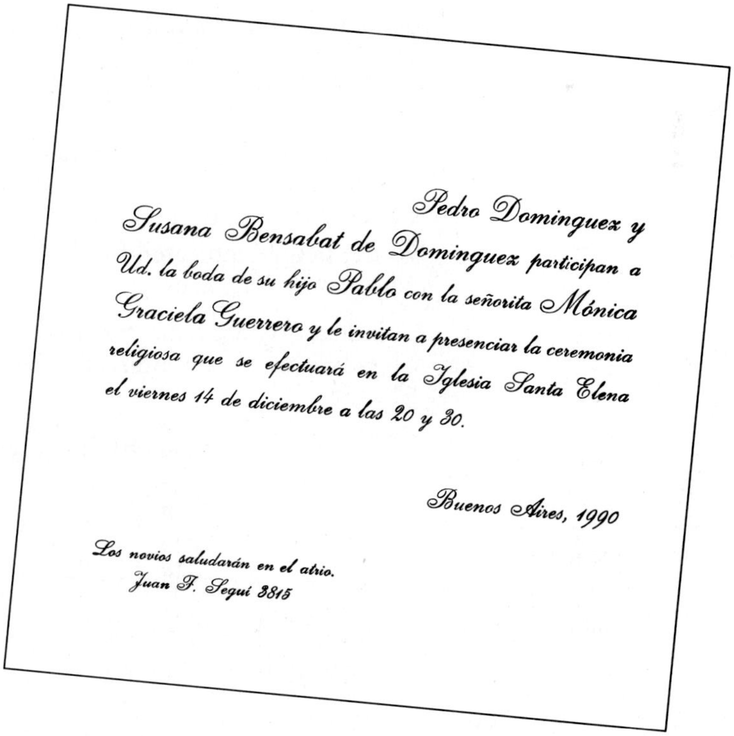

Pedro Dominguez y Susana Bensabat de Dominguez participan a Ud. la boda de su hijo Pablo con la señorita Mónica Graciela Guerrero y le invitan a presenciar la ceremonia religiosa que se efectuará en la Iglesia Santa Elena el viernes 14 de diciembre a las 20 y 30.

Buenos Aires, 1990

Los novios saludarán en el atrio.
Juan F. Seguí 3815

Actividad 25: La luna de miel

En parejas, pregúntenle a su compañero/a adónde fueron unos amigos para su luna de miel, qué hicieron y cómo viajaron. Si su compañero/a está casado/a, pregúntenle sobre su luna de miel.

If you didn't take a trip last year, invent one!

Actividad 26: El viaje del año pasado

En grupos de cuatro, pregúntenles a sus compañeros adónde fueron de viaje el año pasado, por qué fueron y qué medios de transporte usaron. También pregúntenles qué tienen ganas de hacer este año.

✷ A: ¿Adónde fuiste el año pasado?
B: Fui a San Francisco.
A: ¿Cómo fuiste?
B: Fui en/por avión.
A: . . .

✷ Hacia la comunicación II

See **gustar,** pp. 47–48.

I. Using Indirect-Object Pronouns

Before studying the grammar explanation, answer these questions:

- When Isabel, Camila, and Andrés speak, to whom do the words in bold refer in the following sentences?

  "¿Y sabes qué regalos **les** dieron?"
  "Creo que no **le** contaron nada a nadie."
  "Nando me dijo que los papás de él **les** pagaron el viaje . . ."
- Do the people indicated by the words in boldface perform the actions indicated by the verbs?

1. An indirect object indicates *to whom* or *for whom* an action is done. You have already learned the indirect-object pronouns with the verb **gustar.**

Indirect-Object Pronouns		
me	**nos**	gusta el regalo
te	**os**	
le	**les**	

What was sent? = money = direct object
To whom was the money sent? = to me = indirect object

—¿Quién **te** mandó dinero? — *Who sent you money?*
—Mi padre **me** mandó dinero. — *My father sent me money.*

2. Like the reflexive pronoun, the indirect-object pronoun precedes a conjugated verb or follows attached to a present participle or an infinitive.

Ayer **le** escribí una carta.	*I wrote him/her a letter yesterday.*
Ahora **le** estoy escribiendo (estoy escribiéndo**le**) una carta.	*I'm writing him/her a letter now.*
Mañana **le** voy a escribir (voy a escribir**le**) una carta.	*I'm going to write him/her a letter tomorrow.*

3. The meaning of an indirect-object pronoun can be emphasized or clarified by using the preposition **a** + *noun* or **a** + *prepositional pronoun.*

Le escribí una carta **a Juan.**	*I wrote a letter to Juan.*
Ella **les** explicó el problema **a ellos.**	*She explained the problem to them.*

The following verbs are commonly used with indirect-object pronouns:

contar (o > ue) to tell; to count
contestar to answer
dar to give
decir (e > i) to say; to tell
escribir to write
explicar to explain
hablar to speak
mandar to send
ofrecer to offer
preguntar to ask (a question)
regalar to give a present

Conjugate **ofrecer** like **conocer: ofrezco, ofreces ...**
Dar has an irregular **yo** form: **doy, das, da ...**

Los padres de Nando **les ofrecieron** pagar el viaje.	*Nando's parents offered to pay for the trip (for them).*
La familia de Olga **les regaló** muchas cosas.	*Olga's family gave them many things.*

II. Using Affirmative and Negative Words

Palabras afirmativas	Palabras negativas
todo everything **algo** something	**nada** nothing
todos/as everyone **alguien** someone	**nadie** no one
siempre always	**nunca** never

1. When the words **nada, nadie,** or **nunca** follow the verb in a sentence, the double negative is mandatory. You need to apply the following formula:

no + *verb* + *negative word*

—¿Tienes algo para mí?	—No, **no** tengo **nada.**
—¿Llamó alguien?	—No, **no** llamó **nadie.**
—¿Siempre estudia tu hermana?	—No, **no** estudia **nunca.**

2. Nunca and **nadie** can also precede the verb. In this case **no** is omitted. **Nada** almost never precedes the verb in everyday speech.

Nunca estudio los viernes.
Nadie llamó.

Review use of the personal **a**, Ch. 4.

NOTE: **Alguien** and **nadie** require the personal **a** when they function as direct objects:

—¿Llamaste **a alguien**? —No, no llamé **a nadie.**

Do mechanical drills, Workbook, Part II.

Actividad 27: Las próximas actividades

Describe las actividades que van a hacer estas personas la semana que viene. Forma oraciones con elementos de cada columna.

✱ Yo voy a preguntarle algo indiscreto a Julieta.

yo	explicar	un trabajo	a la psicóloga
el paciente	contestar	algo indiscreto	a Julieta
la abogada	mandar	una carta de amor	a nosotros
Romeo	ofrecer	su problema	a ti
ellos	pedir	varios telegramas	al piloto
	preguntar	cien dólares	al médico
		su nombre	a mí

Actividad 28: Los regalos

En parejas, pregúntenle a su compañero/a qué les regaló a cinco personas el año pasado. Piensen en ocasiones especiales y en personas como sus abuelos, su novio/a, un/a amigo/a especial, su hermano/a, etc. Luego, pregúntenle qué le dieron a él/ella el año pasado esas cinco personas.

Actividad 29: ¡No, no y no!

En parejas, terminen estas conversaciones entre padres e hijos. Después, presenten las diferentes miniconversaciones; una persona es el padre o la madre y la otra es el/la hijo/a. Usen palabras afirmativas y negativas como **siempre, nunca, algo, nada, alguien, nadie.**

—¿Qué tienes en la mano?
—No tengo . . .

—¿Hay alguien contigo?
—No, no hay . . . Estoy solo/a.

—¿Qué hiciste?
—No hice . . .

—¿Terminaste la tarea?
—. . . termino la tarea antes de salir a jugar.

—¿Qué me vas a regalar?
—. . . muy especial.

Actividad 30: El optimista y el pesimista

En parejas, uno/a de Uds. es una persona optimista y la otra es pesimista; siempre se contradicen.

✱ El/La optimista: Alguien me escribe cartas.
El/La pesimista: Nadie me escribe cartas. / No me escribe cartas nadie.

OPTIMISTA	PESIMISTA
Voy a comer algo.	______________
______________	No conozco a nadie de la clase.
Siempre me regalan todo.	______________
______________	Nunca voy a fiestas.
Siempre me habla alguien.	______________
______________	Mis padres nunca me dieron nada.

Actividad 31: La Dra. Ruth

En parejas, una persona es la Dra. Ruth y la otra es el/la invitado/a *(guest)* al programa. El tema de hoy es la educación sexual. La doctora quiere saber . . .

1. si le preguntó a alguien de dónde vienen los niños.
2. si alguien le explicó la verdad *(truth)*. Si contesta que sí, ¿quién? ¿Qué le dijo *(did he/she say)* a Ud.?
3. si estudió la sexualidad humana en la escuela.
4. si les va a decir a sus hijos de dónde vienen los niños.

Actividad 32: La familia de tu compañero

En parejas, hagan preguntas para dibujar *(draw)* el árbol de la familia de su compañero/a. Después hagan preguntas sobre la familia de su compañero/a y escriban información sobre cada persona en el árbol. Las siguientes palabras pueden ser útiles:

es soltero/a is single
está casado/a is married
está divorciado/a is divorced
la madrastra stepmother
el padrastro stepfather
el/la hermanastro/a stepbrother/sister
el/la hijastro/a stepson/daughter

Pregúntenle, por ejemplo: **¿Qué hace tu hermano? ¿Cuándo se casó tu tío? ¿Alguien de tu familia habla español? ¿Quién te escribe cartas?**

Vocabulario funcional

LOS NÚMEROS DEL CIEN AL MILLÓN

Ver página 153.

PREPOSICIONES DE LUGAR

a la derecha de	*to the right of*
a la izquierda de	*to the left of*
al lado de	*beside*
cerca de	*near*
debajo de	*below*
delante de	*in front of*
detrás de	*behind*
encima de	*on top of*
enfrente de	*facing, across from*
lejos de	*far from*

PALABRAS AFIRMATIVAS Y NEGATIVAS

Ver página 171.

PALABRAS Y EXPRESIONES ÚTILES

bellísimo/a	*very beautiful*
la boda	*wedding*
en/por + barco/tren/etc.	*by boat/train/etc.*
la luna de miel	*honeymoon*
¡Qué + *noun* + más + *adjective*!	*What a* + adjective + noun!
el regalo	*present*
tener ganas de + *infinitive*	*to feel like* + -ing

MEDIOS DE TRANSPORTE

Ver página 164.

VERBOS

abrir	*to open*
asistir a	*to attend (class, church, etc.)*
buscar	*to look for*
casarse (con)	*to marry; to get married (to)*
contar (o > ue)	*to tell; to count*
contestar	*to answer*
dar	*to give*
decidir	*to decide*
dejar	*to leave behind; to let, allow*
entrar en	*to enter*
explicar	*to explain*
gritar	*to shout, scream*
llegar	*to arrive*
llorar	*to cry*
mandar	*to send*
ofrecer	*to offer*
pagar	*to pay (for)*
preguntar	*to ask (a question)*
regalar	*to give (a present)*
sacar	*to get a grade; to take out*
terminar	*to finish*
tomar	*to eat, have food or drink; to take (a bus, etc.)*
viajar	*to travel*

EXPRESIONES DE TIEMPO PASADO

Ver página 157.

LA FAMILIA

el/la abuelo/a	*grandfather/grandmother*
el/la cuñado/a	*brother-in-law/sister-in-law*
el/la esposo/a	*husband/wife*
el/la hermanastro/a	*stepbrother/sister*
el/la hermano/a	*brother/sister*
el/la hijastro/a	*stepson/daughter*
el/la hijo/a	*son/daughter*
la madrastra	*stepmother*
el padrastro	*stepfather*
los padres/papás	*parents*
los parientes	*relatives*
el/la primo/a	*cousin*
el/la sobrino/a	*nephew/niece*
el/la suegro/a	*father-in-law/ mother-in-law*
el/la tío/a	*uncle/aunt*
es soltero/a	*is single*
está casado/a	*is married*
está divorciado/a	*is divorced*
mayor	*older*
menor	*younger*

La recepción de un hotel en Quito, Ecuador.

CAPÍTULO 7

Chapter Objectives

- Making hotel and plane reservations
- Narrating past actions and occurrences
- Placing phone calls
- Stating how long ago an action took place and specifying its duration

¿En un "banco" de Segovia?

El Alcázar de Segovia, España. En este castillo vivieron los Reyes Católicos, Isabel y Fernando. ¿Te gustaría visitar este castillo?

Perdimos el autobús.	We missed the bus.
quisiera/quisiéramos	I/we would like
Lo siento.	I'm sorry.

Juan Carlos y Claudia están en Segovia, adonde fueron a comer, y allí tienen problemas.

Actividad 1: Escoge la opción

Lee las siguientes oraciones. Después, mientras escuchas la conversación, escoge la opción correcta.

1. Claudia y Juan Carlos perdieron . . . .
   a. el tren b. el autobús c. el carro
2. Ellos tuvieron que buscar . . . .
   a. una habitación b. un autobús c. a don Andrés
3. Claudia llamó a . . . .
   a. Isabel b. don Andrés c. Teresa
4. Claudia habló con . . . .
   a. Isabel b. don Andrés c. Teresa
5. Finalmente tuvieron que dormir . . . .
   a. en un parque b. en una habitación doble c. no se sabe dónde

JUAN CARLOS	Bueno, perdimos el autobús a Madrid y no hay más trenes. ¿Qué vamos a hacer?
CLAUDIA	Pues, buscar o un hotel o un hostal, ¿no?
JUAN CARLOS	Mira, allí hay uno . . .
JUAN CARLOS	Buenas noches, señor.
RECEPCIONISTA	Hola, buenas noches. ¿Qué desean?
JUAN CARLOS	Quisiéramos dos habitaciones sencillas.
RECEPCIONISTA	Lo siento, pero no hay.
JUAN CARLOS	Y, ¿una habitación doble?
CLAUDIA	¿Doble?
JUAN CARLOS	No te preocupes. Ya nos arreglamos.
CLAUDIA	Mmm . . .
RECEPCIONISTA	No hay nada, pero si quiere, puedo llamar a otros hoteles.
JUAN CARLOS	Sí, por favor.
CLAUDIA	¿No sabe dónde hay un teléfono público? Quisiera llamar a Madrid.
RECEPCIONISTA	Sí, hay uno en el bar de enfrente.
CLAUDIA	Ahora vuelvo. Voy a llamar a Teresa . . .
DON ANDRÉS	Colegio Mayor. Dígame.
CLAUDIA	¿Quién habla? ¿Don Andrés?
DON ANDRÉS	Sí, ¿quién habla?
CLAUDIA	Habla Claudia. ¿Está Teresa?
DON ANDRÉS	No, hace dos horas que la vi salir.
CLAUDIA	¿Le puedo dejar un mensaje?
DON ANDRÉS	Sí, cómo no.
CLAUDIA	¿Le puede decir que Juan Carlos y yo perdimos el autobús y estamos en Segovia? Nos dijeron que no hay autobuses hasta mañana.
DON ANDRÉS	Vale. Vale. Adiós, Claudia.
CLAUDIA	Gracias. Hasta mañana.
CLAUDIA	Bueno, ¿pudo encontrar habitación para nosotros?
RECEPCIONISTA	No, lo siento . . .
JUAN CARLOS	Bueno Claudia, ¿sabes qué? Hay un parque muy bonito cerca de aquí . . . y tiene unos bancos muy buenos . . .

Making a request

Negating

Identifying oneself on the phone

Leaving a message

Apologizing

Actividad 2: Preguntas

Después de escuchar la conversación otra vez, contesta estas preguntas.

1. ¿Cuáles son los problemas que tienen Juan Carlos y Claudia?
2. ¿Tienen solución estos problemas?
3. ¿Perdiste alguna vez un autobús, un tren o un avión? ¿Qué ocurrió? ¿Fue en tu ciudad o en otro lugar?
4. En tu opinión, ¿qué hicieron Claudia y Juan Carlos? ¿Durmieron? ¿Dónde?

Actividad 3: Llamada a la operadora

En parejas, "A" cubre la Columna B y "B" cubre la Columna A. Llamen al/a la operador/a para averiguar el teléfono de los lugares que aparecen en su columna y escriban el número. Después cambien de papel.

✱ A: Información.
B: Quisiera el número (de teléfono) de . . .
A: Es el . . . / Lo siento, pero no tengo ese número.

A

Averigua el teléfono de:

1. el Restaurante El Hidalgo
2. el Teatro Bellas Artes
3. la Librería Compás

Usa esta información cuando eres el/la operador/a:

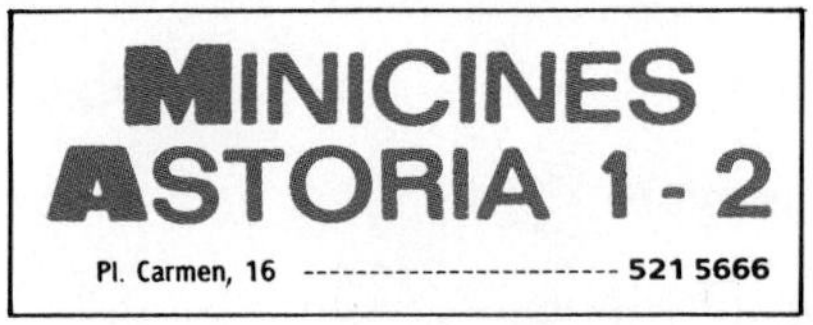

B

Averigua el teléfono de:

1. el Restaurante La Corralada
2. el Peluquero Pedro Molina
3. los Minicines Astoria

Usa esta información cuando eres el/la operador/a:

Lo esencial I

I. En el hotel

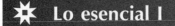

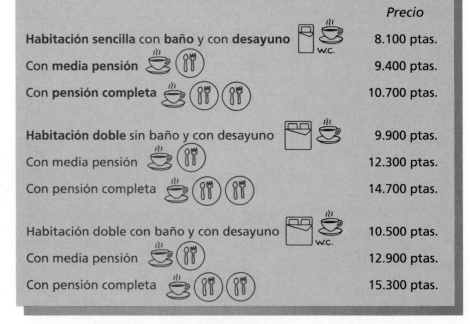

Star rating-system for hotels: 1 star = lowest rating; 5 stars = highest. What class hotel is the Hotel Los Arcos?

★★ HOTEL LOS ARCOS

	Precio
Habitación sencilla con **baño** y con **desayuno**	8.100 ptas.
Con **media pensión**	9.400 ptas.
Con **pensión completa**	10.700 ptas.
Habitación doble sin baño y con desayuno	9.900 ptas.
Con media pensión	12.300 ptas.
Con pensión completa	14.700 ptas.
Habitación doble con baño y con desayuno	10.500 ptas.
Con media pensión	12.900 ptas.
Con pensión completa	15.300 ptas.

Actividad 4: ¿Quién es o qué es?

Basándote en la información presentada en *Lo esencial*, p. 180, di qué es o quién es . . .

1. la persona que lleva las maletas a la habitación del hotel.
2. el lugar donde te bañas o te lavas los dientes.
3. cuando tomas el desayuno y una comida más en el hotel.
4. la persona que te dice los precios de las habitaciones.
5. cuando tomas el desayuno y dos comidas en el hotel.
6. la persona que hace las camas.
7. una habitación para una persona.
8. el lugar del hotel donde está el/la recepcionista.
9. una habitación para dos personas.

¿LO SABÍAN?

El gobierno español tiene muchos hoteles que se llaman Paradores de Turismo de España, S.A. La mayor parte está en monumentos históricos como castillos, monasterios o conventos. El gobierno puertorriqueño tomó la idea de los españoles e hizo paradores, pero no en castillos ni en monasterios; éstos están en lugares de atractivo turístico típicos de Puerto Rico: cerca del mar, al lado de una bahía, en lugares de aguas termales, etc.

Una habitación en el Parador de Sigüenza, España. Muchos de los paradores son hoteles que anteriormente eran castillos. ¿Le gustaría a un niño pasar una noche en un parador?

Actividad 5: Busca habitación

En parejas, Uds. están en el Hotel Los Arcos. Una persona es el/la recepcionista y la otra es un/a viajero/a que busca habitaciones (una doble y otra sencilla) para tres personas por dos noches. El/La viajero/a averigua precios y tiene que decidir si quiere las habitaciones con o sin baño y con o sin pensión completa.

✱ El/La viajero/a: Buenas tardes.
El/La recepcionista: ¿En qué puedo servirle?
El/La viajero/a: . . .

II. El teléfono

TIPOS DE LLAMADAS TELEFÓNICAS

local

de larga distancia
- **marcar directo**
- con ayuda del/de la operador/a
- teléfono a teléfono
- persona a persona
- **a cobro revertido**

CÓMO HABLAR CUANDO . . .

contestas el teléfono
- **¿Aló?**
- **Diga./Dígame.** (España)

preguntas por alguien
- **¿Está Alvaro, por favor?**
- **Quisiera hablar con Álvaro, por favor.**

te identificas
- **—¿Quién habla?**
- **—Habla Claudia.**
- **—¿De parte de quién?**
- **—(De parte) de Claudia.**

hay un número equivocado
- **—¿Está Marisel, por favor?**
- **—No, tiene el número equivocado.**

hay problemas de comprensión **¿Puede hablar más despacio, por favor?**

¿Qué tipo de transporte es éste? ¿A qué ciudades viaja? ¿Qué cosas ofrece? ¿Te gusta viajar en este tipo de transporte o prefieres otros? Si llamas a Greyhound, ¿te cuesta la llamada?

To avoid confusion with **cero,** the conjuction **o** has a written accent when it appears between 2 numbers: **2 ó 3.**

¿LO SABÍAN?

En muchas ciudades y pueblos del mundo hispano, los números de teléfono tienen sólo 5 ó 6 cifras, y no 7 como en los Estados Unidos. También es importante saber que, en muchos países, las llamadas locales se pagan según la cantidad de minutos, el número de llamadas y la distancia.

Actividad 6: Una llamada a Teresa

Vicente llama por teléfono a Teresa a su trabajo. Pon esta conversación en orden lógico.

_____ ¿De parte de quién?
__1__ Todos nuestros agentes están ocupados en este momento. Espere por favor. ♪♩♬♪
_____ Bueno. Muchas gracias, don Alejandro. Adiós.
_____ Hola Vicente. Habla Alejandro, el tío de Teresa. Ella no está.
_____ De nada. Adiós.
_____ Traveltur, buenos días. Dígame.
_____ Bueno, quisiera dejarle un mensaje.
_____ Buenos días. ¿Está Teresa?
_____ Sí, por supuesto.
_____ De parte de Vicente.
_____ ¿Puede decirle que la llamé y que voy a llamar mañana?
_____ Sí, claro.

Actividad 7: Llamada de larga distancia

Una persona está en Montevideo, Uruguay, y necesita llamar a un pariente en los Estados Unidos con ayuda del/de la operador/a. En parejas, ustedes hacen los papeles del/de la operador/a y de la persona que llama. El/La operador/a pregunta qué tipo de llamada quiere, el área *(area code)* y el número. Después cambien de papel.

✷ A: Operador/a internacional, buenos días.
B: Quisiera . . .

AT&T
INSTRUCCIONES PARA MARCAR
¿Sabe usted cómo hacer llamadas por cobrar, de persona a persona o cobradas a un tercer número?
¿Sabe usted que hay una forma más rápida de marcar el número de su tarjeta "AT&T Card" en algunas llamadas?
¿Sabe usted cómo hacer una llamada de Larga Distancia Internacional de AT&T?

¿Qué número marcas para hacer una llamada de larga distancia? ¿Tienes tarjeta para hacer llamadas telefónicas?

Actividad 8: La agencia de viajes

En parejas, una persona es un/a agente de viajes y la otra persona es un/a cliente que llama por teléfono para hablar con alguien. La persona no está, así que el/la agente de viajes escribe el mensaje que deja el/la cliente.

MENSAJE TELEFÓNICO

Para:
De parte de:
Teléfono:
Asunto:

Recibido por:	Fecha:	Hora:

Hacia la comunicación I

I. Talking About the Past: Irregular Verbs and Stem-Changing Verbs in the Preterit

1. Some common irregular verbs share similar patterns in the preterit.

Verbs whose irregular preterit stems end in **-j** add **-eron,** not **-ieron** in the third-person plural form.

tener	
tuve	tuvimos
tuviste	tuvisteis
tuvo	tuvieron

decir	
dije	dijimos
dijiste	dijisteis
dijo	dijeron

Irregular verbs like **tener** have the same endings in the preterit as **hacer: -e, -iste, -o, -imos, -isteis, -ieron.**

Verbs that have endings like **tener:**

estar ⟶ **estuve**
poder ⟶ **pude**
poner ⟶ **puse**
querer ⟶ **quise**
saber ⟶ **supe**
venir ⟶ **vine**

Verbs that have endings like **decir:**

traducir* ⟶ **traduje**
traer ⟶ **traje**

—¿**Tuviste** que trabajar anoche? — *Did you have to work last night?*
—Sí, **tuve** que trabajar mucho. — *Yes, I had to work a lot.*

—¿Quién te **dijo** eso? — *Who told you that?*
—Andrés. — *Andrés.*

*NOTE: Most verbs that end in **-ucir** follow the same pattern as **trad*ucir*:** **prod*ucir*** ⟶ **prod*uje*,** etc.

2. Verbs with stems ending in a vowel (except the silent **-u-** as in **seguir**) + **-er** or **-ir** take **-y-** in the third-person singular and plural. These verbs include **leer, creer, construir** *(to build)*, and **oír** *(to hear)*.

Note that the accent dissolves diphthongs.

leer	
leí	leímos
leíste	leísteis
leyó	leyeron

oír	
oí	oímos
oíste	oísteis
oyó	oyeron

¿Por qué no leyeron el artículo? — *Why didn't you read the article?*
Él oyó las noticias. — *He heard the news.*

Review **-ir** stem-changing verbs, Ch. 5.

Note that the **nosotros** form is the same in the preterit and present indicative. Context will help you determine meaning.

3. Stem-changing verbs ending in **-ir** have a stem change in the third-person singular and plural of the preterit.

preferir (e > ie > i)	
preferí	preferimos
preferiste	preferisteis
pref**i**rió	pref**i**rieron

e > ie > **i**
mentir to lie
sentir/se to feel

pedir (e > i > i)	
pedí	pedimos
pediste	pedisteis
p**i**dió	p**i**dieron

e > i > **i**
repetir to repeat
seguir to follow

dormir (o > ue > u)	
dormí	dormimos
dormiste	dormisteis
d**u**rmió	d**u**rmieron

o > ue > **u**
morir/se to die

—¿Durmieron en el parque Claudia y Juan Carlos? — *Did Claudia and Juan Carlos sleep in the park?*
—No, creo que prefirieron no dormir. — *No, I think they preferred not to sleep.*

Review the uses of the preterit, Ch. 6.

II. Changes of Meaning in the Preterit

Since the preterit expresses a completed past action, certain verbs convey a special meaning when used in the preterit.

	Present	**Preterit**
conocer	to know	met
poder	to be able	was/were able and succeeded in doing something
no poder	not to be able	was/were not able and didn't
querer	to want	wanted to but didn't
no querer	not to want	refused to
saber	to know	found out
tener que	to have to, be supposed to	had to and did

Conocí al padre de mi novia.	***I met*** *my girlfriend's father.*
Por fin, **pude** ir a la fiesta.	*At last,* ***I was able to (and did)*** *go to the party.*
Ella **quiso** ir a la fiesta, pero no **pudo.**	*She* ***tried (intended)*** *to go to the party, but* ***couldn't (wasn't able to and didn't).***
Él **no quiso** ir a la fiesta.	*He* ***refused*** *to go to the party.*
Ayer **supe** la verdad.	*Yesterday,* ***I found out*** *the truth.*
Él **tuvo que** estudiar.	*He* ***had to (and did)*** *study.*

III. Expressing the Time of Past Actions: *Hace* + time expression + *que* + verb in the preterit

To express *how long ago* an action took place, apply the following formula:

Hace + *time expression* + **que** + *verb in the preterit*

—¿Cuánto (tiempo) hace que ella llegó?	*How long ago did she arrive?*
—**Hace dos horas que** ella **llegó.**	*She arrived two hours ago.*

Review negatives, Ch. 6.

IV. Using More Affirmative and Negative Words

Affirmative and Negative Adjectives		Affirmative and Negative Pronouns	
algún/alguna/algunos/as	some/any	**alguno/a/os/as**	some/any
ningún/ninguna	(not) any	**ninguno/a**	none/no one

¿Necesitas **algún** libro sobre Segovia?	*Do you need any books on Segovia?*
Aquí tengo **algunas** camisas para ti.	*I have some shirts for you here.*
No vamos a visitar **ninguna** ciudad.*	*We're not going to visit any cities.*
—¿Vinieron tus invitados?	*Did your guests come?*
—Sí, **algunos** vinieron.	*Yes, some came.*
—¿Tienes todos los libros?	*Do you have all the books?*
—No, no tengo **ninguno.**	*No, I don't have any.*

Do mechanical drills, Workbook, Part I.

*NOTE: The adjectives **ningún/ninguna** and the pronouns **ninguno/a** are seldom used in the plural.

Actividad 9: Tus actividades de la semana pasada

Haz dos listas: las cosas que tuviste que hacer la semana pasada y las cosas que quisiste hacer, pero no pudiste hacer. Luego, en grupos de tres, comparen las listas y expliquen por qué no pudieron hacer estas cosas.

El/La soplón/ona = tattletale = **el/la acusetas** (some Hispanic countries).

Actividad 10: Los soplones

En grupos de tres, Uds. trabajan en un restaurante y ayer alguien (una de las personas de la clase) no vino a trabajar. Decidan qué ocurrió y después díganle a su jefe/a todo lo que saben. Incluyan información como la siguiente:

¿Dónde estuvo?	¿Qué hizo?
¿Con quién?	¿Cómo supieron Uds. todo esto?

Actividad 11: Las noticias

En parejas, Uds. van a narrar las noticias *(news)* de ayer. "A" cubre la Parte B y "B" cubre la Parte A. "A" comienza describiendo la noticia **La bomba** y "B" ordena y numera los dibujos de esta noticia que tiene en su parte. Después "B" narra **Lulú Camacho** y "A" ordena y numera los dibujos de su parte.

A

La bomba

La policía = the police (force); **el/la policía** = the policeman/woman.

1. terrorista / poner / bomba / aeropuerto
2. terrorista / llamar / policía
3. policía / ir / aeropuerto
4. personas / salir / aeropuerto
5. perros / encontrar / bomba
6. policía / poder detener / terrorista

Lulú Camacho

B

Lulú Camacho

1. Lulú Camacho / recibir / título de Miss Cuerpo
2. anoche / llorar de alegría
3. dar / las gracias / a sus padres, etc.
4. perder / título
5. su agente / decir que / tomar esteroides / la semana pasada
6. Lulú / preferir / no hacer comentarios

La bomba

Actividad 12: ¿Sabes mucha historia?

En grupos de tres, decidan cuánto tiempo hace que murieron estas personas.

Franco fue dictador de España desde 1939 hasta 1975.

✷ Hace más o menos 20 años que Francisco Franco murió. (Francisco Franco murió en 1975.)

1. Martin Luther King y Robert Kennedy
2. John Kennedy
3. Abraham Lincoln
4. Roberto Clemente
5. John Lennon
6. Salvador Dalí

Actividad 13: La habitación desordenada

En parejas, "A" cubre la Columna B y "B" cubre la Columna A. El dibujo de la Columna A está incompleto, pero el dibujo de la Columna B está completo. "A" debe averiguar qué cosas de las que están debajo de su dibujo se necesitan para completarlo, cuántas hay y dónde están. Cuando averigüe, "A" debe dibujar las cosas en los lugares apropiados.

✱ A: ¿Hay algunas camisas en esta habitación?
B: Sí, hay una. / No, no hay ninguna.
A: ¿Dónde está? / ¿Hay algún televisor?
B: . . .

✱ Nuevos horizontes

Estrategia de lectura: *Reading for Main Ideas and Supporting Evidence*

As you saw in Chapter 3, when skimming you read quickly to find only the main ideas of a text. If the topic interests you, you may want to learn more about it, that is, read the evidence that supports the topic in question. Main ideas are usually found in the first sentence of a paragraph, and the supporting evidence is found in successive sentences. You will have a chance to practice identifying main ideas and supporting evidence when you read the selection.

Actividad 14: Mira y contesta

Antes de leer el texto, contesta las siguientes preguntas.

1. Mira las fotos de la página 192. ¿Son construcciones modernas?
2. En tu opinión, ¿cuál es la conexión entre las fotos y el título del texto?
3. Se dice que para entender el presente hay que mirar el pasado. ¿Estás de acuerdo con esta idea? En tu opinión, ¿qué cosas de la historia de un país son importantes para entender el presente?

Actividad 15: Ideas principales y detalles

1. En una hoja aparte *(separate sheet)*, prepara un esquema como el siguiente, pero más grande.

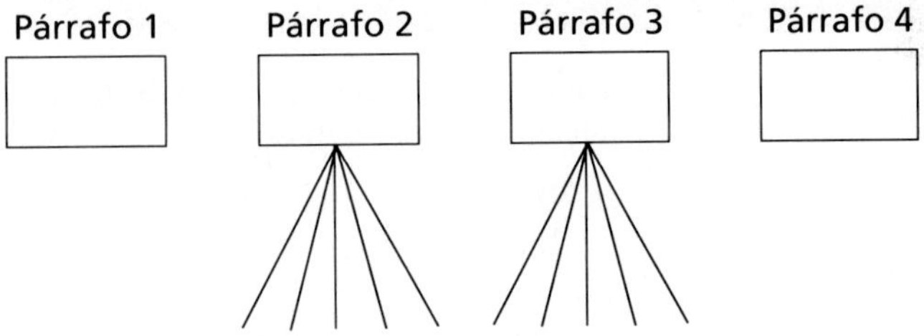

2. Lee el texto que sigue rápidamente y busca las cuatro ideas principales que se presentan. Pon cada idea en la caja *(box)* correspondiente.
3. Ahora, lee el texto otra vez y busca los detalles que apoyan *(support)* las ideas de los párrafos dos y tres y escríbelos en las líneas que salen de las cajas. Por ejemplo, un detalle del párrafo dos es la construcción de puentes.

España: Una historia variada

El estudio de las diferentes civilizaciones que vivieron en España nos ayuda a entender a los españoles; también nos ayuda a comprender a los habitantes de todos los países hispanoamericanos, porque estos países recibieron, de algún modo, influencias de la "madre patria".

a.C. = antes de Cristo
d.C. = después de Cristo

Una de las culturas que más influyó en España fue la cultura romana. Durante seis siglos, II a.C. - V d.C., España fue la provincia más importante del Imperio Romano. Los romanos introdujeron la base del sistema educativo actual:[1] escuela primaria, secundaria y escuelas profesionales. Su influencia fue muy importante además en la lengua y la religión: más o menos

[1]present

(Izquierda) Acueducto romano, Segovia, España. (Derecha) A pocos minutos de la Alhambra se encuentran los Jardines del Generalife, Granada, España.

el 70% del idioma español proviene de su lengua, el latín, y los romanos también llevaron a España la religión cristiana. Los romanos construyeron anfiteatros y puentes, como el puente de Salamanca, que todavía se usa. Construyeron además acueductos como el Acueducto de Segovia, que se hizo hace dos mil años y se usó hasta mediados de los años setenta de este siglo.

Why do the following words have written accents: **álgebra, árabe, Córdoba, última, latín, algodón, Colón**? Why don't these words have written accents: **llevaron, importante, Granada, dinero**? If you need to consult the rules, see Appendix C.

Otra influencia importante en España fue la de los moros, árabes del norte de África, que vivieron principalmente en el sur de España por unos ocho siglos (711–1492). Ellos llevaron a España el concepto del "cero", el álgebra y su idioma, el árabe, que también influyó en el español. Esta influencia se ve en palabras como **alcohol, álgebra** y **algodón.** Los moros fundaron ciudades esplendorosas como Granada y Córdoba. En esta última, instalaron la primera escuela de científicos donde se hizo cirugía cerebral. Los moros dejaron en España algo más: el aspecto físico que tienen muchos españoles, en especial los que viven en el sur (morenos, bajos, de pelo negro).

En 1492 los Reyes Católicos (Fernando de Aragón e Isabel de Castilla) lograron expulsar[2] a los moros de España y unificaron el país política y religiosamente. Al terminar la guerra con los moros, los reyes pudieron utilizar el dinero de España para financiar los viajes de los conquistadores al Nuevo Mundo, empezando con el viaje de Cristóbal Colón. Los viajes de Colón iniciaron una época de exploración y dominación española en el Nuevo Mundo y, al extender su poder por América, los españoles transmitieron el idioma español, su cultura y la religión cristiana.

[2] **lograron . . .** managed to expel

Actividad 16: Completa las oraciones

Después de leer el texto, completa las siguientes oraciones usando información de la lectura. Hay varias posibilidades.

1. Para los países hispanoamericanos, la "madre patria" es . . .
2. Algo importante que introdujeron los romanos . . .
3. Hace cinco siglos que . . .
4. Una de las ciudades fundadas por los moros . . .
5. Los Reyes Católicos . . .
6. Los conquistadores . . .

Estrategia de escritura: *Writing a Paragraph*

A paragraph consists of a topic sentence and supporting sentences. The topic sentence usually appears first and introduces the theme of the text. The sentences that follow give additional or supporting information. In *Actividad 15* you saw that the main idea of the second paragraph was the Roman influence in Spain. Examples of supporting sentences were those about the introduction of the educational system and the construction of bridges.

Actividad 17: Tu herencia familiar

Escribe un párrafo sobre el aspecto de tu herencia biológica, histórica o cultural que más influye en tu vida y explica por qué. Usa la información que acabas de leer sobre la estructura de un párrafo para presentar tus ideas de forma clara.

Teatro romano, Mérida, España.

Lo esencial II

I. En el aeropuerto

Llegadas internacionales

Línea aérea	Número de vuelo	Procedencia	Hora de llegada	Comentarios
Iberia	952	Lima	09:50	a tiempo
VIASA	354	Santo Domingo	10:29	11:05
LAN Chile	988	Santiago/Miami	12:45	a tiempo
Lacsa	904	México/N.Y.	14:00	14:35

Salidas internacionales

Línea aérea	Número de vuelo	Destino	Hora de salida	Comentarios	Puerta
TWA	750	San Juan	10:55	11:15	2
Avianca	615	Bogotá	11:40	a tiempo	3
VIASA	357	Miami/N.Y.	14:20	a tiempo	7
Aeroméxico	511	México	15:00	16:05	9

Note the use of the 24-hour clock.

Actividad 18: Información

Una persona necesita información sobre vuelos y le pregunta a un/a empleado/a del aeropuerto. Trabajen en parejas y usen la información previa sobre los vuelos para contestar las preguntas.

1. ¿A qué hora llega el vuelo número 354 de Santo Domingo?
2. ¿De qué línea aérea es el vuelo 904? ¿Llega a tiempo o hay retraso?
3. ¿De dónde viene el vuelo 952?
4. ¿A qué hora sale el vuelo 615 para Bogotá?
5. ¿De qué puerta sale? ¿Hay retraso?
6. ¿Adónde va el vuelo 615 de Avianca?

Ahora cambien de papel.

1. ¿A qué hora sale el vuelo de VIASA a Miami?
2. ¿De dónde viene el vuelo 354?
3. ¿Llega a tiempo o con retraso el vuelo de México?
4. ¿A qué hora llega el vuelo de Santiago?
5. ¿Adónde va el vuelo 750 de la TWA?
6. ¿De qué puerta sale el vuelo a Nueva York? ¿Hay retraso?

II. El pasaje

VIASA
Venezuelan International Airways
Apellido
VEGA
Asiento
23B
Fecha
26 DE AGOSTO
Destino
NUEVA YORK
Fumar/No Fumar
NO FUMAR
Vuelo
357
Salida
14:20

Sr. Vega, su pasaje de ida y vuelta está confirmado. Puede llevar dos maletas y un bolso de mano pero hay un límite de 20 kilos.

-- IDA ---------------------------------------

VIASA 357 de Caracas a Nueva York
  Salida de Caracas: 14:20 26/VIII/93
    Escala y aduana en Miami
  Llegada a Nueva York (JFK): 22:15 26/VIII/93

-- VUELTA ------------------------------------

VIASA 358 de Nueva York a Caracas
  Salida de Nueva York (JFK): 13:15 1/IX/93
    Escala en Miami
  Llegada a Caracas: 21:00 1/IX/93
  Aduana en Caracas

la aduana customs
el asiento seat
el bolso de mano hand luggage
el destino destination
el equipaje luggage
la escala a stop
fumar to smoke
la ida one way; outbound trip
ida y vuelta round trip
la llegada arrival
el pasaje ticket
el/la pasajero/a passenger
la salida departure
el vuelo flight
la vuelta return trip

Actividad 19: ¿Qué es?

Contesta estas preguntas, usando el vocabulario del pasaje del Sr. Vega y de la información de la agencia de viajes.

1. ¿Cómo se llama el pasajero?
2. El Sr. Vega tiene un pasaje de ida o de ida y vuelta?
3. ¿Cómo se dice en español *a one-way ticket*?
4. ¿Tiene el Sr. Vega un vuelo a Nueva York directo o con escala?
5. ¿Cuántas maletas puede llevar el Sr. Vega? ¿Cuántos kilos puede llevar como máximo?
6. ¿Cuál es el número del asiento del Sr. Vega? ¿Fuma él? ¿Qué prefieres tú, la sección de fumar o de no fumar?
7. ¿Sabes qué cosas no se pueden pasar por la aduana?
8. ¿Hay aduanas en aeropuertos que no son internacionales? ¿En cuáles de estos aeropuertos hay aduanas: La Guardia, Newark o Kennedy?

Actividad 20: La reserva

En parejas, Uds. están en México en una agencia de viajes. "A" es el/la cliente que habla con "B", un/a agente de viajes. Lean el papel que les corresponde y mantengan una conversación en la agencia.

A. CLIENTE

Necesitas viajar de México a Lima el 23 de diciembre para volver el 2 de enero. No puedes salir por la mañana. No quieres hacer escala. No fumas. Necesitas saber la aerolínea, la hora de salida y de llegada y el precio.

B. AGENTE

De México a Lima hay vuelos de Mexicana y AeroPerú. AeroPerú hace escala en Bogotá y sale por la tarde. Mexicana sale por la mañana y vuela directo. Necesitas saber si el/la cliente quiere un pasaje de ida y vuelta, las fechas y si fuma. El vuelo de Mexicana cuesta $739 y el vuelo de AeroPerú $668.

Trajes típicos de diferentes regiones de Perú.

Un día normal en el aeropuerto

Un hombre vende caña de azúcar y fruta en una calle de Santo Domingo, República Dominicana.

darse cuenta de algo	to realize something
No me di cuenta de la hora.	I didn't realize the time.
¿Cómo que . . . ?	What do you mean . . . ?
¿Cómo que no hay nada?	What do you mean there isn't anything?

Antes de regresar a España Teresa va a la República Dominicana para trabajar por una semana en el aeropuerto. Ahora Teresa está ayudando en el mostrador *(check-in counter)* del aeropuerto de Santo Domingo y habla con algunos pasajeros que salen hacia Miami; como siempre, hay problemas.

Actividad 21: ¿Cierto o falso?

Lee las siguientes oraciones. Después, mientras escuchas las conversaciones, marca si estas oraciones son ciertas o falsas.

1. _____ El señor es paciente.
2. _____ El señor fuma.
3. _____ El niño viaja solo.
4. _____ Al final, el niño no lleva el ron.
5. _____ La señora perdió el pasaje.
6. _____ La señora llegó con un día de retraso.

Expressing how long an action has been taking place

TERESA Siguiente, por favor.

SEÑOR ¡Por fin! Hace media hora que estoy en esta fila. Aquí está el pasaje, mi pasaporte, la maleta y quiero un asiento en la sección de no fumar.

TERESA Lo siento, pero no hay nada.

SEÑOR ¿Cómo que no hay nada?

Apologizing

TERESA Perdón señor, pero es tarde y sólo hay asiento en la sección de fumadores. ¡Que tenga buen viaje!

SEÑOR Pues, va a ser difícil tener un buen viaje . . .

TERESA Siguiente.

MADRE Aquí está el pasaje y el pasaporte de mi hijo, Ramoncito.

TERESA ¿Y su hijo viaja solo o con Ud.?

MADRE Solo, pero lo espera su tío Ramón en Miami. Yo regreso a casa.

NIÑO Mamá, ¿dónde pongo las botellas de ron?

MADRE Las llevas en la mano.

Giving a reason

TERESA Pero señora, su hijo no puede entrar en los Estados Unidos con alcohol porque no tiene veintiún años.

MADRE Pero no lo va a beber él; es para su tío.

TERESA Señora, tiene que darse cuenta de que es ilegal.

MADRE ¡Bueno! Las ponemos en el bolso de mano. Ramoncito, si te preguntan en la aduana qué llevas, ¿qué les dices?

NIÑO Les digo que no llevo nada, que no hay ron.

TERESA Siguiente.

Narrating a series of past actions

Manejar = **conducir** (Spain)

SEÑORA Por fin llegué. Es que estaba en la peluquería y no me di cuenta de la hora y es que vine en taxi y el taxista manejó muy rápidamente. Casi tuvimos un accidente, ¡qué nervios! Y luego dejé la maleta en el taxi. Tuve que hablar con un policía, muy simpático por cierto . . .

TERESA Su pasaje y pasaporte, por favor.

SEÑORA Sí, aquí están . . . bueno el policía muy simpático . . .

TERESA Ejem . . . señora, lo siento pero su vuelo salió hace 24 horas . . .

Actividad 22: Los problemas de los pasajeros

Después de escuchar las conversaciones otra vez, identifica cuáles son los problemas del señor, del niño y su madre y de la señora.

Hacia la comunicación II

I. Avoiding Redundancies: Direct-Object Pronouns

Remember: Direct objects indicate *what* or *who* receives the action of the verb.

Before studying the grammar explanation, answer these questions based on the conversation:

- To what do the boldfaced words in the following sentences refer?
  a. "**Las** llevas en la mano."
  b. ". . . **lo** espera su tío . . ."
  c. "Pero no **lo** va a beber él . . ."
- Do the preceding words in boldface perform the action indicated by the verb?
- In the sentence "**. . . ¿dónde pongo las botellas . . . ?**" the noun phrase **las botellas** is not the subject but the object. If you had to replace this noun phrase with a pronoun, where in the sentence would you place it?

A direct object names the person or thing that directly receives the action of the verb. In Spanish, the direct object may be expressed by the direct-object pronoun. It follows the same placement rules as the reflexive and the indirect-object pronouns.

Direct-Object Pronouns	
me	nos
te	os
lo/la	los/las

Juan Carlos está enamorado de Claudia; **la** quiere muchísimo.

Me gustó el vestido y voy a comprar**lo.**

The following verbs can take direct objects:

amar to love	**odiar** to hate
ayudar to help	**poner** to put
creer to believe	**querer** to want; to love
esperar to wait (for); to hope (for)	**tener** to have
invitar to invite	**ver** to see
necesitar to need	**visitar** to visit

—¿Dónde pusiste el pasaje? *Where did you put the ticket?*
—**Lo** puse en la maleta. *I put it in the suitcase.*

Las invité a mi casa. *I invited them to my home.*
Nuestros padres **nos** quieren. *Our parents love us.*

Review *Expressing the Time of Past Actions,* p. 187.

II. Expressing the Duration of an Action: *Hace* + time expression + *que* + verb in the present

To express the duration of an action that began in the past and continues into the present, apply the following formula:

Hace + *time expression* + **que** + *verb in the present*

—¿Cuánto (tiempo) hace que vives aquí? — *How long have you lived here?*
—Hace tres años que vivo aquí. — *I have lived here for three years.*

Note the difference between these two sentences:

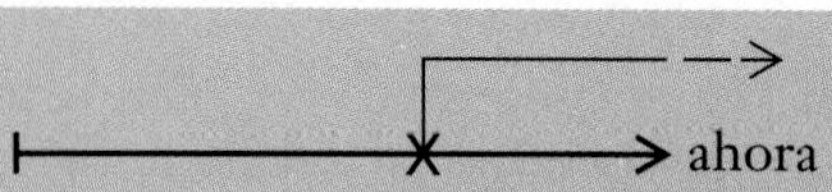

Hace dos años que **estudio** en esta universidad.

Hace dos años que **estudié** en esta universidad.

Read the following sentences, then answer the questions:

Hace cinco años que Ramón fue de vacaciones a la isla de San Andrés.
Hace cinco años que Elena va de vacaciones a la isla de San Andrés.

Do mechanical drills, Workbook, Part II.

- Who spent vacations in San Andrés for the last five years?
- Who went on vacation to San Andrés five years ago?

Actividad 23: La redundancia

Estas conversaciones no suenan *(sound)* bien porque tienen mucha redundancia. En parejas, cambien las conversaciones.

—¿Compraste el libro?
—No, no compré el libro.
—¿Por qué no compraste el libro?
—Porque la librería no tiene el libro.

—¿Dónde están mis llaves *(keys)*?
—¡Caramba! Tienes las llaves en la mano.

—¿Vas a escribir la composición?
—No, voy a escribir la composición mañana.

—¿Cuándo vas a escribir la carta?
—Estoy escribiendo la carta ahora mismo.

—Compré un cassette nuevo.
—¿Puedo escuchar tu cassette nuevo?

Actividad 24: Las cosas para el viaje

En parejas, una persona es el esposo y la otra es su esposa. Van a hacer un viaje y quieren saber dónde puso su pareja las siguientes cosas. Altérnense haciendo preguntas.

✷ A: ¿Dónde pusiste la cámara?
B: La puse en el bolso de mano.

Cosas: champú, gafas de sol, trajes de baño, máquina de afeitar, peine, zapatos de tenis, cepillo de dientes, pasaporte, regalos, niño

Lugares: la maleta, el carro, el bolso de mano

Actividad 25: Romeo y Julieta

En parejas, inventen un diálogo romántico entre los protagonistas de una telenovela *(soap opera):* María Julieta y José Romeo. Usen en la conversación un mínimo de tres de estos verbos en oraciones o preguntas: **querer, necesitar, odiar, creer** y **esperar.**

✷ José Romeo: María Julieta, te quiero.
María Julieta: Yo también te quiero, pero mi padre te odia.

Actividad 26: Las cosas de tu compañero

En parejas, averigüen si su compañero/a tiene estas cosas y cuánto hace que las tiene: **estéreo, carro, bicicleta, radio, apartamento, motocicleta, computadora, guitarra, novio/a, problemas,** etc.

✷ A: ¿Tienes grabadora?
B: Sí, tengo. / No, no tengo.
A: ¿Cuánto tiempo hace que la tienes?
B: Hace cinco años que la tengo.

Actividad 27: Los anuncios comerciales

En grupos de tres, Uds. trabajan para una agencia de publicidad. Tienen que escribir anuncios *(ads)* para estos productos.

✷ el agua de colonia "Atracción" — Hace un año que uso el agua de colonia "Atracción" y ahora tengo muchos amigos.

1. el jabón para la cara "Radiante"
2. el champú para hombres "Hércules"
3. el jabón de ropa "Blancanieves"
4. el perfume "Gloria"
5. el desodorante "Frescura Segura"

Actividad 28: La entrevista

Lee esta parte del curriculum vitae de Carmen Fernández y completa la entrevista *(interview)* que sigue. La entrevista fue el 7 de septiembre de 1992.

1987–presente	Empleada de IBM
1989–presente	Programadora de computadoras
1987–1989	Recepcionista
1983–1985	Secretaria, Aeroméxico

Entrevistadora:	¿Cúanto tiempo hace que Ud. ________________ en IBM?
Carmen:	Hace cinco años que ________________ allí.
Entrevistadora:	¿Qué hace?
Carmen:	Soy programadora de computadoras ahora, pero hace tres años ________________ recepcionista por un tiempo.
Entrevistadora:	¿Por cuántos años fue Ud. recepcionista en la compañía?
Carmen:	Por dos años.
Entrevistadora:	¿Y antes de trabajar con IBM?
Carmen:	Fui secretaria para Aeroméxico.
Entrevistadora:	Entonces, hace cinco años que ________________ en Aeroméxico.
Carmen:	No, hace siete años que ________________ allí.
Entrevistadora:	Entonces, ¿qué hizo entre 1985 y 1987?
Carmen:	Tuve un hijo y me quedé en casa con él.

Actividad 29: El contestador automático

En parejas, Uds. trabajan en la oficina de reclamos *(complaints office)* de una tienda y allí tienen un contestador automático *(answering machine)*. Los clientes llaman para quejarse de las cosas que compraron. Preparen un mensaje *(outgoing message)*, en el que deben pedirle al/a la cliente la siguiente información.

1. nombre del/de la cliente
2. teléfono
3. qué producto / comprar
4. cuánto (tiempo) hace
5. qué problema / tener
6. cómo / ocurrir

Terminen el mensaje con la frase "espere el tono antes de hablar".

Actividad 30: El problema

Tú eres un/a cliente que llama a la oficina de reclamos de esta tienda porque tienes problemas con algo que compraste. Quieres dejar un mensaje describiendo tu problema. Trabajen en parejas. Tu compañero/a hace el papel del contestador automático.

Actividad 31: Conoce a tu compañero/a

En parejas, "A" cubre la Parte B (página 204) y "B" cubre la Parte A. Lean sus instrucciones y completen el dibujo con la información necesaria. Al terminar, miren las respuestas de su compañero/a y háganle preguntas sobre lo que escribió.

A

1. En la línea que está encima del triángulo, escribe el nombre y el apellido de la persona que te dio el primer beso *(first kiss).*
2. En la línea que está debajo del rectángulo, escribe qué quieres para tu cumpleaños este año.
3. En el rectángulo, escribe el nombre de un político importante.
4. En la línea que está debajo del triángulo, escribe el nombre de una ciudad donde no quisieras vivir nunca.
5. En el triángulo, escribe cuánto cuesta tu carro ideal.
6. En la línea que está encima del rectángulo, escribe el año en que empezaste a leer.
7. En el círculo, escribe tu nombre.
8. En las líneas que salen del círculo, escribe cuatro adjetivos que te describen.

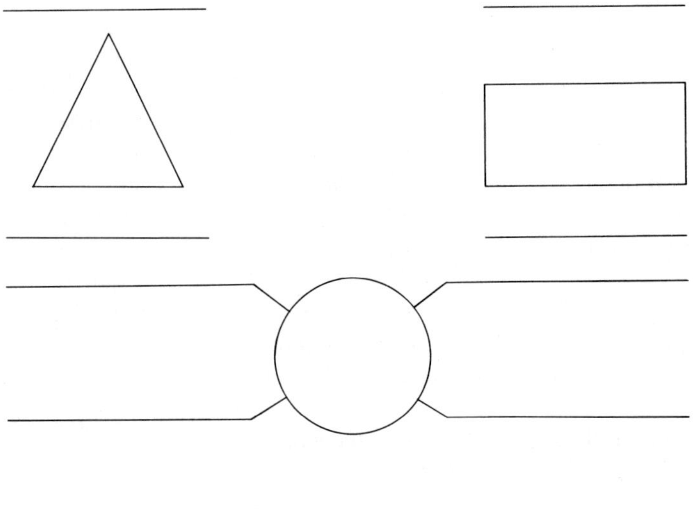

B

1. En la línea que está encima del triángulo, escribe el nombre de tu actor o actriz favorito/a.
2. En la línea que está debajo del rectángulo, escribe una cosa que no te gustaría tener nunca.
3. En el rectángulo, escribe el nombre y el apellido de una persona que tuvo mucha influencia en tu vida.
4. En la línea que está debajo del triángulo, escribe el nombre de una ciudad que te gustaría conocer.
5. En el triángulo, escribe cuántos hijos quisieras tener.
6. En la línea que está encima del rectángulo, escribe el año en que entraste en la universidad.
7. En el círculo, escribe tu nombre.
8. En las líneas que salen del círculo, escribe cuatro adjetivos que no te describen.

Vocabulario funcional

EL HOTEL

el baño	*bathroom*
el botones	*bellboy*
la comida	*meal*
el desayuno	*breakfast*
la empleada (de servicio)	*maid*
la habitación doble	*double room*
la habitación sencilla	*single room*
la maleta	*suitcase*
media pensión	*breakfast and one meal included*
pensión completa	*all meals included*
la recepción	*front desk*
el/la recepcionista	*receptionist*

PALABRAS Y EXPRESIONES ÚTILES

¿Cómo que . . . ?	*What do you mean . . . ?*
darse cuenta de algo	*to realize something*
Lo siento.	*I'm sorry.*
Perdimos el autobús.	*We missed the bus.*
por fin	*at last*
el precio	*price*
quisiera/quisiéramos	*I/we would like*

VERBOS

amar	*to love*
ayudar	*to help*
construir	*to build*
creer	*to believe*
esperar	*to wait (for); to hope (for)*
invitar	*to invite*
manejar	*to drive*
mentir (ie, i)	*to lie*
morir/se (ue, u)	*to die*
odiar	*to hate*
oír	*to hear*
producir	*to produce*
repetir (i, i)	*to repeat*
seguir (i, i)	*to follow*
sentir/se (ie, i)	*to feel*

EL PASAJE

Ver página 195.

PALABRAS AFIRMATIVAS Y NEGATIVAS

Ver página 187.

EL TELÉFONO

¿Aló?/Diga/Dígame	*Hello?*
¿De parte de quién?	*Who is calling?*
(De parte) de . . .	*It/This is . . .*
¿Está . . . , por favor?	*Is . . . there, please?*
Habla . . .	*It/This is . . .*
llamada a cobro revertido	*collect call*
llamada de larga distancia	*long-distance call*
llamada local	*local call*
marcar directo	*to dial direct*
No, tiene el número equivocado.	*No, you have the wrong number.*
¿Puede hablar más despacio, por favor?	*Can you speak more slowly, please?*
¿Quién habla?	*Who is speaking/calling?*
Quisiera hablar con . . . , por favor.	*I would like to speak with . . . , please.*

EL AEROPUERTO

a tiempo	*on time*
la aerolínea	*airline*
la hora de llegada	*time of arrival*
la hora de salida	*time of departure*
la línea aérea	*airline*
la puerta (de salida) número . . .	*gate number . . .*
el retraso	*delay*

C A P Í T U L O

8

Edificios en Madrid, España. ¿Hay oficinas o apartamentos en estos edificios? ¿Cómo sabes?

Chapter Objectives

- Indicating sequence
- Describing wants and needs
- Describing the layout of a house and its furnishings
- Describing household items you need or want to buy
- Expressing preferences, giving advice, and making requests

Buscando apartamento

Un portero reparte el correo delante de un edificio en Madrid, España.

¡Vaya!	Wow!
o sea	that is to say

Las cinco chicas buscan apartamento porque el colegio mayor se cierra en el mes de agosto durante las vacaciones. Ahora están hablando Diana, Marisel y Teresa sobre qué tipo de apartamento quieren.

Actividad 1: Marca qué buscan

Lee la lista siguiente. Después, mientras escuchas la conversación, marca qué cosas buscan las chicas en un apartamento.

dormitorios	2	3	4
teléfono	sí	no	
patio	sí	no	
muebles	sí	no	
portero	sí	no	
aire acondicionado	sí	no	
balcón	sí	no	
muchas ventanas	sí	no	
cocina grande	sí	no	

Describing what you are looking for

Giving a reason

Expressing preference

Expressing a desire

In most Hispanic countries, **la planta baja/el bajo** = first or ground floor; **el primer piso** = second floor.

MARISEL Entonces necesitamos un apartamento que tenga tres dormitorios.

TERESA También debemos tener una cocina grande porque cocinamos mucho.

MARISEL Y es muy importante que tenga teléfono porque, claro, Teresa y Claudia tienen que hablar con sus novios . . .

DIANA Recuerden que el apartamento debe ser barato, y ¿no lo queremos amueblado?

TERESA No, sin muebles porque mi tío tiene muebles de segunda mano que podemos usar. O sea, tres dormitorios, cocina grande, teléfono y barato. ¿Algo más?

MARISEL Sí, que tenga portero.

DIANA ¿Por qué?

MARISEL Porque un portero es una ayuda enorme. Limpia la entrada, recibe las cartas, saca la basura, abre la puerta y además es el policía del edificio.

DIANA ¡Qué curioso! En mi país no hay muchos porteros. Generalmente hay teléfonos para abrir la puerta.

TERESA En Puerto Rico también tenemos teléfono: el intercomunicador. Sólo los apartamentos más caros tienen portero.

MARISEL Aquí en España también hay teléfono y se le llama portero automático. Se usa por la tarde o por la noche cuando el portero no está.

TERESA Prefiero tener portero porque normalmente vive en el edificio y, si tienes problemas, siempre está para ayudarte.

DIANA Y a mí me gustaría tener balcón.

MARISEL Si tiene balcón no debe estar en el primer piso porque puede entrar alguien de la calle fácilmente.

DIANA ¡Vaya! Entonces buscamos un apartamento que esté en un segundo piso o más alto, con tres dormitorios, balcón, teléfono, una cocina grande, con portero y que sea barato. ¡Uf! ¡No pedimos nada!

Actividad 2: ¿Comprendiste?

Después de escuchar la conversación otra vez, contesta estas preguntas.

1. ¿Cuáles son dos cosas importantes para Diana, para Teresa y para Marisel?
2. ¿Qué es un portero? ¿Es común tener portero en Puerto Rico? ¿Y en los Estados Unidos? ¿Te gustaría vivir en un edificio con portero?
3. Cuando Diana dice, "¡No pedimos nada!", ¿quiere decir que va a ser fácil o difícil encontrar apartamento?
4. ¿Prefieres vivir en un apartamento o en una residencia estudiantil?

Apartamento = **departamento** (some Latin American countries).

¿LO SABÍAN?

Cuando se busca apartamento en un país hispano, a veces las necesidades son diferentes de las de los Estados Unidos. En un país hispano es usual tener portero automático; también es común tener portero en los edificios. Asimismo en los Estados Unidos nadie se preocupa si hay línea de teléfono o no porque es fácil instalarla, pero en muchos países hispanos hay que esperar meses y cuesta mucho dinero obtener una línea de teléfono. Entonces, es importante encontrar un apartamento que tenga teléfono. ¿Te imaginas viviendo en un apartamento sin teléfono?

Actividad 3: ¿Qué prefieren Uds.?

En grupos de cinco, decidan cuáles son las cosas más importantes para Uds. en un apartamento. Clasifiquen las siguientes cosas en una escala de uno a tres. Después informen al resto de la clase.

1 no es importante
2 es importante
3 es muy importante

_____ el número de dormitorios
_____ que sea barato
_____ que tenga teléfono
_____ que tenga balcón
_____ que esté amueblado
_____ que tenga portero
_____ la parte de la ciudad en que esté
_____ que tenga garaje
_____ que tenga cocina grande
_____ el piso en que esté

Lo esencial I

I. Los números ordinales

1°	primero	5°	quinto	8°	octavo
2°	segundo	6°	sexto	9°	noveno
3°	tercero	7°	séptimo	10°	décimo
4°	cuarto				

1. Ordinal numbers are used to refer to things such as floor numbers, grade levels in school, and finishing positions in races. It is not common to use ordinal numbers above **décimo;** cardinal numbers are used instead.

Felipe II and Alfonso XIII are former Spanish kings. Alfonso XIII is the grandfather of the present king, Juan Carlos I.

Felipe II (segundo) construyó El Escorial.
BUT: Alfonso XIII (trece) murió en 1941.

2. Ordinal numbers agree in gender and number with the nouns they modify. **Primero** and **tercero** drop the final **-o** when modifying a masculine singular noun.

> Ella vive en el **primer** apartamento del **tercer** piso.
> La **primera** en llegar fue la esquiadora chilena.

Actividad 4: La carrera de ciclismo

En una carrera *(race)* de ciclismo este fin de semana participaron seis ciclistas de Hispanoamérica. En parejas, lean las pistas *(clues)* y adivinen el número de llegada (primero, segundo, etc.), nombre, nacionalidad y color de camiseta de cada ciclista.

1. Claudio Vardi, con camiseta roja, es de un país suramericano.
2. El uruguayo llegó en tercer lugar.
3. El hombre de la camiseta amarilla se llama Augusto Terranova y no es uruguayo.
4. El colombiano que llegó primero tiene una camiseta roja.
5. Hernando Calasa, con camiseta morada, no llegó en cuarto lugar.
6. Francisco Lara, que tiene camiseta azul, es el único que no es suramericano.
7. Silvio Scala, de nacionalidad chilena, llegó justo después del boliviano de camiseta amarilla.
8. El peruano de camiseta morada llegó en el último lugar.
9. El guatemalteco llegó justo después del colombiano.
10. La camiseta del uruguayo Marcelo Ruso es verde y no negra como la del ciclista chileno.

COLÍN

La Vuelta a España empezará en Tenerife y terminará en Madrid.

¿LO SABÍAN?

El ciclismo es un deporte muy popular en muchos países y cada año hay carreras internacionales de bicicletas. Quizás las más interesantes sean las de Colombia y España, por la habilidad de los participantes y también porque son muy difíciles, pues hay muchas montañas. La carrera más importante del mundo es la Vuelta a Francia, que tiene lugar todos los años en el mes de julio. En 1985, Fabio Parra de Colombia ganó la carrera. En 1988, la ganó un español, Pedro Delgado, y lo ganó otro español, Miguel Indurráin, en 1991 y 1992. Los ciclistas hispanos se encuentran entre los mejores del mundo. ¿Sabes los nombres de algunos ciclistas norteamericanos?

II. Las habitaciones de la casa

Dormitorio = habitación, alcoba, cuarto, recámara

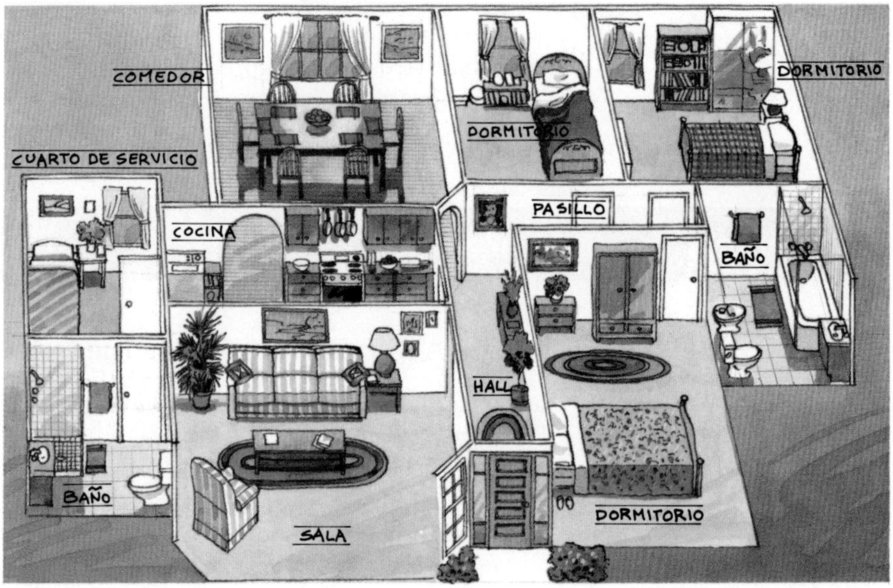

PALABRAS RELACIONADAS

el agua water
alquilar to rent
el alquiler rent
amueblado/a furnished
la calefacción heat
la electricidad electricity
la fianza/el depósito security deposit
el gas gas
los gastos expenses
la luz light; electricity

Actividad 5: ¿Cómo es tu casa?

En grupos de tres, cada persona les describe la casa de su familia a sus compañeros. Digan si es grande o pequeña, qué habitaciones tiene (cuántos dormitorios, etc.) y si tiene alguna característica especial.

Actividad 6: Pidiendo información

En grupos de tres, "A" y "B" están estudiando en Madrid por un semestre y necesitan alquilar un apartamento. "C" es un/a amigo/a y les dice que hay un apartamento para alquilar en su edificio. "A" y "B" quieren información sobre el apartamento y le hacen preguntas a "C". Lean sólo las instrucciones para su papel.

"A" y "B" quieren saber:

1. cuánto es el alquiler
2. si hay fianza (depósito)
3. si está amueblado
4. si hay calefacción
5. si hay teléfono
6. si hay otros gastos, como gas, agua y luz (electricidad)

"C" sabe:

1. el alquiler es 110.000 ptas. al mes
2. un mes de fianza (depósito)
3. está amueblado (con muebles viejos)
4. hay calefacción central
5. hay teléfono
6. el alquiler incluye gas, agua y luz (electricidad)

Hacia la comunicación I

Talking About the Unknown: The Present Subjunctive

Before studying the grammar explanation, answer these questions based on the conversation:

- When Marisel says, **"Necesitamos un apartamento que tenga tres dormitorios"**, is she describing an apartment she has seen?
- The word **tenga** is used in two other instances in the conversation. Is it used to describe what the women are looking for or what they have found?

An independent clause can stand alone as a complete sentence: *I'm looking for a house.* A dependent clause cannot stand alone: *... that has a garage.*

Remember: The subjunctive forms are normally in dependent clauses and are therefore almost always preceded by **que**.

Up to now, you have used all verbs in the indicative mood. There is another verbal mood called the *subjunctive*, which is used to express things such as doubt, uncertainty, hope, possibility, influence, and lack of existence. Most subjunctive constructions contain both an independent and a dependent clause. The independent clause contains a verb in the indicative and the dependent clause contains a verb in the subjunctive. The two clauses are usually linked by the word **que.**

independent clause (indicative)	+ **que** +	*dependent clause (subjunctive)*
Buscamos un apartamento	**que**	tenga teléfono.
Queremos un apartamento	**que**	sea grande.

A. Forms of the Present Subjunctive

1. To conjugate a verb in the subjunctive, apply the following rules:

a. take the present indicative **yo** form: **hablo, como, salgo**

b. drop the **-o** from the verb ending: **habl-, com-, salg-**

c. add **-e** for **-ar** verbs: habl**e**
add **-a** for **-er** and **-ir** verbs: com**a**, salg**a**

d. add the endings for the other persons as shown in the following charts:

caminar		
camin**o** ⟶	que camin**e**	que camin**emos**
	que camin**es**	que camin**éis**
	que camin**e**	que camin**en**

correr		
corr**o** ⟶	que corr**a**	que corr**amos**
	que corr**as**	que corr**áis**
	que corr**a**	que corr**an**

salir		
salg**o** ⟶	que salg**a**	que salg**amos**
	que salg**as**	que salg**áis**
	que salg**a**	que salg**an**

NOTE:

a. Remember that reflexive pronouns precede a conjugated form: **que se levante, que se bañen.**

b. Verbs ending in **-car, -gar, -zar,** and **-ger** require spelling changes in all present subjunctive forms.

	INDICATIVE	SUBJUNCTIVE
bus**car**	busco	que bus**que**
empe**zar**	empiezo	que empie**ce**
esco**ger**	escojo	que esco**ja**
pa**gar**	pago	que pa**gue**

2. In the subjunctive, stem-changing verbs ending in **-ar** and **-er** have the same stem change as in the present indicative: **que yo piense, que él quiera, que nosotros almorcemos.** Stem-changing verbs ending in **-ir** have the same stem change as in the present indicative, except in the **nosotros** and **vosotros** forms, which require a stem change from **-e-** to **-i-** or from **-o-** to **-u-.**

Review **-ir** stem-changing verbs, Ch. 5 and 7.

mentir		**dormir**	
que m**ie**nta	que m**i**ntamos	que d**ue**rma	que d**u**rmamos
que m**ie**ntas	que m**i**ntáis	que d**ue**rmas	que d**u**rmáis
que m**ie**nta	que m**ie**ntan	que d**ue**rma	que d**ue**rman

3. The following verbs are irregular in the present subjunctive:

Note: The subjunctive of **hay** is **haya.**

dar ⟶ que **dé** **estar** ⟶ que **esté** **ser** ⟶ que **sea**
ir ⟶ que **vaya** **saber** ⟶ que **sepa**

Here is the complete conjugation of **dar** and **estar:**

The accent distinguishes **dé,** the subjunctive, from **de,** the preposition. Accents on **estar** reflect pronunciation.

dar		**estar**	
que d**é**	que d**emos**	que est**é**	que est**emos**
que d**es**	que d**eis**	que est**és**	que est**éis**
que d**é**	que d**en**	que est**é**	que est**én**

B. Using the Present Subjunctive

1. The subjunctive is used in dependent adjective clauses to describe something that may or may not exist from the point of view of the speaker.

I'm looking for a *red* car.
red = adjective
I'm looking for a car *that is red.*
that is red = dependent adjective clause

Quiero un carro **que sea** rojo.	*I want a car (any car) that is red.*
Necesitan un apartamento **que tenga** balcón.	*They need an apartment (any apartment) that has a balcony.*
Busco una persona **que sepa** hablar quechua.*	*I'm looking for a person (any person) who can speak Quechua.*

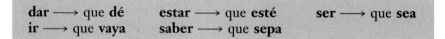

However, when you talk about something that you know exists, use the indicative mood.

Vivo en un apartamento que **tiene** balcón.	*I live in an apartment that has a balcony. (I know it exists, where it is, what it looks like, etc.)*

*NOTE: The personal **a** is not used when the direct object refers to a person that may or may not exist, unless it is **alguien: Busco a *alguien* que sepa hablar quechua.**

Quechua is a language spoken by many Andean Indians. Basque is a language spoken in a region of northern Spain and in southwestern France. It is unrelated to other modern European languages.

2. The subjunctive is also used in adjective clauses to describe something that does not exist from the point of view of the speaker.

No hay **ningún** apartamento **que tenga** balcón.	*There are no apartments (not one) with a balcony.*
No conozco a **nadie que hable** vasco en esta universidad.*	*I don't know anyone at this university who speaks Basque.*

*NOTE: The personal **a** is used when **nadie** is a direct object.

Do mechanical drills, Workbook, Part I.

Actividad 7: Por teléfono

If something exists, use the indicative. If something may/may not exist, use the subjunctive.

En parejas, una persona busca apartamento y llama a una agencia de alquiler. La otra persona trabaja en la agencia y le da información.

✷ A: Busco un apartamento que tenga . . . , que sea . . . y que esté . . . .
B: Tenemos un apartamento que tiene . . . , que es . . . y que está . . . .

Actividad 8: El eterno pesimista

Nonexistence from the speaker's point of view = subjunctive

Eres una persona pesimista. Completa estas oraciones de forma original.

1. No hay nadie que . . .
2. No tengo nada que . . .
3. No conozco a nadie que . . .
4. El presidente no hace nada que . . .
5. En las tiendas no encuentro nada que . . .
6. No tengo ningún profesor que . . .

Actividad 9: Se busca

Tienes cuatro minutos para encontrar personas que tengan o hagan las siguientes cosas.

que tenga dos hijos
✷ A: ¿Tienes dos hijos?
B: Sí, tengo dos hijos. / No, no tengo dos hijos.

1. que trabaje en un restaurante
2. que termine los estudios este año

Catalán is a language spoken in **Cataluña** (northeastern Spain). Capital of **Cataluña:** Barcelona.

Mole poblano = a spicy Mexican sauce made with chocolate

3. que vaya a viajar a Bolivia este verano
4. que tenga tres hermanos
5. que sepa hablar catalán
6. que sea de Illinois
7. que hable japonés
8. que piense casarse este año
9. que tenga perro
10. que sepa preparar mole poblano

Ahora, contesta las preguntas de tu profesor/a.

✷ ¿Hay alguien en la clase que trabaje en un restaurante?

Sí, hay alguien que trabaja en un restaurante; [Charlie] trabaja en [Denny's].

No, no hay nadie que trabaje en un restaurante.

Actividad 10: Los consejos

En parejas, "A" va a graduarse de la escuela secundaria y busca una universidad para el año próximo. "B" es un/a consejero/a *(counselor)* de la escuela.

✷ A: Quiero/Busco una universidad que . . .
B: Hay muchas universidades que . . . / No hay ninguna universidad que . . .
A: En Stanford, ¿tienen computadoras para los estudiantes?
B: . . .

Actividad 11: La perfección

En grupos de cuatro, describan a su profesor/a, jefe/a *(boss)*, secretario/a, padre/madre o amigo/a ideal. El/La secretario/a del grupo toma apuntes. Después, comparen su descripción con las de otros grupos.

✷ Queremos tener un profesor que . . .
Buscamos un médico que . . .

Actividad 12: Se necesita

Lee los anuncios de la página 217 y decide cuáles pueden combinarse. Después, en parejas, una persona llama para pedir más información y la otra da información adicional.

✷ A: ¿Aló?
B: Sí, llamo por la moto . . .

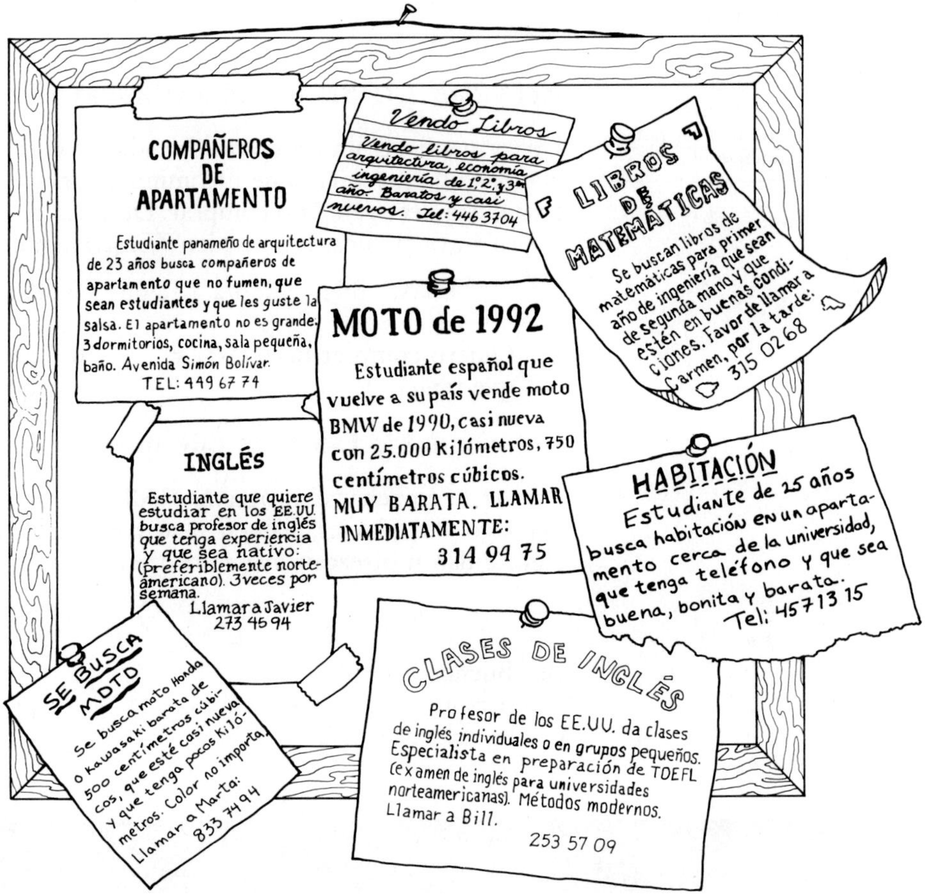

EE.UU. = Estados Unidos.

The infinitive is frequently used to give impersonal commands: **Llamar a Javier.**

¿LO SABÍAN?

En los países hispanos no es común vender cosas de segunda mano delante de la casa o en el garaje *(tag or garage sales)*. Generalmente, la gente regala la ropa de segunda mano a miembros de la familia, a la iglesia o a personas pobres. Cosas usadas como estéreos, computadoras y libros se anuncian en la sección de avisos clasificados del periódico o en revistas o periódicos especializados como *Segundamano*. ¿Conoces algún periódico como éste en los Estados Unidos?

If something exists, use the indicative. If it may/may not, use the subjunctive.

Actividad 13: Bienvenidos a Radio Tienda

Uds. van a hacer un programa de radio de compraventa de cosas de segunda mano. Cada persona tiene dos minutos para escribir la descripción de una cosa que quiere vender o comprar. Después, en parejas, mantengan una conversación telefónica. No olviden *(forget)* cambiar de papel.

✱ A: Bienvenido/a a Radio Tienda. ¿Compra o vende?

B: Quiero comprar un televisor que tenga . . .

B: Quiero vender un televisor que tiene . . .

Actividad 14: Eso es lo que quiero

Acabas de escuchar el programa Radio Tienda y te interesa comprar o vender algo. En parejas, llamen a su compañero/a para comprar u ofrecerle algo. Pidan u ofrezcan más información.

✱ A: ¿Aló?

B: Buenos días. ¿Ud. es la persona que quiere comprar un televisor? . . .

B: Buenos días. ¿Ud. es la persona que quiere vender un televisor? . . .

Nuevos horizontes

Estrategia de lectura: *Using the Dictionary*

Although many of the words that you encounter when reading Spanish are cognates or are guessable from context, there are usually some words that require the use of a dictionary. The following guidelines will help you make better use of the dictionary.

1. Check the grammatical form of the word.
2. Try to guess its meaning from context.
3. Look up the word to confirm your guess. Remember that a word may have more than one meaning, so you should check the context in which it appears to make your choice.
4. If the word you are looking up is part of an idiom, you will find it referenced under the main word of the idiom.
5. Adjectives and nouns are usually presented in their masculine singular form.
6. Important grammar abbreviations are: **m.** (masculine noun), **f.** (feminine noun), **adj.** (adjective), **adv.** (adverb), **v. tr.** (transitive verb), **v. intr.** (intransitive verb), and **reflex.** (reflexive verb).

Transitive verbs can take direct objects: *John threw the ball.* Intransitive verbs cannot take direct objects: *John laughed.*

You will have a chance to practice this strategy after you read the selection.

Actividad 15: Mira y contesta

Antes de leer el texto, contesta las siguientes preguntas.

1. Describe los mercados que ves en las fotos en las páginas 219 y 224. ¿Qué tipo de cosas se venden?
2. ¿Qué diferencias y semejanzas *(similarities)* ves entre estos dos tipos de mercado?
3. ¿Conoces mercados como éstos?
4. ¿Qué tipo de mercados hay en la ciudad donde vives?
5. ¿En qué lugares, que no sean tiendas, se venden cosas en tu ciudad o pueblo?

Actividad 16: Ideas y detalles

Lee el texto y busca las ideas principales y los detalles que apoyan estas ideas.

Mercado al aire libre en Pisac, Perú.

Los mercados en el mundo hispano

Si viajas a un país hispano, un lugar interesante para visitar es el mercado al aire libre. Hay muchas clases de mercados: mercados de artesanía, de antigüedades, de comida y también de cosas en general. Algunos de estos mercados son especialmente para turistas y otros son para la gente del lugar.

Vas a encontrar mercados que están abiertos todos los días y otros que sólo abren en días específicos.

En general, se pueden conseguir buenos precios en los mercados y, a veces, se puede inclusive regatear, pero tienes que tener cuidado con el regateo. En algunos lugares el regateo es común: el comerciante espera que el cliente no acepte el primer precio que se le dé, y que haga una contraoferta o pida un precio más bajo. Por otro lado, hay mercados donde no se regatea y si lo haces puedes insultar al comerciante. Para no meter la pata es una buena idea ver qué hace la gente del lugar. Si ellos no regatean, pues entonces es mejor no hacerlo.

Why do the following words have accents: **dé** (line 10) and **qué** (line 13)? Why don't these words have accents: **de** (line 2) and **que** (line 5)? See Appendix C for explanations.

Los mercados de artesanía y de comidas más conocidos de Hispanoamérica están en México, Guatemala y Perú. Allí prevalecieron las culturas azteca, maya e incaica y hoy día sus descendientes venden al público la artesanía que aprendieron a hacer de sus antepasados.

En México, Guatemala y Perú están, por ejemplo, los mercados de Oaxaca, Chichicastenango y Huancayo respectivamente, donde la gente local vende telas típicas, hamacas, cerámica, especias y comidas. Para saber si los precios que tienen son buenos o no, es buena idea ir a las tiendas artesanales del gobierno, donde tienen productos similares, para comparar precios.

En la ciudad de México y en Buenos Aires puedes encontrar mercados con antigüedades como la Lagunilla y el mercado de San Telmo, respectivamente. Allí es posible regatear. Los días más interesantes para ir son los sábados y domingos, cuando hay mucha gente.

Para comprar de todo, hay mercados como el Rastro en Madrid. Este mercado es enorme y está dividido en diferentes zonas donde se venden cosas como antigüedades, ropa y artesanía moderna, y hay además una zona para comprar animales domésticos. En este mercado normalmente no se regatea.

Si estás en un país hispano y quieres saber si hay mercados como los que se mencionan aquí, puedes averiguar en la oficina de turismo local o simplemente preguntarle a alguien del lugar.

Actividad 17: Usa el diccionario

Adivina qué significan las siguientes palabras del texto. Luego confirma tus predicciones buscando sus significados en las secciones del diccionario que se presentan.

1. línea 2 **artesanía**
2. línea 7 **conseguir**
3. línea 12 **meter la pata**
4. línea 16 **prevalecieron**
5. línea 21 **telas**

ar·te·sa·ní·a f. *(habilidad)* craftsmanship; *(producto)* crafts.

con·se·guir **§64** tr. *(obtener)* to obtain; *(llegar a hacer)* to attain; *(lograr)* to manage.

pa·ta f. ZOOL. *(pie)* paw, foot; *(pierna)* leg; COLL. *(pierna humana)* leg; *(base)* leg <*las patas de la mesa* the legs of the table>; ORNITH. female duck ♦ **a cuatro patas** on all fours • **a p.** COLL. on foot • **estirar la p.** COLL. to kick the bucket • **meter la p.** COLL. to put one's foot in it • **p. de gallo** crowfoot.

pre·va·le·cer §17 intr. *(sobresalir)* to prevail; BOT. to take root.

te·la f. *(paño)* fabric; *(membrana)* membrane; *(nata)* film; *(de araña)* web; ANAT. film; BOT. skin; ARTS *(lienzo)* canvas; *(pintura)* painting ♦ **poner en t. de juicio** to call into question • **t. adhesiva** adhesive tape • **t. aislante** electrical tape • **t. metálica** wire netting.

te·lar m. TEX. loom; *(de puerta)* frame; BKB. sewing press ♦ **en el t.** in the making.

Actividad 18: Preguntas

Después de leer el texto, contesta las siguientes preguntas.

1. ¿Cuáles son algunos de los consejos que da el autor para la persona que visita los mercados hispanos?
2. ¿Cuáles de estos mercados te gustaría visitar?
3. ¿Tienes artesanía de algún país hispano?
4. ¿En qué situaciones regateas en los Estados Unidos?

Estrategia de escritura: *Using the Dictionary*

When writing in a foreign language, you often need to consult the dictionary. The following are some clues to help you use the dictionary appropriately:

1. Remember that some words have more than one translation. Make sure you choose the one that suits the context.
2. Abbreviations such as *(coll.)* or *(pop.)* indicate that the choice of word is colloquial or popular.
3. Abbreviations such as *(Guat.)* or *(C. Rica)* indicate that the word is a regionalism used only in that country.
4. When looking up a verb, check whether it is irregular. This is often indicated in the Spanish-English section by the abbreviation **irreg.** or **irr.**, and the forms are usually given in a table of irregular verbs.

To make the best use of the dictionary, it is advisable to look at the user's guide included in it.

close **I.** adj. (klōs) cercano; *(relationship)* íntimo; *(similar)* parecido; *(contest)* reñido; *(resemblance)* casi igual; *(copy)* fiel, exacto; *(rigorous)* minucioso; *(attention)* total; *(enclosed)* encerrado; *(tight-fitting)* apretado.

date¹ (dāt) **I.** s. fecha; *(epoch)* época; *(appointment)* cita, compromiso; *(companion)* acompañante *mf* ♦ **d. line** meridiano de cambio de fecha • **to d.** hasta la fecha **II.** tr. & intr. fechar; *(socially)* salir (con) ♦ **to d. back to** remontar(se) a • **to d. from** datar de.

date² s. *(fruit)* dátil *m* ♦ **d. palm** datilero.

print (print) **I.** s. *(impression)* impresión *f*, huella; *(stamp, seal)* estampa, cuño; *(letters)* letra, tipo; FOTOG. copia; *(engraving)* grabado, estampa; *(fabric)* estampado ♦ **in p.** impreso, publicado • **out of p.** agotado **II.** tr. imprimir; *(edition)* tirar, hacer una tirada; *(to publish)* publicar; FOTOG. copiar; *(to write)* escribir con letras de imprenta *o* de molde.

shoot (sho͞ot) **I.** tr. **shot** *(a weapon)* disparar; *(to wound)* herir; *(to kill)* matar a tiros; *(to hit)* pegar un tiro; *(to execute)* fusilar; *(to send)* lanzar; *(to film)* rodar; *(to photograph)* fotografiar ♦ **to s. down** derribar • **to s. forth** BOT. echar • **to s. it out** resolverlo a tiros.

work (wûrk) **I.** s. trabajo; *(job)* empleo; *(result, deed)* obra ♦ **let's get to w.!** ¡manos a la obra! • **the works** JER. todo, de todo • **to make short w. of** terminar rápidamente • **w. force** mano de obra ♦ pl. *(output)* obra; *(factory)* taller; *(mechanism)* mecanismo **II.** intr. trabajar; *(to be employed)* tener trabajo; *(to operate)* funcionar; *(to be effectual)* surtir efecto; *(to contort)* torcerse • **to w. out** *(to go well)* salir bien; *(to do exercises)* hacer gimnasia.

Actividad 19: Completa las oraciones

Completa estas oraciones buscando las palabras entre paréntesis en las secciones del diccionario que se presentan.

1. El reloj que compré en el Rastro no __________ bien. *(work)*
2. Ayer fui al mercado con Felipe, un amigo __________ de mi padre. *(close)*
3. El __________ de esa camisa artesanal es muy hermoso. *(print)*
4. Ayer comí unos __________ muy deliciosos en Guatemala. *(dates)*
5. El otro día la Metro Goldwyn Mayer __________ parte de una película de Indiana Jones en el mercado de Chichicastenango. *(shot)*

Use the strategies explained in Ch. 7 on paragraph writing.

Actividad 20: El mercado al aire libre

En grupos de tres, hagan un *brainstorming* sobre las ventajas y desventajas *(advantages and disadvantages)* de comprar cosas en un mercado al aire libre. Después, individualmente, escriban dos párrafos: uno sobre las ventajas y otro sobre las desventajas.

Lo esencial II

I. Los muebles

1. la alfombra
2. la cómoda
3. el espejo
4. el armario/el ropero
5. el sillón
6. el estante

Actividad 21: Asociaciones

1. Di qué muebles y objetos asocias con estas habitaciones: la sala, el dormitorio y el comedor.
2. Di qué muebles asocias con estas acciones: dormir, leer, maquillarse escribir, comer y sentarse.
3. Di qué muebles asocias con estas cosas: suéteres, vestidos, peine y diccionario.

Actividad 22: Casa amueblada

Mira el plano *(diagram)* de la casa en la página 211 y describe los muebles que ves y en qué parte de la casa están.

II. Los electrodomésticos y otras cosas necesarias

1. el horno (de) microondas
2. la estufa/cocina eléctrica (de gas)
3. el lavaplatos
4. el fregadero
5. la nevera
6. el congelador
7. la aspiradora
8. la lavadora
9. la tostadora
10. la cafetera

Dryers **(secadoras)** are not as common in Spain and Hispanic America as in the U. S. **La secadora** = (clothes) dryer; **el secador** = hair dryer.

LAS COSAS DEL BAÑO

la bañera bathtub
el bidé bidet
la ducha shower
el inodoro toilet
el lavabo bathroom sink

Actividad 23: Asociaciones

Asocia estas marcas con el vocabulario de electrodomésticos y de las cosas del baño:

Maytag, Mr. Coffee, Mr. Bubble, Hoover, Frigidaire, Toastmaster, Kenmore, Tappan, Saniflush

Actividad 24: Describe y dibuja

En parejas, "A" le describe a "B" su cocina, sala o baño. "A" debe indicar qué muebles y electrodomésticos tiene en la habitación y dónde están. "B" dibuja un plano del lugar con muebles y electrodomésticos. Después cambien de papel.

Actividad 25: El apartamento nuevo

En grupos de cuatro, Uds. acaban de alquilar un apartamento semiamueblado. El apartamento tiene cuatro dormitorios, un teléfono, un sofá, dos camas, dos cómodas, una mesa grande en el comedor y solamente tres sillas para la mesa. Miren la siguiente lista y decidan qué más necesitan y qué cosas no necesitan.

alfombras
una aspiradora
una cafetera
camas
cómodas
estantes
un estéreo
un horno (de) microondas
una lavadora
sillas para el comedor
sillones
un televisor
espejos
una tostadora

Todos son expertos

El Rastro, un mercado en Madrid, España.

ojalá (que) + *subjunctive*	I hope (that) . . .
Ojalá que quiera venderla.	I hope he wants to sell it.
la plata	slang for "money" (literally, "silver")
¡Por el amor de Dios!	For heaven's sake! (literally, "For the love of God!")

Don Alejandro, el tío de Teresa, tiene algunos muebles para el apartamento que acaban de alquilar las chicas, pero ellas tienen que comprar algunas cosas. Vicente y Alejandro le están dando consejos a Teresa sobre los muebles de la casa.

Actividad 26: Marca los muebles

Mientras escuchas la conversación, marca sólo las cosas que necesitan las chicas.

_____ sofá
_____ lavadora
_____ cómoda
_____ alfombra
_____ estantes
_____ escritorio
_____ cama
_____ lámparas

TÍO Entonces, con los muebles que voy a darles, ya tienen casi amueblado el apartamento.

TERESA ¡Sí, es fantástico!

Asking about needs

VICENTE Pero todavía necesitan una cama y unas lámparas, ¿no?

TERESA Sí, y también dos estantes para los libros.

VICENTE ¿Crees que en el Rastro puedas encontrar unos estantes que no cuesten mucha plata?

TERESA Buena idea, porque no tenemos mucho dinero.

Expressing influence

TÍO Oye Teresa, creo que es necesario que tengan lavadora, ¿no?

TERESA Es verdad, pero nos va a costar un ojo de la cara.

VICENTE ¿Sabes? Ayer me dijo Juan Carlos que la semana que viene Francisco se va a Ecuador para trabajar en el Instituto Darwin de las Islas Galápagos.

TERESA ¿Francisco? ¿Quién es Francisco?

VICENTE Un amigo que tiene un apartamento con lavadora. Podemos llamarlo para preguntarle si la va a vender.

TERESA ¡Perfecto! Ojalá que quiera venderla. Y podemos preguntarle si también quiere vendernos una cama.

Giving an implied command

TÍO Pero, Teresa, ¡cómo que una cama de segunda mano! No quiero que compres una cama usada.

TERESA	Entonces, ¿quieres que duerma en la alfombra?
TÍO	No, ¡por el amor de Dios! Tu tío Alejandro te compra una cama nueva.
VICENTE	*(En voz baja)* ¿Matrimonial?

Actividad 27: ¿Hay soluciones?

Después de escuchar la conversación otra vez, explica cómo va a obtener Teresa estas cosas: una cama, unas lámparas, dos estantes y una lavadora.

¿LO SABÍAN?

Las Islas Galápagos, que están en el Océano Pacífico, pertenecen a *(belong to)* Ecuador. Se conocen en todo el mundo por su gran variedad de animales y plantas. Charles Darwin fue a estas islas por primera vez en el año 1835 y fue allí donde hizo estudios para su teoría de la evolución. Hoy, las Islas Galápagos son un santuario para conservar la flora y la fauna que están en peligro de desaparecer. Allí está el Instituto Darwin, donde los biólogos estudian muchas especies de animales que no existen en otras partes del mundo.

Turistas con las tortugas gigantes de las Islas Galápagos, Ecuador.

Actividad 28: Los deseos de año nuevo

Uds. están celebrando el año nuevo y están brindando *(toasting)* por el año que comienza. Hagan un deseo para el año nuevo.

✷ Ojalá que este año pueda ir de vacaciones a México.

✷ Hacia la comunicación II

Are you coming? = **¿Vienes?** I'm coming (implying "I'm on my way.") = **Ya voy.**

I. Using *Ya* and *Todavía*

A. Ya

1. When used in an affirmative sentence, **ya** means *already* or *now.* Context helps determine which meaning is being conveyed.

—¿Te explico la lección?	*Should I explain the lesson to you?*
—No, gracias. **Ya** la entiendo.	*No thanks. I **already** understand it.*
—¿Ves? Así se hace una tortilla.	*See? This is how a tortilla is made.*
—¡Ah! ¡**Ya** entiendo!	***Now** I understand!*

2. When used in a negative sentence, **ya** means *no longer, not any more.*

Ya no tengo que estudiar porque terminé los exámenes.	*I **don't** have to study **any more** because I finished my exams.*

B. Todavía

1. When used in an affirmative sentence, **todavía** means *still* or *yet.*

Todavía tengo problemas.	*I **still** have problems.*

2. When used in the negative, **todavía** means *not yet.*

—¿Estudiaste?	*Did you study?*
—**Todavía no.**	***Not yet.***

II. Influencing: Other Uses of the Subjunctive

Before studying the following grammar explanation, answer these questions based on the conversation:

- How many subjects are there in the following sentences: **"No quiero que compres una cama usada"** and **"¿ . . . quieres que duerma en la alfombra?"**
- What is present in one of the following sentences that helps to indicate the use of the subjunctive: **"Es mejor ir al Rastro . . ."** and **". . . es necesario que tengan lavadora"**?

The subjunctive is used in dependent noun clauses when the verb in the independent clause expresses a desire to influence someone's actions. Influence may be expressed by stating preference, by requesting, hoping, advising, or giving an implied command. There are two ways of expressing influence: personal and impersonal.

We recommend *John*.
John = direct object
We recommend *that John do it.*
that John do it = dependent noun clause

1. To express influence in a personal way:

a. The independent clause contains a subject that wants to influence and a verb of influence such as **querer** or **aconsejar.**

b. The dependent clause contains a different subject, which is the person or thing being influenced, and a verb in the subjunctive.

influencing subject	+ **que** +	*influenced subject*
Yo quiero	**que**	**tú** escribas la carta.

Quiero que (tú) vayas al Rastro.	*I want you to go to the Rastro.*
Siempre **me pide que me levante** temprano.	*He/She always asks me to get up early.*
Te aconsejo que te compres una cama nueva.	*I advise you to buy a new bed.*
Ella espera que compres éste.	*She hopes you buy this one.*
Te prohibe que fumes.	*He/She forbids you to smoke.*

2. To express influence in an impersonal way:

a. The independent clause contains an impersonal expression such as **es bueno, (no) es necesario, (no) es importante,** or **es mejor.**

b. The dependent clause contains the subject being influenced and a verb in the subjunctive.

impersonal expression of influence	+ **que** +	*influenced subject*
Es mejor	**que**	Uds. **estudien** mucho.

Es necesario que la casa tenga una cocina grande.	*It's necessary that the house have a big kitchen.*
No es importante que vuelvas pronto.	*It isn't important that you return soon.*
Es mejor que te acuestes.	*It's better that you go to bed.*

However, when you want to express influence, but not over someone in particular, use a verb in the infinitive.

Do mechanical drills, Workbook, Part II.

Es necesario **volver** mañana.	*It's necessary to return tomorrow. (No* ***que*** *and no subject in the dependent clause).*

A check mark indicates the task has been completed.

Actividad 29: ¿Ya estudiaste?

En parejas, "A" cubre la Columna B y "B" cubre la Columna A. "A" y "B" viven en la misma casa y cada persona tiene sus responsabilidades. El problema es que "B" es muy perezoso/a y hace las cosas en el último momento. "A" le pregunta a "B" si ya hizo las tareas que le corresponden.

✷ A: ¿Ya estudiaste?

B: Sí, ya estudié.
A: ¿Ya fuiste al correo?
B: . . .

B: Todavía no.
A: ¿Cómo que todavía no?
B: . . .

A

limpiar el baño
comprar el periódico
darle de comer al perro
pagar la luz
comprar detergente

B

Tareas para hoy:

- ☐ comprar el periódico
- ☑ pagar la luz
- ☐ comprar detergente
- ☑ limpiar el baño
- ☑ darle de comer al perro

Actividad 30: La búsqueda

Termina esta conversación entre Mario y un amigo de su padre que trabaja para la agencia Vivir Feliz. Escribe las formas apropiadas de los verbos indicados usando el subjuntivo, el indicativo o el infinitivo.

Mario: Necesito un apartamento que __________ cerca de la universidad. (estar)
Agente: Hay un apartamento a cinco minutos de aquí que __________ un dormitorio. (tener)
Mario: No, ése no me va a servir. Busco un apartamento que __________ tres dormitorios y dos cuartos de baño. (tener)
Agente: Te aconsejo que __________ con otra agencia porque nosotros sólo tenemos apartamentos pequeños. (hablar)
Mario: ¿Algún consejo más?
Agente: Sí, es importante que __________ a buscar ahora, porque hay pocos apartamentos y muchos estudiantes. (empezar)
Mario: Buena idea. ¿Es necesario que yo __________ un depósito o solamente tengo que firmar un contrato? (pagar)
Agente: Generalmente es necesario __________ en el momento de firmar. (pagar)
Mario: Ahora tengo que __________, pero como Ud. dice, es importante que yo __________ temprano para buscar apartamento. Muchas gracias, Sr. Moreno. (estudiar, levantarme)

Influencing = subjunctive

Actividad 31: Quiero que . . .

Di qué quieres que hagan y qué no quieres que hagan las siguientes personas. Usa frases como **prefiero que . . . , quiero que . . . , espero que . . . , le/s pido que . . . , es importante que . . . ,** y **es necesario que . . . .**

el presidente de los Estados Unidos
el/la decano/a de la universidad
tus profesores
tu mejor amigo/a

Actividad 32: Dando consejos

En parejas, "A" es un padre o una madre que tiene que darle consejos a su hijo/a sobre las drogas y el alcohol. "B" es el/la hijo/a que reacciona y también da consejos. Lean sus papeles abajo. Usen frases como **te aconsejo (que) . . . , te prohibo (que) . . . , es importante (que) . . . ,** etc.

A (EL PADRE/LA MADRE)

Crees que tu hijo/a de 16 años usa drogas y bebe demasiado alcohol. Habla con él/ella y dale consejos. Quieres mucho a tu hijo/a. Recuerda: tú no eres perfecto/a tampoco.

B (EL HIJO/LA HIJA)

Tienes 16 años y eres muy rebelde. Tu padre toma una cerveza cuando llega del trabajo y también con la comida. Tu madre siempre toma un gin tonic antes de la comida. Los dos fuman. Dale algún consejo a tu padre/madre. Recuerda: tú no eres perfecto/a tampoco.

Actividad 33: El conflicto

En parejas, Uds. van a compartir un apartamento y tienen que amueblarlo. "A" es muy práctico/a y "B" es muy excéntrico/a. Deben tratar de influir en la decisión de la otra persona (**es mejor . . . , te aconsejo . . . ,** etc.) para comprar los muebles y ponerlos en el lugar que cada uno quiere.

✷ A: Es mejor que compremos unas sillas para el comedor.
B: No, es mejor sentarse en la alfombra.

Actividad 34: Querida Esperanza

Eres Esperanza, una señora que trabaja para un periódico y contesta cartas dando consejos. Lee estas cartas y escribe unas respuestas apropiadas usando la imaginación. Usa expresiones como **es necesario que . . . , le aconsejo que . . .** , etc.

Querida Esperanza:

Soy un hombre de 35 años y tengo un problema: hace una semana compré una crema especial y muy cara para cambiarme el color del pelo. Mi pelo cambió de color pero también empezó a caerse. Después de una semana ya no tengo pelo.

¡Imagínese! Me da vergüenza salir de casa. ¿Qué puedo hacer? ¿Comprar un sombrero? ¿Qué es mejor, que escriba a la compañía que hizo la crema o que hable con un abogado?

Calvo y sin plata

Querida Esperanza:

Hace un mes se murió mi suegra y ahora tenemos problemas con la herencia. Ella estuvo enferma durante tres años y yo la llevé al médico, le di de comer y cuando ya no pudo caminar, le compré una silla de ruedas. El hermano de mi esposa no hizo nada, pero recibió todo el dinero y a nosotros mi suegra nos dejó solamente el perro y un álbum de fotos. ¿Qué nos aconseja que hagamos?

Responsable pero pobre

Actividad 35: Con esperanza, de Esperanza

En parejas, lean la respuesta que escribió Esperanza a una carta. Inventen la carta que recibió.

Queridos niños tristes:

Quiero que sepan que sus padres los quieren. Ellos solamente les prohiben que hagan algunas cosas porque pueden ser malas para Uds. Yo también les aconsejo que estudien y que estén en casa a las diez de la noche. Es mejor que estén con sus padres y no en la calle donde hay violencia y drogas. Ojalá que Uds. entiendan las intenciones de sus padres.

Con esperanza de,
Esperanza

Vocabulario funcional

LOS NÚMEROS ORDINALES

Ver página 209.

LAS HABITACIONES DE LA CASA

el baño	*bathroom*
la cocina	*kitchen*
el comedor	*dining room*
el cuarto de servicio	*maid's room*
el dormitorio	*bedroom*
el hall	*entrance hall*
el pasillo	*hallway*
la sala	*living room*

PALABRAS RELACIONADAS CON LA CASA O EL APARTAMENTO

el agua	*water*
alquilar	*to rent*
el alquiler	*rent*
amueblado/a	*furnished*
el apartamento	*apartment*
la calefacción	*heat*
el edificio	*building*
la electricidad	*electricity*
la fianza/el depósito	*security deposit*
el garaje	*garage*
el gas	*gas*
los gastos	*expenses*
la luz	*light: electricity*
el piso	*floor*
el portero	*doorman; janitor*
el portero automático	*intercom; electric door opener*

LOS MUEBLES

Ver página 222.

MÁS VERBOS

aconsejar	*to advise*
escoger	*to choose, select*
limpiar	*to clean*
prohibir	*to prohibit*

PALABRAS Y EXPRESIONES ÚTILES

la calle	*street*
el consejo	*advice*
de segunda mano	*secondhand, used*
es bueno	*it's good*
es importante	*it's important*
es mejor	*it's better*
es necesario	*it's necessary*
la esperanza	*hope*
o sea	*that is to say*
ojalá (que) + *subjunctive*	*I hope that . . .*
la plata	*slang for "money" (literally, "silver")*
¡Por el amor de Dios!	*For heaven's sake! (literally, "For the love of God!")*
todavía	*still, yet*
todavía no	*not yet*
¡Vaya!	*Wow!*
ya	*already; now*
ya no	*no longer, not any more*

LOS ELECTRODOMÉSTICOS Y OTRAS COSAS NECESARIAS

Ver página 223.

LAS COSAS DEL BAÑO

Ver página 223.

CAPÍTULO 9

En una calle de Barcelona, España, unos hombres comparan sus colecciones de sellos. ¿Qué coleccionas tú?

Chapter Objectives

- Discussing leisure-time activities
- Expressing doubt and certainty
- Telling how an action is done (quickly, etc.)
- Indicating time and age in the past
- Identifying food items
- Giving instructions
- Expressing emotion

Un fin de semana activo

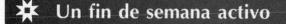

¿No sabías?	Didn't you know?
tal vez/quizás + *subjunctive*	perhaps/maybe
Somos tres.	There are three of us.
¡Qué mala suerte!	What bad luck!

Tal vez and **quizás** don't use **que;** they are followed directly by the subjunctive.

Juan Carlos, Álvaro y Vicente llegan al apartamento para ayudar a las chicas a poner los muebles, pero ellas todavía no están allí. Entonces, ellos deciden ir al bar de enfrente a esperarlas y hablan del fin de semana pasado.

Actividad 1: ¿Cierto, falso o no se sabe?

Lee las oraciones siguientes. Luego, mientras escuchas la conversación, identifica si estas oraciones son ciertas **(C),** falsas **(F)** o si no se sabe **(N).**

1. ____ Todos los muchachos piden café.
2. ____ Vicente compró monedas de Cuba.
3. ____ Vicente tiene una colección de monedas de cincuenta países.
4. ____ A Juan Carlos le gustan los animales.
5. ____ Álvaro tuvo un fin de semana muy divertido.
6. ____ Álvaro fue a hablar con un policía porque alguien le robó el coche.

JUAN CARLOS Oiga, por favor. ¿Podemos sentarnos en aquella mesa al lado de la ventana?
CAMARERO ¿Cuántos son?

JUAN CARLOS	Somos tres.
CAMARERO	Vale.
VICENTE	Gracias. Tres cafés con leche y un vaso de agua para mí, por favor . . . ¿Saben que por fin el domingo fui al Rastro con Teresa?
ÁLVARO	¿Y? . . . ¿Compraron algo?
VICENTE	Sí. Ella compró unos estantes baratos para su apartamento y yo tuve mucha suerte porque encontré unas monedas viejísimas de Cuba con la imagen de José Martí.
ÁLVARO	¿Qué? ¿Coleccionas monedas?
VICENTE	¿No sabías? Es posible que tenga unas quinientas monedas de cuarenta países diferentes. Las empecé a coleccionar cuando tenía diez años. Pero bueno, ¿qué hicieron Uds. el fin de semana?
JUAN CARLOS	Yo jugué en la computadora con una versión nueva de Donkey Kong que me dio un amigo y es buenísima. ¡Ay! Esta cuchara está sucia. ¡Camarero!
CAMARERO	¿Sí?
JUAN CARLOS	¿Puede darme otra cuchara?
CAMARERO	Sí . . . Aquí tiene.
JUAN CARLOS	Gracias. Y tú, Álvaro, ¿qué hiciste?
ÁLVARO	Tuve miles de problemas. Primero dejé las llaves dentro del coche y tuve que romper la ventanilla. Alguien me vio y llamó a la policía. Entonces llegó un policía y me quiso detener por robar el coche. Le expliqué el problema y por fin entendió.
VICENTE	¡Qué mala suerte! Bueno, quizás exista alguien que te odie. ¿Crees que alguien te esté echando el mal de ojo?[1]
ÁLVARO	¡Hombre! Deja de tonterías que no creo en esas cosas. ¡Qué imaginación! Es evidente que lees demasiadas novelas de Stephen King.
JUAN CARLOS	¡Miren! Ahí llegan las chicas. Vamos a ayudarlas.

[1]**te . . .** is putting a curse on you

Discussing past actions

Indicating possibility

Stating age in the past

ventana = window
ventanilla = car window

Narrating a series of past events

Expressing certainty

Actividad 2: El fin de semana

Después de escuchar la conversación otra vez, di qué hizo cada uno de los chicos el fin de semana.

José Martí (1853–1895).

¿LO SABÍAN?

José Martí (1853–1895) fue un famoso poeta, escritor y revolucionario cubano. Su sueño era ver a Cuba independiente de España, pero murió en una batalla contra los españoles antes de ver su sueño realizado. A Martí lo llaman "el apóstol de la independencia de Cuba". Su poesía "Versos sencillos" fue la inspiración para la famosa canción "Guantanamera".

Note the use of the subjunctive.

Actividad 3: ¿Qué piensas?

En parejas, háganle a su compañero/a las siguientes preguntas.

✱ A: ¿Crees que exista la reencarnación?
B: Sí, creo que existe. / Es posible que exista. / No, no creo que exista.

1. ¿Crees que exista la suerte?
2. ¿Crees que se pueda ver el futuro en la palma de la mano?
3. ¿Crees que vivan personas en otros planetas (Venus, Marte, Pluto, Urano)?
4. ¿Crees que exista la percepción extrasensorial *(ESP)*?
5. ¿Crees que alguien te pueda echar el mal de ojo?

Actividad 4: Quizás . . . quizás . . . quizás

En parejas, Uds. tienen problemas y quieren hablar con un/a amigo/a para pedirle consejo. "A" cubre la Columna B y "B" cubre la Columna A. Primero "A" le explica sus problemas a "B" para ver qué piensa. Después "B" le pide consejo a "A".

✷ A: Dejé las llaves dentro del coche.
B: Tal vez tengas que romper la ventanilla. / Quizás debas llamar a la policía.

A

1. No funciona el televisor nuevo que compraste.
2. Acabas de recibir tu cuenta de teléfono por $325. Hay tres llamadas de larga distancia a Japón y no llamaste a nadie allí.

B

1. Acabas de empezar un trabajo nuevo y tu jefe/a quiere salir contigo.
2. Un buen amigo bebe mucho y crees que es alcohólico.

✷ Lo esencial I

I. Los pasatiempos

1. jugar con juegos electrónicos/vídeos
2. jugar (al) billar
3. jugar (al) ajedrez
4. jugar (a las) cartas
5. hacer rompecabezas

Associate people you know with their hobbies.

OTROS PASATIEMPOS

arreglar el carro to fix the car
cocinar to cook
coleccionar to collect
estampillas stamps
monedas coins
coser to sew
cuidar plantas (jardinería) to take care of plants (gardening)
escribir cartas/poesías to write letters/poems
hacer crucigramas to do crossword puzzles
pescar to fish
pintar to paint
tejer to knit; to weave

Actividad 5: Los pasatiempos

En parejas, hablen con su compañero/a para ver qué hace en su tiempo libre. Hagan preguntas como, **¿Te gusta cocinar? ¿Pintas en tu tiempo libre?** Luego, marquen la columna apropiada.

LE GUSTA:	MUCHO	POCO	NADA
1. coser	____	____	____
2. cuidar plantas	____	____	____
3. pintar	____	____	____
4. pescar	____	____	____
5. . . .	____	____	____

Actividad 6: Los intereses

Habla con varias personas y pregúntales si hacen las siguientes actividades en su tiempo libre.

1. jugar a las cartas
   Si contestan que sí: ¿A qué juegan? ¿Con quiénes? ¿Juegan por dinero? En general, ¿pierden o ganan dinero?
   Si contestan que no: ¿Por qué no?
2. tener colecciones
   Si contestan que sí: ¿De qué? ¿Cuántos/as? ¿Hace cuánto tiempo que coleccionan?
   Si contestan que no: ¿Les gustaría tener una colección? ¿Qué les gustaría coleccionar?
3. hacer crucigramas o rompecabezas
   Si contestan que sí: ¿Dónde? ¿Cuándo? ¿Son expertos?
   Si contestan que no: ¿Por qué? ¿Son interesantes estos juegos o les causan frustración?

4. jugar con juegos electrónicos
   Si contestan que sí: ¿Cuáles? ¿Dónde? ¿Son expertos? ¿Hace cuánto tiempo que juegan?
   Si contestan que no: ¿Qué piensan de las máquinas? ¿Tienen computadora?

¿Qué otra actividad hace en su tiempo libre?

Spoons come in many sizes: **cuchara de sopa, cucharita,** and **cuchara de café.**

II. Cosas de la cocina

The use of **el** or **la** with **sartén** varies from country to country.

1. la cuchara } los cubiertos
2. el tenedor } los cubiertos
3. el cuchillo } los cubiertos
4. el vaso
5. la taza
6. la servilleta
7. el plato
8. la olla
9. el/la sartén

Actividad 7: ¿Qué están haciendo?

Mira el dibujo de la tienda y di qué están haciendo las personas.

Actividad 8: ¿Dónde?

En grupos de cuatro, hagan una lista y digan para qué son las cosas que hay en el dibujo de la tienda. Luego nombren tiendas de su ciudad donde se pueden comprar estas cosas.

Hacia la comunicación I

I. Expressing Doubt and Certainty: Contrasting the Subjunctive and the Indicative

Before studying the following grammar explanation, answer these questions based on the conversation:

- When Vicente says, **"Es posible que tenga unas quinientas monedas . . . ,"** is he *sure* that he has about five hundred or is it a possibility?
- When Álvaro says, **"Es evidente que lees demasiadas novelas . . . ,"** is he showing certainty or doubt?

The subjunctive is used in dependent noun clauses when the verb in the independent clause expresses doubt or disbelief about something or someone. Doubt may be expressed in a personal or an impersonal way.

Note: **Creer** and **pensar** in an affirmative statement do not imply doubt.

Quizás and **tal vez** imply doubt.

1. To express doubt in a personal way:

a. the independent clause contains the subject or person expressing doubt and a verb of doubt such as **dudar, no creer, no pensar, ¿pensar?** or **¿creer?**

b. the dependent clause contains a different subject and a verb in the subjunctive.

expression of doubt +	**que** +	*what is doubted*
Dudo	**que**	ellos **tengan** muebles.

No creo que a las chicas les **guste** el apartamento. — *I don't believe (think) that the girls are going to like the apartment.*
¿Crees que necesitemos lavadora? — *Do you think we need a washing machine?*

When no doubt is expressed, the indicative is used.

Creo que a las chicas les **gusta** el apartamento. — *I believe (think) that the girls like the apartment.*
Estoy seguro de que Vicente **va** a venir. — *I'm sure Vicente is going to come.*

2. To express doubt or denial in an impersonal way:

a. the independent clause contains an impersonal expression such as **no es cierto, no es evidente, no es verdad, (no) es posible, (no) es probable,** or **es dudoso.**

b. the dependent clause contains the subject and a verb in the subjunctive that expresses the action being doubted or denied.

impersonal expression of doubt	+ **que** +	*what is doubted*
Es posible	**que**	Teresa **necesite** platos.

No es cierto que vivan en Guatemala.	*It isn't true that they live in Guatemala.*
Es probable que Diana no **se sienta** bien.	*It's probable that Diana doesn't feel well.*
Es dudoso que Juan Carlos **pueda** ir con nosotros hoy.	*It's doubtful that Juan Carlos can come with us today.*

When the impersonal expression indicates certainty, the indicative is used.

Es verdad que viven en Nicaragua.	*It's true that they live in Nicaragua.*

Other impersonal expressions that express certainty and do not require the subjunctive are **es cierto, es claro, es evidente, no hay duda (de),** and **es obvio.**

II. Saying How an Action Is Done: Adverbs Ending in *-mente*

An adverb of manner indicates how the action expressed by the verb is done. English adverbs of manner that end in *-ly* are formed in Spanish by adding **-mente** to the feminine singular form of the adjectives. If the adjective ends in a consonant or **-e,** add **-mente.** If the adjective has an accent, it is retained when **-mente** is added.

rápido ⟶ rápid**amente** general ⟶ general**mente**

Speedy González corre **rápidamente**. *Speedy González runs rapidly.*

Common adverbs include:

constantemente	frecuentemente	probablemente
continuamente	generalmente	solamente*
divinamente	inmediatamente	tranquilamente
fácilmente	posiblemente	

*NOTE: **solamente** = **sólo** *(only)*, but **solo/a** *(alone)*

ADVERTENCIA DEL CIRUJANO GENERAL: Dejar de Fumar Ahora Reduce Enormemente Los Graves Riesgos Para Su Salud.

Note the use of **para.**

III. Indicating Time and Age in the Past: *Ser* and *Tener*

You already know one way to express the past, the *preterit.* There is another way called the *imperfect*, which has its own uses.

1. When you want to indicate age in the past, you use one of the following forms of the verb **tener.**

tener	
ten**ía**	ten**íamos**
ten**ías**	ten**íais**
ten**ía**	ten**ían**

Álvaro **tenía** diez años cuando empezó a coleccionar monedas. — *Álvaro was ten when he began collecting coins.*

Una vez, cuando **tenía** quince años, fui a la Isla de Pascua. — *Once, when I was fifteen, I went to Easter Island.*

Monolito en la Isla de Pascua, Chile.

2. When you want to indicate the time an action took place, you use the imperfect form of the verb **ser: era** or **eran.**

Do mechanical drills, Workbook, Part I.

Era la una de la mañana cuando mi novia me llamó.	*It was one in the morning when my girlfriend called me.*
Eran las ocho cuando salí de mi casa.	*It was eight when I left my house.*

Doubt = subjunctive
Certainty = indicative

Actividad 9: La política

Da tus opiniones sobre el presidente de los Estados Unidos, formando oraciones con frases de las tres columnas.

Es evidente		ser inteligente
Dudo		entender los problemas del país
(No) creo		vivir en Washington
(No) es cierto	que el presidente	ser liberal
Es obvio		ser bueno
(No) es posible		trabajar mucho
(No) es probable		decir la verdad
(No) es verdad		saber hablar con otros líderes

Actividad 10: El horóscopo

En grupos de cuatro, lean el horóscopo de Uds. para este mes y coméntenlo. Usen frases como las siguientes:

es evidente que hoy debo . . . porque . . .
no creo que sea verdad porque . . .
es posible que . . .
es necesario que . . .
es probable que . . .
dudo que . . .
es mejor que . . . (etc).

ARIES 21 de marzo—20 de abril
Alguien que te ama secretamente va a confesarte su amor. Vas a gastar mucho dinero este mes. Suerte: días 25 y 29.

TAURO 21 de abril—21 de mayo
Entras en una etapa de expansión sentimental. Conoces a una persona que va a ser muy importante en tu vida. Suerte: días 17 y 29.

GÉMINIS 22 de mayo—21 de junio
Esa cosa que esperas hace mucho tiempo finalmente llega. Estás muy nervioso; debes tomar bebidas sin cafeína. Suerte: días 14 y 27.

CÁNCER 22 de junio—22 de julio
Este mes vas a estar lejos de una persona que quieres mucho. Vas a sentirte un poco triste, pero si te mantienes activo todo va a ser mucho mejor. Suerte: días 17 y 18.

LEO 23 de julio—23 de agosto
Días muy positivos en tu vida. Buena semana para buscar un trabajo nuevo. Tu situación económica va a mejorar considerablemente. Suerte: días 15 y 16.

VIRGO 24 de agosto—23 de septiembre
Toda la energía que pusiste en tu trabajo hasta ahora va a darte resultados inesperados. Vas a recibir un gran regalo. Suerte: días 19 y 20.

LIBRA 24 de septiembre—23 de octubre
Días de contraste entre tu vida sentimental y tu vida laboral. Llega una sorpresa. Suerte: días 12 y 17.

ESCORPIÓN 24 de octubre—22 de noviembre
Una persona que conoces hace mucho tiempo te va a decir que está loca de amor por ti. Debes actuar con calma. Suerte: días 14 y 29.

SAGITARIO 23 de noviembre—20 de diciembre
Alguien que conoces quiere invitarte a bailar. Acepta esta invitación. Va a hacerte muy feliz. Suerte: días 13 y 17.

CAPRICORNIO 21 de diciembre—20 de enero
No te preocupes demasiado por tus obligaciones. Necesitas dormir más. Descansa el fin de semana; no debes ir a fiestas. Suerte: días 11 y 29.

ACUARIO 21 de enero—19 de febrero
Un amigo te da un buen consejo. ¡Ojo! Puede afectar tu futuro. Suerte: días 10 y 27.

PISCIS 20 de febrero—20 de marzo
Un amigo de la escuela secundaria viene a visitarte. Vas a recordar momentos muy felices. ¡Ojo con las comidas! Suerte: días 11 y 29.

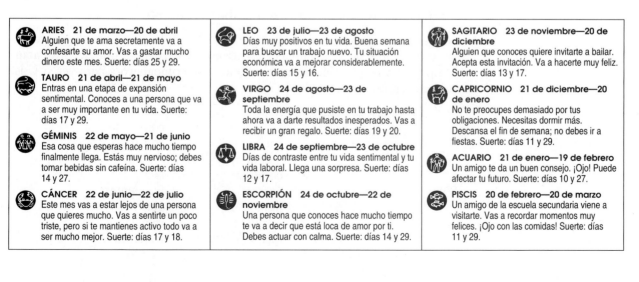

Actividad 11: La visita de un primo

Completa esta información sobre tu primo con su edad y sus gustos.

Mi primo va a pasar el fin de semana conmigo. Él tiene _____ años y le gusta mucho ________________, ________________ y ________________. Nunca ________________ y tampoco le gusta ________________. Creo que le gusta ________________. No creo que le guste ________________.

Actividad 12: Planeando el fin de semana de tu primo

En parejas, una persona cubre el Papel A y la otra persona cubre el Papel B. Lean las instrucciones para su papel y planeen el fin de semana del primo que viene a visitar. Después cambien de papel.

PAPEL A

Tu primo viene a visitarte este fin de semana. Pídele ayuda a tu compañero/a para planear algunas actividades. Para hablar de los gustos de tu primo, usa la información que escribiste en la *Actividad 11.* Si no estás seguro/a que a tu primo le gusten algunas de las actividades que sugiere tu amigo/a, usa **dudo que . . .** o **no creo que . . . .** Empieza la conversación diciendo, **Mi primo viene a visitarme.**

PAPEL B

El primo de tu compañero/a viene este fin de semana. Debes ayudarle a planear algunas actividades y para eso necesitas saber qué le gusta hacer a él. Primero, hazle preguntas a tu compañero/a sobre los gustos de su primo. Después, dale consejos sobre lo que pueden hacer, usando **te aconsejo que . . . , es posible que . . .** o **quizás/tal vez . . . .**

Actividad 13: ¿Conoces bien a tu compañero?

¿Crees que conoces bien a tu compañero/a? Escribe oraciones describiendo las costumbres de tu compañero/a usando las palabras que se presentan. Después, en parejas, léanle las oraciones a su compañero/a para ver si Uds. se conocen bien o no.

✱ Tú duermes constantemente.

			constante
		bailar	continuo
		comer	divino
		conducir	fácil
Tú	(no)	correr	frecuente
		dormir	general
		estudiar	inmediato
		leer	tranquilo
			rápido

Actividad 14: ¿Cuántos años tenían?

En parejas, averigüen cuántos años tenía su compañero/a o alguien de su familia cuando hicieron estas cosas.

✱ aprender a nadar
A: ¿Cuántos años tenías cuando aprendiste a nadar?
B: Tenía siete años cuando aprendí a nadar.

1. terminar la escuela secundaria
2. tener su primer trabajo
3. empezar a jugar a (un deporte)
4. casarse
5. tener novio/a por primera vez
6. empezar a leer

Actividad 15: Era medianoche cuando . . .

En parejas, lean la siguiente historia y después digan a qué hora ocurrieron las cosas indicadas, empezando cada oración con **Era/Eran** (+ hora) **cuando . . . .**

Era medianoche cuando Pablo llegó a casa. Una hora más tarde, alguien llamó por teléfono, pero él no contestó porque diez minutos antes había empezado *(had started)* a bañarse. Estuvo allí por media hora. Justo cuando salió de la bañera empezó un episodio de "Viaje a las estrellas", donde el Sr. Spock casi se enamora de la enfermera del *Enterprise.* Cuando terminó el programa, Pablo se acostó.

1. él / llegar / a casa
2. alguien / llamar
3. él / empezar a bañarse
4. el programa / empezar
5. él / acostarse

✱ Nuevos horizontes

Estrategia de lectura: *Recognizing Prefixes*

One way of improving your understanding of unfamiliar words is by using your knowledge of prefixes. A prefix is a letter or group of letters that precedes the stem of a word and modifies its meaning (*un-* + *familiar* = *unfamiliar*). Many prefixes of Greek or Latin origin are the same or similar in Spanish and English. Can you identify the prefixes in **ilimitado, premeditar,** and **anticuerpo** and tell what they mean?

The following chart lists some common Spanish prefixes.

Prefix	Meaning	Example
ante-	before	**anteanoche, antepasado**
anti-/contra-	against, counter	**antisocial, contrarrevolución**
auto-	self	**autorrespeto, autoservicio**
bi-	two	**bilateral, bicicleta**
co-	with	**cooperación, coautor**
extra-	beyond	**extraordinario, extrasensorial**
i-, in-, im-	not	**ilegal, increíble, imposible**
mal-	bad	**malhumor, malpensado**
pre-	before	**premonición, preposición**
re-	again	**renovación, repasar**
sobre-	over, super	**sobredosis, sobrehumano**
sub-	under	**subterráneo, subdesarrollo**

Actividad 16: Mira y contesta

Antes de leer el texto, contesta estas preguntas.

1. Mira la foto de Nazca en la página 247. ¿Sabes quién hizo esas líneas? ¿Qué crees que sean estas líneas?
2. Describe la otra foto de la página 247. ¿Qué crees que pueda ser este lugar? ¿Hay tiendas similares en tu ciudad o pueblo?

Actividad 17: Predicción

Después de leer el título y la primera oración de cada párrafo, escribe tres ideas que piensas que se van a tratar en el texto. Luego lee el texto y confirma tus predicciones.

Curiosidades del mundo hispano

En algunos países hispanos se encuentran enigmas difíciles de comprender. Hay enigmas arqueológicos intrigantes que se están investigando, y quizás nunca se encuentre una explicación para ellos. Por otro lado, hay fenómenos religiosos curiosos que tienen su origen en civilizaciones pasadas.

At home, analyze why the following words have accents: **fenómenos, época, arqueológicos, lógica,** and **sólo.**

Uno de los fenómenos arqueológicos inexplicables está en Nazca, Perú. Allí, en la tierra, hay dibujos gigantescos de animales y flores que sólo pueden verse en su totalidad desde el aire. También hay unas líneas muy derechas que tal vez sean pistas de aterrizaje[1] que se hicieron en la época prehistórica para visitantes extraterrestres.

[1]**pistas . . .** landing strips

(Izquierda) Botánica en la Ciudad de México. (Derecha) Detalle de las líneas de Nazca, Perú. ¿Qué crees que represente el dibujo?

Toneladas = toneladas métricas. Una tonelada métrica = 2204 libras.

Otro enigma que contradice toda lógica está en la Isla de Pascua, Chile. Allí, al lado del mar, hay unas cabezas enormes de piedra volcánica. Hay mucha controversia sobre el origen de estos monolitos, pero se cree que se construyeron unos cuatrocientos años antes de Cristo. Estas piedras pesan más de veinte toneladas cada una y, hoy en día, todavía es inexplicable cómo una pequeña población pudo moverlas tantos kilómetros, desde el volcán hasta la costa. Hay gente que afirma que es un fenómeno sobrenatural.

En el mundo hispano no sólo hay fenómenos arqueológicos intrigantes; existen también algunas costumbres religiosas que muestran aspectos fascinantes de la cultura. Una de estas costumbres es el uso de la hoja de coca por los indígenas de Bolivia y Perú. Ellos le ofrecen la coca a la diosa Pachamama para que ella les dé buena suerte; también mascan[2] la coca para combatir el hambre y el cansancio que causa la altitud. La hoja de coca se usa además en esa zona para predecir el futuro y para diagnosticar enfermedades.

Un fenómeno religioso que coexiste con el catolicismo es la santería, común en varios países del Caribe. Es de origen africano y consiste en la identificación de dioses africanos con santos cristianos. Cuando los españoles trajeron a los esclavos a América, los forzaron a adoptar el cristianismo, pero ellos no abandonaron totalmente su propia religión y el resultado fue una

[2]they chew

mezcla de las dos religiones. La santería que se practica hoy en día varía de país en país. En Cuba, por ejemplo, los *orishas* (dioses) corresponden a los santos cristianos: Babalú es el nombre de San Lázaro y es el protector de los enfermos; Changó, el dios del rayo,[3] es Santa Bárbara. Hay símbolos especiales asociados con cada *orisha* y rituales para honrarlos.

Estos fenómenos arqueológicos y estas costumbres religiosas nos muestran varios aspectos de la cultura hispana. Desafortunadamente, algunas prácticas o costumbres pueden ser malinterpretadas, en vez de ser aceptadas como formas de expresión de un grupo determinado.

---

[3]lightning

Actividad 18: Los prefijos

Escribe qué significan las siguientes palabras del texto, usando tu conocimiento de prefijos. Consulta el texto si es necesario.

1. línea 5 **inexplicables**
2. línea 9 **extraterrestres**
3. línea 10 **contradice**
4. línea 16 **sobrenatural**
5. línea 23 **predecir**
6. línea 37 **malinterpretadas**

Actividad 19: Preguntas

Contesta estas preguntas.

1. En tu opinión, ¿se construyeron las líneas de Nazca para extraterrestres?
2. ¿Cuál es el fenómeno inexplicable de la Isla de Pascua?
3. ¿Conoces otros fenómenos inexplicables?
4. ¿Para qué usan la coca los indígenas de Perú y Bolivia?
5. ¿Cuál es el origen de la santería?
6. ¿Crees que existan los malos espíritus? ¿Crees que los seres humanos tengan energía positiva y energía negativa?

Estrategia de escritura: *Describing and Giving Your Opinion*

When describing something—a situation, a theory, etc.—first you must establish the main idea you want to convey by answering the question *what?* To describe supporting details and to give your reader the necessary background information for understanding, you should also address questions such as *who?*, *where?*, *how?*, and *why?* In formal writing, expressions such as **es importante notar, se dice, tal vez, es bueno/malo que,** etc., introduce the author's point of view. In informal writing, you may express your point of view or interpretation of the topic with phrases such as **pienso que, dudo que, en mi opinión, creo que,** and **tal vez.**

Although the previous text is written in a formal manner, can you find two examples where the author expresses a personal opinion?

La suerte = luck

Actividad 20: La suerte

Hay muchas personas que dicen que la suerte no existe. Entonces, ¿por qué hay personas que, por ejemplo, usan el mismo par de medias para todos los partidos de basquetbol? En grupos de cuatro, hablen sobre el tema de la suerte. Describan algunas costumbres que Uds. creen que les traen suerte, y hablen de costumbres que tienen amigos o conocidos. Después, individualmente, escribe un párrafo describiendo una costumbre de otra persona y da tu opinión sobre si existe o no la suerte.

Lo esencial II

I. La comida

Practice vocabulary at the supermarket, when making up your shopping list, and when cooking.

1. la sal
2. el aceite
3. la pimienta
4. el vinagre
5. el jamón
6. el pan
7. el queso
8. los huevos
9. la lechuga
10. la cebolla
11. el tomate
12. la fruta

Prepared salad dressings are not normally used; Hispanics generally use **aceite y vinagre.**

Actividad 21: Una ensalada

En grupos de tres, Uds. van a preparar una ensalada *(salad)*. Digan qué ingredientes van a ponerle.

Actividad 22: El menú

En parejas, planeen el menú para un picnic usando productos que se venden en la tienda de la página 249.

¿LO SABÍAN?

En el mundo hispano, por lo general, la comida más importante del día es la del mediodía, que en muchos países se llama el almuerzo. A esa hora mucha gente va a casa a comer con su familia; por eso, en algunos lugares es normal que se cierren casi todas las tiendas durante unas dos horas. La hora de las comidas varía de país en país, pero generalmente se come más tarde que en los Estados Unidos. En este país, ¿cuánto tiempo tienen para almorzar las personas que trabajan? ¿Por qué? ¿Dónde almuerzan generalmente? ¿Cuál es la comida más importante del día?

II. Preparando la comida

1. revolver
2. añadir
3. freír
4. cortar
5. poner la mesa
6. darle la vuelta

Freír is an irregular verb. See Appendix A.

Actividad 23: Los cocineros

Di qué cosas de la siguiente lista de comida se pueden cortar, freír, revolver, añadir, etc.

se corta	la sal
se fríe	un huevo
se añade	el pan
se le da la vuelta a	el jamón
se revuelve	la pimienta
	el aceite
	el queso
	la cebolla

Actividad 24: El "chef"

Use the passive and impersonal **se** to give instructions: **Primero, se cortan las patatas.**

Eres cocinero/a y vas a inventar un plato nuevo. Escribe la receta *(recipe)* y después explícale la receta a un/a amigo/a. Por ejemplo: **Primero se cortan . . . Después se . . . ,** etc. **Se llama . . . y es delicioso.**

Después de un día de trabajo, una cena ligera

Una tortilla española, jamón serrano y pan. ¿Tienes hambre?

hay que + *infinitive*	one/you must + *verb*
mientras tanto	meanwhile
No puedo más.	I can't take it anymore.

Después de arreglar el apartamento, los chicos están cansados y tienen hambre. Ahora están hablando sobre la cena.

Actividad 25: Ponlas en orden

Lee las siguientes oraciones. Después, mientras escuchas la conversación, pon en orden estas instrucciones para hacer una tortilla española.

_____ Añades la sal.
__1__ Cortas las patatas y la cebolla.
_____ Fríes las patatas y la cebolla.
_____ Le das la vuelta a la tortilla.
_____ Pones todo en la sartén.
_____ Revuelves las patatas y la cebolla con los huevos.
_____ Quitas casi todo el aceite de la sartén.
_____ Revuelves los huevos.
_____ Pones las patatas y la cebolla en un recipiente.

VICENTE ¡Qué hambre tengo!

ISABEL Y yo también; ¡no puedo más! ¿Quién va a preparar la comida?

JUAN CARLOS Álvaro, el gran cocinero cordobés, nos va a preparar una tortilla española, ¿no es verdad, Álvaro?

DIANA ¡Ay, qué bueno! Si tú me das instrucciones puedo aprender a hacerla yo.

Expressing a desire

ÁLVARO Vale, yo te enseño, pero espero que Teresa y Vicente preparen la ensalada y los otros pongan la mesa.

DIANA ¿Y cómo se hace la tortilla?

Giving instructions

ÁLVARO Primero, se cortan unas cuatro patatas grandes y un poco de cebolla y . . .

DIANA ¿Se cortan en trozos grandes o pequeños?

ÁLVARO No, no, pequeños; y luego se fríen en aceite. Mientras tanto, revuelves los huevos, o sea, bien revueltos.

DIANA Y después, ¿qué hago? ¿Pongo los huevos en la sartén?

ÁLVARO No, se ponen las patatas y la cebolla en un recipiente, se revuelven con los huevos y se añade un poco de sal. Después se quita casi todo el aceite de la sartén, dejando sólo un poco.

DIANA Y luego, ¿se pone todo en la sartén?

ÁLVARO Exactamente. Pero hay que esperar unos minutos antes de darle la vuelta.

DIANA Pero, ¿cómo se le da la vuelta?

ÁLVARO Pues, se pone un plato encima.

Expressing fear

DIANA Ay, tengo miedo de que salga mal. ¿Por qué no la haces tú?

ÁLVARO Bueno. Te voy a ayudar, pero no la voy a hacer por ti.

Expressing regret

TERESA A ver. De primer plato tenemos ensalada; de segundo plato, la tortilla de papas a la Diana, jamón y queso; y de postre, fruta.

VICENTE Y café, ¿no?

TERESA ¡Ay, no! No lo compramos. ¡Qué lástima que no tengamos café!

ÁLVARO No importa. Salimos después a tomarlo en algún lugar.

Actividad 26: Preguntas

Después de escuchar la conversación otra vez, contesta estas preguntas.

1. ¿Quién es un buen cocinero? ¿Cocinas bien tú?
2. ¿Quién va a preparar la tortilla y por qué?
3. ¿Qué van a comer de primer plato los chicos? ¿Quién va a prepararlo?
4. ¿Qué van a comer de segundo plato? ¿Y de postre?
5. ¿Van a tomar el café con la comida o después de comer?
6. ¿Sabes cuál es la diferencia entre la tortilla española y la tortilla mexicana?

¿LO SABÍAN?

En los países hispanos las comidas normalmente tienen tres platos o más. El primer plato puede ser una sopa; el segundo plato es el plato principal, que varía de país en país. Éste puede ser comida picante *(hot, spicy)* como se come en México y en Perú, por ejemplo, o no picante, como se come en muchos otros países hispanos. El último plato es el postre, que a menudo es fruta. En algunos países es usual tomar vino y agua con o sin gas con las comidas. El café no se toma normalmente con la comida; se toma después y en taza pequeña porque es mucho más fuerte que el café que se toma en los Estados Unidos. ¿Qué tomas tú con las comidas? ¿Te gusta la comida picante?

Actividad 27: Las necesidades

Termina estas frases, usando **hay que**.

1. Para el examen de mañana . . .
2. La casa está en desorden; . . .
3. Para hacer un viaje . . .
4. No hay huevos para la tortilla; . . .
5. Para tener dinero . . .
6. Para jugar al fútbol . . .

Hacia la comunicación II

Review uses of **para** and **por**, Ch. 5.

I. Other Uses of *Para* and *Por*

You have already learned some uses of **para** and **por** in Chapter 5. Here are some other uses.

A. **Para**

To give a personal opinion

Para Gabriel, el carro español Seat es el coche perfecto. — *For Gabriel, the Spanish car Seat is the perfect car.*

B. **Por**

1. To indicate that a person is replacing someone

Jay Leno ya no trabaja **por** Johnny Carson. — *Jay Leno no longer works for Johnny Carson. (He no longer takes his place.)*

2. To indicate exchange

¿Cuánto pagaste **por** tu raqueta de tenis? — *How much did you pay for your tennis racket? (Payment indicates exchange.)*
Te doy mis esquíes **por** tus patines. — *I'll give you my skis for your skates.*

3. To express *along*, *by*, *through*

Caminaron **por** la playa. — *They walked along the beach.*
Mandé la carta **por** correo. — *I sent the letter by mail.*
Van a entrar **por** la puerta principal. — *They are going to come in through the main door.*

II. Expressing Emotions: More Uses of the Subjunctive

Up to now, you have seen that the subjunctive is used in dependent noun clauses after verbs that express influence and doubt. In addition, it is used in dependent clauses after verbs that express emotion about other people's actions. As with influence and doubt, emotion can be expressed in a personal or impersonal way.

1. To express emotion in a personal way:

   a. the independent clause contains the subject expressing the emotion and a verb of emotion such as **alegrarse de** *(to be happy about)*, **esperar, sentir, tener miedo de,** or **sorprenderse de** *(to be surprised about)*.

b. the dependent clause contains a different subject and a verb in the subjunctive.

Emotion expressed + **que** + *action that evokes the emotion*		
Siento	**que**	no **vengas** con nosotros.

¿Te alegras de que vengan los muchachos?	*Are you happy that the guys are coming?*
Me sorprendo de que no **te afeites,** Álvaro.	*I'm surprised that you don't shave, Álvaro.*
Nos alegramos de que te **guste** la tortilla.	*We're glad that you like the tortilla.*

2. To express emotion in an impersonal way:

a. the independent clause contains an impersonal expression of emotion such as **qué lástima, es una pena, qué pena,** or **es fantástico.**

b. the dependent clause contains a subject and a verb in the subjunctive.

impersonal expression of emotion + **que** + *action that evokes emotion*		
¡Qué lástima	**que**	no **tengas** lavadora!

Do mechanical drills, Workbook, Part II.

¡Es una pena que no **podamos** salir esta noche!	*It's a pity that we can't go out tonight!*

Actividad 28: ¿Por o para?

Forma oraciones para las siguientes situaciones usando **para** o **por**.

✱ Marcos trabaja en la oficina de su tío.	Marcos trabaja **para** su tío.
Fueron a América en el Titanic.	Fueron **por** barco.

1. Oscar compra doce rosas rojas porque es el cumpleaños de su novia.
2. Todas las noches ella corre diez kilómetros. Corre en el parque.
3. Ayer Carlos estuvo enfermo y por eso no pudo jugar al fútbol. Felipe tuvo que jugar en su lugar.
4. José Morales tiene un banco y su hijo Pepe trabaja allí.
5. El profesor Fernández está en el hospital y la Sra. Ramírez da las clases en su lugar.
6. Anita piensa que es importante trabajar mientras estudia.
7. Pablo va a ir a Puerto Rico. Piensa viajar en la TWA.
8. Miguel tiene un reloj que no necesita y quisiera la grabadora de una amiga.

Emotion = subjunctive

Actividad 29: El miedo y la esperanza

Todos tenemos esperanzas y miedos sobre el futuro. En dos minutos, escribe tres cosas que te dan miedo y tres esperanzas que tienes. Después, pregúntales a tus compañeros de qué tienen miedo y qué esperanzas tienen. Puedes contestar de dos formas.

✱ ¿De qué tienes miedo?
- Tengo miedo de una guerra nuclear.
- Tengo miedo de que tengamos una guerra nuclear.

¿Qué esperas para el futuro?
- Espero tener un trabajo bueno.
- Espero que me den un trabajo bueno.

Actividad 30: El pesimista y el optimista

En parejas, Uds. están haciendo comentarios sobre una comida que está preparando una amigo/a por primera vez. Una persona es pesimista y la otra persona es optimista. Terminen las siguientes oraciones de forma original.

EL/LA PESIMISTA	EL/LA OPTIMISTA
1. Tengo miedo de que . . .	1. Me alegro de que . . .
2. ¡Qué pena que . . . !	2. Es fantástico que . . .
3. Es una lástima que . . .	3. Me sorprendo de que . . .
4. Espero que . . .	4. Estoy contento/a de que . . .
5. Me sorprendo de que . . .	5. Me gusta que . . .

Las playas de Cancún, México.

Actividad 31: El viaje a Cancún

Uno de Uds. acaba de recibir la siguiente carta, pero no sabe qué pensar. En parejas, hablen con su compañero/a para ver qué piensa de la carta. Usen frases como:

tengo miedo de que . . .	es posible que . . .
(no) creo que . . .	me sorprendo de que . . .
no hay duda (de) que . . .	siento que . . .
espero que . . .	es evidente que . . . (etc.)

Estimado señor o Estimada señora:

Tengo el gusto de informarle que Ud. acaba de recibir un viaje para dos personas a Cancún, México, por una semana. Es posible que sea una segunda luna de miel, un regalo para su persona favorita o simplemente una manera de dejar el frío del invierno para ir al calor del Caribe. En Cancún, van a estar en los Condominios Miramar que se acaban de construir. Tienen playa, piscina, restaurante, bar, casino, discoteca y campo de golf de dieciocho hoyos. Van a recibir además un jeep gratis por esa semana para que viajen por el área.

Hay solamente una condición: es necesario que pasen una mañana visitando los Condominios Miramar con un representante del lugar.

El vuelo no está incluido, pero es posible hacer la reserva en vuelos especiales organizados por Maya Tours.

Para hacer la reserva en Cancún y para comprar sus pasajes de avión, llame al número 1–314–555–7859 y pregunte por Antonio González.

Ojalá que no pierdan esta oportunidad única en su vida. Esperamos que se diviertan en Cancún.

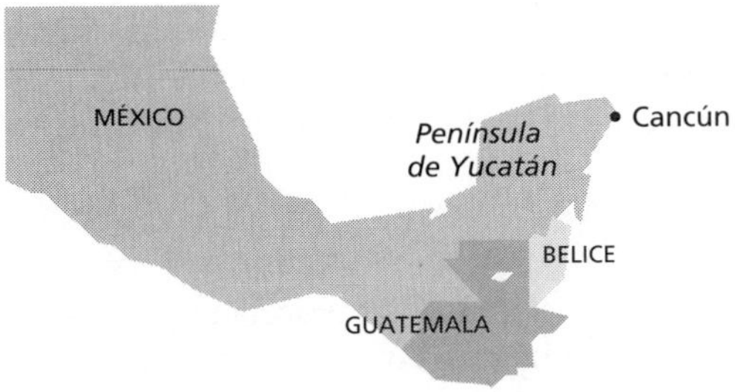

El agente de la felicidad,

Antonio González

Antonio González
Maya Tours

P.D. Una cosita más . . . Esperamos que Ud. nos permita usar su nombre y su foto para hacer publicidad de los Condominios Miramar.

Autorizo el uso de mi nombre y de mi foto para publicidad. ______________________________
Firma

Actividad 32: Tomando decisiones

Adrián Molina Durán es un hombre de negocios que viaja mucho. Tiene treinta y ocho años y estuvo casado por cinco años, pero nunca tuvo hijos. En general, está muy contento con su vida y su trabajo, pero quiere ser papá. Quiere casarse pero no sabe con quién. A Adrián le gustan las mujeres que son activas, independientes y que tienen buen sentido del humor. Piensa que una mujer debe dedicarse a los hijos, pero también cree que es importante que trabaje. Conoce a tres mujeres que viven en tres ciudades diferentes, que tal vez quieran casarse con él. En grupos de tres, decidan a quién debe preguntarle si quiere ser su esposa. Usen frases como:

es posible que . . .	dudo que . . .
es una lástima que . . .	es mejor que . . .
creo que . . .	(etc.)

Aquí están las opciones de Adrián.

CAROLINA

Es una actriz de cine de veintinueve años muy rica que viaja mucho. Es muy romántica y la última vez que Adrián estuvo con ella, fueron a una fiesta en Hollywood; allí Adrián conoció a muchas personas famosas. Carolina sólo quiere tener un hijo, pero le gustaría adoptar más. Quiere continuar con su trabajo después de casarse.

ALEJANDRA

Es profesora de escuela secundaria. Tiene treinta y dos años, es muy simpática y quiere tener muchos hijos porque le gustan los niños. Baila muy bien y va a clases de gimnasia aeróbica. Después de tener hijos quiere trabajar, pero no tiempo completo porque cree que los hijos necesitan a la madre en casa. También cree que es importante que el padre pase mucho tiempo con los niños.

CAMILA

Es una mujer de negocios que tiene cuarenta años. Es divorciada, tiene tres hijos y no quiere tener más. Sus hijos son muy simpáticos y quieren mucho a Adrián. Tiene una boutique de ropa que es muy famosa y toda la gente importante compra en su tienda. A ella le gusta la ropa exclusiva y siempre lleva vestidos de diseñadores famosos como Oscar de la Renta y Carolina Herrera.

Actividad 33: El hombre feliz

Use phrases from the *Estrategia de escritura* section to help you state your opinions.

En grupos de tres, escriban un párrafo diciendo por qué Carolina, Alejandra o Camila es la mujer ideal para Adrián. Deben estar preparados para leerle el párrafo a la clase.

Vocabulario funcional

LOS PASATIEMPOS

Ver páginas 237–238.

COSAS DE LA COCINA

Ver página 239.

LA COMIDA

Ver página 249.

OTRO VOCABULARIO RELACIONADO CON LA COMIDA

la ensalada	*salad*
el postre	*dessert*
el primer plato	*first course*
el segundo plato	*second course*

PREPARANDO LA COMIDA

añadir	*to add*
cocinar	*to cook*
cortar	*to cut*
darle la vuelta	*to turn over, flip*
freír	*to fry*
poner la mesa	*to set the table*
revolver	*to mix*

ADVERBIOS

Ver página 241.

VERBOS

alegrarse de	*to be happy about*
arreglar	*to fix; to arrange*
dudar	*to doubt*
sentir	*to feel sorry*
sorprenderse de	*to be surprised about*

EXPRESIONES IMPERSONALES DE DUDA

no es cierto	*it isn't true*
no es claro	*it isn't clear*
es dudoso	*it's doubtful*
no es evidente	*it isn't evident*
(no) es posible	*it is/isn't possible*
(no) es probable	*it is/isn't probable*
no es verdad	*it isn't true*

EXPRESIONES IMPERSONALES DE CERTEZA

es cierto	*it's true*
es claro	*it's clear*
es evidente	*it's clear*
es obvio	*it's obvious*
es verdad	*it's true*
no hay duda (de)	*there's no doubt*

EXPRESIONES IMPERSONALES DE EMOCIÓN

es fantástico	*it's fantastic*
es una pena	*it's a pity*
qué lástima	*what a shame*
qué pena	*what a pity*

PALABRAS Y EXPRESIONES ÚTILES

estar seguro/a (de)	*to be sure*
hay que + *infinitive*	*one/you must* + verb
el mal de ojo	*a curse*
mientras tanto	*meanwhile*
No puedo más.	*I can't take it anymore.*
¿No sabías?	*Didn't you know?*
¡Qué mala suerte!	*What bad luck!*
Somos tres.	*There are three of us.*
tal vez/quizás + *subjunctive*	*perhaps/maybe*
tener suerte	*to be lucky*

CAPÍTULO

10

Un señor pinta la rueda de una carreta (cart) *en Sarchí, Costa Rica. ¿Para qué se usan estas carretas?*

Chapter Objectives

- Making use of postal services
- Expressing likes, dislikes, complaints, and opinions
- Avoiding redundancies in everyday speech
- Talking about sports
- Describing actions, situations, people, and things in the past
- Telling what you used to do

¡Feliz día!

Basílica de Nuestra Señora de los Ángeles, Cartago, Costa Rica.

echar de menos	to miss (someone or something)
a lo mejor	perhaps
quedarse en + *place*	to stay in + *place*

Después de pasar dos años en España sin ver a su familia, Vicente regresa a Costa Rica de vacaciones para ver a sus padres y para celebrar su cumpleaños.

Actividad 1: ¿Cierto o falso?

Mientras escuchas la conversación entre Vicente y sus padres, escribe **C** si la oración es cierta y **F** si la oración es falsa.

1. _____ Hace un mes que Vicente le mandó una tarjeta a su madre.
2. _____ A la madre le gustó la tarjeta.
3. _____ Hoy es el cumpleaños de Vicente.
4. _____ Los padres de Vicente le compraron un regalo.
5. _____ Vicente y sus padres van a ir a Sarchí.
6. _____ Es posible que Vicente le compre un regalo a Teresa.

Complaining

Expressing likes

Discussing memories

Avoiding redundancies

VICENTE	No saben cuánto me gusta estar en Costa Rica otra vez; siempre los echo de menos a Uds. y a mis amigos.
MADRE	Y a nosotros nos encanta tenerte en casa, hijo.
VICENTE	Por cierto, mamá, no dijiste nada sobre la tarjeta que te mandé para tu santo.
MADRE	Pero, ¿qué tarjeta? Yo no recibí nada.
VICENTE	Te la mandé hace un mes por avión.
PADRE	Es que el correo es terrible. Mandas cosas y tardan un siglo en llegar, si llegan.
MADRE	No te preocupes; ya va a llegar. Además, mi mejor regalo es tener a mi hijo aquí con nosotros, gracias a Dios.
VICENTE	Gracias, mamá. Bueno, ¿qué vamos a hacer hoy?
PADRE	Primero, vamos a darte tu regalo de cumpleaños; aquí lo tienes. Te lo compramos porque sabemos que es algo que necesitas. ¡Feliz cumpleaños!
VICENTE	. . . ¡Una raqueta de tenis! Hace mucho tiempo que no juego. Muchas gracias mamá . . . papá.
PADRE	¿Te gusta?
VICENTE	¡Me fascina!
PADRE	Bueno, ahora vamos a ir a Sarchí para ver las carretas.
VICENTE	¿Para el festival?
PADRE	Sí, lo celebran hoy.
VICENTE	¡Pura vida![1] Echo de menos el "canto" de las carretas. Tenía tres años cuando subí a la carreta del abuelo por primera vez y me fascinó. ¿Vienes con nosotros, mamá?
MADRE	No, me quedo en casa porque me duele la cabeza y quiero dormir un poco.
VICENTE	Pero mamá . . .
MADRE	No, es mejor que vayan Uds. solos. ¡Ah! ¡Oye! Sarchí es un buen lugar si quieres comprarle algo de artesanía típica a Teresa.
VICENTE	A lo mejor le regalo una carreta pequeña.
PADRE	Yo conozco un lugar perfecto donde se la puedes comprar.
VICENTE	Bueno, voy a echarle gasolina al carro. Ahorita vengo, papá. Adiós mamá; espero que te mejores.
MADRE	Hasta luego, mi amor; que Dios te acompañe.
PADRE	. . . ¿Ya llamaste a todos sus amigos?
MADRE	Sí, vienen como a las ocho. A Vicente le va a encantar verlos a todos. Tengo mucho que hacer mientras Uds. están en Sarchí. No pueden llegar hasta las 9:00, ¿eh?

[1]That's great! (Costa Rican expression)

Actividad 2: Preguntas

Después de escuchar la conversación otra vez, contesta estas preguntas.

1. ¿Por qué le mandó Vicente una tarjeta a su madre?
2. Según el padre de Vicente, ¿qué ocurre cuando se mandan cosas por correo?
3. ¿Qué van a hacer Vicente y su padre en Sarchí?
4. ¿Qué va a pasar esta noche en la casa de Vicente?
5. ¿Es verdad que a la madre de Vicente le duele la cabeza?
6. La madre de Vicente usa frases de origen religioso. ¿Cuáles son?

¿LO SABÍAN?

En español las palabras **Dios** y **Jesús** se oyen con frecuencia en las conversaciones. Esto no significa que la persona que las usa sea religiosa o irrespetuosa. Algunas expresiones comunes que se usan son **¡Por Dios!, ¡Dios mío!, Con la ayuda de Dios, ¡Sabe Dios . . . !** *(Who knows . . . !),* **Dios mediante** *(God willing)* y **Que Dios te acompañe** *(May God go with you).* ¿Es común usar el nombre de Dios en los Estados Unidos?

Actividad 3: Echo de menos . . .

Ahora que Uds. están en la universidad, deben echar de menos algunas cosas de su vida anterior (casa, pueblo, escuela secundaria, familia, etc.) En parejas, hagan una lista de cinco cosas que echan de menos y de tres cosas que no echan de menos. Después, compartan sus ideas con la clase.

✱ Paul echa de menos a su perro . . . y yo echo de menos . . .

Lo esencial I

El correo

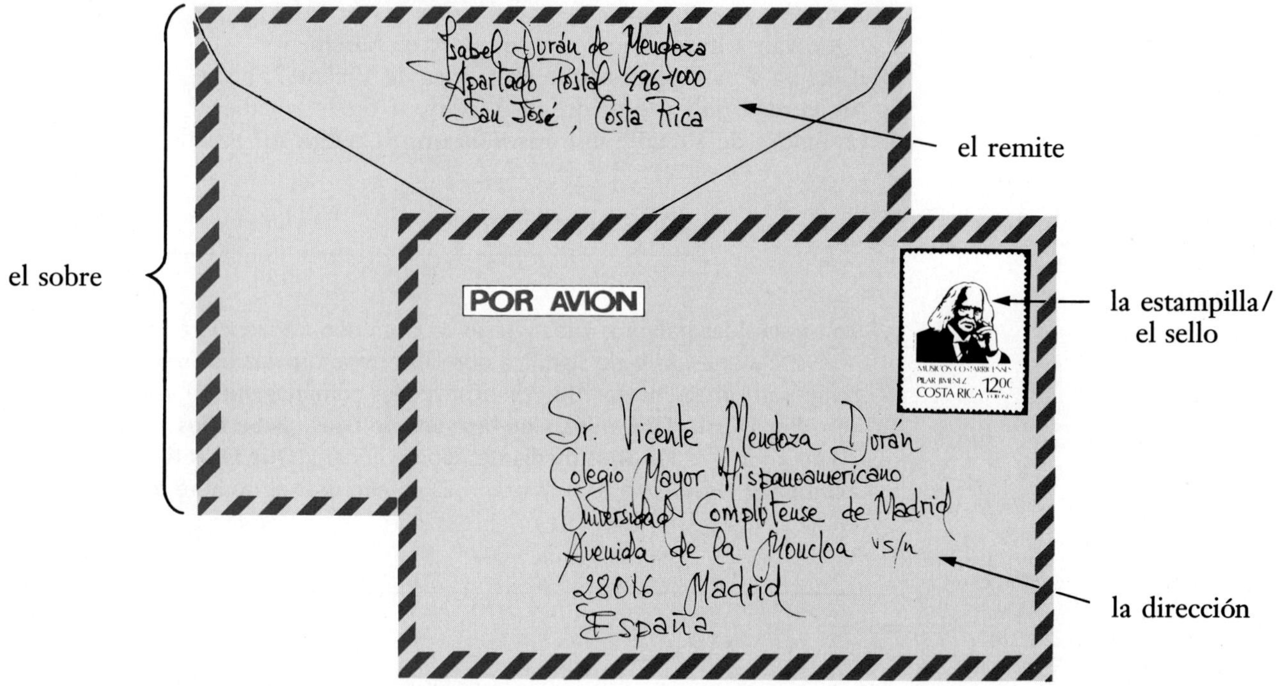

Practice this vocabulary while receiving and sending letters.

OTRAS PALABRAS RELACIONADAS CON EL CORREO

el buzón mailbox
la carta letter
el/la cartero letter carrier
certificado/a certified
hacer cola to stand in line
mandar una carta to send a letter
el paquete package
la (tarjeta) postal postcard
el telegrama telegram

Actividad 4: En orden, por favor

En parejas, pongan estas oraciones sobre el correo en orden lógico.

____ Busco un buzón.
____ Escribo el remite en el sobre.
____ Le pongo una estampilla.
____ Echo la carta en el buzón.
____ Escribo la carta.
____ La pongo en un sobre.
____ Escribo la dirección en el sobre.

Actividad 5: Definiciones

En parejas, una persona define palabras que tienen que ver con el correo y la otra adivina qué palabras son. Alternénse frecuentemente.

✳ A: Si quiero mandarte un libro, te mando esto.
B: Un paquete.

Atahualpa, the last Incan emperor. **Gen. Antonio José de Sucre,** politician and general. Fought to liberate Ecuador (1822), and Peru (1824). **Gabriela Mistral,** Chilean poet (1889–1957). **Pablo Picasso,** Spanish painter (1881–1973). **Simón Bolívar, "el Libertador,"** the George Washington of northern South America.

Actividad 6: ¿Coleccionas estampillas?

Uds. coleccionan estampillas y van a intercambiarlas. Quieren saber de dónde son y qué representan las estampillas de su compañero/a. En parejas, "A" cubre la Columna B y "B" cubre la Columna A. "A" colecciona estampillas de personas famosas y animales y a "B" le gustan las estampillas de lugares históricos y objetos.

A

B

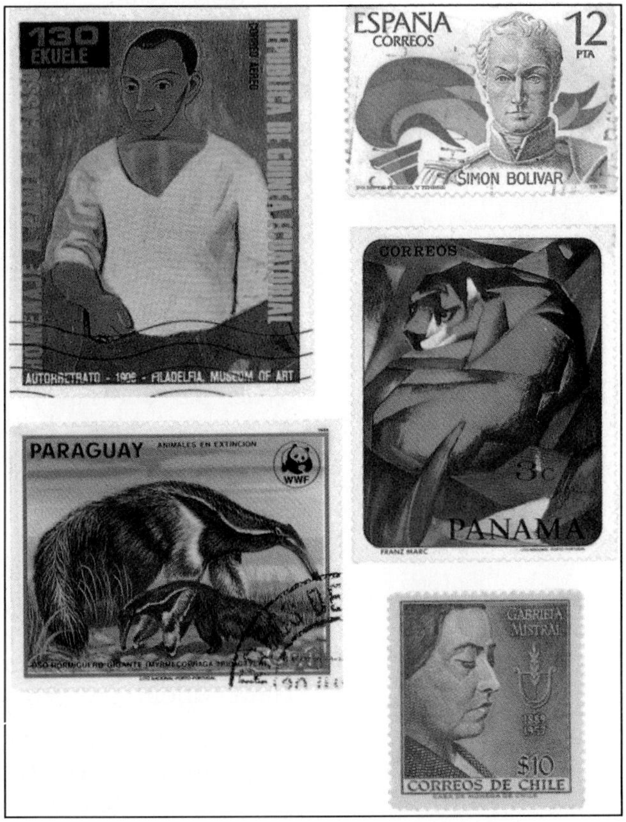

Hacia la comunicación I

The verb agrees with what is loved, hurt, etc. The indirect-object pronoun tells who is affected. See Ch. 2 and review **gustar** if needed.

I. Expressing Likes, Dislikes, Complaints and Opinions: Using Verbs Like *Gustar*

In Chapter 2, you learned how to use the verb **gustar**.

¿**Te gusta** el festival?
Nos gustan las carretas de Sarchí.

1. Here are some other verbs that function like **gustar**:

doler (ue) to hurt	**fascinar** to like a lot; to fascinate
encantar to like a lot, love	**importar** to matter
faltar to lack; to be missing	**molestar** to bother

¿**Le duelen** los pies a la madre de Vicente?	*Do Vicente's mother's feet hurt? (Literally: Do her feet hurt her?)*
A Vicente **le encanta** visitar a su familia.	*Vicente loves to visit his family. (Literally: Visiting his family is really pleasing to him.)*

2. The verb **parecer** *(to seem)* is used much like **gustar,** except that it must be immediately followed by either an adjective or a clause introduced by **que.**

Me parecen bonitas esas estampillas.	*Those stamps seem pretty to me.*
A él **le parece** que va a llover.	*It seems to him that it's going to rain.*

When **parecer** is used in a question with the word **qué,** its meaning changes to *how do/does/did . . . like . . . ?*

¿Qué **te pareció** el regalo?	*How did you like (What did you think of) the present?*

II. Avoiding Redundancies: Combining Direct- and Indirect-Object Pronouns

Before studying the grammar explanation, answer this question based on the conversation:

- When Vicente and his father say the following, what do the highlighted words refer to? "***Te la* mandé hace un mes . . .**" / "***Te lo* compramos porque sabemos . . .**"

In Chapters 6 and 7 you learned how to use the indirect- and the direct-object pronouns separately. The indirect object tells *for whom* or *to whom* the action is done and the direct object is the person or thing that directly receives the action of the verb.

Indirect-Object Pronouns		Direct-Object Pronouns	
me	nos	me	nos
te	os	te	os
le	les	lo, la	los, las

Le mandé un regalo a mi amiga. — *I sent a gift to her (to my friend).*

—Mandaste un regalo? — *Did you send a gift?*
—Sí, **lo** mandé. — *Yes, I sent it.*

Remember: Indirect before direct (I.D.).

1. When you use both an indirect- and a direct-object pronoun in the same sentence, the indirect-object pronoun immediately precedes the direct-object pronoun.

Mi amigo me dio un libro.
Mi amigo **me lo** dio.
My friend gave it to me.

¿Quién te mandó la carta?
¿Quién **te la** mandó?
Who sent it to you?

2. The indirect-object pronouns **le** and **les** become **se** when combined with the direct-object pronouns **lo, la, los,** and **las.**

le/les ⟶ **se** + lo/la/los/las

Le voy a pedir un café (a Inés). ⟶ **Se lo** voy a pedir (a Inés/a ella).
Les escribí las instrucciones (a ellos). ⟶ **Se las** escribí (a ellos).

Remember to add accents when needed.

Do mechanical drills, Workbook, Part I.

3. Remember that object pronouns either precede a conjugated verb or are attached to the end of an infinitive or present participle.

Se lo mandé ayer.
Se lo voy a mandar. — Voy a mand**árselo.**
Se la estoy escribiendo. — Estoy escrib**iéndosela.**

Actividad 7: Los dolores

Después de jugar un partido de fútbol, los atletas profesionales siempre tienen problemas. Mira el dibujo de estos atletas y di qué les duele.

✷ Al número 10 le duele el codo.

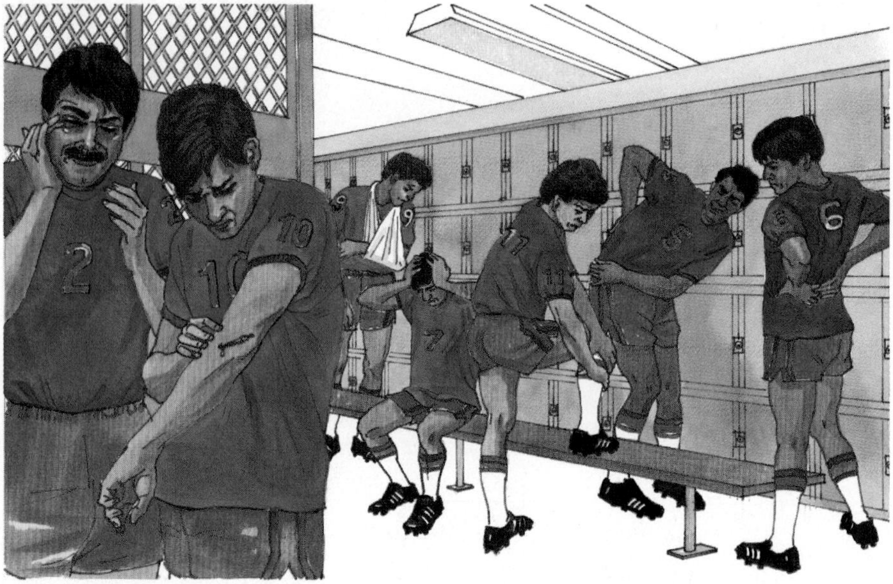

Actividad 8: ¿Lo odias, te gusta o te encanta?

Vas a hacer una encuesta. Pregúntales a tus compañeros si les gustan estas cosas. Anota *(Jot down)* sus nombres en la columna apropiada.

	ODIAR	GUSTAR	ENCANTAR
la comida picante	________	________	________
los postres	________	________	________
la música clásica	________	________	________
cocinar	________	________	________
los juegos electrónicos	________	________	________
fumar	________	________	________
tomar vino	________	________	________
hacer gimnasia	________	________	________

Actividad 9: Las cosas que te faltan

Imagina que acabas de mudarte a un apartamento semiamueblado. Escribe una lista de cinco cosas que te faltan. Después, en parejas, comparen sus listas.

✷ Me falta una lavadora para lavar la ropa.

Actividad 10: ¿Qué te pareció?

En parejas, Uds. son Siskel y Ebert y en su programa de hoy van a hablar de películas de los últimos años. Usen verbos como **encantar, fascinar, gustar, parecer,** etc.

✷ A: ¿Qué te pareció *Los cazadores del arca perdida*?
B: Me fascinó. Hay mucha acción y Harrison Ford es un actor sensacional.

1. *J.F.K.*
2. *Atracción fatal*
3. *Batman regresa*
4. *El mundo de Wayne*
5. *Regreso al futuro*
6. *Thelma y Louise*
7. *Tres hombres y un bebé*
8. *Rambo IV*

Actividad 11: La redundancia

Estos diálogos tienen mucha repetición innecesaria. En parejas, arréglenlos para que sean más naturales.

1. A: ¿Piensas comprarle un regalo a tu hermano?
   B: Sí, pienso comprarle un regalo a mi hermano mañana.
   A: ¿Cuándo vas a mandarle el regalo a tu hermano?
   B: Voy a mandarle el regalo a mi hermano mañana por la tarde.
2. A: Vicente, ¿le trajiste los cubiertos a Teresa?
   B: No, no le traje los cubiertos a Teresa. ¿Quieres que le traiga los cubiertos a Teresa mañana?
   A: Claro que mañana puedes traerle los cubiertos.
3. A: ¿Cuándo vas a prepararme la comida?
   B: Voy a prepararte la comida más tarde.
   A: Siempre dices que vas a prepararme la comida y nunca me preparas la comida. No me quieres.
   B: ¡Cómo molestas! Ya estoy preparándote la comida.

Actividad 12: ¿Ya lo hiciste?

En parejas, "A" cubre la Columna B y "B" cubre la Columna A. Mantengan una conversación con su compañero/a, escogiendo la oración apropiada de cada caja en su columna. Hay dos conversaciones posibles.

A	B
¿Me compraste el champú? ¿Me compraste la cinta?	Sí, te lo compré. ¿Y tú? ¿Le diste las cartas al cartero? Sí, te la compré. ¿Y tú? ¿Le diste el paquete al cartero?
Sí, se lo di. No, no se las di.	¿Puedes mandarlas mañana, por favor? ¿Y cuándo vas a darme el dinero del alquiler? Perfecto. ¿Puedes darme las llaves del carro?
Ya te las di, ¿no? Ya te lo di, ¿no?	Ah, es cierto. Lo tengo en mi habitación. Ah, es verdad. Las tengo en la chaqueta.

Use **Ud.** when speaking to your boss.

Actividad 13: En la oficina

En parejas, una persona es el/la empleado/a y cubre la Columna A y la otra persona es el/la jefe/a y cubre la Columna B. Los dos quieren saber si la otra persona hizo las cosas que tenía que hacer. El/La jefe/a hace preguntas primero, basándose en la información de la Columna A.

✷ Jefe/a: ¿Le mandaste el telegrama a la directora de la compañía M.O.L.A.?
Empleado/a: Sí, ya se lo mandé. / No, no se lo mandé.

A check mark indicates that the task has been completed.

A (JEFE/A)

Esto es lo que tiene que hacer tu empleado/a: hoy:

- ☐ pedirle los documentos al Sr. Lerma
- ☐ mandarle un telegrama al Dr. Fuentes
- ☐ llamar a la agente de viajes
- ☐ comprar estampillas
- ☐ darle la información a la doctora Ramírez

B (EMPLEADO/A)

Esto es lo que tienes que hacer hoy:

- ☐ pedirle los documentos al Sr. Lerma
- ☑ mandarle un telegrama al Dr. Fuentes
- ☐ llamar a la agente de viajes
- ☑ comprar estampillas
- ☑ darle la información a la doctora Ramírez

Ahora, el/la empleado/a hace las preguntas, basándose en la información de la Columna B.

A (JEFE/A)	**B** (EMPLEADO/A)
Cosas que debes hacer hoy:	Cosas que debe hacer tu jefe/a hoy:
☑ mandarle la carta a la Srta. Pereda	☐ mandarle la carta a la Srta. Pereda
☐ escribirle a la Sra. Hernández	☐ escribirle a la Sra. Hernández
☑ darle las instrucciones a la secretaria nueva	☐ darle las instrucciones a la secretaria nueva
☑ preguntarles su dirección a los Sres. Montero	☐ preguntarles su dirección a los Sres. Montero
☐ llamar al médico	☐ llamar al médico

Nuevos horizontes

Estrategia de lectura: *Finding Relationships Between Words and Sentences*

Understanding the relationship between words and sentences can help improve your understanding of a text. A text is usually full of references that are used to avoid redundancies. Common reference words used are possessive adjectives, demonstrative adjectives and pronouns, and personal, indirect-, and direct-object pronouns. Furthermore, as you have seen, subject pronouns are generally omitted where the context allows it.

You will have a chance to practice identifying references after you read the selection.

Actividad 14: Mira y contesta

1. Mira el mapa de la contratapa *(inside cover)* del libro y di qué países forman Centroamérica.
2. Mira la foto del Canal de Panamá en la página 272. ¿Sabes qué país lo construyó? ¿Sabes qué país lo administra?
3. ¿Qué aprendiste sobre Costa Rica en este capítulo?
4. ¿Qué sabes sobre la situación política de Centroamérica?

Actividad 15: Lee y adivina

1. Lee el título de la lectura que sigue y escribe una lista de cuatro ideas que piensas que va a tratar el texto.
2. Compara tu lista con la de un/a compañero/a.
3. Lee el texto para confirmar tus predicciones y busca algunos detalles de las ideas principales que se presentan.

Divide these words into syllables and state why an accent is needed: **países, país, día, océano.** Divide these words into syllables and tell why accents are not needed: **antigua, mosaico, europeos.** Check Appendix C.

Centroamérica: Mosaico geográfico y cultural

Uniendo dos gigantes, Norteamérica y Suramérica, y separando el Océano Atlántico del Océano Pacífico están los siete países que forman Centroamérica. Seis de ellos son países hispanos; el otro, Belice, es una antigua colonia británica.

Centroamérica es un mosaico de tierras y de pueblos.[1] En esa región se encuentran playas blancas, selvas tropicales, montañas de clima fresco, sabanas fértiles y gigantescos volcanes. Su población incluye indígenas con lenguas y costumbres precolombinas, descendientes de europeos, negros, mestizos y mulatos.

Aunque los países centroamericanos están unidos físicamente por la Carretera Panamericana, no hay todavía una verdadera unión entre ellos. Los esfuerzos de unificación con el Mercado Común Centroamericano en los años sesenta no tuvieron éxito y hoy en día hay todavía ciertos conflictos e inestabilidad económica y política.

El país más austral[2] de Centroamérica es Panamá, que tiene la mayor población negra de los países hispanos de la región. El recurso económico más importante de este país es el Canal de Panamá que construyeron los Estados Unidos. El gobierno estadounidense lo va a administrar hasta el año 2000, cuando pase a manos de Panamá. Este canal es de gran importancia

[1]peoples [2]**más . . .** southernmost

Las esclusas (*locks*) de Miraflores del Canal de Panamá.

El maíz es una parte integral de la dieta de esta mujer de Quetzaltenango, Guatemala.

comercial porque, al conectar el Océano Pacífico con el Océano Atlántico, es la ruta ideal para los barcos que van no sólo de Nueva York a California sino también de Asia a Europa.

En Costa Rica, la mayoría de la población es de origen europeo y el porcentaje de analfabetismo es bajo (10%). Es el único país centroamericano que no tiene ejército;[3] además no tiene grandes conflictos políticos internos. En 1987, el presidente Oscar Arias recibió el Premio Nóbel de la Paz por su iniciativa en buscar un fin a las guerras de Centroamérica. Desafortunadamente, a pesar de tener paz, hoy en día Costa Rica tiene problemas económicos muy serios.

Nicaragua, Honduras y El Salvador, por otro lado, son países de grandes conflictos políticos internos, pero a la vez de grandes riquezas naturales. Nicaragua es un país de volcanes y lagos donde sólo se cultiva el 10% de la tierra. Honduras es un país montañoso; su población vive principalmente en el campo y sus exportaciones principales son el banano, el café y la madera. El Salvador, a pesar de ser el país más pequeño de la zona, es el tercer exportador de café del mundo, después de Brasil y Colombia. El Salvador es además un país muy densamente poblado. La población de Nicaragua, Honduras y El Salvador tiene un alto porcentaje de mestizos (70%-90%).

Al norte de El Salvador está Guatemala. Allí se encuentran ruinas de una de las civilizaciones indígenas más avanzadas, la civilización maya. Más de

---

[3]army

un 50% de los guatemaltecos son descendientes directos de los mayas y hablan una variedad de lenguas indias; ellos forman la población indígena de sangre pura más grande de Centroamérica.

A pesar de las grandes diferencias que existen entre los países centroamericanos, también hay muchas semejanzas. Éstas forman la base de lo que es Centroamérica, pero, realmente, es la diversidad la que le da riqueza a la zona.

Actividad 16: Referencias

Mira el texto nuevamente y di a qué se refieren las siguientes frases o palabras.

1. línea 5 **esa región**
2. línea 11 **ellos**
3. línea 18 **lo**
4. línea 27 **su**
5. línea 34 **sus**
6. línea 39 **Allí**
7. línea 42 **ellos**
8. línea 45 **Éstas**

Actividad 17: Preguntas

Después de leer el texto contesta las siguientes preguntas.

1. ¿Cuál es la importancia del Canal de Panamá?
2. ¿En qué se diferencia Costa Rica de los otros países centroamericanos?
3. ¿Qué peculiaridad caracteriza a Nicaragua, Honduras y El Salvador?
4. ¿Cuál es una característica particular de Guatemala?

Estrategia de escritura: *Avoiding Redundancies*

When writing, one should avoid repetition, particularly of nouns. When you write, try to use the same kind of references that you saw in the reading: possessive adjectives, object pronouns, and demonstrative adjectives and pronouns.

Actividad 18: El Canal de Panamá

La siguiente historia del Canal de Panamá tiene cinco redundancias que están en bastardilla *(italics)*. Lee el texto y después escribe la historia nuevamente evitando estas redundancias.

En 1881 una compañía francesa inició la construcción del Canal de Panamá, pero en 1889 decidió abandonar *la construcción del canal* por la malaria y la fiebre amarilla de esta zona que causaron muchas muertes. En 1901, la compañía francesa les ofreció a los Estados Unidos los derechos del proyecto *de la compañía francesa*, pero Panamá en esa época era parte de Colombia y a *Colombia* no le gustó la oferta y no aceptó *la oferta.* Entonces, los Estados Unidos ayudaron a Panamá a independizarse y construyeron el canal; terminaron *el canal* en 1914.

Lo esencial II

Los artículos de deporte

El Estadio del Deporte

312 Alcalá Tel: 456 33 42

SE CIERRA EL NEGOCIO

GRANDES REBAJAS

Tenemos todo lo que Ud. necesite para los deportes: en el campo de fútbol, en la cancha de tenis, en el gimnasio. Uniformes de todo tipo.

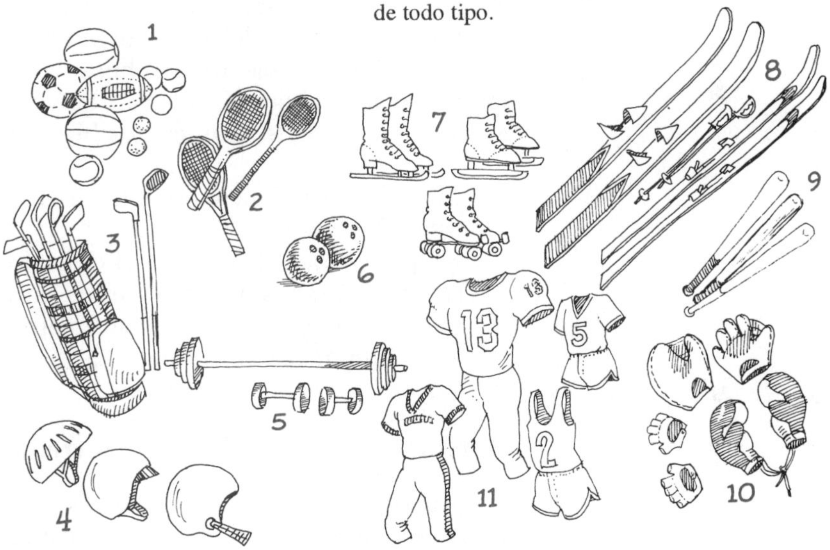

1. pelotas de fútbol, fútbol americano, basquetbol, tenis, squash, golf y béisbol
2. raqueta de tenis y de squash
3. palos de golf
4. cascos de bicicleta, moto y fútbol americano
5. pesas
6. bolas de bolos
7. patines de hielo y de ruedas
8. esquíes de agua y de nieve
9. bates
10. guantes de béisbol, boxeo y ciclismo
11. uniformes de todo tipo

Jugar a los bolos = jugar al boliche

Actividad 19: Asociaciones

Asocia estas personas con los objetos que usan en sus deportes y, si es posible, con el deporte que juegan.

1. Martina Navratilova y Guillermo Vilas
2. Pelé
3. Larry Bird
4. Fernando Valenzuela
5. Laverne y Shirley
6. Katarina Witt y Dorothy Hamill
7. Arnold Schwarzenegger
8. Muhammad Ali y Sugar Ray Leonard
9. Nancy López y Seve Ballesteros
10. Joe Montana y Joe Namath

Actividad 20: Rebajas

En parejas, Uds. están casados y tienen cuatro hijos. Acaban de ver el anuncio del Estadio del Deporte y, ahora cuando todo está barato, van a comprar algunas cosas para sus hijos. Usen la información que tienen sobre los gustos de sus hijos para decidir qué les van a comprar. Usen frases como **es mejor que, dudo que, es posible que,** etc.

Miguel: 18 años; siempre está en el gimnasio, es muy fuerte, juega al squash y practica boxeo
Felipe: 16 años; le encanta el ciclismo y juega al fútbol
Ángeles: 14 años; le gusta patinar en el verano y juega al béisbol
Patricia: 10 años; juega al tenis, pero todavía no juega muy bien; le gusta montar en bicicleta

Actividad 21: ¿Son Uds. deportistas?

En grupos de cuatro, identifiquen estos equipos *(teams)* y digan de dónde son, a qué deporte juegan, cómo se llama el estadio donde juegan y cuáles son los colores de su uniforme.

✳ El equipo de los Packers es de Green Bay, Wisconsin. Ellos juegan al fútbol americano en el Estadio Lambeau. Los colores de su uniforme son verde y amarillo.

1. Yankees
2. Bears
3. Broncos
4. Dodgers
5. Padres
6. Redskins

Actividad 22: ¿Y tú?

En parejas, pregúntenle a su compañero/a qué deportes practica y qué equipo *(gear)* tiene para jugarlos.

Actividad 23: Opiniones

Los deportes favoritos cambian de país en país. En grupos de cuatro, hablen sobre cuáles piensan que son los deportes más populares de los Estados Unidos, de Argentina y del Caribe y por qué creen que sean populares. Después de terminar, comparen sus opiniones con las de otros grupos.

¿LO SABÍAN?

En la mayoría de los países hispanos el fútbol es el deporte más popular. Es un deporte muy económico porque sólo se necesita una pelota y se puede jugar en cualquier lugar. En el Caribe el deporte más popular es el béisbol. Los norteamericanos lo llevaron a esta zona porque tiene un clima ideal que permite practicar el deporte todo el año.

En países como España, México y Perú, la corrida de toros es popular. A mucha gente le gusta ver la corrida y la considera un arte y no un deporte, pero también hay muchas personas a quienes no les gusta. ¿Crees que la corrida de toros sea cruel? ¿Por qué crees que algunos la consideran un arte?

Un partido entre Francia e Italia en el Mundial de fútbol de 1986, en México.

Teresa, campeona de tenis

La playa de Ocatal en la costa del Pácifico de Costa Rica.

cambiando de tema	changing the subject
dejar de + *infinitive*	to stop/quit + *-ing*
Te va a salir caro.	It's going to cost you.

Vicente acaba de volver de sus vacaciones en Costa Rica y está hablando con Teresa.

Actividad 24: ¿Qué hizo?

Mientras escuchas la conversación, marca las cosas que Vicente hizo en Costa Rica.

1. _____ Pasó tiempo con sus padres.
2. _____ Salió con sus amigos.
3. _____ Votó en las elecciones.
4. _____ Fue a la playa.
5. _____ Jugó un partido de fútbol.
6. _____ Fue a un partido de fútbol.
7. _____ Notó tensión por problemas políticos.
8. _____ Jugó al tenis.

Telling about a series of completed past actions

Telling about a completed past event

Describing habitual past actions

Indicating the end of an action

TERESA	¿Qué tal todo por Costa Rica?
VICENTE	¡Pura vida!, como se dice allí.
TERESA	¿Qué hiciste?
VICENTE	Visité a mis padres, salí con mis amigos, fui al interior y a la playa . . .
TERESA	O sea . . . un viaje típico.
VICENTE	¡Ah! ¿No te dije que fui a un partido de fútbol en que jugó Hugo Sánchez? Fue estupendo. Me divertí mucho.
TERESA	¡Qué bueno! Y tu familia, ¿cómo está?
VICENTE	Todos bien, pero hay muchos problemas en Centroamérica y aun en Costa Rica se siente la tensión.
TERESA	Pero Costa Rica se mantiene neutral, ¿no?
VICENTE	Sí, es cierto, pero todavía así hay tensión.
TERESA	Bueno, pero cambiando de tema, ¿qué hiciste con tus amigos?
VICENTE	Pues . . . salir, nadar, jugar al tenis; mis padres me regalaron una raqueta de tenis fenomenal para mi cumpleaños.
TERESA	¡Ah! ¿Te gusta el tenis? No sabía que jugabas.
VICENTE	Sí, empecé a jugar cuando tenía ocho años. Practicaba todos los días, pero dejé de jugar cuando vine a España.
TERESA	Yo también jugaba mucho.
VICENTE	¿Y ya no juegas?
TERESA	Muy poco, pero me encanta. ¿Sabes? Fui campeona de mi club en Puerto Rico hace tres años, pero dejé de jugar cuando tuve problemas con una rodilla.
VICENTE	Pero, vas a jugar conmigo, ¿no?
TERESA	Claro que sí . . . y te voy a ganar.
VICENTE	¿Y qué pasa si le gano a la campeona?
TERESA	Dudo que puedas. Pero, si ganas tú, te invito a comer y si gano yo, tú me invitas, ¿de acuerdo?
VICENTE	De acuerdo, pero creo que debes ir al banco ya para sacar dinero porque la comida te va a salir muy cara.

Actividad 25: ¿Entendiste?

A veces, para entender una conversación se necesita saber algo de política, deportes, arte, cine, etc. Para entender la conversación entre Vicente y Teresa es importante saber algunas cosas. En parejas, traten de contestar estas preguntas.

1. ¿Qué deporte es uno de los más populares en Costa Rica?
2. ¿Qué tipos de problemas hay en Centroamérica?
3. ¿Sabes en qué países de Hispanoamérica hay democracia estable?
4. Si Costa Rica es un país democrático y neutral, ¿por qué existe tensión?

Actividad 26: ¿Quién va a ganar?

En parejas, y usando la información de la conversación, decidan quién va a ganar el partido de tenis, Teresa o Vicente, y por qué.

Actividad 27: Problemas económicos

Uds. acaban de recibir la cuenta de Visa y no tienen dinero para pagarla. En parejas, decidan qué van a dejar de hacer para ahorrar *(save)* el dinero.

✱ Ahora fumo mucho, pero puedo dejar de fumar.

✱ Hacia la comunicación II

Describing in the Past: The Imperfect

Before studying the grammar explanation, answer this question based on the conversation:

- Do the sentences **"Practicaba todos los días . . ."** and **"Yo también jugaba mucho"** refer to actions that occurred only once in the past or to habitual actions in the past?

As you have already learned, the preterit in Spanish talks about completed past actions. There is another set of past tense forms, the imperfect, whose main function is to describe.

A. Formation of the Imperfect

1. To form the imperfect of *all* **-ar** verbs, add **-aba** to the stem.

Note accents.

caminar	
camin**aba**	camin**ábamos**
camin**abas**	camin**abais**
camin**aba**	camin**aban**

2. To form the imperfect of **-er** and **-ir** verbs, add **-ía** to the stem.

volver	
volv**ía**	volv**íamos**
volv**ías**	volv**íais**
volv**ía**	volv**ían**

salir	
sal**ía**	sal**íamos**
sal**ías**	sal**íais**
sal**ía**	sal**ían**

3. There are only three irregular verbs in the imperfect.

ser	
era	éramos
eras	erais
era	eran

ver	
veía	veíamos
veías	veíais
veía	veían

ir	
iba	íbamos
ibas	ibais
iba	iban

Voy a ir = I'm going to go.
Iba a ir = I was going to go.

B. Using the Imperfect

1. As you learned in Chapter 9, the imperfect is used when telling time and one's age in the past. The imperfect is also used when describing people, places, situations, or things in the past, as well as states of mind and feelings. It is frequently used to set the scene.

Mi abuela **era** pequeña y **tenía** pelo blanco.	*My grandmother was small and had white hair. (description of a person)*
Había mucha gente en la fiesta de Vicente.*	*There were many people at Vicente's party. (description of a situation)*
Hacía mucho calor en la playa.	*It was very hot at the beach. (setting the scene)*
Vicente **estaba** contento de ver a sus padres.	*Vicente was happy to see his parents. (description of feelings)*

*NOTE: **Había** means both *there was* and *there were.*

2. The imperfect is used for habitual or repeated actions in the past.

Diana **iba** a clase todos los días.	*Diana used to go to class every day. (habitual action)*
Se **levantaban** temprano, se **desayunaban** y **leían** el periódico.	*They used to get up early, eat breakfast, and read the newspaper. (a series of habitual actions)*

Do mechanical drills, Workbook, Part II.

Description of habitual past actions.

Actividad 28: Los deportes que jugabas

Habla con un mínimo de cinco personas para averiguar a qué deportes jugaban cuando estaban en la escuela secundaria.

✱ A: ¿A qué deportes jugabas?
B: Jugaba al fútbol, al béisbol, . . .

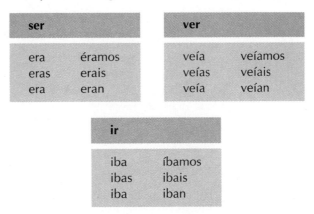

Description of a person or thing.

Actividad 29: El extraterrestre

Uds. vieron a un extraterrestre. En grupos de tres, contesten estas preguntas para describirlo. Después, léanle su descripción al resto de la clase.

1. ¿Dónde estaban ustedes cuando lo vieron?
2. ¿Día?
3. ¿Hora?
4. ¿Qué tiempo hacía?
5. ¿Cómo era?
6. ¿Color?
7. ¿Cuántos ojos?
8. ¿Llevaba ropa?
9. ???

Description of habitual past actions.

Actividad 30: La rutina diaria

En parejas, describan un día típico de su vida cuando tenían quince años. Digan qué hacían con sus amigos.

Actividad 31: ¿Tenías razón?

En grupos de tres, piensen en las ideas que tenían sobre la universidad antes de comenzar el primer año y digan si estas ideas cambiaron o no. ¿Qué pensaban y qué piensan ahora?

✱ Yo pensaba que las clases eran difíciles, pero ahora me parece que son fáciles.

Describing past states of mind.

Actividad 32: Ilusiones y desilusiones

En parejas, pregúntenle a su compañero/a (1) qué fantasías tenía cuando era niño/a y cuándo dejó de creer en ellas, y (2) si hacía ciertas cosas y cuándo dejó de hacerlas. Usen las siguientes listas.

¿CREÍAS EN ESTAS COSAS?

en Santa Claus
en el Coco *(boogie man)*
en el ratoncito *(tooth fairy)*
que había monstruos *(monsters)* debajo de la cama
que la cigüeña *(stork)* traía a los bebés

¿HACÍAS ESTAS COSAS?

odiar a los chicos/las chicas
dormir con la luz encendida *(lit)*
jugar con pistolas/muñecas *(dolls)*
comer toda tu comida

Ahora comenten esta pregunta: ¿Es bueno que los niños tengan fantasías? ¿Por qué sí o no?

En Tizimín, estado de Yucatán en México, se celebra la Epifanía. ¿Sabes cuándo es la Epifanía?

¿LO SABÍAN?

Por influencia de Alemania y de los Estados Unidos, en muchos países hispanos se habla de Santa Claus o Papá Noel. En algunos países, como Argentina, Uruguay y Puerto Rico, los niños reciben los regalos de Papá Noel o del Niño Jesús a la medianoche del veinticuatro de diciembre (Nochebuena).

En España, México y otros países hispanos, de la misma manera que en Bélgica y Francia, los Reyes Magos *(Three Wise Men)* les traen los regalos a los niños el 6 de enero. En los Estados Unidos, Santa Claus llega en trineo *(sled),* entra por la chimenea, deja los regalos y pone dulces en los calcetines que los niños cuelgan *(hang)* allí. En cambio, en otros países los Reyes Magos llegan en camello y dejan los regalos en los balcones o cerca de las ventanas. Con frecuencia, en las ventanas de la casa, los niños ponen los zapatos llenos de paja *(hay)* para los camellos y al día siguiente encuentran los regalos al lado de ellos.

Description of a place.

Actividad 33: La escuela

En parejas, Uds. van a entrevistarse *(interview each other)* sobre sus escuelas primarias. Usen la siguiente información como base de la entrevista y anoten las respuestas. Hagan preguntas como, **¿Era grande o pequeña tu escuela primaria? ¿Cuántos estudiantes había?**

Remember:
hay = there is/there are
había = there was/there were

La escuela primaria
- nombre de la escuela
- ciudad
- escuela pública o privada
- escuela grande, mediana o pequeña
- número de estudiantes
- maestro/a favorito/a
- clases favoritas
- programas deportivos

Actividad 34: Mi dormitorio

Escribe una composición sobre cómo era tu dormitorio y qué hacías cuando tenías diez años. Sigue este bosquejo.

Título: ____________________

I. Descripción física
  Muebles
  1. Cama (dormir solo/a o con hermano/a)
  2. Silla
  3. Cómoda
  4. Armario
  5. Escritorio

II. Decoración y diversión
  A. Color
  B. Carteles *(Posters)*
  C. Juguetes *(Toys)*
  D. Televisión, estéreo, radio, etc.

III. Actividades y cuándo
  A. Con amigos
    1. Jugar
    2. Hablar
    3. Dormir
  B. Solo/a
    1. Leer
    2. Escuchar música
    3. Estudiar
    4. Mirar la televisión

IV. Conclusión
  Por qué me gustaba/no me gustaba

Vocabulario funcional

EL CORREO

la dirección	*address*
la estampilla/el sello	*stamp*
el remite	*return address*
el sobre	*envelope*

OTRAS PALABRAS RELACIONADAS CON EL CORREO

Ver página 264.

PALABRAS Y EXPRESIONES ÚTILES

a lo mejor	*perhaps*
cambiando de tema	*changing the subject*
dejar de + *infinitive*	*to stop, quit* + -ing
echar de menos	*to miss (someone or something)*
quedarse en + *place*	*to stay in* + place
Te va a salir caro.	*It's going to cost you.*

OTROS VERBOS

Ver página 266.

ARTÍCULOS DE DEPORTE

Ver página 275.

PALABRAS RELACIONADAS CON LOS DEPORTES

los bolos	*bowling*
el boxeo	*boxing*
el campeón/la campeona	*champion*
el equipo	*team; equipment, gear*
el estadio	*stadium*
ganar	*to win; to earn*
montar en bicicleta	*to ride a bicycle*
el partido	*game*
patinar	*to skate*

CAPÍTULO

11

Bogotá, Colombia.

Chapter Objectives

- Explaining medical problems
- Naming the parts of a car and items associated with it
- Describing and narrating past events
- Expressing two actions that occurred at the same time
- Telling about past actions in progress and what interrupted them

✵ De vacaciones y enfermo

(No) vale la pena.	It's (not) worth it.
(no) vale la pena + *infinitive*	it's (not) worth + *-ing*
ahora mismo	right now
además	besides

Alejandro, el tío de Teresa, tuvo que ir a Bogotá en un viaje de negocios y decidió llevar a toda su familia para hacer turismo. Cuando estaban allí, su hijo, Carlitos, no se sentía bien y lo llevaron al médico para ver qué tenía.

Actividad 1: Marca los síntomas

Mientras escuchas la conversación en el consultorio de la doctora, marca los síntomas que tenía Carlitos.

_____ diarrea
_____ hemorragia
_____ falta de apetito
_____ dolor de estómago
_____ fiebre
_____ náuseas
_____ dolor de cabeza
_____ dolor de pierna

ENFERMERA	Pasen Uds.
ALEJANDRO	Gracias . . . Buenos días, doctora.
DOCTORA	¿Cómo están Uds.?
ALEJANDRO	Mi esposa y yo bien, pero Carlitos nos preocupa. Ayer, el niño estaba bien cuando se levantó; fuimos a visitar la Catedral de Sal, y cuando caminábamos en la mina, de repente el niño empezó a quejarse de dolor de estómago, tenía náuseas, vomitó una vez y no quiso comer nada en todo el día.
CARLITOS	Me sentía muy mal. Hoy me duele la pierna derecha y casi no puedo caminar.
DOCTORA	¿También tenía fiebre o diarrea?
ROSAURA	Ayer tenía 39 de fiebre por la noche.
DOCTORA	A ver, Carlitos, ¿puedo examinarte?
CARLITOS	¿Me va a doler?
DOCTORA	No, y tú eres muy fuerte . . . ¿Te duele cuando te toco aquí?
CARLITOS	No.
DOCTORA	¿Y aquí?
CARLITOS	¡Ay, ay, ay!
DOCTORA	Bueno, creo que debemos hacerle un análisis de sangre ahora mismo. Pero por los síntomas, es muy posible que tenga apendicitis.
ALEJANDRO	¿Hay que operarlo?
DOCTORA	Si es apendicitis, hay que ingresarlo en el hospital y mientras tanto, hay que darle unos antibióticos para combatir la infección.
ROSAURA	Entonces, quizás tengamos que quedarnos unas semanas en Bogotá.
ALEJANDRO	Claro, y Cristina y Carlitos van a perder el comienzo de las clases. Tal vez valga la pena buscarles un profesor particular.
CARLITOS	¡Ay mamá! No quiero que me operen. Y, además, yo quería ir a Monserrate y subir en funicular y . . . y ahora no voy a poder.
ALEJANDRO	Vamos, Carlitos. Tú eres un hombrecito y ya vas a ver que la operación no es tan mala. Te prometo que antes de regresar a España te vamos a llevar a Monserrate; dicen que desde allí, la vista de la ciudad es muy bonita.
CARLITOS	Bueno, pero, también puedo . . . y quisiera . . . y . . .

Explaining symptoms

Expressing pain

Speculating

Expressing desires

Actividad 2: ¡Pobre Carlitos!

Después de escuchar la conversación otra vez, pon esta lista en orden cronológico. Luego, en parejas, comparen sus respuestas.

_____ antibióticos
_____ tener dolor de estómago, náuseas y no querer comer
_____ operación
_____ dolor de pierna
_____ 39°C de fiebre
_____ análisis de sangre

Actividad 3: La mala noticia

En parejas, una persona es Alejandro y la otra persona es Teresa. Alejandro llama a Teresa a España para explicarle qué le pasó a Carlitos.

¿LO SABÍAN?

En Colombia hay muchos lugares de atracción turística. La Catedral de Sal, que está cerca de Bogotá, es uno de ellos. Es una iglesia muy grande que se construyó en 1954 debajo de la tierra, en una mina de sal que los indígenas ya explotaban antes de la llegada de los españoles a América.

Catedral de Sal, Zipaquirá, Colombia.

Actividad 4: ¿Vale la pena?

Habla de las cosas que vale o no vale la pena hacer, formando oraciones con frases de las tres columnas.

		trabajar
		ir a la playa
si no estás enamorado/a		estudiar mucho
si buscas trabajo		hacer ejercicio
si eres gordo/a		tomar clases
si hace mucho frío	(no) vale la pena	ver su última película
si te gusta Dustin Hoffman		casarte
si necesitas dinero		correr todos los días
si quieres saber esquiar bien		alquilar unos esquíes
		ir a Puerto Rico
		hablar con tu jefe/a

✱ Lo esencial I

I. La salud

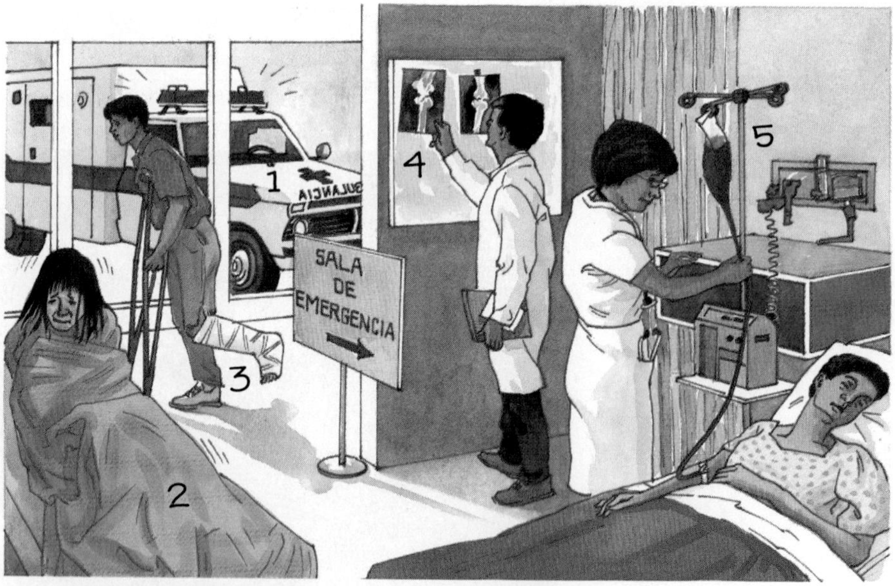

1. la ambulancia
2. tener escalofríos
3. la fractura
4. la radiografía
5. la sangre

Puesto de un mercado donde se venden hierbas para combatir diferentes enfermedades: úlceras, gases de estómago, bronquitis, etc. La Paz, Bolivia.

OTRAS PALABRAS ÚTILES

la enfermedad sickness, illness
estar mareado/a to be dizzy
estar resfriado/a to have a cold
estornudar to sneeze
la herida injury, wound
la infección infection
romperse (una pierna) to break (a leg)
sangrar to bleed
tener buena salud to be in good health
  catarro/un resfrío to have a cold
  diarrea to have diarrhea
  fiebre to have a fever
  gripe to have the flu
  náuseas to feel nauseous
  tos to have a cough
toser to cough
vomitar/devolver (o > ue) to vomit

Actividad 5: Los síntomas

Di qué síntomas puede tener una persona que . . .

Embarazada *(Pregnant)* is a false cognate.

1. tiene gripe
2. tuvo un accidente automovilístico
3. está embarazada
4. tiene mononucleosis

Actividad 6: Una emergencia

Víctima is always feminine, even when referring to males.

En parejas, "A" es la Sra. Porta, esposa de la víctima de un accidente; "B" es el/la doctor/a. El/La doctor/a llama a la Sra. Porta para explicarle qué le pasó a su esposo, basándose en la información de la siguiente ficha médica.

✷ A: ¿Aló?
B: Buenos días. ¿Habla la Sra. Porta?
A: Sí . . .
B: Señora, le habla el Dr. Torres del Hospital Fulgencio Yegros . . .

Sala de Emergencias ✚ Hospital Centro Médico Fulgencio Yegros

Fecha:	14/X/93
Hora:	6:30 p.m.
Paciente:	Mariano Porta Lerma
Dirección:	Avenida Bolívar, 9
Ciudad:	Asunción
Teléfono:	26-79-08
Estado civil:	casado
Alergias:	penicilina
Diagnóstico:	contusiones; fractura de la tibia izquierda
Tratamiento:	5 puntos en el codo derecho
Causa:	accidente automovilístico

Puntos = stitches

II. Las medicinas

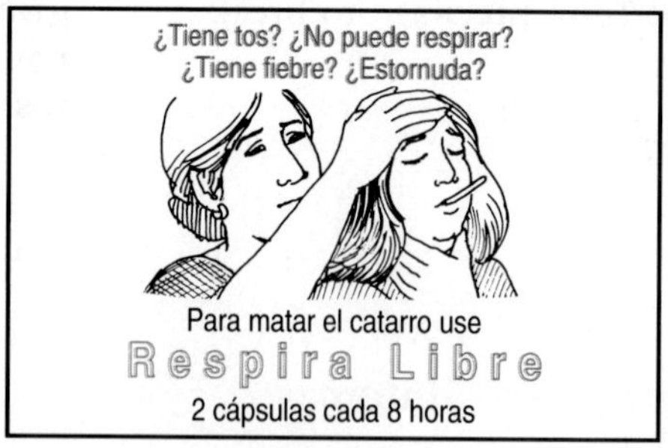

el antibiótico antibiotic
la aspirina aspirin
la cápsula capsule
la inyección injection
el jarabe (cough) syrup
la píldora/pastilla pill
la receta médica prescription
el vendaje bandage

¿LO SABÍAN?

Si viajas a un país hispano y te enfermas a las tres de la mañana, ¿adónde vas para comprar medicinas? En muchas ciudades hispanas hay farmacias de turno, o de guardia, adonde puedes ir durante la noche. Éstas se anuncian en el periódico o en la puerta de las farmacias mismas.

Actividad 7: Asociaciones

Di qué medicinas asocias con estas marcas.

Bayer, Contac, Formula 44, ACE, Valium, NyQuil

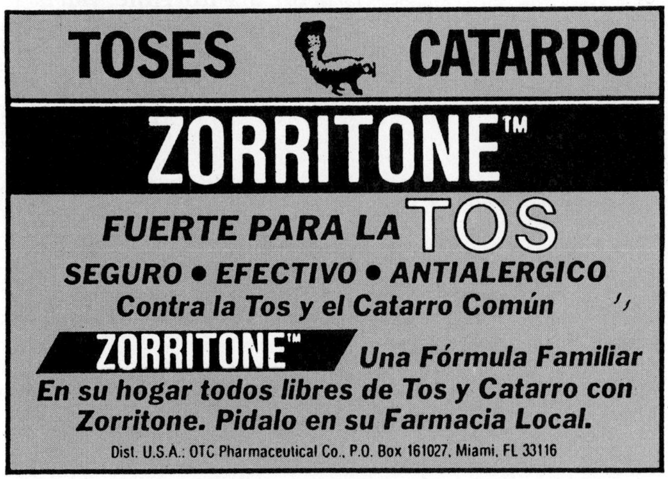
TOSES CATARRO
ZORRITONE™
FUERTE PARA LA TOS
SEGURO • EFECTIVO • ANTIALERGICO
Contra la Tos y el Catarro Común
ZORRITONE™ Una Fórmula Familiar
En su hogar todos libres de Tos y Catarro con Zorritone. Pidalo en su Farmacia Local.
Dist. U.S.A.: OTC Pharmaceutical Co., P.O. Box 161027, Miami, FL 33116

¿Para qué es esta medicina?

Actividad 8: Consejos

En parejas, "A" se siente enfermo/a y llama a su compañero/a para quejarse *(to complain)*. "B" le da consejos. Después cambien de papel.

✷ B: ¿Aló?
A: Hola, habla . . .
B: Ah, hola. ¿Qué tal?
A: La verdad, no muy bien. Tengo fiebre y no tengo mucho apetito.
B: ¡Qué lástima! Te aconsejo que tomes dos aspirinas y te acuestes. / Debes tomar dos aspirinas y acostarte.

Hacia la comunicación I

I. Describing Past Actions in Progress: The Imperfect

Before studying the grammar explanation, answer these questions:

- In the conversation between the Domínguez family and the doctor, do the highlighted actions in the following sentence indicate two consecutive actions or one action in progress interrupted by another?
  ". . . y cuando *caminábamos* en la mina, de repente el niño *empezó a quejarse* de dolor de estómago . . ."
- Look at the following sentences and identify the uses of the imperfect that you have practiced.
  a. ***Eran* las 11:00 de la mañana.**
  b. **El niño *tenía* cuatro años.**
  c. ***Era* un día horrible; *llovía* y *hacía* frío.**
  d. **Él siempre *se levantaba* temprano.**

1. In addition to the uses you have seen, the imperfect describes two simultaneous actions in progress in the past.

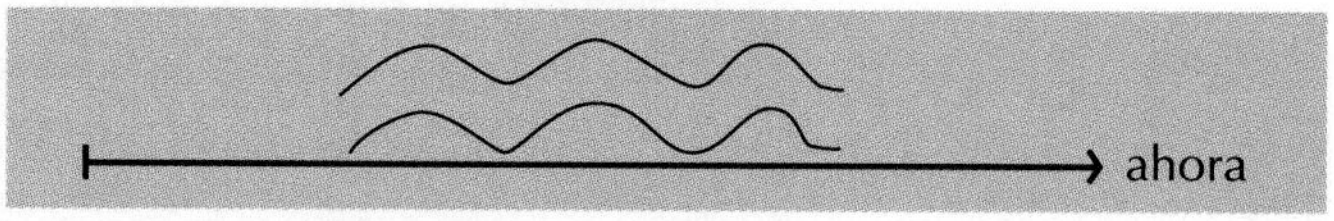

Tú **leías** mientras ella **trabajaba**. *You were reading while she was working.*

2. A past action in progress can also be expressed by using the past continuous tense.

estaba + *present participle* = imperfect

Estaba llov**iendo.** = Llovía.
Estábamos viv**iendo** en Panamá. = Vivíamos en Panamá.

II. Narrating and Describing: Contrasting the Preterit and the Imperfect

As you have already learned, the preterit is used to talk about or *narrate* completed actions in the past, and the imperfect is used to *describe* in the past. If you think of the preterit as a polaroid camera that gives you individual, separate shots of events, you can think of the imperfect as a video camera that gives a series of continuous shots of a situation, or a picture that is prolonged over an indefinite period of time.

En la fiesta la gente **cantaba** y **bailaba.** Por eso el señor **llamó** a la policía.

1. The preterit narrates:
a. a specific action in the past

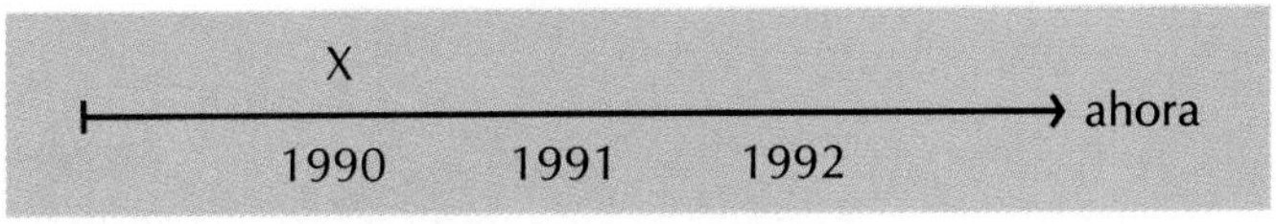

En 1990 mi familia **fue** a Colombia.

b. a series of completed past actions

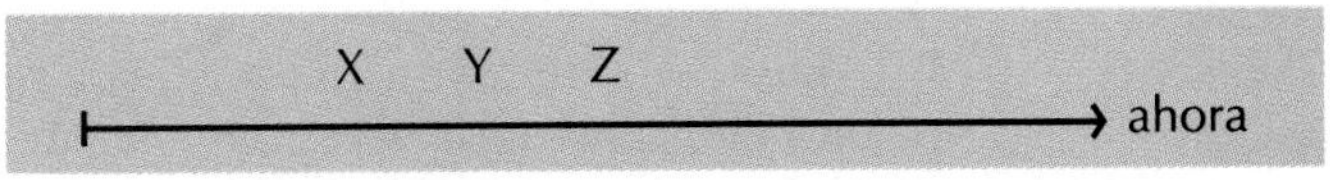

Entré en la casa, **fui** a la cocina y **tomé** un vaso de agua fría.

c. an action that occurred over a period of time for which specific time limits or boundaries are set

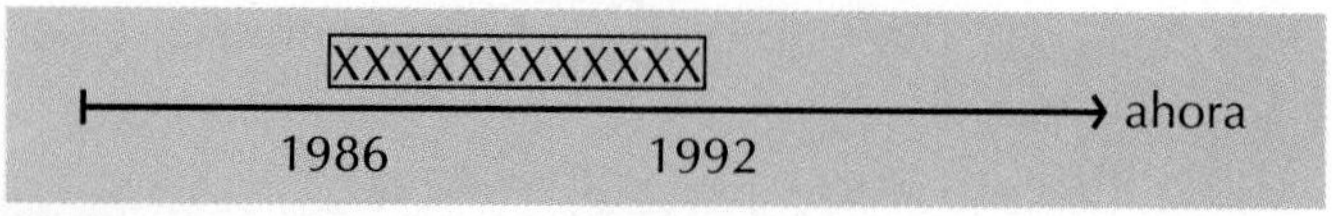

Mi familia **vivió** en España seis años.

2. The imperfect describes:

a. a repeated or habitual past action

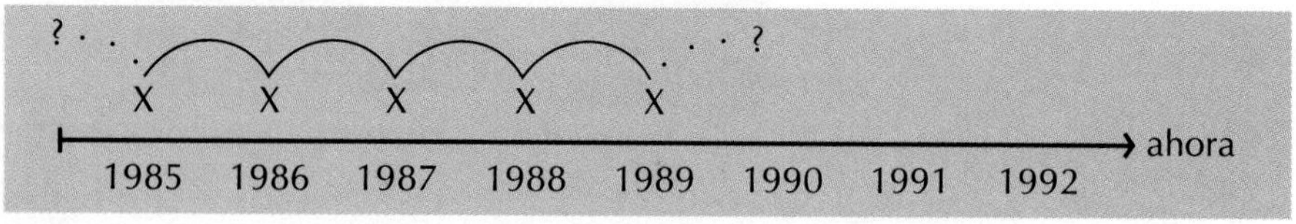

Antes **íbamos** a Colombia todos los años.

b. a series of repeated or habitual actions

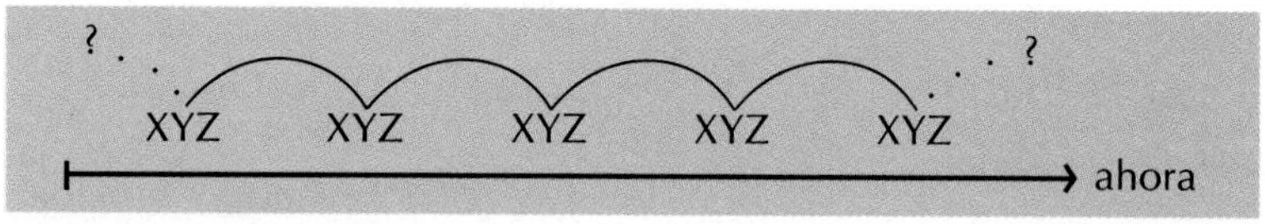

Todos los días yo **entraba** en la casa, **iba** a la cocina y **tomaba** un vaso de agua fría.

c. a past action or series of actions with no specific time limits stated by the speaker

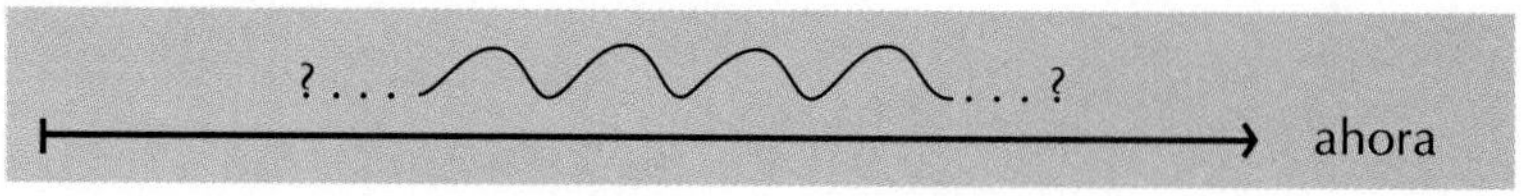

Mi familia **vivía** en España.

3. When talking about the past, the imperfect sets or describes the background and tells what was going on. It refers to an action in progress or a certain situation that existed. The preterit narrates what occurred against the background situation or what interrupted an action in progress. Examples follow.

Ella **leía** (estaba leyendo) cuando él **entró.**

a. an action in progress interrupted by another action

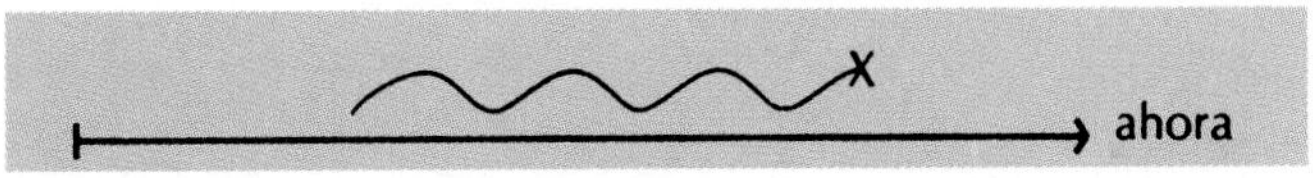

Caminábamos por la calle cuando **explotó** la bomba.

b. a situation that existed when another action occurred

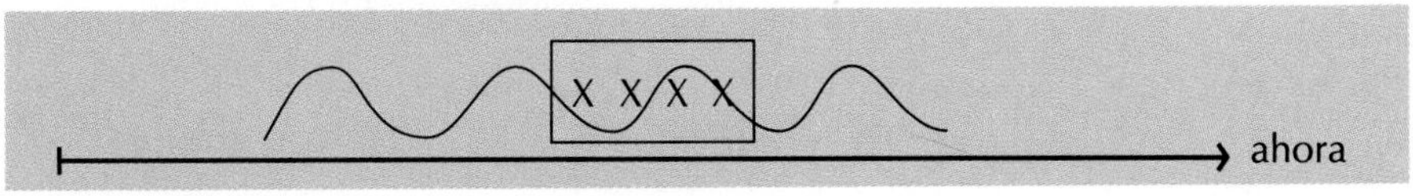

Cuando yo **vivía** en Quito, **trabajé** en un banco por cuatro meses.

c. a background to an action that occurred

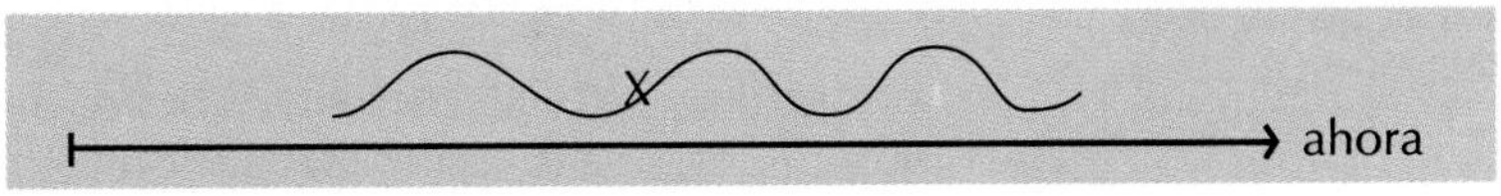

Era invierno cuando **visité** Chile por primera vez.

Do mechanical drills, Workbook, Part I.

Actividad 9: Estaba . . .

En parejas, digan qué estaban haciendo ayer a las siguientes horas.

✷ A: ¿Qué estabas haciendo a las ocho y diez de la mañana ayer?
B: A las ocho y diez, yo estaba durmiendo. / A las ocho y diez, yo dormía.

1. 7:00 A.M.
2. 9:30 A.M.
3. 12:15 P.M.
4. 3:30 P.M.
5. 6:05 P.M.
6. 8:45 P.M.
7. 10:30 P.M.
8. 11:45 P.M.

Description in the past.

Actividad 10: Descripciones

En grupos de tres, describan cómo piensan que eran las siguientes personas u otros personajes famosos.

✷ George Washington tenía pelo blanco, era alto, tenía dientes de madera, . . .

Winston Churchill, Cleopatra, Don Quijote, Abraham Lincoln, Napoleón, Romeo y Julieta

Repeated habitual actions in the past.

Actividad 11: Las costumbres

En grupos de tres, describan qué hacían estas personas en sus programas de televisión.

Gilligan, Herman Munster, Batman y Robin, Marcia Brady, Archie Bunker, "Hawkeye" Pierce

Actividad 12: ¿Qué tiempo hacía?

En parejas, digan adónde fueron el verano pasado, qué hicieron y qué tiempo hacía.

Past actions over an indefinite period of time.

Actividad 13: La historia médica

En parejas, hablen con su compañero/a sobre las enfermedades que tuvo durante el último año y los síntomas que tenía.

Actividad 14: ¿Qué pasó?

En parejas, pregúntenle a su compañero/a si le ocurrió alguna de estas cosas y averigüen qué estaba haciendo cuando le ocurrió.

Ongoing action interrupted by another action.

✱ A: ¿Alguna vez dejaste las llaves en el carro?
B: Sí.
A: ¿Qué pasó?/¿Qué estabas haciendo?
B: . . .

1. encontrar dinero
2. tener un accidente automovilístico
3. romperse una pierna/un brazo
4. perder una maleta
5. quemarse *(to burn oneself)*
6. ???

Actividad 15: ¿Aló?

Aquí tienen la mitad *(half)* de una conversación telefónica. En parejas, inventen la otra mitad y presenten la conversación a la clase.

¿Dónde estaba José?
¿Con quién?
¿Qué estaban haciendo ellos mientras tú esperabas?
¿Qué ocurrió?
¡Por Dios! ¿Y después?
¿Qué hizo la policía?
¿De verdad?
¿Qué hacían ellos mientras la policía hacía eso?
¿Cómo se sentían?
¿Adónde fueron?

Actividad 16: Objetos perdidos

En parejas, una persona perdió algo y va a la oficina de objetos perdidos para ver si está allí. La otra persona es el/la dependiente/a que trabaja en la oficina y tiene que llenar este formulario haciendo las preguntas apropiadas.

Nombre: ____________________
Dirección: ____________________
Ciudad: ____________________
Teléfono: ____________________
Artículo perdido: ____________________
Dónde: ____________________
Cuándo: ____________________
Descripción: ____________________

Actividad 17: La entrevista

En parejas, una persona es Rona Barrett y va a entrevistar a un actor famoso/una actriz famosa. El actor/La actriz tiene que usar la imaginación para contestar.

Nombre original
Trabajos extras que hacía cuando buscaba trabajo de actor/actriz
Primer trabajo de actor/actriz
    Descripción del trabajo
    Director/a
    Otros actores
Cirugía plástica   sí/no
Si contesta que sí: doctor/a
    Cómo era antes y después
Cuántas veces se casó   Por qué se divorció
    Descripción de sus esposos/as
Trabajo actual *(current)*
    Director   Cine / Teatro / Televisión   Comedia / Drama / etc.
Planes para el futuro

Nuevos horizontes

Estrategia de lectura: *Recognizing Suffixes*

Suffixes are syllables that are attached to the end of a word and can alter its grammatical form (*manage* + *-able* ⟶ *manageable*). They can help you understand the relationship between words in a sentence. For example, consider the following nonsense sentence: "The murer mured murelly." Even though this sentence is made up of nonsense words, you can probably tell which word indicates the action, which word tells how the action is done, and which is the thing or person doing the action. This is because of your unconscious knowledge of suffixes. Now identify the subject, verb, and adverb in the following nonsense sentence in Spanish: **"El melulidero maró lenemente."**

The following is a list of common Spanish suffixes and word endings that will help you determine the grammatical form of words.

Note similarities to English suffixes.

Some suffix equivalents: *-ty* **(-ad)**, *-ly* **(-mente)**, and *-ous* **(-oso)**.

Noun Suffixes		Adjective Suffixes	
-ancia	elegancia	**-ante**	elegante
-ción	cooperación	**-ble**	amable
-ad	amistad	**-ísimo**	rapidísimo/a
-ismo	comunismo	**-ivo**	primitivo/a
-ista	pianista	**-oso**	generoso/a

Adverb Suffixes		Verb Suffixes
-mente	tranquilamente	**-ar, -er, -ir,** and their conjugations

Actividad 18: Mira y contesta

Note: **el/la colega**

Diana le escribe la siguiente carta a un colega de la escuela secundaria donde ella enseña en los Estados Unidos.

1. Mira la foto en la página 302. En tu opinión, ¿cuál es la conexión entre esta foto y la carta de Diana?
2. Lee rápidamente el texto para encontrar las ideas principales. Luego, en parejas, comparen sus resultados.

Una carta

Madrid, 6 de octubre

Querido Craig:

Recibí tu carta hace unos días, pero no tuve tiempo para contestarte antes porque estaba ocupadísima con mis clases de literatura en la universidad. Por fin comencé mis vacaciones y ahora tengo tiempo para escribirte unas líneas. ¿Cómo estás? ¿Cómo va tu clase de español? ¿Mucho trabajo?

En tu carta me pides información sobre el sistema educativo hispano para usar en tu clase de español. Bueno, a nivel universitario los estudiantes deben pasar primero un examen para entrar en la universidad, pero desde el momento que entran comienzan a especializarse. Por ejemplo, si quieres estudiar psicología, entras en esa facultad (lo que nosotros llamamos *department*) y estudias asignaturas de esa área desde el primer día, no como en los Estados Unidos, donde cursas asignaturas de varias áreas. Aquí los estudiantes tienen una preparación más global en la secundaria. Por lo que me contaron unos amigos, este sistema de educación es parecido en casi toda Hispanoamérica.

La gente, en general, va a la universidad en el lugar donde vive y no se muda a otra parte del país. Aunque muchas ciudades grandes tienen ciudades universitarias, en otras las diferentes facultades están en distintas partes de la ciudad. Esto no es ningún problema porque en general sólo necesitas ir a una facultad. ¡Y el tamaño de algunas de estas universidades! ¡Una sola facultad puede tener alrededor de veinte mil estudiantes! Increíble, ¿no? Algunas universidades importantes son la UNAM en México, la Central en Venezuela, la Universidad de Costa Rica y, por supuesto, la Complutense de Madrid.

¿Qué más te puedo contar? ¡Ah, sí! La educación generalmente es gratis; mejor dicho, los ciudadanos pagan impuestos que ayudan a mantener las universidades. En lugares como Cuba, por ejemplo, los estudiantes universitarios trabajan en el campo para devolver ese dinero al gobierno. También hay universidades donde sí tienes que pagar, pero es algo mínimo; yo,

Biblioteca de la Universidad Autónoma de México (UNAM).

por ejemplo, pago cien dólares por año. Naturalmente, también existen las universidades privadas donde los estudiantes pagan la matrícula, y a veces es cara.

Bueno, no se me ocurre qué más decirte sobre el sistema educativo. Pero si tienes alguna pregunta puedes escribirme. ¿No te gustaría venir a estudiar aquí? Para mí ésta es una experiencia fabulosa: estoy aprendiendo cantidades, del idioma, de la cultura y de la gente; además, la comida española es deliciosa. Siempre pienso en ti cuando como paella. Tienes que venir a probarla.

Espero entonces noticias tuyas.

Saludos,

Diana

P.D. Saludos a tus estudiantes de español.

Actividad 19: Los sufijos

Subraya los sufijos de estas palabras; luego indica si las palabras son sustantivos, verbos, adjetivos o adverbios. Refiérete al texto si es necesario.

1. línea 4 **ocupadísima**
2. línea 7 **educativo**
3. línea 11 **facultad**
4. línea 14 **preparación**
5. línea 23 **importantes**
6. línea 31 **naturalmente**
7. línea 36 **cantidades**
8. línea 38 **deliciosa**

Actividad 20: Comparaciones

1. En grupos de tres, comparen el sistema educativo universitario hispano con el sistema norteamericano en las siguientes áreas: tamaño de las universidades, número de estudiantes y los cursos.
2. Aquí tienes las notas *(grades)* de un estudiante de escuela secundaria de España. La mayoría de las asignaturas que aparecen son los cursos obligatorios que estudió esta persona durante el segundo año de la escuela secundaria. En parejas, comparen estas asignaturas con las que Uds. estudiaron en el segundo año de la secundaria.

1	Lengua española y Literatura ..	BIEN
2	Latín	Sobresaliente
3	Lengua extranjera (Inglés).	Notable
4	Geografía	Notable
5	Formación Política, Social y Económica	
6	Formación religiosa	Notable
7	Matemáticas	Notable
8	Física y Química	Notable
9	Educación física y deportiva ...	BIEN
10	E. A. T. P. (Diseño).	Notable
	Euskera	Sobresaliente

Estrategia de escritura: *Writing a Personal Letter*

The format of a personal letter in Spanish differs slightly from the English format. The heading includes the name of the city where the writer is, as well as the date. The salutation usually begins with **Querido/a,** and is followed by the name and a colon instead of a comma. The closing can include phrases such as **espero que me escribas, espero noticias tuyas, te extraño,** and **recuerdos a . . . .** The letter may end with phrases such as **Saludos, Un abrazo,** or **Un beso** (more personal). To give additional information after the signature, **P.D. (posdata)** is used.

Actividad 21: Tu carta

Ustedes tienen un amigo uruguayo que quiere venir a estudiar a los Estados Unidos y necesita información sobre cómo entrar en la universidad. En parejas, hagan una lista de los trámites *(steps)* que se necesita hacer para entrar en una universidad norteamericana. Después, individualmente, escríbanle la carta a su amigo.

✲ Lo esencial II

El carro

While in a car, practice vocabulary by quizzing yourself on car parts.

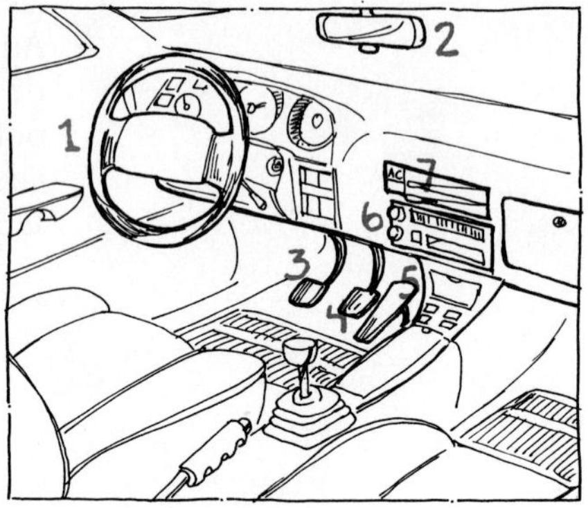

1. las luces
2. el parabrisas
3. el limpiaparabrisas
4. la llanta
5. la puerta
6. el baúl
7. el tanque de gasolina

1. el volante
2. el (espejo) retrovisor
3. el embrague
4. el freno
5. el acelerador
6. el/la radio
7. el aire acondicionado

OTRAS PALABRAS RELACIONADAS

el aceite oil
la batería battery
el cinturón de seguridad seat belt
la licencia/el permiso de conducir driver's license
la matrícula/placa license plate
el motor engine

VERBOS ÚTILES

abrocharse el cinturón to buckle the seat belt
apagar to turn off
arrancar to start the car
chocar to crash
manejar/conducir to drive
pisar to step on
revisar to check

Actividad 22: Definiciones

En grupos de cuatro, una persona da definiciones de palabras asociadas con los carros y las otras personas tienen que adivinar cuáles son.

✲ A: Es un líquido que cambias cada dos meses.
B: El aceite.

ALQUILE UN CARRO
UNO
AUTO RENTA LTDA.

Actividad 23: Alquilando un carro

En grupos de tres, dos personas son amigos que van a alquilar un carro y la otra persona es el/la agente de alquiler. Tienen que decidir qué tipo de carro van a alquilar: **baúl grande/pequeño, aire acondicionado, radio, automático/con cambios,** etc.

Actividad 24: La persuasión

En parejas, "A" es un/a vendedor/a de carros en Los Ángeles, California, y "B" quiere comprar un carro. El/La vendedor/a tiene que convencer al/a la cliente de que debe comprar este carro; el/la cliente quiere un buen precio.

✷ A: Buenos días. ¿En qué puedo servirle?
B: Me interesa comprar este carro.
A: ¡Ah! Es un carro fantástico. Tiene llantas Michelín . . .

radiocassette estéreo	estándar
llantas Michelín	estándar
cinturones de seguridad	estándar
limpiaparabrisas trasero	estándar
motor de seis cilindros	estándar
frenos hidráulicos	estándar
retrovisor diurno y nocturno	estándar
transmisión automática	$799
aire acondicionado	$599
ventanillas y cierre automático	$249
asientos de cuero	$489
Precio total sin impuestos ni matrícula	$18.995
Garantía: 7/70.000	
35 millas por galón de gasolina	

Si manejas, te juegas la vida

Cordillera Real, los Andes, Bolivia. ¿Te gustaría manejar en esta carretera?

¡Qué lío!	What a mess!
¡Qué va!	No way!
para colmo	to top it all off
jugarse la vida	to risk one's life

Operaron a Carlitos y don Alejandro todavía tiene negocios que hacer. Por eso deja a la familia en Bogotá y se va en un carro alquilado hacia el sur del país. Alejandro tiene una conversación de larga distancia con su esposa.

Actividad 25: ¿Cierto o falso?

Mientras escuchas la conversación, marca **C** si estas oraciones son ciertas o **F** si son falsas. Corrige las oraciones falsas.

1. _____ Cuando don Alejandro llamó, su esposa estaba preocupada.
2. _____ Don Alejandro llegó muy tranquilo a Cali.
3. _____ El carro alquilado era un desastre.
4. _____ Las gasolineras estaban cerradas porque era mediodía.
5. _____ Carlitos va a salir mañana del hospital.
6. _____ Don Alejandro va a regresar en carro.
7. _____ A don Alejandro le fascina viajar por carro en Colombia.

ROSAURA ¿Aló? ¿Alejandro? ¡Por Dios! ¡Qué preocupada estaba! ¿Qué te pasó? ¿Por qué no me llamaste?

Stating intentions

ALEJANDRO Iba a llamarte ayer, pero no pude. No sabes cuántos problemas tuve con este carro que alquilé. Pero, ¿cómo sigue Carlitos?

ROSAURA Sigue mejor; no te preocupes. Pero, ¿qué te pasó con el carro? ¿Dónde estás ahora?

Describing

ALEJANDRO Pues, ya llegué a Cali, gracias a Dios, pero creí que nunca iba a llegar. ¡Qué lío! Manejar por los Andes es muy peligroso y, para colmo, el carro que alquilé casi no tenía frenos: Y como ya era tarde, las gasolineras estaban cerradas.

ROSAURA Entonces, ¿qué hiciste?

Narrating a series of completed actions

ALEJANDRO Pues seguí hasta que por fin encontré una gasolinera que estaba abierta. El mecánico era un hombre muy simpático y eficiente que arregló los frenos pronto, le echó gasolina al carro y revisó las llantas y el aceite.

ROSAURA ¡Virgen Santa! Pero, ¿estás bien?

ALEJANDRO Sí, sí. Por fin llegué esta mañana con los nervios destrozados y dormí unas horas.

ROSAURA Ojalá que ya no tengas más problemas. ¿Qué tal Cali?

ALEJANDRO Muy agradable; tiene un clima ideal que es un alivio después del frío constante de Bogotá. Y tú, ¿estás bien?

Expressing an unfulfilled obligation

ROSAURA Sí, sólo un poco cansada. Carlitos tenía que salir del hospital hoy, pero los médicos dicen que debemos esperar hasta mañana. ¿Cuándo regresas?

ALEJANDRO El jueves, si Dios quiere.

ROSAURA ¿Y piensas manejar?

ALEJANDRO ¡Qué va! Me voy por avión. Ahora entiendo por qué Colombia fue el primer país del mundo en tener aviación comercial. Si viajas en carro, ¡te juegas la vida!

Actividad 26: ¡Vaya problemas!

Después de escuchar la conversación otra vez, contesta estas preguntas.

1. Cuando don Alejandro llamó, ¿dónde estaba él y dónde estaba su esposa, Rosaura?
2. Don Alejandro tuvo muchos problemas. ¿Cuáles fueron?
3. ¿Cómo era el mécanico?
4. ¿Por qué es difícil viajar en carro por Colombia?
5. ¿Manejaste alguna vez en las montañas? ¿Cómo era? ¿Tenías miedo mientras manejabas?

¿LO SABÍAN?

Si viajas vas a encontrar que en muchos países hispanos no es común tener autoservicio en las gasolineras; normalmente hay personas que atienden a los clientes. También es más común encontrar carros pequeños y con cambios. ¿Por qué crees que es común tener carros pequeños en muchos países hispanos?

Cartagena, Colombia.

Actividad 27: Casi me muero

En grupos de cinco, cuéntenles a sus compañeros una situación donde se jugaron la vida.

✷ Javier bebió muchas cervezas, pero yo decidí ir con él en el carro. Él estaba manejando cuando, de repente, perdió el control y chocamos contra otro carro. Me di un golpe en la cabeza y terminé en un hospital. ¡Qué tonto fui! Aprendí que nunca se le debe permitir manejar a una persona después de beber.

✷ Hacia la comunicación II

I. Expressing Past Intentions and Responsibilities: *Iba a* + infinitive and *Tenía/Tuve que* + infinitive

1. To express what you were going to do, but didn't, use **iba a** + *infinitive.* To tell what you actually did, use the preterit.

Iba a estudi**ar**, pero **fui** a una fiesta.	*I was going to study, but I went to a party.*

2. To express what you had to do, and perhaps didn't, use **tenía que** + *infinitive.*

Tenían que trabaj**ar**, pero **fueron** al cine.	*They had to/were supposed to work, but they went to the movies. (They did not fulfill their obligation.)*
—**Tenía que** habl**ar** con el profesor.	*I had to/was supposed to speak with the professor.*
—¿Hablaste con él o no?*	*Did you speak with him or not?*

*NOTE: The listener does not know whether or not the obligation was fulfilled and therefore must ask for a clarification.

3. To express what you had to do and did, use **tuve que** + *infinitive.*

—**Tuve que ir** al médico.	*I had to go to the doctor. (I had to and did go.)*
—¿Qué te dijo el médico?	*What did the doctor tell you?*

After studying the grammar explanation, answer the following questions:

- In the sentences that follow, who actually went to buy a present, the man or the woman? **Ella fue a comprarle un regalo. Él iba a comprarle un regalo.**
- If someone said, "**Tenía que comprarle un regalo,**" what would be a logical response, **¿Qué compraste?** or **¿Lo compraste al fin?**

II. *Saber* and *Conocer* in the Imperfect and Preterit

Saber and **conocer** have different meanings depending on whether they are used in the preterit or the imperfect. Note that the imperfect retains the original meaning of the verb.

To review uses of **saber** and **conocer,** see Ch. 4.

	Imperfect	Preterit
conocer	knew	met (for the first time), became acquainted with
saber	knew	found out

Conocí a tu padre el sábado. ¡Qué simpático!	*I met your father on Saturday. He's really nice.*
Lo **conocía** antes de empezar a trabajar con él.	*I knew him before starting to work with him.*
Ella **supo** la verdad anoche.	*She found out the truth last night.*
Ella **sabía** la verdad.	*She knew the truth.*

III. Describing: Past Participle As an Adjective

The past participle can function as an adjective to describe a person, place, or thing. To form the past participle *(rented, done, said)* in Spanish, add **-ado** to the stem of all **-ar** verbs, and **-ido** to the stem of most **-er** and **-ir** verbs. When the past participle functions as an adjective it agrees in gender and number with the noun it modifies.

alquilar ⟶ alquil**ado**   perder ⟶ perd**ido**   servir ⟶ serv**ido**

Él fue a Cali en un carro **alquilado.**	*He went to Cali in a rented car.*
Sólo encontró gasolineras **cerradas.**	*He only found closed gas stations.*

Remember that **ser** is used to describe *the being* and **estar** is used to describe *the state of being.* When the past participle is used to emphasize a condition resulting from an action, it functions as an adjective that describes the state of being, and therefore, is used with **estar.**

Do mechanical drills, Workbook, Part II.

estar + *past participle*

Cerraron las gasolineras.	*They closed the gas stations.*
Las gasolineras **están cerradas** ahora.	*The gas stations are closed now.*
Ella se sentó.	*She sat down.*
Ya **está sentada.**	*She is already sitting/seated.*

Actividad 28: Buenas intenciones

En español, como en inglés, hay un refrán que dice, "No dejes para mañana lo que puedas hacer hoy". Pero, con frecuencia, todos dejamos para mañana lo que podemos hacer hoy. En parejas, digan qué acciones iban a hacer la semana pasada, pero no hicieron.

✷ Iba a visitar a mi hermana, pero no fui porque no tenía carro.

Actividad 29: ¿Mala memoria?

Su profesor/a organizó una fiesta para la clase, pero nadie fue. Ustedes tienen vergüenza y tienen que inventar buenas excusas. Empiecen diciendo, "Lo siento. Iba a ir, pero tuve que . . ."

Actividad 30: ¿Eres responsable?

Escribe tres cosas que tenías que hacer y no hiciste el fin de semana pasado y tres cosas que tuviste que hacer. Luego, en parejas, comenten por qué las hicieron y por qué no.

Actividad 31: La sabiduría

En parejas, digan qué personas o cosas conocían o qué información sabían antes de empezar el año escolar y qué personas o cosas conocieron o qué información supieron después de empezar el año.

✷ A: ¿Sabías el número de tu habitación?
B: Sí, lo sabía. / No, no lo sabía.
A: ¿Cuándo lo supiste?
B: Lo supe cuando llegué a la residencia.

1. la ciudad universitaria
2. dónde ibas a vivir
3. el nombre de tu compañero/a de cuarto o apartamento
4. tu compañero/a de cuarto o apartamento
5. tu número de teléfono
6. tus profesores
7. tu horario de clases
8. si tus clases iban a ser fáciles o difíciles

Participio pasivo = past participle

Use **estaba** + *past participle,* since you are describing in the past.

Past participles as adjectives agree in gender and number with the nouns they modify.

Actividad 32: ¿Qué pasó?

Terminen estas oraciones usando **estar** + ***el participio pasivo*** de un verbo apropiado: **aburrir, beber, decidir, dormir, encantar, levantar, pagar, preocupar, resfriar, terminar, vender** y **vestir.** Hay más verbos de los que necesitas.

1. El carro iba haciendo eses *(zig-zagged)* porque el conductor ________________.
2. La chica estaba en una clase de matemáticas y el profesor hablaba y hablaba y ella ________________.
3. Salí a comer con mi amigo y cuando iba a pagar la cuenta, el camarero me dijo que la cuenta ya ________________.
4. Queríamos comprar entradas para el cine, pero todas ________________.
5. El tenor, José Carreras, no pudo cantar porque ________________.
6. Mi padre ________________ en el sillón cuando terminó el programa de televisión.
7. Mi novio/a llegó temprano y tuvo que esperar porque todavía yo no ________________.
8. Mi esposo/a debía de llegar a las 8:00 y era la medianoche. Yo ________________.

Actividad 33: Un poema

Alfonsina Storni (1892–1938), poetisa argentina, escribió este poema para hacer un comentario social. En grupos de cuatro, contesten estas preguntas: **¿Qué critica Storni con este poema? ¿Tenemos los mismos problemas hoy?**

CUADRADOS Y ÁNGULOS

Casas enfiladas,[1] casas enfiladas,
casas enfiladas.
Cuadrados,[2] cuadrados, cuadrados.
Casas enfiladas.
Las gentes ya tienen el alma[3] cuadrada,
ideas en fila
y ángulo en la espalda.
Yo misma he vertido[4] ayer una lágrima,[5]
Dios mío, cuadrada.

[1]in rows [2]squares [3]soul [4]shed [5]tear

Actividad 34: Músicos, poetas y locos

"De músico, poeta y loco, todos tenemos un poco", dice el refrán. Escribe un poema siguiendo las instrucciones. Después, lee tu poema al resto de la clase si quieres.

primera línea:	un sustantivo
segunda línea:	dos adjetivos (es posible usar participios)
tercera línea:	tres acciones (verbos)
cuarta línea:	una frase relacionada con el primer sustantivo (cuatro o cinco palabras máximo)
quinta línea:	un sustantivo que resuma la idea del primer sustantivo

Vocabulario funcional

LA SALUD

la ambulancia	*ambulance*
la fractura	*fracture, break*
la radiografía	*x-ray*
la sangre	*blood*
tener escalofríos	*to have the chills*

Ver página 291.

LAS MEDICINAS

Ver página 292.

EL CARRO

Ver página 304.

PALABRAS Y EXPRESIONES ÚTILES

además	*besides*
ahora mismo	*right now*
casi	*almost*
jugarse la vida	*to risk one's life*
mientras	*while*
(No) vale la pena.	*It's (not) worth it.*
(No) vale la pena + *infinitive*	*It's (not) worth* + -ing
para colmo	*to top it all off*
¡Qué lío!	*What a mess!*
¡Qué va!	*No way!*
quejarse	*to complain*

CAPÍTULO

12

Restaurante en Santiago, Chile. ¿Sabes tocar algunos de estos instrumentos musicales?

Chapter Objectives

- Discussing music
- Ordering food and planning a meal
- Discussing past occurrences
- Describing geographical features
- Making comparisons
- Describing people and things

¡Qué música!

¿Qué es poesía? —dices mientras clavas
en mi pupila tu pupila azul,
¿Qué es poesía? ¿Y tú me lo preguntas?
Poesía... ¡eres tú!

¡Qué chévere!	Great! *(Caribbean expression)*
cursi	overly cute; tacky, in bad taste
¿Algo más?	Something/Anything else?

Teresa ganó el partido de tenis y por eso Vicente la invitó a comer. Están en un restaurante argentino donde hay un conjunto de música.

Actividad 1: ¿Cierto o falso?

Mientras escuchas la conversación, marca **C** si la oración es cierta y **F** si es falsa.

1. _____ Teresa aprendió a jugar al tenis en un parque de Puerto Rico.
2. _____ Vicente juega bien al tenis.
3. _____ Teresa pide sopa, una ensalada y churrasco.
4. _____ Vicente es un hombre muy romántico.
5. _____ A Teresa le gusta mucho cuando los músicos le tocan una canción.

Being facetious

CAMARERO Su mesa está lista . . . Aquí tienen el menú.
VICENTE Muchas gracias.
TERESA ¡Qué chévere este restaurante argentino! ¡Y con conjunto de música!
VICENTE Espero que a la experta de tenis le gusten la comida y los tangos argentinos con bandoneón y todo.
TERESA Me fascinan. Pero, juegas bastante bien, ¿sabes?
VICENTE Eso es lo que pensaba antes de jugar contigo; pero, ¿cómo aprendiste a jugar tan bien?

Una pareja baila un tango en El Viejo Almacén, un club en el barrio de San Telmo, Buenos Aires, Argentina.

Describing habitual past actions

TERESA Cuando era pequeña aprendí a jugar con mi hermano mayor. Todas las tardes, después de la escuela, íbamos a un parque donde había una cancha de tenis y allí nos encontrábamos con unos amigos de mi hermano para jugar dobles. Seguí practicando y después de mucha práctica, empezamos a ganar.

VICENTE ¿Así que aprendiste con tu hermano?

TERESA No exactamente; mi padre se dio cuenta de que yo tenía talento y me buscó un profesor particular. Yo jugaba al tenis a toda hora; era casi una obsesión, no quería ni comer ni dormir.

VICENTE ¡Por eso! Ya decía yo . . .

CAMARERO ¿Qué van a comer?

TERESA Ay, no sé todavía. Perdón, ¿cuál es el menú del día?

CAMARERO De primer plato, hay sopa de verduras o ensalada mixta; de segundo, churrasco y de postre, flan con dulce de leche.

Ordering a meal

TERESA Me parece perfecto. Quiero el menú con sopa, por favor.

CAMARERO	¿Y para Ud.?
VICENTE	También el menú, pero con ensalada. ¿El churrasco viene con papas fritas?
CAMARERO	Sí. ¿Y de beber?
VICENTE	Vino tinto, ¿no?
TERESA	Sí, claro.
CAMARERO	¿Algo más?
VICENTE	No, nada más, gracias. Teresa, este restaurante es fantástico. No sabes cuánto me gusta estar aquí contigo. Estoy con una chica no solamente inteligente y bonita sino también buena atleta. ¿Me quieres?
TERESA	Claro que sí. ¿Y tú a mí?
VICENTE	Por supuesto que sí . . . Mira, aquí vienen los músicos.
MÚSICOS	*En mi viejo San Juan* *cuántos sueños forjé* *en mis años de infancia . . .*
TERESA	¡¡¡VICENTE!!! ¡Te voy a matar! ¡Qué cursi! ¿Cuánto les pagaste?

Showing playful anger

Actividad 2: Preguntas

Después de escuchar la conversación otra vez, contesta estas preguntas.

1. ¿Qué tipo de música se asocia con Argentina?
2. ¿Por qué es buena jugadora de tenis Teresa?
3. ¿Qué van a comer Vicente y Teresa?
4. ¿Por qué le gusta Teresa a Vicente?
5. ¿Crees que la última canción que tocan los músicos sea un tango?
6. ¿Por qué crees que los músicos fueron a la mesa de Vicente y Teresa a tocar esa canción?

Actividad 3: ¿Cursi o chévere?

Di si las siguientes cosas son cursis o chéveres.

✷ ¡Qué chévere es la playa de Luquillo en Puerto Rico!
¡Qué cursi son las tarjetas de San Valentín!

jugar al bingo
ganar la lotería
Viaje a las estrellas
unas vacaciones en el Caribe
el concurso de Miss Universo
Graceland y Elvis

Actividad 4: En mi viejo San Juan . . .

Di qué hacían habitualmente tus padres o tus abuelos cuando eran jóvenes.

Lo esencial I

I. Los instrumentos musicales

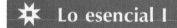

1. el trombón
2. la trompeta
3. la batería
4. el violín
5. la flauta
6. el clarinete
7. el saxofón
8. el violonchelo

As you listen to music, try to name all the instruments you hear.

Actividad 5: ¿Qué sabes de música?

En parejas, decidan qué instrumentos necesitan estos grupos musicales.

una orquesta sinfónica
una banda municipal
un conjunto de rock ácido

Other instruments: **el sintetizador, el oboe, la guitarra eléctrica, el bajo, el flautín, el piano**

¿LO SABÍAN?

En España, muchas facultades de las diferentes universidades tienen **tunas** formadas por estudiantes que cantan y tocan guitarras, bandurrias *(mandolins)* y panderetas *(tambourines)*. Los tunos, o miembros de la tuna, llevan trajes al estilo de la Edad Media y cantan canciones tradicionales en restaurantes, en las plazas y por las calles.

Tuna en Segovia, España.

Actividad 6: ¿Tocas?

En grupos de tres, descubran el talento musical de sus compañeros. Pregúntenles qué instrumentos tocan o tocaban y averigüen algo sobre su experiencia musical, según las indicaciones.

Nombre ______________________________
Instrumento(s) ______________________________
Toca/Tocaba ______ muy bien ______ bien ______ un poco
____
Cuándo empezó a tocar ______________________________
Dónde aprendió a tocar ______________________________
Quién le enseña/enseñaba ______________________________
Cuánto tiempo practica/practicaba ______________________________
Si ya no toca, cuándo dejó de tocar y por qué ______________________________
____
Si no toca ningún instrumento, pregúntale cuál le gustaría tocar
____

Actividad 7: Preferencias

En parejas, planeen la música para una boda en una iglesia y para la recepción en un restaurante sin preocuparse por el dinero. ¿Qué tipo de música quieren? ¿Qué instrumentos van a tocar los músicos?

¿LO SABÍAN?

Dos músicos españoles famosísimos del siglo XX son Andrés Segovia (1893–1987) y Pablo Casals (1876–1973). Segovia llevó la guitarra de la calle y de los bares a los teatros del mundo y la convirtió en un instrumento de música clásica. Pablo Casals tocaba el violonchelo; era maestro, compositor, director y organizador de festivales musicales. Salió de España en 1939 por no estar de acuerdo con la dictadura de Franco. Vivió en Francia y después en Puerto Rico hasta su muerte. Segovia y Casals dieron conciertos en lugares como el Lincoln Center y la Casa Blanca. Cuando murieron, el mundo perdió a dos músicos extraordinarios. ¿Te gusta la guitarra clásica? ¿Tienes algún disco de Segovia o de Casals?

Pablo Casals, violonchelista español.

II. La comida

1. el ajo
2. el pollo
3. la carne de res
4. el cordero
5. el cerdo
6. la coliflor
7. los espárragos
8. las habichuelas/judías verdes

Think of the names of food items when you eat.

VERDURAS *(VEGETABLES)*

los frijoles beans
los guisantes/las arvejas peas
las lentejas lentils

AVES *(POULTRY)*

el pavo turkey

CARNES *(MEATS)*

el bistec (churrasco in Argentina) steak
la chuleta chop
el filete fillet; sirloin
la ternera veal

POSTRES

el flan Spanish egg custard
el helado ice cream

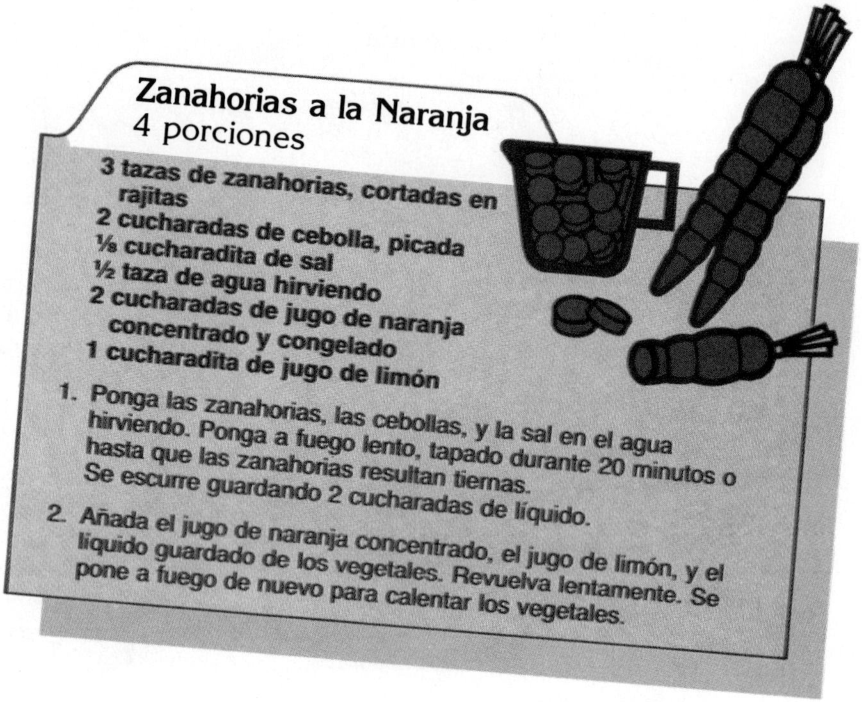
Zanahorias a la Naranja
4 porciones

3 tazas de zanahorias, cortadas en rajitas
2 cucharadas de cebolla, picada
⅛ cucharadita de sal
½ taza de agua hirviendo
2 cucharadas de jugo de naranja concentrado y congelado
1 cucharadita de jugo de limón

1. Ponga las zanahorias, las cebollas, y la sal en el agua hirviendo. Ponga a fuego lento, tapado durante 20 minutos o hasta que las zanahorias resultan tiernas. Se escurre guardando 2 cucharadas de líquido.
2. Añada el jugo de naranja concentrado, el jugo de limón, y el líquido guardado de los vegetales. Revuelva lentamente. Se pone a fuego de nuevo para calentar los vegetales.

¿LO SABÍAN?

La comida básica en los países hispanos varía de región a región según la geografía. Por ejemplo, en la zona del Caribe la base de la comida son el plátano *(plantain),* el arroz *(rice)* y los frijoles. El maíz *(corn)* es importante especialmente en México y Centroamérica, y la papa en la región andina de Suramérica. En el Cono Sur se come mucha carne, producto de las pampas argentinas. El nombre de muchas comidas también varía según la región; por ejemplo, judías verdes, habichuelas, porotos verdes, vainas y ejotes son diferentes maneras de decir *green beans.*

Actividad 8: Una comida especial

En parejas, Uds. necesitan planear una comida muy especial porque invitaron a su jefe a comer. Usen vocabulario de este capítulo y de otros: **primer plato, segundo plato, postre, bebida,** etc.

Actividad 9: ¡Camarero!

En grupos de cuatro, una persona es el/la camarero/a y las otras tres son clientes que van a comer juntos en el restaurante Mi Buenos Aires Querido. Tienen que pedir la comida. Antes de empezar, miren la lista de frases útiles que está a continuación.

CAMARERO/A	CLIENTES
¿Qué van a comer?	¿Está bueno/a el/la . . . ?
¿De primer plato?	¿Cómo está el/la . . . ?
¿De segundo plato?	Me gustaría el/la . . .
¿Qué desean beber?	¿Qué hay de primer/segundo plato?
El/La . . . está muy bueno/a hoy.	¿Viene con papas?
El/La . . . está muy fresco/a hoy.	¿Hay . . . ?
El menú del día es . . .	¿Cuál es el menú del día?
De postre tenemos . . .	¿Qué hay de postre?
Aquí tienen la cuenta *(bill).*	La cuenta *(bill),* por favor.

Although this restaurant is in Madrid, the terminology used is typically Argentine. Prices are in **pesetas.**

Mi Buenos Aires Querido

Casa del Churrasco
Castellana 240, Madrid

Primer plato	*pts.*
Sopa de verduras	600
Espárragos con mayonesa	800
Melón con jamón	850
Tomate relleno	750
Ensalada rusa	500
Provoleta (queso provolone con orégano)	650
Segundo plato	
Churrasco	2200
Bistec de ternera con puré de papas	1800
Medio pollo al ajo con papas fritas	1500
Ravioles	1200
Lasaña	1200
Pan	150

Ensaladas	*pts.*
Mixta	600
Zanahoria y huevo	600
Waldorf	800
Bebidas	
Agua con o sin gas	325
Media botella	225
Gaseosas	225
Té	200
Café	200
Vino tinto, blanco	250
Postres	
Helado de vainilla, chocolate	550
Flan con dulce de leche	550
Torta de chocolate	600
Frutas de estación	550

Menú del día: ensalada mixta, medio pollo al ajo con papas, postre, café y pan 2400

Hacia la comunicación I

I. Narrating and Describing: Preterit and Imperfect

Review uses of the preterit and imperfect, Ch. 9, 10, and 11.

Before studying the grammar explanation, answer these questions:

- In the following sentences, some of the verbs in boldface refer to past actions in progress or to actions that occurred repeatedly in the past. Identify these verbs. Are there any words that help identify habitual actions or actions in progress? If so, which?

a. Cuando era pequeño **jugaba** con mi hermano mayor.
b. El sábado pasado **jugué** al tenis.
c. Todos los días **íbamos** al parque.
d. Ellas siempre **salían** con sus amigos, **hacían** fiestas y **bailaban** mucho.
e. Teresa **jugaba** al tenis mientras Claudia **estudiaba.**
f. Don Alejandro **pensaba** en Teresa cuando ella lo **llamó** por teléfono.

Since the preterit is used to narrate in the past and the imperfect is used to describe, certain expressions are often used with the preterit and other expressions with the imperfect.

Some expressions associated with the preterit that you saw in Chapter 6 are **anoche, ayer, anteayer, de repente, el sábado/mes/año pasado,** and **la semana pasada.**

The following expressions are often associated with the imperfect:

a menudo frequently
a veces at times
algunas veces sometimes
con frecuencia frequently, often
de vez en cuando once in a while, from time to time
muchas veces many times
siempre always
todos los días/meses every day/month

Notice the differences in meaning in the following sentences:

La semana pasada fuimos a la playa.	**Ibamos con frecuencia** a la playa.
Anteayer comí paella.	**A menudo comía** paella.
El mes pasado Vicente **jugó** al tenis dos veces.	En Costa Rica Vicente **jugaba** al tenis **de vez en cuando.**

II. Describing: Irregular Past Participles

As you saw in Chapter 11, a past participle can be used as an adjective to describe a noun. The following verbs have irregular past participles:

abrir	**abierto**	morir	**muerto**
cubrir	**cubierto**	poner	**puesto**
decir	**dicho**	romper	**roto**
escribir	**escrito**	ver	**visto**
hacer	**hecho**	volver	**vuelto**

Remember: Past participles used as adjectives agree in gender and number with the nouns they modify.

—¿Abriste la puerta? *Did you open the door?*
—No, ya **estaba abierta.** *No, it was already open.*

La guitarra **estaba rota.** *The guitar was broken.*
Mi abuelo **está muerto.** *My grandfather is dead.*

III. Negating: *Ni . . . ni*

To express *neither . . . nor* use **ni . . . ni.** If **ni . . . ni** is part of the subject, a plural form of the verb is used.

Ni él **ni** ella asist**en** a la clase. *Neither he nor she attends the class.*
No como **ni** carne **ni** pollo.* *I eat neither meat nor chicken.*

NOTE: When **no** precedes the verb, the first **ni** is often omitted: ***No* como carne *ni* pollo.**

Do mechanical drills, Workbook, Part I.

Actividad 10: Antes y después

En grupos de tres, hagan un anuncio para la dieta "Kitakilos", basándose en las siguientes fotos del Sr. Delgado. Expliquen cómo era y qué hacía cuando estaba gordo, cuándo empezó la dieta y qué tuvo que hacer para perder peso *(lose weight).* También expliquen cómo es y qué hace hoy.

Actividad 11: ¿Qué hiciste ayer?

En parejas, hablen de las cosas que hicieron ayer. Usen palabras como **primero, después, a las 8:30, mientras,** etc.

* Ayer me levanté a las . . . . Después . . .

Actividad 12: Una carta

Diana le escribe una carta a una colega que es profesora de español en los Estados Unidos. Completa la carta con la forma y el tiempo correctos de los verbos que aparecen después de cada párrafo.

Madrid, 12 de octubre

Querida Vicky:

Ya hace cinco meses que __________ a España y por fin hoy __________ unos minutos para __________ tu carta. Las cosas aquí me van de maravilla. __________ en un colegio mayor, pero ahora __________ un apartamento con cuatro amigas hispanoamericanas. __________ muy simpáticas y estoy __________ mucho de España y también de Hispanoamérica.

(alquilar, aprender, contestar, llegar, ser, tener, vivir)

Durante el verano, __________ clases todos los días. Por las mañanas, nosotros __________ a la universidad y por las tardes __________ museos y lugares históricos como la Plaza Mayor, el Palacio Real y el Convento de las Descalzas Reales. Cuando __________ por primera vez en el Museo del Prado, me __________ grandísimo, ¡y solamente __________ las salas de El Greco y de Velázquez!

(entrar, ir, parecer, tener, ver, visitar)

__________ enamorada de España. La música me __________ porque tiene mucha influencia de los árabes y de los gitanos *(gypsies)*. El otro día __________ por la calle cuando __________ a unos niños gitanos cantando y bailando; __________ unos diez años y me __________ que, con frecuencia, ellos __________ en la calle para __________ dinero.

(caminar, cantar, decir, estar, fascinar, ganar, tener, ver)

Mis clases __________ hace dos meses; después __________ seis semanas de vacaciones y las clases __________ otra vez la semana pasada. Además de tomar clases, __________ enseñando inglés desde junio para __________ dinero.

(empezar, estar, ganar, tener, terminar)

Bueno, ya tengo que irme a la clase de Cervantes. Espero que __________ un buen año en la escuela y ojalá que me __________ pronto.

(escribir, tener)

Un abrazo desde España de tu amiga,

Diana

P.D. Saludos a todos los profesores.

Actividad 13: Detectives

En parejas, Uds. son el detective Sherlock Holmes y su ayudante Watson. Describan la escena que encontraron Uds. al entrar en una habitación donde ocurrió un asesinato. Usen participios pasivos. Incluyan los participios de estos verbos: **abrir, cubrir, escribir, hacer, morir, poner, preparar, romper** y **servir.**

✱ Un plato estaba roto . . .

Actividad 14: Inventando historias

En grupos de cinco, Uds. están haciendo camping una noche de luna llena. Terminen el cuento que sigue entre los cinco. Usen palabras como **a menudo, a veces, algunas veces, con frecuencia** y **siempre,** con el imperfecto. Usen palabras como **una vez, de repente, primero, después** y **a la medianoche,** con el pretérito.

Era un martes 13. Era de noche y no había luces; hacía mucho frío y viento. La pareja llegaba a casa cuando oyó un ruido. Siempre cerraban la puerta con llave, pero al llegar a la casa, la puerta estaba abierta y una ventana estaba rota. Iban a ir por la policía, pero el carro no funcionaba . . .

Actividad 15: Ayuda a la víctima

En parejas, una persona es un actor famoso/una actriz famosa y habla con una señora que perdió todo en un huracán. La víctima no tiene nada, no recibe ayuda de nadie y está sola. Ella contesta usando **ni . . . ni.**

1. ¿Sabe Ud. dónde está su esposo o sus hijos?
2. ¿Tiene ropa y comida?
3. ¿Dónde durmió anoche, en una iglesia o en una escuela?
4. ¿Le van a dar dinero o apartamento?
5. ¿Fue a un hospital o a una clínica?
6. ¿Habló con la policía o con la Cruz Roja?

Ahora, el actor/la actriz quiere ayudar a la víctima. Pide donaciones en un programa de televisión y explica los problemas terribles de la señora.

✷ Ayer conocí a una señora que perdió todo y necesita su ayuda. No sabe dónde están ni su esposo ni sus hijos . . .

Actividad 16: Un cuento

En un libro de texto normalmente lees un cuento y después contestas preguntas para ver si entendiste o no el contenido. Ahora vas a hacer esta actividad pero al revés *(backwards).* Contesta estas preguntas y escribe un cuento basado en las contestaciones. Usa la imaginación.

1. ¿Adónde fueron Ricardo y su esposa de vacaciones?
2. ¿Cómo era el lugar y qué tiempo hacía?
3. ¿Qué hicieron durante las vacaciones?
4. ¿Cómo se murió la esposa de Ricardo?
5. ¿Qué estaba haciendo Ricardo cuando se rompió la pierna?
6. La policía no dejó a Ricardo volver a su ciudad. ¿Por qué?
7. ¿Qué le dijo Ricardo a la policía?
8. ¿Quién era la señora del abrigo negro y los diamantes? ¿Puedes describirla?
9. ¿Qué importancia tiene ella?
10. Al fin, la policía supo la verdad. ¿Cuál era?

Nuevos horizontes

Estrategia de lectura: *Reading an Interview Article*

Here are a few tips that can help you in reading an interview article:

1. Read the headline and subheadline; these usually contain or summarize in a few words the main ideas of the article.
2. Look at the pictures, tables, or graphs that may accompany the text; they illustrate themes in the article.
3. Scan the text to read only the interviewer's questions, which will clue you in to the main ideas. These steps provide you with background knowledge before actually reading the whole text.

Actividad 17: Lee y adivina

1. Lee el título y el subtítulo del texto y adivina la idea principal.
2. Mira las fotos y los dibujos que aparecen con el texto y lee las preguntas de la entrevistadora para confirmar tu predicción.
3. Finalmente lee la entrevista completa.

Pablo Cuerda is a fictitious character.

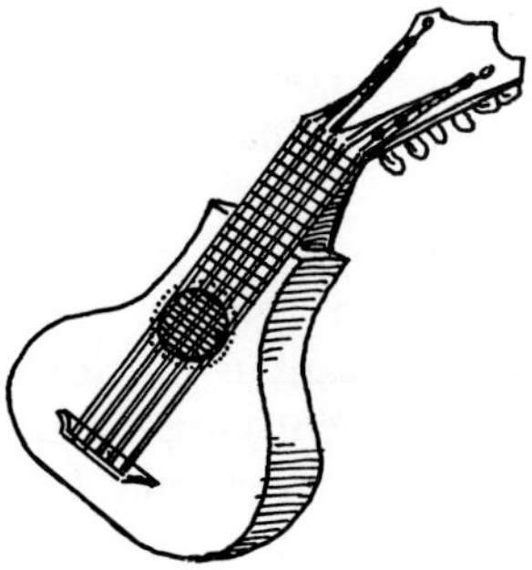

EL MUNDO DE LA MÚSICA HISPANA

Entrevista con el cantante boliviano Pablo Cuerda

POR LAURA RÓGORA

Entré en la sala de su casa y allí me esperaba sentado con su guitarra, compañera inseparable. Charlamos un poco sobre su gira musical por Europa y luego comencé así.

—¿Me puedes contar un poco sobre las influencias que hubo en la música hispana?
—Bueno, la influencia fundamental en España fue la de los árabes. Su música fue la base del flamenco de hoy día.
—Y el flamenco influyó en la música hispanoamericana, ¿verdad?
—Exactamente. El instrumento principal del flamenco es la guitarra y los españoles la trajeron al Nuevo Mundo.
—¿Y los indígenas adoptaron este instrumento?
—Bueno, es decir, lo adaptaron porque crearon instrumentos más pequeños como el cuatro y el charango, que está hecho del caparazón del armadillo. Y, naturalmente, la música indígena es la base de gran parte de la música moderna hispanoamericana.

(Izquierda) Rubén Blades, cantante, actor y abogado panameño. (Derecha) Pablo Milanés, cantante cubano.

—Muy interesante. ¿Y qué otra influencia importante existe?
—Pues, la más importante para la zona caribeña fueron los ritmos africanos de los esclavos, que fueron la inspiración para la cumbia colombiana, el joropo de Venezuela, el merengue dominicano, el jazz y los blues norteamericanos y también para la salsa.
—La salsa. ¡Qué ritmo!
—Por supuesto, ¿y sabes que Cuba, Puerto Rico y Nueva York se disputan su origen? Pero en realidad fue en Nueva York donde se hizo famosa la salsa.
—¿Hay otros movimientos musicales recientes?
—Era justo lo que iba a decir. Un movimiento es el de la "Nueva Trova Cubana" con Silvio Rodríguez y Pablo Milanés, quienes cantan canciones de temas políticos, sociales y sentimentales. El otro movimiento importante es la "Nueva Canción" que nació en Chile en la década de los sesenta. Este tipo de música se conoció en el resto del mundo cuando Simon y Garfunkel incluyeron en un álbum "El cóndor pasa", una canción del conjunto Los Incas, quienes pertenecen a este movimiento.
—Pero, ¿qué es la Nueva Canción?
—Es un estilo de música que tiene como elementos esenciales el uso de los ritmos e instrumentos tradicionales de los indígenas de los Andes. Las canciones son de protesta, o sea, de tema político, y critican la situación socioeconómica de los países hispanos. Este estilo de música se conoce ahora en todo el mundo.

—. . . Y esto nos lleva a mi última pregunta. ¿Qué escucha la gente joven hoy día?
—La gente joven escucha de todo: la Nueva Canción, rock nacional y extranjero, la Nueva Trova . . . En el Caribe los jóvenes escuchan también salsa y merengue y los bailan muchísimo. Permíteme ahora tocarte una canción de Juan Luis Guerra, un innovador de la música hispanoamericana de los años 90.

Y así terminó nuestra entrevista: con un ritmo y una melodía maravillosos.

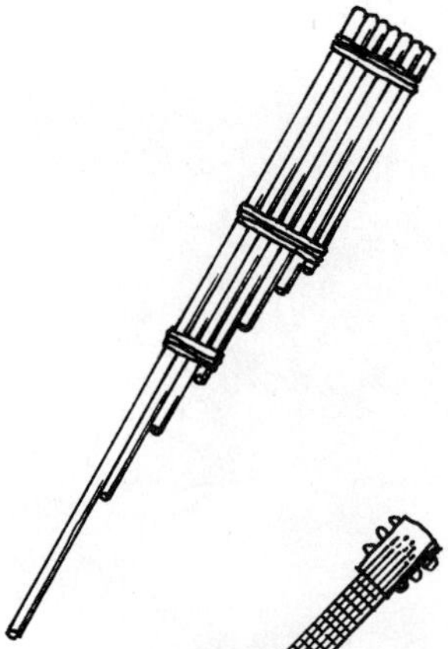

Actividad 18: Completa las ideas

Después de leer el texto, di una o dos oraciones sobre cada una de las siguientes ideas relacionadas con el texto: **la guitarra, la salsa, los esclavos africanos, "El cóndor pasa"** y **la Nueva Trova Cubana.**

Actividad 19: ¿Y tú?

Contesta las siguientes preguntas sobre la música.

1. ¿Qué tipo de música te gusta? ¿Qué tipo de música no te interesa?
2. ¿Conoces algún conjunto (norteamericano, inglés, hispano) que toque canciones de protesta? ¿Cuáles son los temas de sus canciones?
3. ¿Por qué crees que en Hispanoamérica es popular la música de protesta?

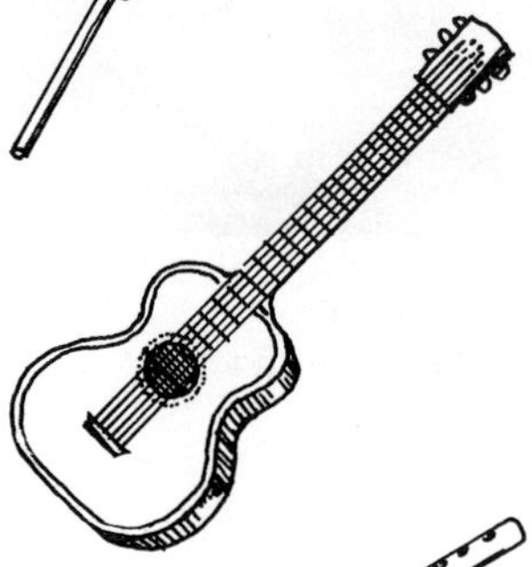

Estrategia de escritura: *Writing an Interview Article*

Here are a few tips that can help you in writing a short interview article:

1. Organize the points that you plan to cover in the interview.
2. Interview the subject.
3. Edit the piece. When editing, try to leave out repetitions made in the interview, because they sound awkward in a written text.
4. Provide a setting for the beginning and the end of the interview.
5. Write a catchy heading to attract the reader.

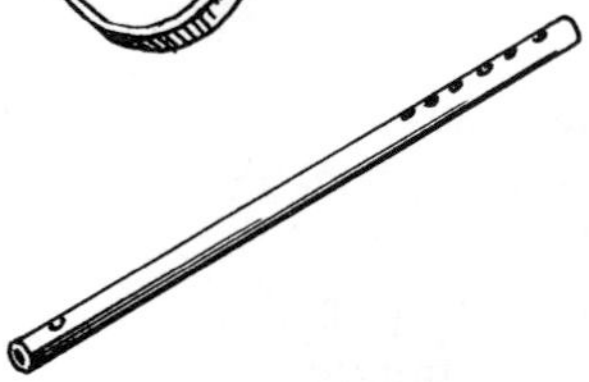

Look at the way the writer of the interview keeps the conversation flowing. What techniques other than questions does she use?

Remember that certain time expressions are frequently used with the preterit or imperfect.

Actividad 20: La entrevista imaginaria

Escribe una entrevista imaginaria con tu cantante favorito/a sobre cómo él/ella se convirtió en cantante (si no lo sabes, puedes inventar). Sigue los pasos mencionados para escribir una entrevista.

Lo esencial II

Occidente/Oeste = west; **oriente/este** = east.

La geografía

1. la catarata
2. el río
3. la carretera
4. el puente
5. el pueblo
6. el lago
7. el valle
8. la montaña

OTRAS PALABRAS DE GEOGRAFÍA

la autopista freeway, expressway
el bosque woods
el campo countryside
la ciudad city
la colina hill
la costa coast
la isla island
el mar sea
el océano ocean
la playa beach
el puerto port
la selva jungle
el volcán volcano

Actividad 21: Asociaciones

Asocia estos nombres con las palabras de geografía presentadas.

Amazonas, Cancún, Pacífico, Cuba, Mediterráneo, Titicaca, Andes, Iguazú, Baleares, Quito

En el lago Titicaca, entre Perú y Bolivia.

¿LO SABÍAN?

Agua salada = salt water

La variedad geográfica de Hispanoamérica incluye fenómenos naturales como el Lago de Nicaragua que, aunque es de agua dulce *(fresh water)* tiene tiburones *(sharks)* y el Lago Titicaca, entre Bolivia y Perú, que es el lago navegable más alto del mundo. En los Andes está el Aconcagua, la montaña más alta del hemisferio. También hay erupción de volcanes y terremotos causados por una falla *(fault line)* que va de Centroamérica a Chile. Dos desastres que tuvieron eco en todo el mundo ocurrieron en 1985. El primero fue un terremoto que destruyó parte del centro y suroeste de México, y en el que murieron unas 25.000 personas. El segundo fue la erupción de un volcán en Colombia que destruyó un pueblo de más de 20.000 habitantes.

Actividad 22: ¿Dónde naciste tú?

En parejas, descríbanle a su compañero/a la geografía de la zona donde nacieron.

Actividad 23: La publicidad

En grupos de tres, preparen un anuncio para la radio hispanoamericana para atraer más turismo a una zona de los Estados Unidos. Después, preséntenle los anuncios a la clase. Escojan una zona de la lista siguiente.

el suroeste, el noroeste, el noreste, la zona central *(Midwest)*, el sur, la Florida, Alaska, Hawai

El Dorado

Artefacto incaico *(Incan)* de oro, del Museo del Banco Central, Quito, Ecuador.

sin embargo	however, nevertheless
verdadero/a	real, true
hoy (en) día	today; nowadays

Mientras Carlitos está en el hospital, tiene que seguir con sus estudios. Su padre encontró un profesor particular y él le manda a leer un cuento sobre El Dorado, una leyenda del tiempo de la conquista de América.

Actividad 24: Motivos

Antes de leer la leyenda, di por qué crees que vinieron los españoles a América y qué querían encontrar. Coméntalo con la clase.

El Dorado = gilded; covered with gold

Comparing

Describing habitual actions

¿Qué es El Dorado?

El Dorado

Cuando los españoles llegaron a América, oyeron hablar de El Dorado. Les preguntaban a los indígenas qué era El Dorado y ellos les decían que era el país legendario del hombre de oro,[1] el hombre más fabuloso del mundo. Como decían que allí había más oro que en ninguna otra parte del mundo, los españoles empezaron a buscar El Dorado desde México hasta el Río Amazonas, pasando por valles, montañas y ríos. Muchos perdieron la vida por el oro; sin embargo, nunca lo encontraron porque era sólo una leyenda.

Se cree que la leyenda de El Dorado comenzó porque desde muchos años antes de la llegada de los españoles el jefe de los indios chibchas (de la región que hoy en día es Colombia) se cubría el cuerpo de oro y se bañaba en las aguas de una laguna sagrada[2] para adorar al Sol.

Los españoles no encontraron El Dorado porque no existía, pero sí encontraron una tierra fértil y rica, Hispanoamérica, que era y sigue siendo hoy en día un verdadero El Dorado.

[1]gold [2]sacred

Actividad 25: El examen

Cuando el profesor volvió, le hizo unas preguntas a Carlitos. Después de leer la leyenda, ¿puedes tú contestar las preguntas?

1. ¿Cómo era El Dorado que buscaban los españoles?
2. ¿Encontraron El Dorado finalmente?
3. ¿Por qué crees que murieron muchas personas buscando El Dorado?
4. ¿Hay un El Dorado en tu vida? ¿Cuál es?
5. ¿Qué pasó en California en el año 1849?

Actividad 26: El Dorado de hoy día

En el pasado los hombres buscaban El Dorado y nosotros seguimos buscándolo hoy. ¿Qué busca la gente hoy día? ¿Cuál es "El Dorado" de hoy día?

¿LO SABÍAN?

Ponce de León, explorador español, vino a América en busca de la mítica Fuente de la Juventud, pero no la encontró. Sin embargo, descubrió la Florida y le dio este nombre porque llegó allí durante la Pascua Florida *(Easter)*. ¿Conoces otras leyendas como la de La Fuente de la Juventud?

Hacia la comunicación II

I. Describing: Comparisons of Inequality

1. To compare two people or two things, use the following formula:

más / **menos**	+	*noun/adjective/adverb*	+	**que**

Hablamos **más español que** ellos.	*We speak more Spanish than they do.*
Mis clases son **más difíciles que** tus clases.	*My classes are more difficult than your classes.*
Me acosté **más tarde que** tú.	*I went to bed later than you.*
Hoy tengo **menos clases que** ayer.	*Today I have fewer classes than yesterday.*
Carlos es **menos diligente que** su hermana.	*Carlos is less diligent than his sister.*

2. To indicate that there is more or less of a certain amount, use the following formula:

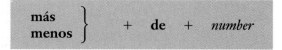

más / **menos**	+	**de**	+	*number*

Hay **más de veinte** lenguas indígenas en Guatemala.	*There are more than twenty native languages in Guatemala.*
Me costó **menos de 20.000** pesos.	*It cost me less than 20,000 pesos.*

3. Some adjectives have both a regular and an irregular comparative form, as well as a change in meaning in some cases.

Regular Comparisons		
bueno	**más bueno**	*better**
malo	**más malo**	*worse**
grande	**más grande**	*larger in size*
pequeño	**más pequeño**	*smaller in size; younger*

*NOTE: **Más bueno** and **más malo** usually refer to *goodness* or lack of it.

Irregular Comparisons		
bueno	**mejor**	*better*
malo	**peor**	*worse*
grande	**mayor**	*older; greater*
pequeño	**menor**	*younger; lesser*

Las playas del Caribe son **mejores que** las playas del Pacífico.	*The Caribbean beaches are better than the Pacific beaches.*
Pablo es **menor que** Juan.	*Pablo is younger than Juan.*
Pablo es **más bueno que** Juan.	*Pablo is kinder/a better person than Juan.*
Pablo es **mejor** estudiante **que** Juan.	*Pablo is a better student than Juan.*
Esta tortilla está **más buena que** la tortilla que preparó mi tía.	*This tortilla tastes better than the tortilla that my aunt prepared.*

II. Describing: The Superlative

1. When you want to compare three or more people or things, use the formula on page 338.

el/la/los/las *(noun)* **más** **el/la/los/las** *(noun)* **menos**	+	*adjective*

Toño es **el** (chico) **más optimista.**	*Toño is the most optimistic (young man).*
Raquel es **la mejor** (cantante) **del** conjunto.*	*Raquel is the best (singer) in the group.*

*NOTE:

a. In the superlative, *in* = **de: El fútbol es el deporte más popular *de* Suramérica.**

b. **Mejor** *(Best)* and **peor** *(worst)* usually precede the nouns they modify: **Lucía es mi *mejor* amiga. Luquillo es *la mejor* playa *de* Puerto Rico.**

2. As you saw in Chapter 6, the absolute superlative of an adjective *(very, extremely . . .)* can be expressed by attaching **-ísimo/a/os/as** to the adjective. When the adjective ends in a vowel, drop the final vowel and add **-ísimo: especial ⟶ especial*ísimo*, grande ⟶ grand*ísimo***

Necessary spelling changes occur when **c, g,** or **z** are present in the last syllable.

feliz ⟶ feli**c**<u>**ísimo**</u>	rico ⟶ ri**qu**<u>**ísimo**</u>
largo ⟶ lar**gu**<u>**ísimo**</u>	

Después de trabajar tanto, estamos **cansadísimas.**	*After working so much, we are very, very tired.*
El churrasco está **riquísimo.**	*The steak is delicious.*

NOTE: When **-ísimo** is added to an adjective that has a written accent, the accent in the adjective is dropped, for example: **fácil ⟶ facilísimo.**

Do mechanical drills, Workbook, Part II.

After studying the grammar explanation, answer these questions:
- How would you express **"En mi familia, el más pequeño es el más alto"** in English?
- What is another way of saying the same sentence in Spanish?

Actividad 27: Las vacaciones

En parejas, "A" cubre la Columna B y "B" cubre la Columna A. Ustedes deben decidir adónde quieren ir de vacaciones. Con su compañero/a, describan y comparen diferentes características de los lugares para decidir cuál de los dos lugares les parece mejor.

✷ A: El Hotel Casa de Campo tiene tres canchas de tenis.
B: Pues el Hotel El Caribe tiene seis canchas.
A: Entonces el Hotel Caribe tiene más canchas de tenis que el Hotel Casa de Campo.

A	B
La Romana, República Dominicana	Cartagena, Colombia
Hotel Casa de Campo*****	Hotel El Caribe****
Una semana	Una semana
Media pensión	Pensión completa
Temperatura promedio 30°C	Temperatura promedio 27°C
Increíble playa privada	Playas fabulosas
Tres canchas de tenis	Seis canchas de tenis
Golf, windsurfing	Golf, pesca, esquí acuático
Discoteca	Casino
$2.199 por persona en habitación doble	$2.599 por persona en habitación doble

Actividad 28: Los extremos

En grupos de tres, comparen estas dos partes de México. Después, individualmente, escriban un párrafo comparando las dos fotos.

(Abajo) La Zona Rosa, Ciudad de México. (Derecha) Cuernavaca, México.

¿LO SABÍAN?

En español hay muchos dichos que son comparaciones. Es común oír expresiones como "Es más viejo que (la moda de) andar a pie", "Es más viejo que Matusalén", "Es más largo que una cuaresma *(Lent)*" o "Es más largo que una semana sin carne". Para hablar de la mala suerte se dice: "Es más negra que una noche". ¿Puedes inventar otras comparaciones?

Actividad 29: Comparaciones

Comparen estas personas, lugares o cosas. Usen el comparativo si hay dos cosas y el superlativo si hay tres.

✱ un disco compacto y un cassette — Un disco compacto es más caro que un cassette.

Nueva York, Chicago y Austin — Nueva York es la (ciudad) más grande de las tres.

1. el lago Superior, el lago Michigan y el lago Erie
2. Roseanne Arnold y Sinead O'Conner
3. Alaska, California y Panamá
4. un Mercedes Benz y un Volkswagen
5. el Nilo, el Amazonas y el Misisipí
6. Dan Quayle y Macaulay Culkan
7. El Salvador, Colombia y México
8. las Cataratas del Iguazú y las del Niágara

Actividad 30: El mejor o el peor

Uds. quieren comprar un perro. En grupos de tres, miren las fotos y decidan cuál de estos perros van a comprar y por qué. Usen frases como **Chuchito es más bonito que Toby. Toby es el más inteligente de todos. Rufi es la mejor porque . . .** (etc.)

Rufi (hembra), 8 semanas

Toby (macho), 6 meses

Chuchito (macho), 6 meses

Actividad 31: El Óscar

En grupos de tres, hagan una lista de las mejores películas de este año y hagan nominaciones para estas categorías: **película dramática, película cómica, actor** y **actriz.** Digan por qué cada una de sus nominaciones es mejor que las otras y por qué debe ganar. Después, hagan una votación *(vote).*

Vocabulario funcional

INSTRUMENTOS MUSICALES

Ver página 318.

VOCABULARIO RELACIONADO CON LA MÚSICA

la banda	*band*
el conjunto	*group (as in rock group)*
la orquesta sinfónica	*symphony orchestra*

LA COMIDA

Ver página 321.

VOCABULARIO DE RESTAURANTE

las bebidas	*drinks*
La cuenta, por favor.	*The check, please.*
¿Cómo está el/la . . . ?	*How is the . . . ?*
Me gustaría el/la . . .	*I would like . . .*
el menú/la carta	*menu*
la sopa	*soup*
la torta	*cake*

EXPRESIONES USADAS CON EL IMPERFECTO

Ver página 324.

MÁS VERBOS

continuar	*to continue*
cubrir	*to cover*
romper	*to break*

LA GEOGRAFÍA

Ver página 332.

LOS PUNTOS CARDINALES

el este	*east*
el norte	*north*
el oeste	*west*
el sur	*south*

PALABRAS Y EXPRESIONES ÚTILES

¿Algo más?	*Something/Anything else?*
cursi	*overly cute; tacky, in bad taste*
hoy (en) día	*today; nowadays*
¡Qué chévere!	*Great! (Caribbean expression)*
ni . . . ni	*neither . . . nor*
sin embargo	*however, nevertheless*
verdadero/a	*real, true*

CAPÍTULO

13

El Carnaval Miami, en la Calle Ocho de la Pequeña Habana. Actualmente es el festival hispano más grande de los Estados Unidos.

Chapter Objectives

- Discussing travel plans
- Expressing preferences about jewelry
- Talking about past experiences in relation to the present
- Expressing feelings about the past
- Talking about unintentional occurrences
- Giving directions and commands
- Making comparisons

La oferta de trabajo

ya que	since
¿De acuerdo?	O.K.?, Agreed?
sacar de un apuro (a alguien)	to get (someone) out of a jam

Don Alejandro ya regresó de Colombia y quiere hablar con Juan Carlos y con Álvaro para ofrecerles un trabajo.

Actividad 1: ¿Qué oferta?

Mientras escuchas la conversación, indentifica cuál es la oferta que hace don Alejandro y si los muchachos la aceptan.

Expressing a hope

Semana Santa = Holy Week

JUAN CARLOS	Buenos días, don Alejandro.
ALEJANDRO	¡Entren, entren muchachos! Buenos días. Encantado de verlos.
ÁLVARO	Igualmente, don Alejandro. ¿Cómo está?
ALEJANDRO	Bien, pero muy ocupado. Los invité a la oficina porque quiero hablarles sobre un posible trabajo y espero que todavía no hayan planeado sus vacaciones de Semana Santa.

Talking about the recent past

Stating unintentional occurrences

Inviting someone

JUAN CARLOS Yo no tengo ningún plan en particular. ¿Y tú, Álvaro?
ÁLVARO No, yo tampoco. ¿De qué se trata?
ALEJANDRO Pues necesito ayuda con un grupo de cuarenta turistas que va a viajar por América. He contratado a un guía, pero necesito a alguien más. Teresa me mencionó que Uds. tenían alguna experiencia de ese tipo. ¿Pueden darme más detalles?
JUAN CARLOS Yo fui guía turístico en Machu Picchu.
ÁLVARO Y yo he acompañado a algunos grupos de estudiantes a las Islas Canarias.
ALEJANDRO Bueno, me parece experiencia suficiente, ya que no van a tener Uds. toda la responsabilidad. El trabajo consiste en llevar al grupo de los aeropuertos a los hoteles, ir en las excursiones y ayudar al guía a resolver problemas. El tour va a los Estados Unidos, México, Guatemala y Venezuela. ¿Les interesa?
ÁLVARO ¡Me parece buenísimo! ¿Y a ti, Juan Carlos?
JUAN CARLOS Me encanta la idea.
ALEJANDRO Entonces . . . ah, casi se me olvida decirles algo importante. El viaje es gratis para Uds., por supuesto, y también reciben un pequeño sueldo. Mi secretaria puede darles más detalles. Luego podemos reunirnos la próxima semana para hablar con más calma. ¿De acuerdo?
JUAN CARLOS Cómo no, don Alejandro, y gracias por la oferta.
ALEJANDRO ¡Uds. son los que me sacan de un apuro! Fue un placer verlos.
ÁLVARO Adiós, don Alejandro. Gracias nuevamente.
JUAN CARLOS Hasta luego, don Alejandro.

ÁLVARO ¡Vamos a América! No lo puedo creer.
JUAN CARLOS Vamos a hablar con la secretaria y luego te invito a tomar una cerveza para celebrarlo.

Actividad 2: En el bar

Después de escuchar la conversación otra vez, contesta estas preguntas.

1. ¿Cuándo es el viaje?
2. ¿Qué experiencia tienen los dos jóvenes?
3. ¿Sabes dónde están las Islas Canarias? ¿A qué país pertenecen?
4. ¿A cuántos países va a ir el grupo? ¿Cuáles son?
5. ¿Has viajado alguna vez en un tour organizado? ¿Adónde, con quiénes y en qué año?

El Teide (3716 metros), un volcán en la isla de Tenerife, Islas Canarias, España.

¿LO SABÍAN?

Las Islas Canarias, provincias españolas, son siete islas volcánicas que están en el Océano Atlántico, cerca de África. Son una meca para el turismo por su belleza natural. En las islas hay una gran variedad de paisajes: unas playas doradas y otras negras por la lava de los volcanes, montañas con valles fértiles de vegetación tropical y hasta desiertos con camellos. En las ciudades de Santa Cruz de Tenerife y Las Palmas de Gran Canaria el turista tiene la oportunidad de gastar sus dólares, francos o marcos en las numerosas tiendas libres de impuestos.

Actividad 3: Ya que . . .

Forma oraciones escogiendo frases apropiadas de cada columna.

no tiene que pagar		quiere ir a la universidad
ahora puede salir		le dieron el trabajo
necesita dinero		no sale con su novia
tiene que celebrar		él lo confesó
la policía lo sabe	ya que	terminó la composición
le gustaría hacer un viaje		es gratis *(free)*
está contento		es padre
		no tiene gripe

Lo esencial I

El viaje

Itinerario e instrucciones especiales para Juan Carlos y Álvaro:

PRIMER DÍA ---

10:45 Llegada a Miami del vuelo charter 726 de Iberia
Traslado del aeropuerto al hotel en autobús
($10,00 de propina para el chofer)

13:00 Almuerzo en el hotel

Tarde libre para ir a la playa

Explíquenle al grupo que en los Estados Unidos no es como en España donde la propina está incluida en el precio, o se deja muy poco. Hay que dar un 15% a los camareros en los restaurantes y a los taxistas. A los botones en los hoteles, como en España, se les da $1 por cada maleta. A los guías y al chofer de autobús los pasajeros no tienen que darles nada; Traveltur les da propinas.

El/La guía is a person who guides; **la guía** is a book that guides.

La entrada = admission ticket; **el billete** (Spain)/**el boleto** (Hispanic America) = ticket for transport; **el ticket/tiquete** = ticket stub.

SEGUNDO DÍA --

9:00 Tour por la ciudad en autobús con guía turístico
($25,00 propina para el guía)
Visita a Vizcaya (museo y jardines), el Seaquarium y el Metro Zoo
Entradas incluidas en el tour de la ciudad

Almuerzo libre
Sugerencias: el comedor del hotel; también hay muchas cafeterías cerca del hotel

Tarde: Excursión opcional a los Everglades
Precio: $15,00

Cena libre
Sugerencias: Joe's Stone Crab (mariscos), Los Ranchos (nicaragüense), Versailles (cubano), La Carreta (cubano), Monserrate (colombiano)

TERCER DÍA ---

Traslado del hotel al aeropuerto en autobús
($10,00 de propina para el chofer)
Tiempo para ir de compras en el aeropuerto
Los impuestos de los aeropuertos están incluidos en el precio del tour

13:00 Salida del vuelo 356 de Aeroméxico para México
Almuerzo a bordo

Actividad 4: Las responsabilidades

En grupos de tres, contesten las siguientes preguntas según el itinerario y la primera conversación del capítulo.

1. ¿Cuáles son tres cosas que Juan Carlos y Álvaro tienen que explicarle al grupo?
2. ¿A quiénes les tienen que dar ellos propina? ¿A quiénes les tienen que dar propina los pasajeros?
3. ¿Cómo van a ir del aeropuerto al hotel y viceversa?
4. Ya que Álvaro y Juan Carlos tienen que ir en todas las excursiones, ¿qué cosas van a ver ellos?

Actividad 5: Decidan

En parejas, "A" quiere ir a México y "B" quiere visitar las islas del Caribe para pasar las vacaciones. Miren estos dos itinerarios de viaje y después cada persona intenta convencer a su compañero/a de que debe ir al lugar que él/ella prefiere.

ESTE ITINERARIO INCLUYE:

VISITAS	Incluidas en el itinerario.

- Billete de avión de línea regular.
- Traslados aeropuerto-hotel y viceversa.
- Estancia en régimen de alojamiento.
- Seguro turístico.
- Bolsa de viaje.

Noches	CIUDAD	HOTEL
4	MEXICO D. F.	CROWNE PLAZA
2	GUADALAJARA	FIESTA AMERICANA
3	MANZANILLO	LAS HADAS

ITINERARIO DEL CRUCERO:

FECHA	PUERTO DE ESCALA	LLEGADA	SALIDA
Día 1.° (Sáb.)	SAN JUAN P. RICO .... (Embarque 16.00 h.)	—	24.00
Día 2.° (Dom.)	Navegación	—	—
Día 3.° (Lun.)	CURAÇAO (Ant. Holandesas)....	10.00	20.00
Día 4.° (Mar.)	LA GUAYRA (Venezuela)	08.00	16.00
Día 5.° (Mié.)	GRANADA	12.30	18.00
Día 6.° (Jue.)	MARTINICA (Ant. Francesas)..	07.00	12.00
Día 7.° (Vie.)	ST. TOMAS (I. Vírgenes)	09.00	24.00
Día 8.° (Sáb.)	SAN JUAN P. RICO	08.00	—

Hacia la comunicación I

Acabar de + *infinitive* is another way to express the recent past: **Acabo de comprar una entrada.**

Review past participles, Ch. 11 and 12.

I. Speaking About Past Experiences: The Present Perfect

In Spanish, the perfect tenses are formed with the auxiliary verb **haber** and a past participle. One of these tenses is the present perfect, which is primarily used in Spain. The present perfect is used to express a recent past action or an action that occurs in the past but is related to the present in some way. It is formed as shown on page 348.

haber (present)			
he	hemos	+	*past participle*
has	habéis		
ha	han		

—¿**Han ido** Uds. a Suramérica alguna vez? — *Have you (ever) gone to South America?*

—No, nunca **hemos ido** a Suramérica. — *No, we have never gone to South America.*

Review the subjunctive, Ch. 8 and 9.

II. Expressing Feelings About the Past: *Haya* + Past Participle

The present perfect subjunctive is used to express doubt, emotion, etc., in the present about something that may have happened in the past. This tense is formed as follows:

que + *present subjunctive of* **haber** + *past participle*

haber (present subjunctive)			
que **haya**	que **hayamos**	+	*past participle*
que **hayas**	que **hayáis**		
que **haya**	que **hayan**		

Dudamos que **hayan ido** de viaje. — *We doubt that they have gone on a trip.*

¿Crees que **haya comido** ya? — *Do you think that he/she has eaten already?*

Busco una persona que **haya estado** en Perú. — *I'm looking for someone who has been to Peru.*

Compare:

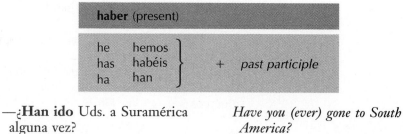

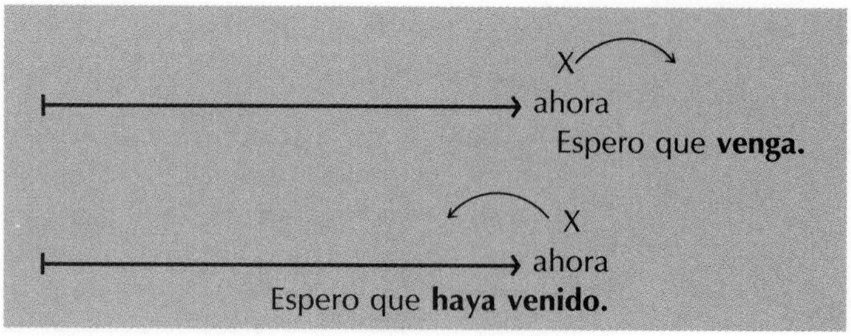

III. Talking About Unintentional Occurrences: *Se me olvidó* and Similar Constructions

1. To express accidental and unintentional actions or events, use the following construction with verbs like **caer, olvidar, perder, quemar,** and **romper**:

Remember: RID (Reflexive before Indirect; Indirect before Direct).

se me	**se nos**		
se te	**se os**	+	*verb*
se le	**se les**		

Se me olvidó llamarte ayer. — *I forgot to call you yesterday (unintentionally).*

Se nos quemó la tortilla. — *We burned the tortilla (unintentionally).*

BUT: Quemamos la carta. — *We burned the letter (intentionally).*

2. To form this construction, remember:

a. The verb agrees with what is lost, dropped, etc.

Se me perd**ieron las entradas.** — *I lost the tickets.*

b. The person who accidentally does the action is represented by an indirect-object pronoun, which may be clarified or emphasized by a phrase with **a: a mí, a él,** etc.

Se **le** perdió la maleta (**a Juan**). — *He lost the suitcase.*
(A mí) siempre se **me** olvida traer los libros a clase. — *I always forget to bring my books to class.*
Se **le** rompieron las gafas **(a Jorge)**. — *Jorge's glasses broke.*

Do mechanical drills, Workbook, Part I.

NOTE: **Se** is a reflexive pronoun.

Actividad 6: De viaje

Haz una lista de lugares interesantes donde has estado. Después de escribirla, pregúntales a algunos de tus compañeros si han estado en esos lugares. Si contestan que sí, pregúntales cuándo fueron, cómo fueron, con quién, por cuánto tiempo estuvieron allí y qué hicieron.

✷ A: ¿Has estado en el parque de Yellowstone?

B: Sí, he estado.
A: ¿Cuándo fuiste?
B: Fui en el año 85. (etc.)

B: No, no he estado nunca.
A: ¿Te gustaría ir?
B: Sí/No . . .

En el año 85 = en 1985

Actividad 7: El Club Med

El Club Med de Punta Cana, República Dominicana, está entrevistando gente para el puesto *(position)* de director de actividades. Ésta es la persona que entretiene a todos los huéspedes *(guests)* durante una semana, organizando bailes, competencias deportivas, etc. En parejas, escojan el Papel A o B y sigan las instrucciones para su papel.

PAPEL A

Trabajas para el Club Med y vas a entrevistar a una persona para el puesto de director de actividades. La persona que buscas debe haber hecho las siguientes cosas: trabajar para el Club Med antes, tener experiencia con adultos o con niños y con primeros auxilios *(first aid)*. Buscas una persona que sea enérgica. Haz preguntas como la siguiente: ¿Has trabajado para el Club Med antes?

PAPEL B

Estás en una entrevista para el puesto de director de actividades del Club Med y estás muy cansado/a porque ayer te acostaste muy tarde. Ésta es la información sobre ti que puede ayudarte a conseguir este trabajo: fuiste huésped en el Club hace dos años, tienes cuatro hermanos pequeños y enseñas educación física en una escuela.

Actividad 8: Las experiencias

Pregúntales a un mínimo de cuatro compañeros si han hecho las cosas de la lista que sigue. Si contestan que sí, pregúntales cuándo, cuántas veces, con quién, si les gustó, etc. Si contestan que no, pregúntales si les gustaría hacerlas algún día.

✷ A: ¿Has piloteado un avión?
B: No, nunca.
A: ¿Te gustaría hacerlo?
B: ¡Qué va! No estoy loco/a. / Sí, me gustaría porque . . .

1. ganar algo en la lotería
2. nadar en el Caribe
3. ver un OVNI (objeto volador no identificado = *UFO*)
4. hacer un viaje por barco
5. jugar en un campeonato de basquetbol
6. escribir un poema
7. visitar un país donde se habla español
8. estudiar francés

Después de hacer la primera parte de la actividad, tu profesor/a va a hacerte algunas preguntas.

✷ ¿Hay alguien en la clase que haya ganado la lotería?

No, no hay nadie que haya ganado la lotería.

Sí, Jim ganó la lotería el año pasado.

Actividad 9: No te preocupes

En parejas, tú y tu esposo/a se van de viaje con sus siete hijos a la playa de Puerto Vallarta, México. "A" preparó una lista de cosas que cada persona de la familia tenía que hacer y ahora quiere comprobar si hicieron las cosas. "B" sabe qué hicieron todos y qué no hicieron. Miren sólo su papel.

✷ Juan: hacer la maleta
A: Espero que Juan haya hecho la maleta.
B: La hizo ayer. / Todavía no la ha hecho, pero va a hacerla hoy.

A

1. Pablo: comprar los pasajes
2. Pepe y Manuel: ir al banco
3. Victoria y Ángela: comprar las gafas de sol
4. Elisa: llevar el perro a la casa de su amiga
5. Guillermo y Manuel: obtener *(obtain)* sus pasaportes
6. Tu esposo/a: poner el Pepto-Bismol en la maleta
7. Victoria: hacer la reserva del hotel
8. Todos: poner los trajes de baño en la maleta

B

Tú sabes que tus hijos y tú han hecho las cosas que tenían que hacer, pero que tus hijas no.

La playa en Puerto Vallarta, México.

Actividad 10: Una llamada urgente

En parejas, Uds. son hermanos y acaban de volver a casa. Vieron que había un mensaje en el contestador automático diciendo que sus padres están en el hospital y que Uds. deben ir allí. Reaccionen a esta llamada usando frases como **Dudo que hayan . . . , Es posible que . . . , No creo que . . . ,** etc.

✷ Es posible que hayan tenido un accidente.

Actividad 11: La mala suerte

En grupos de cuatro, diles a tus compañeros si alguna vez al hacer un viaje has tenido uno de los siguientes problemas inesperados *(unexpected)*. Da detalles.

✷ Una vez se me olvidó el pasaporte en el avión . . .

1. perder la maleta
2. acabar el dinero
3. olvidar cosas en un hotel
4. romper algo en una tienda
5. perder las tarjetas de crédito
6. abrir el Pepto-Bismol en la maleta

Actividad 12: Dichos

En español hay muchos dichos que tienen la construcción **se me, se te,** etc. Unos muy populares son los siguientes:

Se le hace agua la boca.
Se le fue la lengua.
Se le hizo tarde.
Se le acabó la paciencia.
Se le fue el alma *(soul)* a los pies.
Se le cae la baba *(drool)*.

En parejas, adivinen el significado de cada dicho y digan qué dichos se pueden usar en las siguientes situaciones.

1. Tenía que ir a la biblioteca por un libro; iba a ir a las siete, pero llegué a las ocho y ya estaba cerrada. ______________________
2. El niño no debía decir nada a nadie, pero le dijo a su abuela que sus padres tenían problemas económicos. ______________________
3. Miguel está muy enamorado de Marcela y tiene ganas de salir con ella. ______________________
4. El domingo pasado mi padre hizo un pan buenísimo. UMMMM . . . ______________________
5. Al final, el camarero se enfadó con los clientes y les tiró toda la comida encima. ______________________
6. Raquel tuvo un accidente y su madre recibió una llamada del hospital. ______________________

Nuevos horizontes

Estrategia de lectura: *Linking Words*

In a text, phrases and sentences are linked with connectors, or linking words, to provide a smooth transition from one idea to another. Linking words establish relationships between parts of a text. For example, in the sentence *My house is more beautiful than yours*, the word *more* expresses a comparison. In the sentence *I went to the movies and then I had dinner*, sequence is established by the words *and then*. The following list contains common Spanish linking words.

Function	Linking Words
Adding	**y, también, así como (también), aparte de** *(apart from)*, **asimismo** *(likewise)*, **a la vez** *(at the same time)*
Contrasting and Comparing	**a diferencia de, pero, sin embargo, por otro lado** *(on the other hand)*, **a pesar de que** *(in spite of)*, **sino también** *(but also)*, **aunque** *(although)*, **más/menos . . . que, diferente de, al igual que** *(just like)*, **como**
Exemplifying	**por ejemplo**
Generalizing	**en general, generalmente**
Showing Results	**por lo tanto** *(therefore)*, **por eso, como consecuencia/resultado, entonces**
Showing Sequence	**primero, después/luego, finalmente**

Actividad 13: Preguntas

Contesta estas preguntas antes de leer el texto.

1. ¿Quiénes fueron los primeros inmigrantes que llegaron a los Estados Unidos?
2. ¿Por qué vinieron?
3. ¿Dónde hay inmigrantes hispanos en los Estados Unidos?
4. ¿Piensas que la cultura hispana es heterogénea u homogénea?
5. ¿Piensas que los inmigrantes que vienen a los Estados Unidos pierden sus costumbres en las sucesivas generaciones?

Actividad 14: Ideas principales

Lee el texto que está a continuación y busca la idea principal de cada párrafo y los detalles que la apoyan.

En busca de un nuevo mercado

La población de los Estados Unidos está formada en su gran mayoría por inmigrantes o descendientes de inmigrantes que han venido no sólo de Europa, sino también de muchas otras partes del mundo. Los hispanos forman parte de estos inmigrantes; hay más de 22 millones de hispanos en el país y se predice que para el año 2015 esta población va a exceder los 40 millones de habitantes, sobrepasando a los negros como la minoría más grande del país. Muchas compañías comerciales están investigando e invirtiendo en este creciente mercado hispano.

A diferencia de los norteamericanos, los hispanos gastan una mayor parte de su sueldo en productos para el hogar, a pesar de tener un sueldo promedio menor. Y aunque la mayoría de los inmigrantes hispanos va asimilándose al idioma inglés y a la cultura estadounidense a través de las generaciones, conserva a la vez su idioma y su identidad hispana. Muchos de ellos (mexicanos, puertorriqueños, cubanos y centroamericanos) viven relativamente cerca de sus países de origen y esto les permite estar en contacto con sus familias, sus amigos y su cultura. Los hispanos también mantienen contacto con su lengua y con su cultura a través de las cadenas hispanas de televisión de los Estados Unidos y de muchos periódicos y revistas.

Basadas en sus investigaciones, las compañías comerciales hacen dos tipos de propaganda para los hispanos. Por un lado, hay propaganda dirigida a la

Roberto Goizueta, cubano, presidente de Coca-Cola. ¿Conoces a algún hispano que ocupe una posición importante en tu estado o en el país?

comunidad hispana en general y por otro lado, debido a las diferencias entre hispanos de diferentes países, hay propaganda dirigida hacia grupos en particular. Por ejemplo, una propaganda de la cerveza Coors basada en un rodeo puede ser muy popular entre los mexicanos de Los Ángeles, San Antonio y Houston, pero no entre otros grupos de hispanos. Asimismo, la compañía Goya Foods presenta una propaganda de frijoles rojos para la comunidad puertorriqueña de Nueva York y otra de frijoles negros para la comunidad cubana de Miami.

130 mil millones = 130 billion

El creciente poder adquisitivo de la población hispana en los Estados Unidos, más de 130 mil millones de dólares, ha hecho que el mundo de los negocios tome conciencia de la importancia de este mercado. Las compañías comerciales, con la ayuda de expertos norteamericanos e hispanos, empiezan a comprender que la cultura hispana se basa en una multitud de culturas diferentes, que tienen puntos en común, pero que también tienen características y sutilezas propias.

Actividad 15: Conecta

Después de leer el texto, contesta estas preguntas sobre las palabras que conectan *(linking words)*. Consulta el texto.

1. ¿Qué ideas contrasta **sino también** en la línea 3?
2. ¿Qué grupos contrasta **a diferencia de** en la línea 9?
3. ¿Qué añade **a la vez** en la línea 13?
4. ¿Qué compara **por otro lado** en la línea 21?
5. ¿Qué ejemplifica **por ejemplo** en la línea 23?

Actividad 16: ¿Qué sabes?

Di qué sabes sobre los siguientes temas.

1. La diferencia entre la inmigración europea e hispana
2. Los factores que motivan a las compañías norteamericanas a invertir en el mercado hispano
3. Algunos aspectos de la vida diaria en que notas influencia hispana
4. Algunos lugares de los Estados Unidos que tengan nombres hispanos y qué significan

Estrategia de escritura: *Comparing and Contrasting*

To compare or contrast two ideas is to present their similarities and differences. This may be done by presenting one idea and then the other or by presenting the similarities of both ideas followed by the differences. Look at the text on the Hispanic market and tell which of the two approaches is used by the author.

Uno, Dos y Tres,
¡Qué Pollo Más Chévere...
El de Kentucky es!
El sabor único de la Receta Original de Kentucky Fried Chicken, en sus deliciosas variedades, harán de su fiesta un verdadero placer. Cámbiese ahora al gran sabor y ... ¡ahorre!
Kentucky Fried Chicken

Actividad 17: La inmigración

En grupos de cuatro, comparen el mercado consumidor norteamericano y el mercado hispano en los Estados Unidos. Después, individualmente, escribe un párrafo presentando las diferencias y semejanzas y utilizando una de las técnicas de comparación y contraste. Para unir tus ideas, recuerda el uso de las palabras que conectan.

Lo esencial II

I. Las joyas

Anillo = **sortija; aretes** = **pendientes** (Spain). **Pulsera** = **brazalete.**

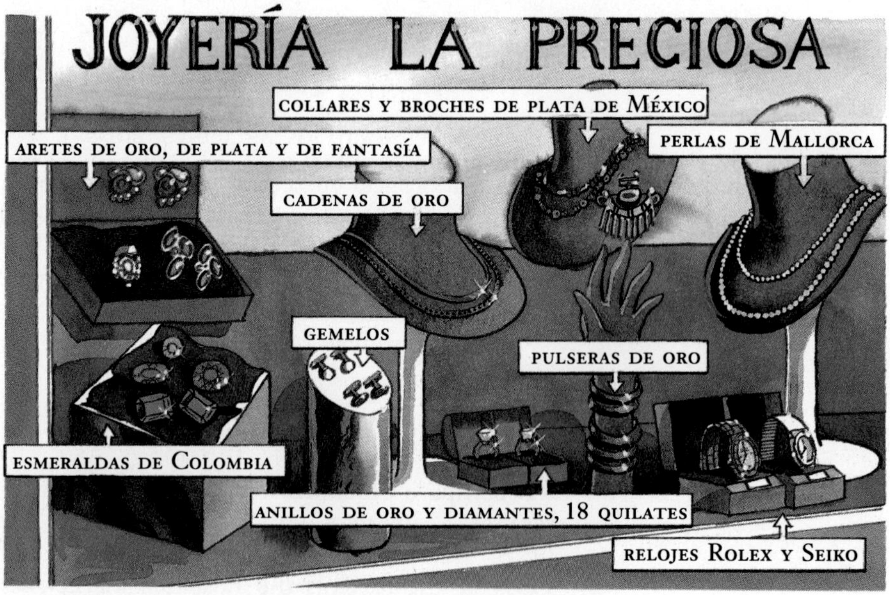
JOYERÍA LA PRECIOSA
COLLARES Y BROCHES DE PLATA DE MÉXICO
ARETES DE ORO, DE PLATA Y DE FANTASÍA
PERLAS DE MALLORCA
CADENAS DE ORO
GEMELOS
PULSERAS DE ORO
ESMERALDAS DE COLOMBIA
ANILLOS DE ORO Y DIAMANTES, 18 QUILATES
RELOJES ROLEX Y SEIKO

Actividad 18: Dos horizontal y cuatro vertical

En parejas, "A" cubre el Crucigrama *(Crossword puzzle)* B y "B" cubre el Crucigrama A. Para completar el crucigrama, Uds. tienen que darle pistas a la otra persona. "A" tiene las palabras verticales y "B" las horizontales. Altérnense haciendo preguntas.

✱ A: ¿Qué es la quince horizontal?
B: Es una joya verde de Colombia que se usa en anillos y aretes.
A: ¡Ah! Es una esmeralda.

Wrist = **muñeca;** neck = **cuello.**

CRUCIGRAMA A

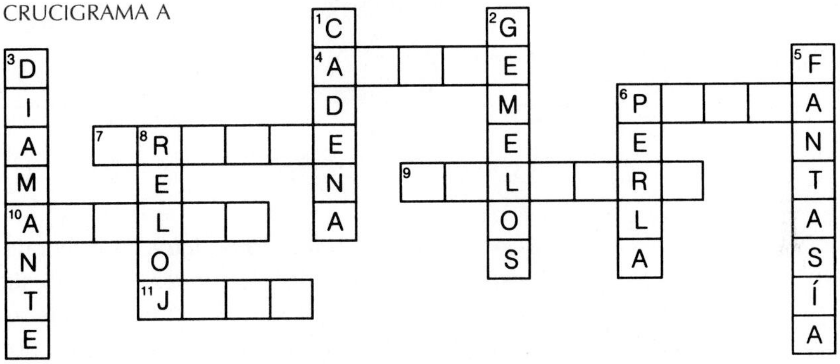

CRUCIGRAMA B

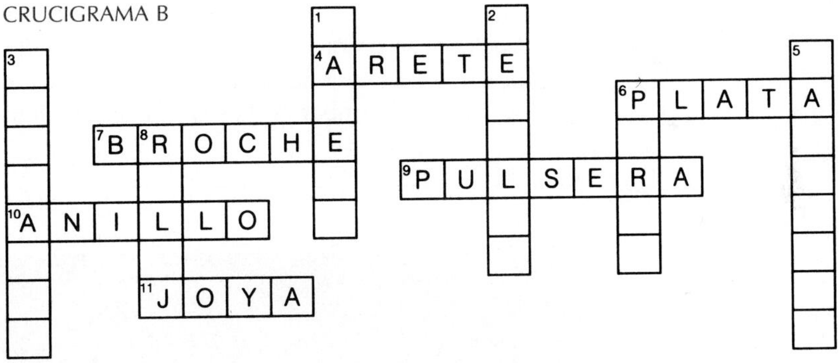

Actividad 19: Los regalos

En grupos de tres, una persona es el/la dependiente/a y las otras personas son hermanos que van a comprar algo en la Joyería La Preciosa para el aniversario de sus padres. Tienen tarjetas de crédito y dinero, pero una persona no quiere gastar mucho. Decidan con la ayuda del/de la dependiente/a qué van a comprar para sus padres.

✱ A: Buenos días. ¿Puedo ayudarles? / ¿En qué puedo servirles?
B: Buenos días. Quisiéramos comprar algo para el aniversario de nuestros padres. ¿Tiene alguna sugerencia?
A: . . .

¿Alguna vez te has comprado un reloj bañado en oro?

Considere
que tendrá que mirarlo
varias veces al día.
Christian Duvenet
SWISS MADE
Bañado en Oro de 18 quilates. Hecho a mano.

¿LO SABÍAN?

Colombia es el primer productor de esmeraldas del mundo y las exporta a todas partes. En Venezuela y en algunas regiones de Centroamérica se producen perlas verdaderas, que pueden ser de agua salada (de mar) o de agua dulce (de río). Si son de agua salada, son redondas, y si son de agua dulce, son de formas irregulares. Venezuela también produce diamantes. En la isla española de Mallorca se producen perlas cultivadas *(cultured),* que por su buen precio y su excelente calidad se venden en todo el mundo. Asimismo, se aprecia el ámbar de la República Dominicana.

Una mina de ámbar, República Dominicana.

II. Las direcciones

Ayer un detective pasó todo el día observando los movimientos de un sospechoso *(suspect)*. Mira el dibujo y lee el informe del detective.

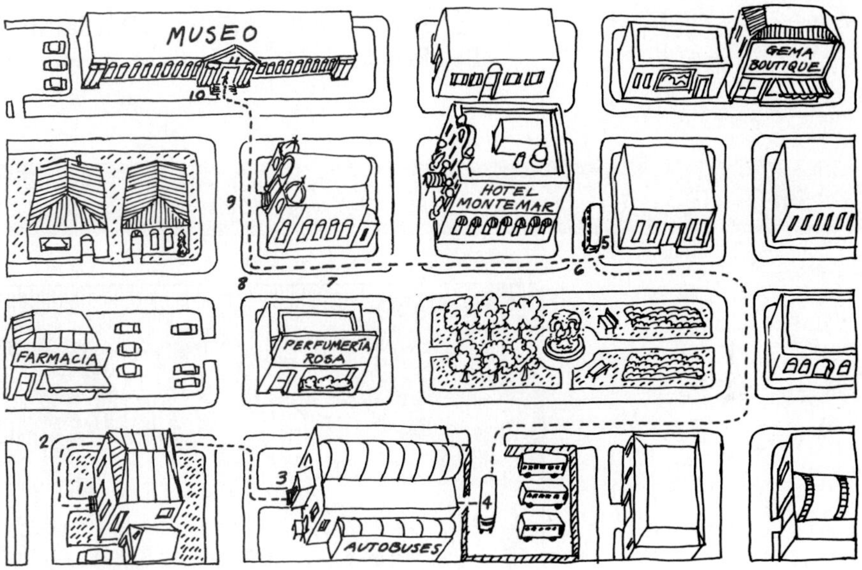

1. El criminal salió de su casa.
2. Caminó hasta **la esquina.**
3. En la esquina **dobló** a la derecha.
4. Caminó hasta la estación de autobuses.
5. **Tomó** el autobús.
6. **Bajó** del autobús.
7. **Cruzó** la calle.
8. **Siguió derecho** dos **cuadras.**
9. Dobló a la derecha en la esquina.
10. **Pasó por** la iglesia.
11. **Subió las escaleras.**
12. Entró en el museo.

Derecho = **recto**

Cuadra = **manzana** (Spain), **bloque** (Puerto Rico)

Actividad 20: ¿Adónde fue?

Ayer la Dra. Llanos, quien está en la excursión de Juan Carlos y Vicente, salió del hotel y fue a comprar un perfume, unos pantalones y unas tarjetas postales. Mira el mapa que usó el detective y di qué camino tomó la señora. Comienza así: **La Dra. Llanos salió del hotel y . . .**

Actividad 21: Las direcciones

En parejas, explíquenle a su compañero/a cómo se va al correo, al banco o a otro lugar desde su clase. Luego su compañero/a le explica cómo llegar a otro sitio.

✷ A: ¿Cómo se llega a . . . ? ¿Puedes decirme cómo llegar a . . . ?
B: Primero, sales de la clase, después bajas las escaleras y . . .

✷ Impresiones de Miami

así	like this/that
todo el mundo	everybody, everyone
volver a + *infinitive*	to do (something) again

Juan Carlos y Álvaro llegaron ayer a Miami con el grupo de turistas españoles y ahora regresan al hotel en el autobús después de hacer el tour de la ciudad.

Actividad 22: Cierto o falso

Mientras escuchas la conversación, indentifica si estas oraciones son ciertas **(C)** o falsas **(F).**

1. _____ A los turistas les sorprendió ver que Miami no fuera una ciudad típica de los Estados Unidos.
2. _____ La Dra. Llanos estuvo en Cuba.
3. _____ Los Estados Unidos están bien representados en las películas.
4. _____ El Sr. Ruiz y la Dra. Llanos no son muy buenos amigos.
5. _____ El Sr. Ruiz tiene que ir a la oficina de American Express mañana.

ÁLVARO	Esperamos que les haya gustado el tour de la ciudad. Para mí fue una verdadera sorpresa.
DRA. LLANOS	Es cierto. ¡Qué sorpresa encontrar una ciudad tan hispana en los Estados Unidos!
JUAN CARLOS	Y Miami no es la única; hay hispanos en el suroeste, en California, en Nueva York . . .
SR. RUIZ	¡Y la Calle Ocho! ¡Qué interesante! Todo el mundo hablando con acento caribeño. Al cerrar los ojos me parecía volver a estar en La Habana. ¿Sabían que yo estuve allí hace muchos años? Me fascina, sencillamente, ¡me fascina! Y . . .
ÁLVARO	¿Vieron qué interesante pasear por las calles y ver restaurantes de tantos países hispanos? Hay muchos centroamericanos, ¿no?
JUAN CARLOS	¡Cómo no! Y suramericanos también.
DRA. LLANOS	De veras, los Estados Unidos es un país increíble. No creo que haya otro país tan variado como éste, con tal mezcla de gentes y costumbres. Para nosotros es difícil comprender este pluralismo cultural.
ÁLVARO	Y qué distinta es la realidad del estereotipo que se ve en las películas. Pero los estereotipos son siempre así . . .
JUAN CARLOS	Bueno, ¡atención! Ya hemos llegado al hotel. Escuchen, por favor. Ahora hay un rato libre para el almuerzo, pero por favor, si quieren ir a los Everglades regresen a la una y media porque volvemos a salir a las dos.
SR. RUIZ	¡Virgen Santísima! ¡No encuentro mis cheques de viajero y los tenía en el bolsillo! ¿Ahora qué voy a hacer?
ÁLVARO	Pero, los tiene Ud. en la mano, Sr. Ruiz.
DRA. LLANOS	¡Qué hombre, Dios mío, qué hombre!

Making comparisons

Giving a direct command

Expressing annoyance

Actividad 23: ¿Comprendiste?

Después de escuchar la conversación otra vez, contesta las siguientes preguntas.

1. Según Juan Carlos, ¿en qué parte de los Estados Unidos hay muchos hispanos?
2. Según el Sr. Ruiz, ¿a qué ciudad se parece Miami y por qué?
3. Menciona dos cosas que le sorprendieron a la Dra. Llanos.
4. Álvaro menciona los estereotipos que se ven en las películas. ¿Cuáles son? ¿Cómo es el estereotipo del hispano? ¿Y del norteamericano? ¿Qué piensas de los estereotipos en general?

Actividad 24: Volver a empezar

Di las cosas que tienes que volver a hacer, completando estas frases.

✷ Si no entiendo las instrucciones, tengo que volver a leerlas.

1. Si no sale bien la comida, . . .
2. Si estás contando dinero y te interrumpen, . . .
3. Si el teléfono está ocupado, . . .
4. Si el profesor no está en su oficina, . . .
5. Si te devuelven una carta por no tener estampillas, . . .

✷ Hacia la comunicación II

I. Describing: Comparisons of Equality

When you want to compare things that are equal, you can apply the following formulas:

tan + *adjective/adverb* + **como**

Mi hermano es **tan** alto **como** mi mamá.	*My brother is **as** tall **as** my mother.*
Llegaste **tan** tarde **como** tus hermanos.	*You arrived **as** late **as** your brothers.*

NOTE: When used without **como, tan** means *so:* **El artículo es *tan* informativo que les di una copia a todos mis amigos.**

tanto/a/os/as + *noun* + **como**

Tienes **tanto** trabajo **como** yo.	*You have **as much** work **as** I do.*
Hay **tantas** mujeres **como** hombres en el tour.	*There are **as many** women **as** men in the tour group.*

II. Making Requests and Giving Commands: Commands with *Usted* and *Ustedes*

Before studying the grammar explanation, answer the following question based on the conversation:

- In the paragraph that begins, **"Bueno, ¡atención! . . ."**, which two verbs are used to give instructions?

1. To make a request or to give a command **(Ud., Uds.),** use the corresponding present subjunctive verb forms.

¡Hable (Ud.)!* / **¡Hablen (Uds.)!**	*Speak!*
¡No **lleguen** tarde al concierto, por favor!	*Don't come late to the concert, please!*

*NOTE: Subject pronouns are seldom used with requests and commands, but if they are, they follow the verb.

2. When reflexive or object pronouns are used with commands, follow these rules:

a. When the command is affirmative, the pronouns are attached to the end of the verb.

¡Levánte**se** temprano!	*Get up early!*
¡Dígan**selo** a él!	*Tell it to him!*

Remember to use accents.

b. When the command is negative, the pronouns immediately precede the verb.

¡**No se** levante tarde!	*Don't get up late!*
¡**No se lo** digan a él, por favor!	*Please, don't tell it to him!*

Do mechanical drills, Workbook, Part II.

Actividad 25: Tan . . . como . . .

Forma oraciones usando dos personas o cosas de esta lista. Usa la frase **tan . . . como . . . .** Usa la imaginación; las oraciones pueden ser absurdas.

✷ Dan Quayle es tan guapo como Freddy Krueger.

Katarina Witt
una playa
un elefante
una pelota
una guitarra
una motocicleta
Madonna
Dan Quayle
Freddy Krueger
Jesse Jackson
Julia Roberts
Michelle Pfeiffer
Bart Simpson
Barbara Walters
un perro
un cerdo
Arnold Schwarzenegger
una computadora
Michael Jordan

Actividad 26: Las comparaciones

En parejas, comparen a Adela y Consuelo, dos buenas amigas que tienen muchas cosas en común. "A" cubre la Columna B y "B" cubre la Columna A. Altérnense dando información.

✷ A: Adela tiene 28 años. ¿Y Consuelo?
B: 29. Entonces Adela es menor que Consuelo. / Entonces Consuelo es mayor que Adela.

1,70 = 1 meter 70 centimeters

A	B
Adela	Consuelo
mide: 1,70 (uno setenta)	mide: 1,65 (uno sesenta y cinco)
pesa: 59 kilos	pesa: 59 kilos
bonita	bonita
jugar bien al tenis	jugar bien al tenis
tener dos carros	tener dos carros
tener $10.000 en el banco	tener $1.000 en el banco

Actividad 27: ¿Quién dice qué?

En parejas, decidan en qué situaciones se dicen estas frases.

1. No hable en voz alta.
2. No tiren papeles.
3. No fumen.
4. No toque.
5. Abróchense el cinturón de seguridad.
6. Llame a la policía.
7. Compre camisas . . .

Actividad 28: Sigan las instrucciones

Escuchen las instrucciones y hagan las acciones de los siguientes gestos *(gestures)* hispanos.

Para indicar que una persona es tacaña *(stingy):*

1. Levántense.
2. Doblen el brazo derecho con la mano hacia arriba.
3. Cierren la mano derecha.
4. Abran la mano izquierda.
5. Pongan la mano izquierda debajo del codo derecho.
6. Con la palma de la mano izquierda, tóquense el codo varias veces.

Para indicar "no, no, no":

1. Levanten la mano derecha y pónganla enfrente del cuerpo con la palma de la mano hacia enfrente.
2. Cierren la mano.
3. Saquen el dedo índice hacia arriba.
4. Muevan la mano de izquierda a derecha como un limpiaparabrisas.

¿LO SABÍAN?

Otros gestos comunes en los países hispanos son los siguientes:

1. Poner el dedo índice debajo del ojo y tirar hacia abajo para indicar que se debe tener cuidado.
2. Cerrar la mano y levantar el dedo meñique *(little finger)* para significar que una persona es delgada.
3. Con la palma de la mano hacia arriba, cerrar la mano hasta que la punta de los cinco dedos se toquen para significar que hay muchas personas.

Actividad 29: Los asistentes de vuelo

VIASA is the largest Venezuelan airline.

Eres asistente de vuelo de la aerolínea VIASA y vas a demostrar las instrucciones de seguridad en un avión. Lee individualmente las instrucciones que hay a continuación (página 366). No vas a entender todas las palabras, pero no importa. Intenta comprender las ideas principales. Después, escucha a tu profesor/a y demuestra las acciones para los pasajeros.

Buenos días y bienvenidos a bordo. Ahora unas medidas de seguridad. Abróchense el cinturón de seguridad. Mantengan el respaldo del asiento en posición vertical, la mesa en la posición inicial y pongan su equipaje de mano completamente debajo del asiento de enfrente o en uno de los compartimientos de arriba. Por favor, obedezcan el aviso de no fumar. En el respaldo del asiento, enfrente de Uds., hay una tarjeta con información. Esta tarjeta les indica su salida de emergencia más cercana. Tomen unos minutos para leerla. En este avión hay dos puertas en cada extremo de la cabina y dos salidas sobre las alas. En caso de que sea necesario, el cojín del asiento puede usarse como flotador: pasen los brazos por los tirantes que están debajo del cojín. Si hay un cambio brusco de presión en la cabina, los compartimientos que contienen las máscaras de oxígeno se abren automáticamente. Entonces, apaguen los cigarrillos, pónganse la máscara sobre la nariz y la boca y respiren normalmente. Después, tomen la cinta elástica y póngansela sobre la cabeza. Después de ponerse la máscara, ajusten bien las máscaras de sus niños. Gracias por su atención y esperamos que tengan un buen viaje a bordo de VIASA.

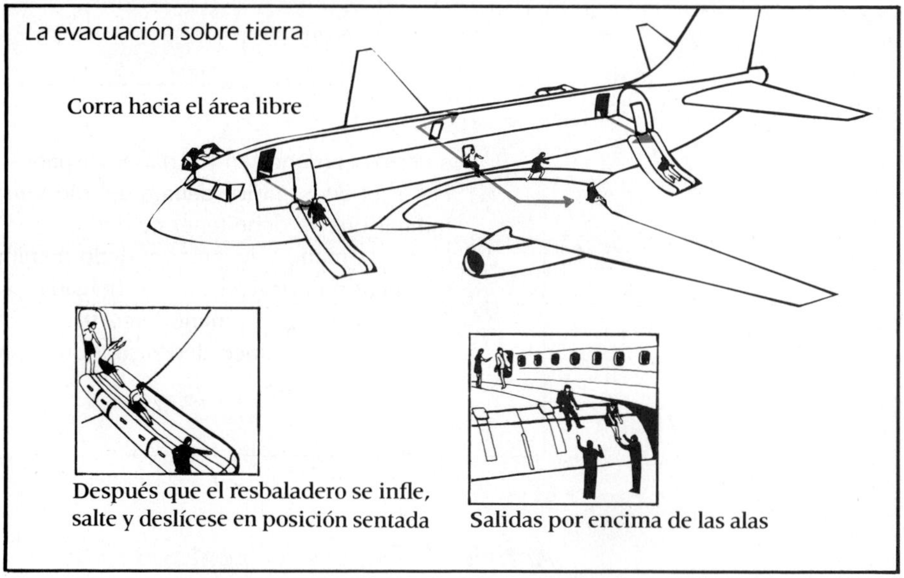

La evacuación sobre tierra
Corra hacia el área libre
Después que el resbaladero se infle, salte y deslícese en posición sentada
Salidas por encima de las alas

Actividad 30: En la calle

En parejas, "A" cubre la Columna B y "B" cubre la Columna A. Mira tu mapa de la ciudad y pregúntale a tu compañero/a (una persona que va por la calle) cómo llegar a los lugares que aparecen en tu columna. Las dos personas están donde se indica en el mapa (página 367). Altérnense preguntando y respondiendo.

✷ A: ¿Puede decirme cómo llegar a . . . ? / ¿Sabe dónde está . . . ?
B: Siga derecho dos cuadras . . .

A	B
el Hotel San Jorge	el Museo de Arqueología
el correo	el Consulado de los Estados Unidos
el Cine Sol	la Biblioteca Nacional

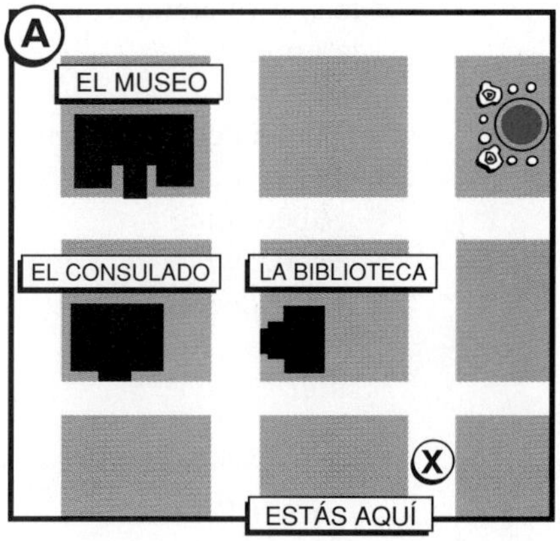

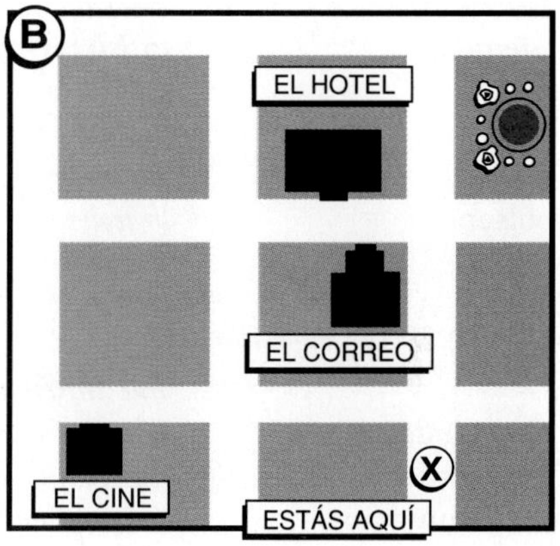

Actividad 31: Buen ejercicio

Te dieron un puesto como profesor/a de gimnasia aeróbica. Tienes que dar buenas instrucciones. Escribe las instrucciones y, si es posible, practica la rutina con un grupo de amigos. Usa frases como **corran, con la mano derecha tóquense el pie izquierdo diez veces, siéntense en el suelo** *(floor)* **con las piernas enfrente de Uds., tóquense las rodillas con la cabeza,** etc.

Note the use of the reflexive with **tocar.**

Vocabulario funcional

EL VIAJE

el/la chofer	*driver, chauffeur*	libre	*free (with nothing to do)*
la entrada	*entrance ticket*	opcional	*optional*
la excursión	*excursion, side trip*	la propina	*tip, gratuity*
el/la guía turístico/a	*tour guide*	el/la taxista	*taxi driver*
los impuestos	*taxes*	el tour	*tour*
el itinerario	*itinerary*	el traslado	*transfer*

LAS JOYAS

el anillo	*ring*
los aretes	*earrings*
el broche	*pin*
la cadena	*chain*
el collar	*necklace*
de fantasía	*costume (jewelry)*
el diamante	*diamond*
la esmeralda	*emerald*
los gemelos	*cuff links*
el oro	*gold*
la perla	*pearl*
la plata	*silver*
la pulsera	*bracelet*
el reloj	*watch*

PALABRAS Y EXPRESIONES ÚTILES

así	*like this/that*
el cheque de viajero	*traveler's check*
¿De acuerdo?	*O.K.?, Agreed?*
sacar de un apuro (a alguien)	*to get (someone) out of a jam*
tan	*so*
tan . . . como	*as . . . as*
tanto/a . . . como	*as much . . . as*
tantos/as . . . como	*as many . . . as*
todo el mundo	*everybody, everyone*
volver a + *infinitive*	*to do (something) again*
ya que	*since*

LAS DIRECCIONES

bajar	*to go down*
bajar de	*to get off*
¿Cómo se llega a . . . ?	*How does one get to . . . ?*
cruzar	*to cross (the street)*
la cuadra	*city block*
doblar	*to turn*
la(s) escalera(s)	*stair(s), staircase*
la esquina	*corner*
pasar por	*to pass by/through*
¿Puede decirme cómo llegar a . . . ?	*Can you tell me how to get to . . . ?*
¿Sabe dónde está . . . ?	*Do you know where . . . is?*
seguir derecho	*to keep going straight ahead*
subir	*to go up*

MÁS VERBOS

caer	*to fall; to drop*
conseguir	*to get, obtain*
haber	*to have* (auxiliary verb)
obtener	*to obtain*
olvidar	*to forget*
pasar	*to spend (time)*
perder	*to lose*
quemar	*to burn*

CAPÍTULO

14

Detalle de un mural de Diego Rivera en el Palacio Nacional de la ciudad de México.

Chapter Objectives

- Explaining simple dental problems
- Making some bank transactions
- Giving informal and implied commands
- Avoiding repetition
- Expressing possession in an emphatic way
- Ordering and discussing breakfast

De paseo por la ciudad de México

El Zócalo y la Catedral. Ciudad de México.

¡Basta (de . . .)!	(That's) enough (. . .)!
¡Ya voy!	I'm coming!
una enciclopedia ambulante	a walking encyclopedia
¡Ni loco/a!	Not on your life!

Mientras el grupo de turistas tiene unas horas libres en México, Álvaro y Juan Carlos dan un paseo.

Actividad 1: Por la calle

Mientras escuchas la conversación, indentifica las respuestas a estas preguntas.

1. ¿Qué es una "sala de torturas" para Álvaro?
2. ¿Adónde va a ir Juan Carlos?
3. ¿Por qué llama Álvaro a Juan Carlos una enciclopedia ambulante?

JUAN CARLOS Vamos Álvaro, ya es tarde.
ÁLVARO ¡Ya voy! ¡Ay, ay, ay!
JUAN CARLOS ¿Qué te pasa? Ya son las nueve y sólo tenemos dos horas.

Giving an implied command

Giving a negative command

Insisting

Giving a command

ÁLVARO ¡Ay! Mi muela, ¡qué dolor de muela!

JUAN CARLOS Te digo que vayas a un dentista.

ÁLVARO ¿A una sala de torturas? ¡Ni loco!

JUAN CARLOS Te lo dije en España. ¿Por qué no fuiste al dentista allá?

ÁLVARO Porque no me gusta y pensé que . . .

JUAN CARLOS ¡Basta de tonterías! Allí veo el consultorio de un dentista y por última vez te digo que vayas ahora mismo o que dejes de quejarte.

ÁLVARO Bueno, bueno, voy. Mientras tanto, ve tú al banco para cambiar dinero.

JUAN CARLOS No olvides que tenemos que estar en el hotel a las once para acompañar al grupo en el tour de la ciudad.

ÁLVARO ¿Qué vamos a ver hoy? Lo leí en el itinerario anoche, pero se me olvidó.

JUAN CARLOS Tienes tanto dolor que te está afectando la mente, ¿no?

ÁLVARO Vamos, ¡dime!

JUAN CARLOS Vamos a ir por la Avenida de la Reforma hasta el Zócalo, que es la plaza principal, ¿te acuerdas? Allí vamos a ver la Catedral y los murales de Diego Rivera en el Palacio Nacional. Después vamos al Parque de Chapultepec a ver el castillo de Maximiliano y Carlota y por último, vamos a la Plaza de las Tres Culturas, donde hay edificios de apartamentos modernos, una iglesia colonial y ruinas de una pirámide azteca. ¿Y qué? ¿Ya se te está pasando la amnesia?

ÁLVARO ¡Cuánto sabes! ¿Para qué le pagamos a un guía si tú eres una enciclopedia ambulante?

JUAN CARLOS ¡Deja de molestar! Ve al dentista mientras yo voy al banco y luego nos encontramos en el hotel. ¡Chau!

Actividad 2: ¿Comprendiste?

Después de escuchar la conversación otra vez, contesta estas preguntas.

1. ¿Adónde va a ir Álvaro? ¿Por qué no fue antes?
2. ¿A qué hora tienen que estar Álvaro y Juan Carlos en el hotel y por qué?
3. ¿Qué hay alrededor del Zócalo?
4. ¿Qué van a visitar en el Parque de Chapultepec?
5. ¿Cuáles son las culturas representadas en la Plaza de las Tres Culturas?

¿LO SABÍAN?

Maximiliano y Carlota fueron emperadores de México, enviados allí por Napoleón III en 1864. Su imperio fue corto y desastroso. Cuando Napoleón retiró su ayuda, Carlota fue a Europa para buscar apoyo, pero nadie quiso ayudarla; frustrada y desesperada, se volvió loca. Los mexicanos capturaron y ejecutaron *(executed)* a Maximiliano en 1867. Carlota vivió sesenta años más y murió en Bélgica.

HISTORIA

1862 Las tropas francesas de Bazaine entran en la capital.
1864 El archiduque Fernando Maximiliano, hermano del emperador Francisco José, acepta la corona mexicana que le ofrece una Junta de Notables a instancias de Napoleón III, emperador de los franceses.
1866 Las dificultades de la política exterior de Napoleón III y las que halla Maximiliano en México provocan el comienzo de la evacuación de las tropas francesas.
1867 Prosigue el éxito de la ofensiva republicana. Maximiliano, que había pretendido abdicar contra la oposición, queda sitiado en Querétaro. Entregada la plaza, es fusilado junto a los generales mexicanos Miramón y Mejía, que habían luchado a su favor. Benito Juárez es reelegido presidente constitucional.

Actividad 3: Un buen amigo

Cuando hablan dos amigos, como Juan Carlos y Álvaro, no es igual que cuando hablan dos personas que no se conocen bien. En parejas, indiquen qué oraciones y comentarios de la conversación muestran que son amigos y por qué.

Actividad 4: Una enciclopedia ambulante

Si una persona sabe muchos datos, coloquialmente se dice que es "una enciclopedia ambulante". ¿Cómo se puede describir a las siguientes personas usando la palabra "ambulante"? (Pista: usa un sustantivo relacionado con las palabras indicadas.)

1. una persona que lleva muchas **joyas**
2. una persona que tiene muchas **medicinas**
3. una persona que siempre lleva muchos **libros**
4. una persona que sabe **la definición de muchas palabras**
5. una persona que sabe mucha **geografía**

✱ Lo esencial I

I. El consultorio del dentista

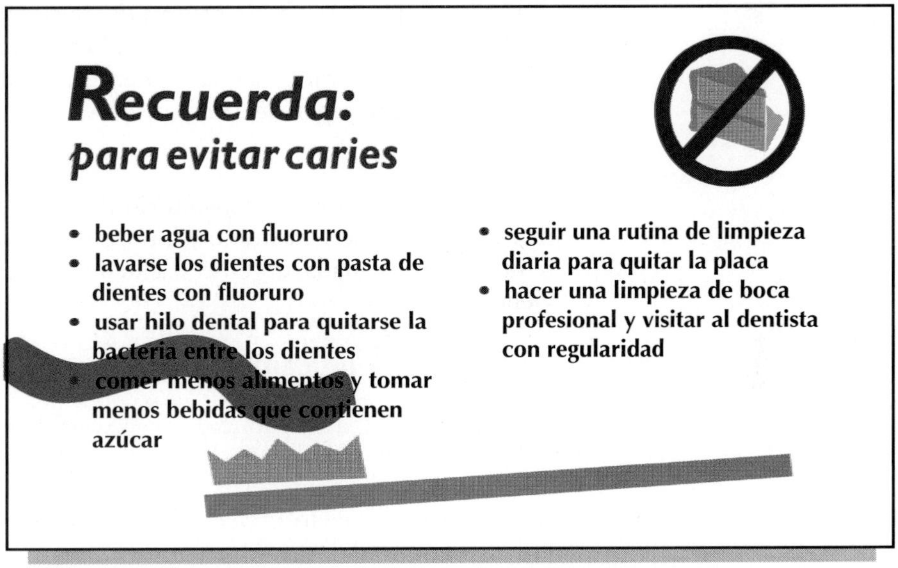
Recuerda:
para evitar caries
• beber agua con fluoruro
• lavarse los dientes con pasta de dientes con fluoruro
• usar hilo dental para quitarse la bacteria entre los dientes
• comer menos alimentos y tomar menos bebidas que contienen azúcar
• seguir una rutina de limpieza diaria para quitar la placa
• hacer una limpieza de boca profesional y visitar al dentista con regularidad

caersele un empaste (a alguien) to lose a filling
la caries cavity
el diente tooth
el dolor de muela toothache
el empaste filling
el hilo dental dental floss
la limpieza de dientes teeth cleaning
la muela molar
la muela de juicio wisdom tooth

Actividad 5: La historia dental

Vas a ver a un nuevo dentista por primera vez y tienes que darle tu historia dental a su ayudante. En parejas, habla con el/la ayudante que necesita saber la siguiente información.

✱ número de empastes
A: ¿Cuántos empastes tiene?
B: No tengo ninguno. / Tengo . . .

1. fecha de la última limpieza dental
2. frecuencia de las visitas al dentista
3. higiene dental
4. número de muelas de juicio
5. problemas dentales recientes
6. sensibilidad al frío o al calor

Actividad 6: El dolor de muela

En parejas, una persona cubre el Papel A y la otra cubre el Papel B. Conversen por teléfono según las indicaciones.

PAPEL A

Tienes uno de estos problemas: un dolor de muela terrible y casi no puedes hablar; una muela sensible al calor y al frío y crees que puede ser una caries; se te cayó un empaste. Llamas al dentista para hacer una cita *(appointment)* urgente. Eres una persona muy insistente.

PAPEL B

Eres recepcionista en el consultorio de un dentista. Hoy estás pasando un mal día y estás de mal humor. Un/a paciente te llama por teléfono pero a ti no te parece nada urgente. El dentista está ocupado hasta el mes que viene.

II. En la casa de cambio

el billete bill (paper money)
la caja cashier's desk
el/la cajero/a cashier
cambiar (dinero) to exchange; to change (money)
el cambio exchange rate; change
el cheque de viajero traveler's check
el (dinero en) efectivo cash
la firma signature
firmar to sign
la moneda currency; coin
sacar to take out
la tarjeta de crédito credit card

Barcelona está en Cataluña, donde se hablan español y catalán. ¿Cómo se dicen *exchange* y *Savings Bank* en español y catalán? ¿Qué otros idiomas hay en el letrero?

¿LO SABÍAN?

Si viajas por un país hispano, siempre es mejor que cambies dinero en un banco o en una casa de cambio porque en las tiendas y en los hoteles cobran una comisión alta. También es bueno que uses cheques de viajero, pues son más seguros y puedes recibir mejor cambio en los bancos. En algunos países no se puede cambiar dinero en todos los bancos; hay que hacerlo en casas de cambio o en bancos que tienen un aviso que dice "CAMBIO". Tampoco es común pagar con cheques personales en tiendas, restaurantes o supermercados; las compras se hacen con dinero en efectivo o con tarjeta de crédito.

Benito Pérez Galdos (1843–1920), Spanish novelist.
Parque Arqueológico de San Agustín, Colombia, contains the most extensive collection of pre-Columbian stone sculpture.
The bill depicting an **embera** Indian commemorates the Quincentennial.
Juan Pablo Duarte, considered to be the founder of the Dominican Republic.

Actividad 7: ¿Cómo pagas?

En parejas, decidan cómo explicarle a un/a visitante hispano/a dónde o cuándo se paga con dinero en efectivo, con cheque personal, con cheque de viajero o con tarjeta de crédito en los Estados Unidos.

Actividad 8: El dinero

Los billetes de los Estados Unidos son todos del mismo color y tamaño *(size)*, pero en otros países, unos billetes son más grandes y otros más pequeños y de diferentes colores. En grupos de cinco, miren e identifiquen de dónde son estos billetes. ¿Quién o qué aparece en el dibujo? ¿Creen Uds. que sea bueno o malo tener billetes de diferentes tamaños y colores?

Actividad 9: El cambio

En parejas, "A" va a una casa de cambio en Puerto Rico a cambiar dólares por moneda de un país hispano; "B" trabaja en la casa de cambio. "B" le pregunta si quiere comprar o vender, qué moneda quiere, cuánto dinero quiere cambiar y le dice a cuánto está el cambio.

1 U.S. dollar = **1,56 marcos**

Cambio	**$**		
		España/peseta	95,59
		Francia/franco	5,29
Alemania/marco	1,56	Gran Bretaña/libra	0,55
Argentina/peso	1,00	Hong Kong/dólar	7,35
Brasil/cruzado	1.205,00	Italia/lira	1.170,00
Canadá/dólar	1,13	Japón/yen	124,05
Colombia/peso	525,21	México/peso	2.985,00
Chile/peso	310,56	Venezuela/bolívar	52,52

Hacia la comunicación I

I. Making Requests and Giving Commands: Commands with *Tú*

Before studying the grammar explanation, answer the following question based on the conversation:

- When Juan Carlos says to Álvaro, **"¡Deja de molestar!"**, is he making a suggestion or giving a command? Do you think Juan Carlos is using the **Ud.** or the **tú** form when talking to Álvaro?

1. In this book you have seen the singular familiar command **(tú)** used in the directions for many activities. To give an affirmative familiar command or to make a request, use the present indicative verb form corresponding to **él/ella/Ud.** with most verbs.

practicar ⟶ practic**a** traer ⟶ tra**e** subir ⟶ sub**e**

Sube a mi habitación y **trae** el libro que está allí.	*Go up to my room and bring the book that is there.*
¡**Espera** un momento!	*Wait a minute!*

The familiar commands for the following verbs are irregular:

Sé is a familiar command; **se** is a reflexive pronoun and an object pronoun.

decir	**di**	salir	**sal**
hacer	**haz**	ser	**sé**
ir	**ve**	tener	**ten**
poner	**pon**	venir	**ven**

Ven acá y **haz** el trabajo. — *Come here and do the work.*
Sé bueno y **di** siempre la verdad. — *Be good and always tell the truth.*

¿Qué piensas, puede ser deliciosa esta bebida?

Prepara un delicioso y refrescante vaso de Nescafé Frappé.
1. Pon Nescafé y azúcar a tu gusto en la coctelera.
2. Añade agua fría y hielo (hasta la mitad, aproximadamente).
3. Agita la coctelera, hasta hacer espuma.
4. Sírvelo en vaso largo.

Review formation of the subjunctive, Ch. 8.

2. To give a negative familiar command, the form used is identical to the **tú** form of the present subjunctive.

No vayas al dentista todavía. — *Don't go to the dentist yet.*
No salgas esta tarde. — *Don't go out this afternoon.*

NOTE: Subject pronouns are seldom used with familiar commands, but if they are, they follow the verb: **Estoy ocupado; ven tú. No lo hagas tú; yo voy a hacerlo.**

3. In familiar commands, as in formal commands, the reflexive and the object pronouns immediately precede the verb in a negative command and are attached to the end of an affirmative command.

Note the need for an accent.

No se lo digas.	*Don't tell it to her.*
Levá**ntate**.	*Get up.*

4. The following chart summarizes the forms used for formal and familiar commands:

Vosotros affirmative commands: **decir** = **deci** + **d** ⟶ **decid.** Reflexive affirmative **vosotros** commands: **lavarse** = **lava** + **os** ⟶ **lavaos.** Negative **vosotros** commands: Use subjunctive forms.

	Affirmative Commands	Negative Commands
(tú)	**come***	**no comas**
(Ud.)	**coma**	**no coma**
(Uds.)	**coman**	**no coman**

*NOTE: All forms are identical to the subjunctive except the affirmative command form of **tú**.

II. Giving Implied Commands: *Decir* + subjunctive

To give an implied command, you can use the verb **decir** in the independent clause and a verb in the subjunctive in the dependent clause.

Te **digo** que **vayas** al dentista.	*I'm telling you to go to the dentist.*
¡Oigan! Les **estoy diciendo** que **vengan**.	*Listen! I'm telling you to come.*

However, when the verb **decir** is used to give information, the verb in the dependent clause is in the indicative.

Él dice que no **va** a llover.	*He says that it's not going to rain.*
Le digo que **vamos** al Zócalo.	*I'll tell her that we're going to the Zócalo.*
Ella dice que **él** es buen dentista.	*She says that he is a good dentist.*

Do mechanical drills, Workbook, Part I.

Actividad 10: En el programa de David Letterman

Tú tienes un perro muy inteligente y lo llevas al programa de David Letterman. Dale órdenes comunes y después mándale hacer "un truco estúpido". Usa verbos como **sentarse, levantarse, dar la pata** *(paw)*, **hablar, correr, saltar** *(to jump)*, **hacerse el muerto, traer,** etc.

Hacerse el/la + *adjective* = to pretend to be + *adjective*.

Actividad 11: ¡Cuántos mandatos!

En grupos de tres, Uds. son tres hermanos que viven juntos. Sus padres acaban de llamar y dicen que van a llegar dentro de una hora. El apartamento es un desastre y Uds. no tienen nada de comer ni de beber. Tienen que darse órdenes uno al otro para tener el apartamento presentable para sus padres.

✷ ¡Corre a la tienda y compra café!
¡No compres café, compra té!

Actividad 12: ¿Quién hace qué?

En parejas, Uds. son Juan Carlos y Álvaro y tienen muchas cosas que hacer. Lean primero sólo las instrucciones para su papel; luego denle órdenes a la otra persona.

JUAN CARLOS

Quieres que Álvaro:
–mande tarjetas postales
–compre las entradas para el Ballet Folklórico
–llame al guía para ver la hora de salida mañana
–no le pague al guía todavía

Tú ya:
–hiciste una reserva en un restaurante

ÁLVARO

Quieres que Juan Carlos:
–compre las entradas para el Ballet Folklórico
–ponga un anuncio sobre el Ballet en el hotel
–haga una reserva en un restaurante
–pregunte cómo llegar al Ballet

Tú ya:
–llamaste al guía y sabes que el grupo sale mañana a las 7:30
–mandaste las tarjetas postales

Actividad 13: Los mensajes

Tú eres secretario/a. Tu jefe, el Sr. Beltrán, te da algunos mensajes para el mensajero *(messenger boy)*. Dile al mensajero qué tiene que hacer.

El jefe dice que tú . . .

usar el coche y no la moto porque va a llover hoy
llevar un mensaje al Sr. Piera
comprar sobres y estampillas
avisarle a la compañía de teléfonos que el teléfono no funciona
depositar el dinero de la oficina en el banco
deber trabajar el sábado
tener que venir mañana a las 8:00
no llegar tarde

Actividad 14: Consejos

En grupos de tres, hagan una lista de cosas que debe o no debe hacer una amiga hispana que viene a visitar su ciudad. Hay diferentes maneras de dar consejos: **Es necesario que . . . , (No) debes . . . , Te aconsejamos que . . . , Te digo que . . . , Es mejor que . . .** etc.

* Visita el museo.
  No camines sola por los parques de noche.

✱ Nuevos horizontes

Estrategia de lectura: *Recognizing False Cognates*

Throughout the readings in this book, you have probably noticed how many English cognates there are in Spanish. You have also seen that there are false cognates, that is, words that are spelled similarly in both languages, but have different meanings. The following is a list of commonly used false cognates.

actual present-day
asistir a to attend
embarazada pregnant
facultad school (of law, English, etc.)
gracioso/a funny
la librería bookstore
la noticia news item
real royal; true
realizar to accomplish
sensible sensitive
simpático/a pleasant, nice
soportar to tolerate

Use a dictionary to find the Spanish equivalent for these false cognates in English:

actual
to assist
embarrassed
faculty
gracious
library
notice
to realize
sensible
to support
sympathetic

Actividad 15: Preguntas

Antes de leer el texto, contesta estas preguntas.

1. De acuerdo con la conversación entre Juan Carlos y Álvaro, ¿qué lugares iban a visitar en la ciudad de México?
2. ¿Qué sabes sobre los lugares que ellos mencionaron?
3. ¿Has estado en México alguna vez? ¿Qué lugares visitaste?
4. ¿Sabes qué civilizaciones indígenas vivieron en México?

Actividad 16: Ideas principales

Lee el diario de Juan Carlos y busca las ideas principales que él menciona.

El diario de Juan Carlos

martes, 25 de marzo
Hoy discutí con Álvaro, pues me tenía loco con su dolor de muela. Finalmente fue al dentista, así que ahora está mejor. Hoy dimos una vuelta por la ciudad. Fuimos por el Paseo de la Reforma hasta el Zócalo y visitamos la Catedral y el Palacio Nacional, donde se ve la historia de México en los murales de Diego Rivera. De allí fuimos al Parque de Chapultepec y visitamos el Museo de Antropología. ¡Qué maravilla! La cantidad de objetos olmecas, mayas, toltecas y aztecas que había era impresionante: joyas, instrumentos musicales, cerámica, ropas y, por supuesto, el calendario azteca. Nos contó la guía de la excursión que ya en el siglo XIV los aztecas eran capaces de calcular el año solar.

El imperio azteca consistía en una confederación de tres ciudades—una de ellas era Tenochtitlán, la capital que estaba donde actualmente está la ciudad de México. Es increíble lo bien planeada que estaba la ciudad: tenía agua potable y sistemas sanitarios mucho mejores que los que Europa llegó a tener en el siglo XVIII. (Esto yo ya lo sabía; lo aprendí en la facultad.)

Museo de Antropología, Ciudad de México.

Salimos del museo (demasiado corta la visita; tengo que regresar algún día) y fuimos a la Plaza de las Tres Culturas: ruinas aztecas, una iglesia colonial y rascacielos del siglo XX. ¡Qué buen ejemplo de la mezcla de culturas hay en el México actual!

miércoles, 26 de marzo
Anoche fuimos a ver el Ballet Folklórico y me fascinó. Me acosté muy tarde y estaba muerto de cansancio. Hoy llegamos a Mérida, Yucatán. El viaje en autobús me cansó mucho pero, por suerte, me divertí charlando con el Sr. Ruiz, porque es muy gracioso. Es una lástima que la Dra. Llanos ya no lo soporte. Llegamos al hotel tardísimo. Ahora a dormir, porque mañana salimos temprano para visitar Chichén Itzá.

jueves, 27 de marzo
Hoy fuimos a las ruinas de Chichén Itzá, donde vivieron muchos de los mayas entre los años 300 y 900 d.C. No se sabe bien dónde comenzó esta civilización: algunos dicen que en el Petén, Guatemala; otros creen que fue en Palenque, México. Los mayas eran muy avanzados en astronomía y matemáticas y conocían el uso del cero antes de que los árabes lo introdujeran en Europa. Cultivaban no sólo el maíz como los aztecas, sino también el

Pirámide del Sol, Teotihuacán, México.

cacao, la batata y el chile. Estos genios también inventaron un sistema de escritura jeroglífica. Todo esto es tan fascinante que ahora quiero conocer otras ciudades mayas como Copán en Honduras y Tikal en Guatemala.

Bueno, de Chichén Itzá lo que más me gustó fue el templo de Kukulkán. Es un lugar impresionante; al entrar sentí una sensación de temor y me salí pronto. En este templo hay un jaguar rojo con ojos de jade pintado en la pared. Es bellísimo.

Mañana partimos para Uxmal. A ver si les grabo un cassette a las chicas porque no he tenido tiempo para escribirles.

Actividad 17: Explícalo

Después de leer el texto, explica con otras palabras las siguientes ideas relacionadas con cognados falsos. ¡No uses inglés!

1. Juan Carlos dice que lo aprendió en la **facultad.**
2. La ciudad de Tenochtitlán estaba en el lugar donde **actualmente** está la ciudad de México.
3. Juan Carlos dice que el Sr. Ruiz es **gracioso.**
4. La Dra. Llanos no **soporta** al Sr. Ruiz.

Actividad 18: Impresiones

En grupos de tres, comenten las impresiones de Juan Carlos sobre los lugares que vio en los tres días que pasaron en México.

✱ A: El primer día Juan Carlos vio . . .
B: Y le gustó mucho . . .
C: . . .

Estrategia de escritura: *Journal Writing*

Writing a journal is a way to record the main events of your day. To write a journal or diary, concentrate on the day's highlights, making comments and jotting down your impressions about what happened. Write down your thoughts freely, focusing on the content of the writing, not its form. This spontaneous style of writing helps ideas flow and minimizes writer's block.

Actividad 19: Mi diario

Escribe un diario sobre un mínimo de tres días. Incluye las cosas importantes que ocurrieron y haz comentarios libremente.

Lo esencial II

El desayuno

Practice these words when cooking, eating breakfast, etc.

1. el yogur
2. la tostada
3. el café
4. el croissant
5. la mantequilla
6. la mermelada
7. el jugo/zumo

OTRAS COSAS RELACIONADAS CON EL DESAYUNO

los churros y el chocolate Spanish crullers and hot chocolate
la fresa strawberry
las galletas cookies; crackers
los huevos (fritos, revueltos, duros) eggs (fried, scrambled, hard-boiled)
la naranja orange
la salchicha sausage
el tocino bacon

¿LO SABÍAN?

En los países hispanos es normal tomar un desayuno ligero *(light)* que puede consistir en café con leche y tostadas, croissants o galletas con mantequilla o mermelada. No es común comer huevos y tocino para el desayuno. Por lo general, poca gente come cereal, con la excepción de los niños pequeños. En España, si se desayuna fuera de casa, es común desayunarse con churros y chocolate.

Actividad 20: Las preferencias

Habla con algunos compañeros para averiguar con qué se desayunan durante la semana y el fin de semana. Si comen huevos, pregúntales cómo los prefieren.

Actividad 21: ¡Una tostada, ya va!

En grupos de cuatro, "A" es el/la camarero/a y "B", "C" y "D" son clientes que entran en la cafetería para tomar el desayuno. Antes de pedir, cada persona debe leer solamente las instrucciones de su papel, que están a continuación.

A No hay tocino, pero hay salchichas. No hay croissants, ni churros ni jugo de naranja, sólo hay jugo de tomate.

B Hoy quieres un desayuno fuerte porque no vas a poder almorzar.

C Estás a dieta, así que quieres algo ligero y un café con leche para despertarte.

D Te encantan los churros y el chocolate. Siempre comes algo dulce *(sweet)* por la mañana.

¿LO SABÍAN?

En español hay muchos dichos relacionados con la comida:

1. **Se vende como churros** se usa cuando una cosa es muy popular y se vende mucho en las tiendas.
2. **Estoy hecho/a una sopa** se dice cuando uno está muy mojado/a después de caminar en la lluvia.
3. **Estoy aburrido/a como una ostra** *(oyster)* quiere decir que uno está muy aburrido/a.
4. **No sabe ni papa** se usa cuando una persona es ignorante.

¿Hay equivalentes en inglés para estos dichos? ¿Qué dichos relacionados con la comida conoces en inglés?

En Yucatán

Ruinas mayas, Chichén Itzá, Yucatán, México.

pasarlo bien/mal	to have a good/bad time
por un lado/por otro lado	on the one hand/on the other hand
tenerle fobia a . . .	to have a fear of . . . ; to hate

Juan Carlos está en Yucatán, México, y no tiene tiempo para escribirles una carta a sus amigas de España; por eso, les graba un cassette.

Actividad 22: Cierto o falso

Mientras escuchas la grabación de Juan Carlos, marca si estas oraciones son ciertas **(C)** o falsas **(F)**.

1. ____ Juan Carlos y Álvaro lo están pasando muy bien en México.
2. ____ Álvaro tenía una caries.
3. ____ El grupo de Álvaro tiene gente divertida.
4. ____ El Sr. Ruiz llega tarde para el desayuno.
5. ____ Las ruinas de Yucatán son aztecas.

Hola, chicas. ¿Cómo están? Por aquí todo bien. Con todas las responsabilidades de la excursión, no he tenido tiempo para escribirles y es más fácil y rápido mandarles un cassette. Estamos bien y muy contentos conociendo lugares interesantísimos, aunque Álvaro estuvo mal de la muela que ya le molestaba en España y, claro, . . . por fin tuvo que ir al dentista y . . . y le pusieron un empaste enorme. Pues, yo le digo que es un cobarde, pero es que el pobre les tiene fobia a los dentistas. Je, je . . . es un secreto y no se lo digan a Álvaro, pero . . . yo les tengo fobia a los ascensores.[1]

Expressing extreme interest

Displaying false sympathy

Confiding

Bueno, aquí lo estamos pasando muy bien. O sea, por un lado, es una responsabilidad, pero por otro . . . pues nos encanta el trabajo de líderes y aprendemos mucho en cada lugar. Dividimos a la gente en dos grupos: el de Álvaro tiene personas un poco sosas, pero el mío es muy divertido. Este . . . en mi grupo hay un señor, el Sr. Ruiz, que es excéntrico y, a veces, algo desconsiderado. Siempre llega tarde para tomar el desayuno y lo tenemos que esperar para ir a las excursiones. ¡Un día de éstos lo vamos a dejar en el hotel!

Comparing and contrasting

México me fascina. En algunos aspectos es como Perú, y se ve bastante la cultura indígena, pero en otros es totalmente distinto y la influencia de los Estados Unidos es fuerte. México, la ciudad, es increíblemente grande con gente y tráfico por todas partes. Este . . . el grupo se ha divertido aprendiendo mexicanismos como "jale" en vez de "tire" y "camión" en vez de "autobús".

Ya hace dos días que estamos en Yucatán. Las ruinas mayas y toltecas son diferentes de las de Perú, pero . . . claro . . . también fascinantes. Ayer estuvimos en, ¿cómo se llama? eh . . . eh . . . este . . . ¡ah! Chichén Itzá; es un lugar misterioso donde se practicaban ritos de sacrificios humanos. Lo que más me gustó fue el Caracol, una torre redonda y . . . y también me fascinó el Castillo, el templo principal del dios Kukulkán. Saben que . . .

¡Ah! Me está llamando Álvaro. ¡Un momento, ya voy! . . . Pues, tengo que irme corriendo con el grupo. Álvaro les manda besos y yo también. Oye, Claudia, ¡te echo de menos! Sigo esto luego, tal vez esta noche, si no llegamos muy tarde . . . Un beso y chau.

[1]elevators

Actividad 23: ¿Comprendiste?

Lee cada pregunta y busca rápidamente la respuesta en el texto de la grabación.

1. Sabemos que Álvaro les tiene fobia a los dentistas. ¿A qué le tiene fobia Juan Carlos? ¿Tienes tú alguna fobia?
2. ¿Por qué dice Juan Carlos que el Sr. Ruiz es desconsiderado?
3. ¿Qué piensa hacerle Juan Carlos al Sr. Ruiz?
4. ¿Cuáles son algunas diferencias entre el español de España y el de México?
5. ¿Dónde están ahora los turistas? ¿Qué visitaron?
6. ¿Por qué crees que Juan Carlos dice que las ruinas mayas son diferentes de las ruinas de Perú?
7. ¿Has viajado alguna vez en tour? ¿Adónde fuiste? ¿Había alguien como el Sr. Ruiz en el grupo?

Actividad 24: Los pros y los contras

Di cuáles son los pros y los contras de las siguientes acciones.

✷ leer el periódico
Por un lado es bueno leer el periódico porque sabes qué pasa en el mundo, pero por otro (lado) las noticias son muy tristes.

1. tomar café
2. correr
3. mirar televisión
4. trabajar con una computadora
5. ir a la universidad
6. viajar en un tour
7. trabajar como guía
8. visitar lugares históricos

✷ Hacia la comunicación II

I. Avoiding Repetition: Nominalization

Before studying the grammar explanation, answer the following question based on Juan Carlos's recording:

- In the second paragraph of the tape, when Juan Carlos says, "**. . . el de Alvaro . . . pero el mío . . .**," is he referring to **las responsabilidades, los grupos,** or **el trabajo**?

Nominalization consists of avoiding the repetition of a noun by using only its corresponding article and the word or words that modify the noun.

Nos gustan las faldas azules y **las faldas negras** también.
Nos gustan las faldas azules y **las negras** también.

Pon unas mesas aquí y **unas mesas** allí.
Pon unas mesas aquí y **unas** allí.

La casa que quería comprar y **la casa que compré** son muy diferentes.
La casa que quería comprar y **la que compré** son muy diferentes.

Tu sobrino y **los sobrinos de ella** llegaron ayer.
Tu sobrino y **los de ella** llegaron ayer.

NOTE: The indefinite article **un** becomes **uno** when the noun is eliminated.

Tengo un carro negro y **un carro blanco.**
Tengo un carro negro y **uno blanco.**

Review possessive adjectives, Ch. 3.

II. Expressing Possession: Long Forms of Possessive Adjectives and Pronouns

1. Possessive adjectives have corresponding long forms that are used for emphasis. The long forms agree in gender and in number with the noun being modified, and they always follow the noun.

mío/a/os/as	**nuestro/a/os/as**
tuyo/a/os/as	**vuestro/a/os/as**
suyo/a/os/as	**suyo/a/os/as**

Un amigo **mío** vino a verme.	*A friend of mine came to see me.*
Esa habitación **tuya** siempre está sucia.*	*That room of yours is always dirty.*

*NOTE: Except for **ese amigo mío,** if the long forms of possessive adjectives are used with a demonstrative adjective, the connotation is usually pejorative.

2. The possessive pronouns, which have the same forms as the possessive adjectives, are an example of nominalization.

ADJECTIVE		PRONOUN
Mi grupo es divertido pero	⟶	**el tuyo** es aburrido.
Ella tiene su casa y	⟶	nosotros tenemos **la nuestra.**
¿Es su maleta?	⟶	No, es **mía.***

Do mechanical drills, Workbook, Part II.

*NOTE: After **ser,** the definite article may be omitted: **Esta es tu maleta, pero ésa es (la) mía.**

Actividad 25: ¿Qué prefieres?

En parejas, pregúntenle a su compañero/a qué cosas prefiere de la siguiente lista.

✷ la sopa de verduras / la sopa de pescado
A: ¿Te gusta más/Prefieres la sopa de verduras o la de pescado?
B: Me gusta más/Prefiero la de verduras.

1. la clase de geografía / la clase de cálculo
2. los carros grandes / los carros pequeños
3. las ruinas de Machu Picchu / las ruinas de Chichén Itzá
4. el equipo de los Yanquis / el equipo de los Mets
5. un restaurante vegetariano / un restaurante chino
6. un reloj de oro / un reloj de plata
7. un tour organizado / un tour independiente
8. (etc.)

Actividad 26: En la tienda

En parejas, "A" es un/a dependiente/a en una tienda de ropa y cubre la Columna B; "B" es un/a cliente y cubre la Columna A. Conversen en la tienda. ¡Ojo! Hay dos conversacions posibles.

A	B
¿Desea ver una camisa? ¿Quiere ver un vestido?	Sí. Una azul, por favor. Sí, el azul, por favor.
¿Le gusta? Tengo el mismo en blanco. ¿Le gusta? Tengo una igual en blanco.	Déjeme ver la blanca. Quiero ver el blanco.
¿Le gusta más el blanco o el azul? ¿Prefiere más la blanca o la azul?	Voy a llevar las dos. Prefiero el azul.

Actividad 27: Hijas perdidas

En grupos de tres, "A" es un/a agente de policía y "B" y "C" son dos amigos que perdieron a sus hijas en el aeropuerto. Sigan las instrucciones para su papel.

A: Eres policía. Dos personas histéricas vienen a decirte que acaban de perder a sus hijas. Necesitas la siguiente información para tu informe. Entrevista a las dos personas simultáneamente. Usa oraciones como **¿Cuántos años tiene su hija? ¿Y la suya?**

Niños perdidos
Sexo: M ____ F ____
Edad ____
Nombre ______________ Apellidos ______________
Color de pelo ______________ Color de ojos ______________
Ropa ______________________________
Objetos personales que tiene ______________________________
Comentarios ______________________________

Niños perdidos
Sexo: M ____ F ____
Edad ____
Nombre ______________ Apellidos ______________
Color de pelo ______________ Color de ojos ______________
Ropa ______________________________
Objetos personales que tiene ______________________________
Comentarios ______________________________

B: Acabas de perder a tu hija de cinco años y estás histérico/a. Mira el dibujo y descríbesela al/a la policía.

C: Acabas de perder a tu hija de siete años y estás histérico/a. Mira el dibujo y descríbesela al/a la policía.

Actividad 28: La confusión

En grupos de seis, uno de Uds. es el/la camarero/a de un restaurante y los otros son clientes que están desayunando allí. Sigan las instrucciones para su papel.

CLIENTES

Miren los dibujos y decidan quién pidió qué. Dos personas pidieron la misma cosa. Contesten las preguntas del/de la camarero/a.

The waiter should use **Ud.** with customers.

CAMARERO/A

No te acuerdas quién pidió qué. Mira los platos que aparecen arriba y hazles preguntas a los clientes como, **¿Para quién son las tostadas? ¿Son suyas?**

Actividad 29: El orgullo

En parejas, Uds. son dos mujeres de negocios. Están en un avión y empiezan a hablar sobre sus familias. Para hablar de las "fotos" que están abajo, usen oraciones como las siguientes: **—Mi esposo es abogado. —El mío es ingeniero.**

Actividad 30: Una carta

Mientras estás en el avión vas a escribirle una carta a un amigo. Basándote en la conversación que tuviste, escríbele algo sobre esa persona tan interesante que acabas de conocer y sobre su familia.

¡En un avión! ____ de ______________

Querido __________:

¿Qué tal todo en __________? Espero que tu familia esté bien. Ahora mismo estoy en un avión y voy a aprovechar el tiempo para escribirte unas líneas. Es un vuelo muy largo, pero acabo de conocer a una persona muy interesante que . . .

Vocabulario funcional

PALABRAS Y EXPRESIONES ÚTILES

¡Basta (de . . .)!	*(That's) enough (. . .)!*
la cita	*appointment; date*
dulce	*sweet*
una enciclopedia ambulante	*a walking encyclopedia*
¡Ni loco/a!	*Not on your life!*
pasarlo bien/mal	*to have a good/bad time*
por un lado/por otro lado	*on the one hand/on the other hand*
quejarse (de)	*to complain (about)*
tenerle fobia a . . .	*to have a fear of . . . ; to hate*
¡Ya voy!	*I'm coming!*

EN EL CONSULTORIO DEL DENTISTA

Ver página 373.

EN LA CASA DE CAMBIO

Ver página 374.

EL DESAYUNO

Ver página 384.

CAPÍTULO

15

Ruinas mayas en plena selva. Tikal, Guatemala.

Chapter Objectives

- Discussing animals, the environment, and ecology
- Describing personality traits
- Expressing pending actions
- Making suggestions
- Requesting information
- Expressing a past action that preceded another past action

Pasándolo muy bien en Guatemala

El claustro de Santa Clara y la iglesia de San Francisco. Antigua, Guatemala.

al + *infinitive*	upon + *-ing*
Me cae (la mar de) bien.	I like him/her a lot.
Me cae mal.	I don't like him/her.

El grupo de turistas está en Guatemala y hoy se dividieron en dos grupos para hacer diferentes excursiones. Juan Carlos fue con un grupo y Álvaro con el otro. Acaban de regresar al hotel.

Actividad 1: ¿Qué dices?

Mientras escuchas la conversación, anota las respuestas a estas preguntas.

1. ¿Adónde fue el grupo de Álvaro?
2. ¿Adónde fue el grupo de Juan Carlos?
3. En tu opinión, ¿quiénes se divirtieron más y por qué?

DRA. LLANOS	¡Qué cansada estoy!
ÁLVARO	Yo también, pero valió la pena hacer el viaje a Tikal.
JUAN CARLOS	O sea, que les gustó, ¿eh?
DRA. LLANOS	Fue interesantísimo; imagínate, ruinas mayas en medio de una selva tropical tan verde y con tal variedad de pájaros cantando por todos lados. Fue maravilloso.
ÁLVARO	Después de ver tanta belleza no entiendo por qué destruyen la selva.
DRA. LLANOS	Sí, es triste. Parece que el hombre no va a estar satisfecho hasta que lo destruya todo. Es una pena que seamos así.
ÁLVARO	. . . ¿Y vosotros en Antigua y Chichicastenango?
JUAN CARLOS	Fue fantástico. Antigua es una ciudad colonial bella, con muchas iglesias y muy tranquila.
DRA. LLANOS	¿Y Chichicastenango?
JUAN CARLOS	El pueblo nos encantó porque es muy pintoresco y el mercado tiene unas artesanías fabulosas. El grupo compró de todo; creo que ya no queda nada en el mercado.
DRA. LLANOS	¿Y qué hizo el Sr. Ruiz esta vez?
JUAN CARLOS	Cada día está más gracioso. Al llegar al mercado, se puso a regatear por un vestido que quería comprar para su hija.
ÁLVARO	¿Y qué pasó?
JUAN CARLOS	No lo van a creer. Le pidió ayuda a una mujer que, según él, tenía la misma talla que su hija y siguió regateando quince minutos más. ¡Hasta la mujer, con el vestido puesto, empezó a ayudarle a regatear!
DRA. LLANOS	¡Qué vergüenza!
JUAN CARLOS	Nada de vergüenza. Fue divertidísimo. Al final el vendedor le dio un descuento y también le regaló un cinturón. Se hicieron amigos.
DRA. LLANOS	¡Ay! Ese pesado me cae tan mal . . .
ÁLVARO	Pues a mí me cae la mar de bien. Cuando llegue a España, quiero conocer a su familia. Deben ser todos tan graciosos como él. Seamos justos, es un hombre inofensivo.
DRA. LLANOS	Por mi parte, cuando yo vuelva a España no lo quiero volver a ver ni pintado en la pared.

Speculating about future actions

Requesting information

Showing disgust

Suggesting

Stating future intentions

Actividad 2: ¿Comprendiste?

Después de escuchar la conversación otra vez, escoge la respuesta correcta.

1. Según Álvaro la selva tropical . . . .
   a. está intacta b. está en peligro c. tiene muchos pájaros
2. La ciudad de Antigua . . . .
   a. tiene ruinas mayas b. es de la época colonial c. está en la selva
3. La Dra. Llanos usa la palabra **pesado** para referirse al Sr. Ruiz. Ella quiere decir que el Sr. Ruiz . . . .
   a. es gordo b. molesta mucho c. es divertido
4. El vendedor le regaló un cinturón al Sr. Ruiz porque él . . . .
   a. le cayó bien b. compró mucho c. *a* y *b*

¿LO SABÍAN?

Guatemala, México, Ecuador, Perú y Bolivia son los países de Hispanoamérica que tienen la población indígena más numerosa y donde todavía se ven más aspectos de la cultura y de las tradiciones indígenas. Alrededor de la mitad de los guatemaltecos son descendientes de los mayas y conservan las costumbres y las lenguas de sus antepasados *(ancestors)*. En Guatemala se hablan todavía más de veinte lenguas indígenas y hoy en día, el gobierno está estableciendo programas educativos en las escuelas para enseñarles a los niños indígenas en sus propias lenguas.

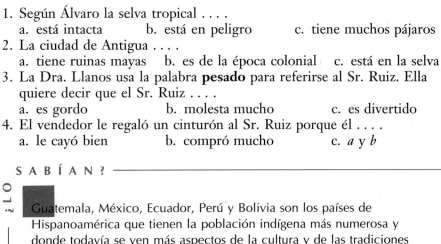

Ecuador es un país de contrastes. Mercado de Latacunga en la Sierra Cotopaxi, Ecuador.

Actividad 3: ¿Cómo te cae?

Haz una lista de cinco actores y actrices que te caen bien y cinco que te caen mal. Al terminar, en parejas, pregúntenle a su compañero/a qué piensa de los actores de su lista.

✷ A: ¿Te cae bien Roseanne Arnold?
B: Me cae (muy/la mar de) bien. / Me cae (muy) mal.
A: ¿Por qué?
B: Porque . . .

✷ Lo esencial I

I. Los animales

1. el elefante
2. el oso
3. el león
4. la serpiente
5. el pez
6. el pájaro
7. el mono

1. el gato
2. la vaca
3. el toro
4. el perro
5. el caballo
6. la gallina

Actividad 4: Características

En parejas, clasifiquen los animales de los dibujos anteriores según los siguientes adjetivos.

✷ grande — El animal más grande es el elefante.

1. feo
2. gracioso
3. rápido
4. tímido
5. valiente
6. simpático
7. tonto
8. bonito
9. inteligente
10. cobarde *(cowardly)*

En las montañas de Perú, una llama lleva leche.

¿LO SABÍAN?

La llama, la vicuña, la alpaca y el guanaco son animales de la familia del camello que viven en los altiplanos de los Andes. Tanto el guanaco como la vicuña son salvajes y están en peligro de extinción, pues los indígenas de los Andes los cazan para usar su piel *(hide)* y su lana, que es muy fina y muy cara. La llama y la alpaca han sido domesticadas por los indígenas, y se emplean como animales de carga en las zonas muy elevadas de los Andes. Pueden llevar cargas hasta de cuarenta y cinco kilos (100 libras). De la llama y la alpaca se usan también su leche y su carne, además de su lana y su piel.

Actividad 5: ¿Iguales o diferentes?

En parejas, "A" cubre la Columna B y "B" cubre la Columna A. "A" describe los números impares *(odd)* de su lista y "B" describe los pares *(even)* de la suya. Al escuchar cada descripción de tu compañero/a, decide si el animal es igual al animal del mismo número en tu columna. Para dar estas descripciones necesitan saber que un pájaro tiene dos **alas,** que come con el **pico** y que los animales tienen **patas,** no piernas.

A

1. caballo
2. perro
3. león
4. pez
5. toro
6. oso
7. pájaro
8. elefante

B

1. vaca
2. gato
3. león
4. serpiente
5. toro
6. mono
7. gallina
8. elefante

The word *pet* has a Spanish equivalent in a few countries only. For example, in Mexico and Puerto Rico, **la mascota** is used.

Actividad 6: ¿Te gustan los animales?

En grupos de tres, pregúntenles a sus compañeros si tienen o alguna vez tuvieron un animal doméstico. Luego comenten los pros y los contras de tener un animal en una casa y compartan sus ideas con el resto de la clase.

II. El medio ambiente

1. la lluvia ácida
2. la fábrica
3. la contaminación
4. la basura

5. el reciclaje; reciclar
6. la conservación; conservar
7. la energía solar

OTRAS PALABRAS RELACIONADAS CON EL MEDIO AMBIENTE

la destrucción; destruir
la ecología
en peligro *(in danger)*
la energía nuclear
la extinción

Actividad 7: Salvar el planeta

En grupos de tres, miren los anuncios de la página 402. Hablen sobre el mensaje de cada uno.

Actividad 8: La conservación, ¿sí o no?

Hazle una encuesta sobre ecología a uno de tus compañeros y después comenta los resultados con la clase.

1. ¿Estás a favor o en contra de estas fuentes de energía?

   nuclear a favor _____ en contra _____
   solar a favor _____ en contra _____
   carbón a favor _____ en contra _____

2. Las armas nucleares son . . . para un país.

   esenciales _____ importantes _____
   peligrosas _____ inútiles _____

3. ¿Haces algún esfuerzo por reciclar materiales?

   latas de aluminio sí _____ no _____
   periódicos sí _____ no _____
   papel sí _____ no _____
   botellas sí _____ no _____

4. En cuanto a la contaminación, el control del gobierno sobre las fábricas es . . . .

   excesivo _____ adecuado _____
   insuficiente _____ no sé _____

5. ¿Le has escrito una carta a algún político sobre la contaminación?

   sí _____ no _____

6. La extinción de especies de animales . . . .

   afecta mucho al hombre _____
   afecta poco al hombre _____

7. ¿Haces algo por reducir la cantidad de contaminación?

   no usar plástico _____
   tener un coche económico _____
   no usar fluorocarburos (productos aerosoles) _____
   reusar bolsas de papel o de plástico _____
   no comprar verduras y frutas en paquetes _____
   otras cosas ______________________________

Actividad 9: La basura

Hay gente que dice que se conoce un país por su basura. En grupos de cuatro, hablen sobre los siguientes temas:

1. ¿Cuál es la multa *(fine)* por tirar basura en las calles o en las carreteras de su estado?
2. Alaska y otros estados han sufrido grandes derrames *(spills)* de petróleo que han afectado la ecología del área. ¿Qué sugerencias pueden dar Uds. para evitar estos desastres? ¿Quién debe tener la responsabilidad de limpiar los derrames que ocurran?
3. Una compañía en Beverly Hills, California, empaca *(packs)* y vende la basura de muchos de sus vecinos famosos. ¿Qué piensan Uds. de esto? ¿Creen que es diferente esa basura a la de otros lugares? ¿Por qué?
4. ¿Debe hacer más el gobierno para promocionar el transporte público? ¿Y para buscar alternativas a la gasolina?

Hacia la comunicación I

I. Expressing Pending Actions: The Subjunctive in Adverbial Clauses

Before studying the grammar explanation, answer this question:

- Which of the following sentences refers to an action that may occur in the future?
  a. **Cuando llegue a España quiero conocer a su familia.**
  b. **Cuando llegué a España quería conocer a su familia.**

Remember: After a preposition, use an infinitive: **Después de llegar a casa ...**

1. To express *habitual* actions or to *report* actions that have already happened, use the indicative with adverbial conjunctions such as **cuando, después de que,** and **hasta que.**

HABITUAL

Siempre preparo la cena **cuando llego** a casa.	*I always prepare dinner when I get home.*
Preparaba la cena **cuando llegaba** a casa.	*I used to (would) prepare dinner when I got home.*

REPORTING

Preparé la cena **cuando llegué** a casa.	*I prepared dinner when I got home.*

2. To express future intentions or actions that have not occurred yet and are *pending*, use the subjunctive with **cuando, después de que,** and **hasta que.**

PENDING

Voy a preparar la cena **cuando llegue** a casa.	*I'm going to prepare dinner when I get home.*
¿Qué vas a hacer mañana **después de que** me **llames**?	*What are you going to do tomorrow after you call me?*
Vamos a trabajar **hasta que terminemos.**	*We'll work until we finish.*

NOTE: No change of subject is necessary when these adverbial conjunctions are followed by the subjunctive.

II. Making Suggestions: *Let's . . .*

1. When you want to suggest that someone do something with you, use a **nosotros** command, which is identical to the subjunctive form.

Let's go = **vámonos** or **vamos**

Ya es tarde. **Volvamos** a casa.	*It's late already. Let's go home.*
¡**Hagámoslo** ahora!	*Let's do it now!*
No le **digamos** nada a Isabel.	*Let's not tell Isabel anything.*

2. When the **nosotros** command is followed by **se** or by the reflexive pronoun **nos,** drop the final **-s.**

¿Vamos a prepararle la comida? ⟶ Sí, **¡preparémosela!**
¿Quieres que nos levantemos? ⟶ Bien, **¡levantémonos!**

BUT:

¿Vamos a preparar la comida? ⟶ Sí, **¡preparémosla!**
¿Quieres que lo levantemos? ⟶ Sí, **¡levantémoslo!**

III. Requesting Information: *¿Qué?* and *¿Cuál/es?*

1. In most cases, the uses of **¿qué?** *(what?)* and **¿cuál/es?** *(which?)* are similar in Spanish and English.

¿**Qué** pasa?	*What's going on?/What's up?*
¿**Qué** tienes?	*What do you have?/What's the matter?*
¿**Cuál** prefieres?	*Which do you prefer?*
¿**Cuáles de** tus amigas son uruguayas?	*Which of your friends are Uruguayan?*

2. Both **¿qué?** and **¿cuál?** followed by the verb **ser** express *what.*

Use **¿qué + ser . . . ?** only when asking for a *definition*, an *identification*, or a *classification* (i.e., political affiliation, religion, nationality, etc.).

¿**Qué es** antropología?	*What is anthropology? (definition)*
¿**Qué es**?	*What is it? (identification)*
¿**Qué eres**, demócrata o republicano?	*What are you, a Democrat or a Republican? (classification)*

Use **¿cuál/es + ser . . . ?** in all other cases.

¿**Cuál es** la tarea para mañana?	*What is the homework for tomorrow?*
¿**Cuál es** el país más grande de Hispanoamérica?	*What is the largest country in Hispanic America?*
¿**Cuáles son** tus pasatiempos favoritos?	*What are your favorite pastimes?*

3. Use **qué** when a noun follows: **¿qué** + *noun* . . . ?

Do mechanical drills, Workbook, Part I.

¿**Qué idiomas** hablas?	*What/Which languages do you speak?*
¿En **qué país** nacieron tus padres?	*In what/which country were your parents born?*

Actividad 10: Tus planes futuros

Termina estas frases y después, pregúntales a algunos compañeros cuáles son sus planes para el futuro.

1. Después de que termine los estudios universitarios . . .
2. Voy a trabajar hasta que . . .
3. Cuando tenga cincuenta y cinco años . . .

Actividad 11: Los padres de Juan Carlos

Juan Carlos le describe su familia al Sr. Ruiz. Completa el párrafo que sigue con la forma y tiempo correctos de los verbos entre paréntesis.

Remember: After a preposition, use the infinitive.

Mis papás se casaron cuando ________ (tener) veinticinco años. Yo nací cuando mi mamá ________ (tener) veintinueve años. Después de ________ (tener) a mis cuatro hermanos menores, mi mamá ________ (dejar) de trabajar. Mi papá es abogado y trabajó quince años con la misma compañía hasta que ________ (cambiar) de trabajo y empezó a trabajar para el gobierno. Dice que cuando ________ (cumplir) sesenta y dos años va a dejar de trabajar, pero hasta que yo no lo ________ (ver) no voy a creerlo porque es un hombre que vive para el trabajo. Dice que después de que ________ (dejar) de trabajar, va a hacer cruceros por el Caribe en los inviernos.

Actividad 12: ¿Y tu familia?

En parejas, después de leer la descripción de la familia de Juan Carlos, hablen con su compañero/a sobre su familia y sus planes para el futuro.

Actividad 13: ¡Sorpresa!

En grupos de tres, Uds. van a planear una fiesta de sorpresa *(surprise)* para un/a amigo/a que se va a casar. Den sugerencias.

✷ Invitemos a todo el mundo.
Alquilemos un salón en un restaurante.

Actividad 14: Un día de viaje

En grupos de tres, Uds. están en la ciudad de Guatemala por un solo día y tienen que aprovechar *(take advantage of)* el tiempo. Lean el siguiente folleto sobre la ciudad y decidan qué van a hacer.

✷ Veamos . . . Visitemos . . .

MUSEOS

- **Museo Nacional de Arqueología y Etnología** Parque Aurora, Zona 13. Trajes típicos de Guatemala. Modelo de Tikal. Esculturas, cerámicas, textiles, colección de máscaras. Excelente colección de jade. Entrada: *$4,00.
- **Museo Nacional de Historia** Parque Aurora, Zona 13. Colección de animales y pájaros embalsamados. Mariposas. Especímenes geológicos. Entrada gratis.
- **Popol Vuh. Museo de Arqueología** La Reforma 8-60, Zona 9. Amplia colección de artefactos precolombinos y coloniales. Entrada: *$1,20 (estudiantes $0,40). $5,00 por tomar fotografías.

* precios en dólares norteamericanos

RESTAURANTES

- **El Rodeo** Avenida 7, 14-84, Zona 9. Bistecs excelentes. **$**
- **Hola** Avenida Las Américas, Zona 14. Comida francesa e italiana. **$$**
- **Los Antojitos** Calle 17, 6-28, Zona 1. Comida regional (bananas, aguacates, sopa, pollo, arroz, frijoles negros). Música. **$$$**
- **Señor Sol** Calle 5, 11-32, Zona 1. Comida vegetariana. **$**

IGLESIAS

- **Catedral** Calle 8 y Avenida 7. Se terminó de construir en 1815. Fue dañada por un terremoto en 1976. Pinturas y estatuas de la ciudad de Antigua.
- **San Francisco** Avenida 6 y Calle 13, Zona 1. Escultura de la Cabeza Sagrada, originalmente de Extremadura. Interesante museo con pinturas.
- **Capilla de Yurrita** Ruta 6 y Vía 8. Zona 4. Construida en 1928. Estilo de iglesia ortodoxa rusa.

TIENDAS ARTESANALES

- **La Momosteca** Avenida 7, 14-48, Zona 1. Textiles y objetos de plata.
- **La Placita** Calle 18 y Avenida 5. Ropa y maletas de cuero.
- **Mercado del Sur** Avenida 6, 19-21, Zona 1. Mercado de comidas, sección de artesanías.
- **Pasaje Rubio** Calle 9, cerca de Avenida 6. Objetos de plata y monedas.

Qué + **ser** = definition, identification, classification
Cuál + **ser** = all other cases

Actividad 15: La entrevista estudiantil

Completa las siguientes preguntas usando **qué** o **cuál/es.** Luego entrevista a tres compañeros de la clase que no conozcas bien sobre sus estudios académicos, usando las preguntas que completaste. Háblale sobre las respuestas al resto de la clase.

De carrera = undergraduate; **de posgrado** = graduate student.

1. ¿__________ eres, estudiante de carrera o de posgrado?
2. ¿__________ asignaturas tienes este semestre?
3. ¿__________ es tu clase favorita?
4. ¿__________ son las clases más difíciles?
5. ¿__________ problemas tuviste al llegar a la universidad?
6. ¿__________ piensas hacer cuando termine el semestre?
7. ¿__________ son tus planes para el futuro?

Actividad 16: Cultura general

En parejas, preparen un examen de quince preguntas sobre cultura general para luego averiguar el nivel de cultura de la clase. Después de preparar el examen, dénselo a algunos compañeros para que lo hagan.

✷ ¿Cuál es la capital de Honduras?
¿Qué idiomas se hablan en Guatemala?

Nuevos horizontes

Estrategia de lectura: *Mind Mapping*

Mind mapping is a way of brainstorming before you read a text in order to activate your background knowledge and predict the contents of a reading selection. To apply this technique, you start with a key concept and jot down related ideas in different directions radiating from the key concept. This technique lets your mind run freely to tap whatever is stored in it. In the following example you can see how the mind mapping technique was applied to the word **hogar** *(home).*

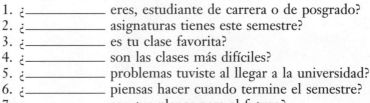

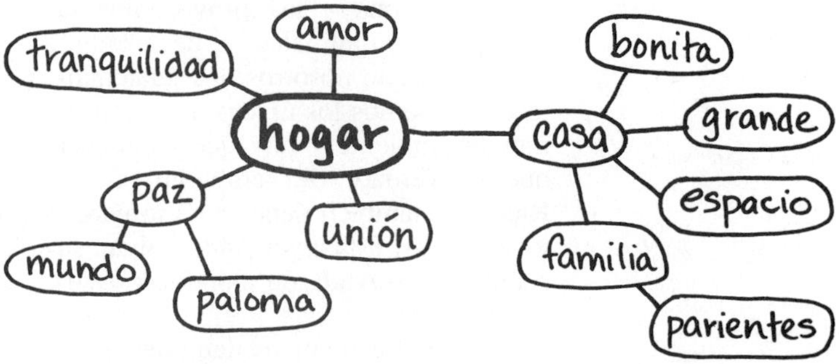

Actividad 17: El mapa mental

En parejas, hagan un mapa mental con la palabra **ecología** y luego compártanlo con el resto de la clase. Después piensen en los temas relacionados con este concepto que puedan aparecer en el siguiente texto sobre la ecología en Hispanoamérica. Finalmente, lean el texto para confirmar sus predicciones.

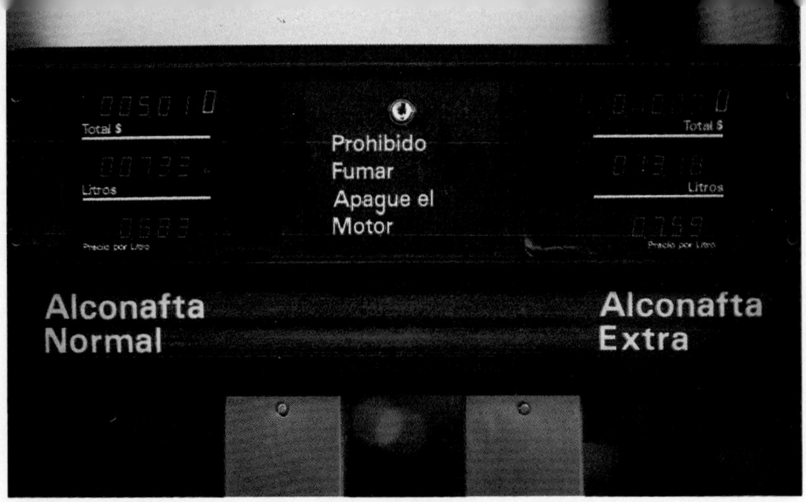

(Izquierda) Esta gasolinera argentina ofrece alconafta, combustible hecho de caña de azúcar. (Derecha) Selva, Costa Rica.

Carta abierta a los hermanos hispanoamericanos

Como ciudadano de Hispanoamérica considero que tengo la obligación de pedirles a los gobernantes que hagan algo para salvar nuestra tierra antes de que sea demasiado tarde. Para modernizarnos e intentar convertirnos en países desarrollados necesitamos la tecnología, pero esta tecnología que trae avances constantes muchas veces destruye nuestros recursos naturales.

Tomemos Guatemala, por ejemplo. ¿Por cuánto tiempo vamos a continuar destruyendo la selva tropical? Decimos que necesitamos esa área para criar animales y tener comida. ¿Pero a qué precio? Matamos las especies que ya habitan esa zona y así provocamos la extinción de animales y de plantas. Uds. dirán que nosotros, los guatemaltecos, no somos los únicos que destruimos el ambiente y hay que reconocer que es verdad. Sin embargo, Costa Rica, que también tiene este problema, lo admite y está intentando salvar su selva con la ayuda de científicos estadounidenses.

Usemos los recursos naturales, pero con moderación. ¿Qué va a ocurrir, por ejemplo, el día que se termine el petróleo mundial? El petróleo es un recurso, sí, pero como todo recurso tiene un límite. Si países latinoamericanos como Brasil y Argentina pueden obtener combustible para carros de la caña de azúcar, Guatemala, Honduras, Cuba y la República Dominicana pueden hacer lo mismo con su exceso de caña de azúcar y así reducir notablemente el consumo de petróleo. La fuente de energía que puede reemplazar de forma parcial el petróleo es la energía hidroeléctrica y su posibilidad de desarrollo en Hispanoamérica es gigantesca. Países ejemplares como Paraguay, Perú y Costa Rica lograron aumentar considerablemente su producción en la última década.

Debemos también tener cuidado con el uso de productos químicos que pueden destruir nuestro medio ambiente. Si seguimos abusando del uso de fluorocarburos (acondicionadores de aire, neveras, etc.) y se extiende el agujero en la capa de ozono sobre la Antártida, entonces Chile y Argentina van a ser los primeros en sufrir un aumento de radiación ultravioleta. ¿Qué significa esto? Miles de casos de enfermedades como cáncer de la piel y cataratas de los ojos. Debemos eliminar este peligro antes de que sea demasiado tarde.

¿Es éste el mundo que les queremos dejar a nuestros hijos? Por favor, tomemos conciencia.

Un ser humano preocupado

Actividad 18: Problemas y soluciones

En grupos de tres, contesten estas preguntas.

1. ¿Cuáles son los pros y los contras de la tecnología, según la carta? ¿Pasa lo mismo en los Estados Unidos? Si contestan que sí, ¿pueden dar algunos ejemplos específicos?
2. El autor dice que en Guatemala la destrucción de la selva provoca la extinción de animales y plantas. ¿Por qué destruyen la selva? ¿Pasa lo mismo en los Estados Unidos? Si contestan que sí, ¿dónde hay animales en peligro de extinción y por qué?
3. El autor dice que el petróleo se va a acabar algún día. ¿Qué alternativas ofrece él? ¿Pueden pensar en otras alternativas para los Estados Unidos?
4. En el cuarto párrafo, el autor habla de la contaminación producida por los productos químicos y de la extensión del agujero en la capa de ozono. ¿Qué productos que contribuyen a este problema se usan en los Estados Unidos? ¿Hay un agujero en la capa del ozono en el hemisferio norte?

Estrategia de escritura: *Mind Mapping*

The mind mapping technique described under the *Estrategia de lectura* section can also be used as a prewriting strategy. This is a useful way of generating ideas in a nonlinear and unstructured way. Once you finish your mind map, you choose the main ideas and organize them.

Actividad 19: La contaminación

En parejas, hagan un mapa mental con la palabra **progreso.** Luego escojan las ideas más interesantes y escriban individualmente un párrafo con estas ideas.

Lo esencial II

La personalidad

Associate these adjectives with friends or relatives to help you remember them.

agresivo/a aggressive
amable nice
ambicioso/a ambitious
cobarde cowardly
honrado/a honest
ignorante ignorant
orgulloso/a proud
perezoso/a lazy
sensato/a sensible
sensible sensitive
valiente brave

¿Cómo eres? ¿Te conoces bien a ti mismo?

1. Cuando tienes un problema, ¿lo confrontas o no haces nada?
2. Cuando cometes un error, ¿lo admites?
3. Cuando un amigo te habla de sus problemas, ¿lo escuchas?
4. Si necesitas un trabajo, ¿lo buscas activamente?

Actividad 20: ¿Cómo somos?

Escoge de la lista anterior la característica que más te describa, la que menos te describa y escríbelas. Escoge también una característica que describa a tu compañero/a y la que menos lo/la describa. Luego en parejas, comparen las palabras y digan por qué las seleccionaron.

Actividad 21: ¿Positivo o negativo?

En grupos de cinco, decidan cuáles de las palabras de la lista anterior representan defectos y cuáles representan cualidades deseables. ¿Es positivo o negativo ser orgulloso o ambicioso? ¿Creen que sea igual en otras culturas?

Actividad 22: Libertad de palabra

En los Estados Unidos hay democracia y por eso, se puede hablar libremente sobre los políticos. En parejas, den su opinión sobre el presidente, la primera dama y el vicepresidente del país.

Sí, mi capitán

El puerto de La Guaira, Venezuela.

dar una vuelta	to take a ride; to go for a stroll/walk
llevarse bien/mal (con alguien)	to get along/not to get along (with someone)

El grupo de turistas salió desde Guatemala para hacer un crucero por el Mar Caribe.

Actividad 23: Cierto o falso

Mientras escuchas el anuncio del capitán, marca si estas oraciones son ciertas (**C**) o falsas (**F**).

1. _____ Hace buen tiempo.
2. _____ Durante la conquista se exportaba plata desde La Guaira.
3. _____ La Guaira es una ciudad muy moderna.
4. _____ El Sr. Ruiz va a invitar a las personas del grupo a cenar esta noche porque es su cumpleaños.

Identifying oneself

Describing weather

Informing

¡Atención! ¡Atención! Señores pasajeros: Les habla el capitán Leyva. Espero que estén disfrutando del crucero y del agradable clima caribeño. Avanzamos a una velocidad promedio de quince nudos *(knots)* y, como les había prometido ayer, hoy tenemos un día claro y despejado, de sol brillante y poco viento y una temperatura de veintiocho grados centígrados: un día ideal para hacer una parada en La Guaira, Venezuela. La Guaira era el puerto exportador de cacao más importante durante la conquista, antes de convertirse en un centro no sólo de exportación sino también de importación. Hoy día, es el puerto más importante del país. Es una ciudad del siglo XVI y un lugar de mucho turismo. Tenemos un día para ir de compras, descansar en las playas cercanas y dar una vuelta por la ciudad antes de seguir para Caracas, que queda más o menos a una hora por autobús.

It is common in Spain for the person celebrating a birthday to invite others out.

Este . . . ¿cómo? . . . Un momento por favor . . . ¡Atención! Acaban de informarme que es el cumpleaños del Sr. Pancracio Ruiz, un miembro del grupo que se lleva muy bien con todo el mundo. Él quiere invitarnos a todos a tomar una copa esta noche en el Club Tanaguarenas. Le damos las gracias y le deseamos un feliz cumpleaños.

Thanking

Gracias por la atención prestada y espero que pasen un día muy agradable.

Actividad 24: ¿Comprendiste?

Después de escuchar el anuncio del capitán otra vez, contesta estas preguntas.

1. ¿Dónde van a hacer escala hoy?
2. ¿Cuál es la importancia de este lugar?
3. ¿Qué va a hacer el grupo allí?
4. ¿Por qué piensas que el capitán dice que el Sr. Ruiz se lleva muy bien con todo el mundo?
5. ¿Has viajado alguna vez en crucero? ¿Adónde fuiste? ¿Con quién?

¿LO SABÍAN?

El origen de los nombres de algunos países hispanoamericanos es muy variado. Por ejemplo, cuando llegaron los españoles a Venezuela, vieron casas construidas sobre pilotes *(stilts)* en el agua y recordaron a Venecia, en Italia. Por eso, llamaron a esa tierra Venezuela, que quiere decir "pequeña Venecia". Colón les dio su nombre a Puerto Rico y a Costa Rica porque cuando llegó a esos lugares vio que tenían una rica vegetación. Uruguay es una palabra indígena que quiere decir "río de los pájaros". Nicaragua lleva el nombre del jefe indígena que los españoles encontraron en esa región. ¿Sabes qué significan las palabras Colorado, Nevada, Montana y Texas?

Actividad 25: ¿Bien o mal?

En parejas, pregúntenle a su compañero/a el nombre de dos personas con quienes se lleva bien y dos personas con quienes se lleva mal y por qué. Pueden ser amigos, compañeros de trabajo, profesores, vecinos *(neighbors)*, etc.

Hacia la comunicación II

I. Talking About the Past: The Past Perfect

Before studying the grammar explanation, answer the following question:

Review formation of the past participle, Ch. 11 and 12.

- In the following sentence, which of the two highlighted actions happened first? **La Dra. Llanos, a quien *conocí* ayer cuando ya *había salido* el barco, es española.**

The past perfect tense is used to express a past action that occurred prior to another past action. To express this tense use the following formula:

haber (imperfect)		
había	habíamos	+ *past participle*
habías	habíais	
había	habían	

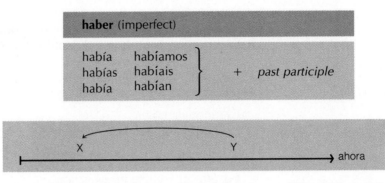

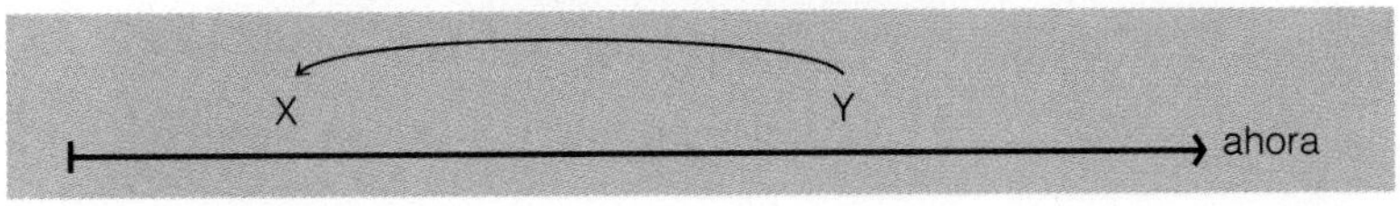

Ellos ya **habían llegado** cuando los llamé.	*They had already arrived when I called them.*
¿**Habías estudiado** para el examen de ayer?	*Had you studied for yesterday's exam?*
El barco ya **había salido** cuando llegaste.	*The ship had already left when you arrived.*

II. Other Uses of *Por*

1. **Por** is used to express rate or measurement.

Se vende la gasolina **por** litro.	*Gas is sold by the liter.*
La velocidad máxima es de 110 km **por** hora.	*The speed limit is 110 km an hour.*

2. **Por** is used with many common expressions.

por (pura) casualidad	by (pure) chance
por eso	that's why
por lo menos	at least
por si acaso	(just) in case
por suerte	luckily
por supuesto	of course

Llevemos abrigo **por si acaso** hace frío.	*Let's take coats in case it's cold.*
Por suerte llegué a tiempo.	*Luckily I arrived in time.*
Ellos tienen, **por lo menos,** un millón de dólares.	*They have at least a million dollars.*
¿**Por casualidad**, tienes tiempo para ayudarme?	*Do you, by any chance, have time to help me?*

III. Relating Ideas: The Relative Pronouns *Que, Lo que,* and *Quien*

1. Relative pronouns connect or relate two clauses and refer to a person or thing in the first clause. The most common relative pronoun is **que,** which can refer to both persons and things.

Note that relative pronouns have no accents.

La llama es un animal. La llama vive en los Andes.	La llama es un animal **que** vive en los Andes.
El señor llamó. El señor es ingeniero.	El señor **que** llamó es ingeniero.

2. To refer to a situation or occurrence in its entirety, use **lo que.**

Lo que me dijiste no es verdad.	*What (The thing that) you told me isn't true.*
Nos molestó **lo que** pasó esta mañana.	*What happened this morning bothered us. (The speaker knows what happened.)*

3. The relative pronoun **quien/es** is preferred after a preposition when referring to people.

Do mechanical drills, Workbook, Part II.

No conozco al chico con **quien** sales.	*I don't know the young man you are dating.*
¿Para **quiénes** es el dinero?	*Who is the money for?*

Actividad 26: La historia

En parejas, completen las dos oraciones que siguen. Después inventen cinco oraciones más que presenten una acción que ya había ocurrido cuando ocurrió otra.

1. John F. Kennedy ya ________________ (morir) cuando Neil Armstrong ________________ (llegar) a la luna.
2. La Guerra de Vietnam ya ________________ (terminar) cuando yo ________________ (nacer).

Actividad 27: ¿Una vida interesante?

En parejas, cuéntenle a su compañero/a tres cosas interesantes que ya habían hecho antes de empezar los estudios universitarios.

✷ Antes de empezar mis estudios universitarios ya había . . .

Actividad 28: Por supuesto

Completa estas situaciones de forma lógica, usando una expresión con **por.**

1. Odio a mi jefe/a y . . .
2. Para vivir bien económicamente hay que tener . . .

3. Mi hermana quiere ser una buena arquitecta . . .
4. No sé si va a nevar, pero . . .
5. Mi moto es muy rápida; puede ir a . . .
6. Yo sé que tengo razón y . . .
7. ¡Qué bueno! No tenía la tarea y . . .
8. Conocí a mi novio/a . . .

Actividad 29: 1492

Completa este párrafo sobre los conquistadores españoles con **que, lo que** o **quien/es.**

En el primer viaje __________ Cristóbal Colón hizo a América, llegó a una isla __________ él llamó La Española. Colón y sus hombres, para __________ fue una sorpresa encontrar una tierra fértil y bella, tomaron posesión de la isla en nombre de los Reyes de España, __________ habían pagado los gastos de la expedición. Hoy en día, en la isla hay dos países __________ son la República Dominicana y Haití. __________ es interesante es que en Haití no se habla español sino francés, aunque la isla es el lugar donde comenzó la dominación española de América.

Actividad 30: Esa cosa

Cuando no recuerdas o no sabes la palabra exacta para algo, necesitas describirlo. En parejas, usen **que** o **lo que** para explicar las palabras que buscan. Describan palabras de estas categorías: animales, medicina, partes del carro, ropa y comida.

✷ A: Es un líquido que le echamos al carro.
B: Ah, la gasolina.

A: Es lo que usas en el carro cuando llueve.
B: Ah, el limpiaparabrisas.

Actividad 31: Describiendo

En parejas, cuéntenle a su compañero/a sobre un/a nuevo/a amigo/a que tienen, completando las siguientes frases. Usen la imaginación.

Conocí a un/a chico/a que . . .
Lo que más me gusta de él/ella . . .
Es una persona que . . .
No sé lo que . . .
Creo que es una persona a quien . . .

Actividad 32: Comentando

En grupos de tres, hablen sobre la conservación del medio ambiente. Usen frases como **lo que más me preocupa es/son . . . , los países que . . . , los animales que . . .** y **lo que hay que hacer es . . .** , etc.

Actividad 33: Antes, ahora y después

En los últimos cincuenta años la tecnología ha avanzado muy rápidamente. Cuando nuestros abuelos tenían quince años no había ni calculadoras electrónicas ni personas viajando por el espacio ni teléfonos en los carros. Escribe una composición sobre la tecnología. Sigue este bosquejo.

Hay = there is/are; **había** = there was/were.

I. La tecnología que ya existía cuando tú naciste
Usa oraciones como **Cuando nací ya habían inventado las computadoras, pero no había computadoras personales.**

II. La tecnología actual
Usa oraciones como **Ahora es muy común tener una computadora personal que nos ayuda en el trabajo.**

III. La tecnología del siglo XXI
Usa oraciones como **En el año 2010, cuando tenga . . . años, es posible que no exista el dinero en efectivo. Lo que vamos a tener son tarjetas de crédito de láser.**

Vocabulario funcional

LOS ANIMALES

Ver páginas 398–399.

EL MEDIO AMBIENTE

la basura	*garbage*
la conservación	*conservation*
conservar	*to conserve, preserve*
la contaminación	*pollution*
la destrucción	*destruction*
destruir	*to destroy*
la ecología	*ecology*
en peligro	*in danger*
la energía	*energy*
nuclear	*nuclear*
solar	*solar*
la extinción	*extinction*
la fábrica	*factory*
la lluvia ácida	*acid rain*
el reciclaje; reciclar	*recycling; to recycle*

LA PERSONALIDAD

Ver página 409.

EXPRESIONES CON **POR**

Ver página 413.

PALABRAS Y EXPRESIONES ÚTILES

al + *infinitive*	*upon* + -ing
dar una vuelta	*to take a ride; to go for a stroll/walk*
llevarse bien/mal (con alguien)	*to get along/not to get along (with someone)*
Me cae (la mar de) bien.	*I like him/her a lot.*
Me cae mal.	*I don't like him/her.*
nacer	*to be born*
tan	*so*

CAPÍTULO

16

Vista del Parque Central de Caracas, Venezuela. ¿Sabes cuál es la mayor fuente de riqueza de Venezuela?

Chapter Objectives

- Discussing photography and camera equipment
- Establishing job requirements and discussing benefits
- Expressing future plans
- Expressing hypothetical actions
- Expressing probability in the present and past

Ya nos vamos . . .

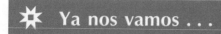

La playa de Macuto cerca de La Guaira, Venezuela.

dejar boquiabierto (a alguien)	to leave (someone) dumbfounded
es hora de + *infinitive*	it's time + *infinitive*
antes que nada	before anything else

Es el último día del tour y Juan Carlos y Álvaro están en la playa de La Guaira aprovechando los últimos momentos de descanso antes de regresar esta noche a España con el grupo de turistas.

Actividad 1: Temas principales

Mientras escuchas la conversación, indica los temas que se mencionan.

_____ el clima del Caribe
_____ civilizaciones indígenas
_____ la falta de industria en Venezuela
_____ lo aburrido que es Caracas
_____ la vida nocturna de Caracas
_____ los problemas médicos de Álvaro

Speaking hypothetically

Discussing the future

Generalizing

Expressing amazement

Reporting

JUAN CARLOS Y se acaban las vacaciones . . . ¿Tú tienes ganas de regresar a España? Por mi parte, yo preferiría quedarme aquí, disfrutando unos días más de la playa y el sol del Caribe.

ÁLVARO Yo tampoco tengo ganas de volver a la rutina diaria y, además, me ha encantado conocer estos países. Tendré que volver pronto para conocer otros.

JUAN CARLOS Ya sabía yo que te gustaría. Pero, dime, ¿qué fue lo que más te gustó?

ÁLVARO No sé . . . Sería difícil decidir. Lo más fascinante y lo nuevo para mí fueron las ruinas indígenas de México y Guatemala. México me pareció increíble por su variedad en todo: comida, gente . . . y los colores . . . colores por todas partes. Pero me encantó todo. Por ejemplo, ayer en Caracas lo que más . . .

JUAN CARLOS ¿Sabes lo que me sorprendió a mí? Yo nunca me había dado cuenta de que en Venezuela la industria nacional es algo relativamente nuevo y que . . .

ÁLVARO Pero, hombre, es lógico, porque con los petrodólares antes podían importarlo todo; en cambio, ahora que el precio del petróleo ha bajado tienen que diversificar su economía; pero, como te iba a decir, lo que me dejó boquiabierto fue ver lo cosmopolita que es Caracas. ¡Qué de restaurantes y vida nocturna! Y . . . toda esa experiencia gracias a don Alejandro.

JUAN CARLOS Trabajar con el grupo ha sido una experiencia magnífica, aunque hay que ser muy diplomático.

ÁLVARO ¡Ya lo creo! Especialmente con la Dra. Llanos y el Sr. Ruiz . . . , pero, es hora de volver. Cuando llegue a España, antes que nada tengo que ir al oculista . . .

JUAN CARLOS De verdad, ¡qué mala suerte tienes! Primero te molesta la muela y ahora se te pierde el lente de contacto . . . Sí, será mejor que lleguemos pronto porque quién sabe qué más te pasará. ¡Ay, Dios mío! Mira qué hora es y yo le prometí al Sr. Ruiz que iría . . .

ÁLVARO Y hablando del rey de Roma . . . Ahí viene el Sr. Ruiz.

JUAN CARLOS ¡Por Dios! Mira el traje de baño que lleva y como siempre, sacándoles fotos a las chicas.

ÁLVARO ¡Qué barbaridad! ¡Ese traje tiene más colores que todo México!

Actividad 2: ¿Comprendiste?

Después de escuchar la conversación otra vez, contesta estas preguntas.

1. ¿Quieren volver a España Juan Carlos y Álvaro?
2. ¿Qué es lo que más le gusta a Álvaro?
3. ¿Por qué Venezuela ha tenido que diversificar su industria?
4. ¿Qué tiene que hacer Álvaro en cuanto llegue a España?
5. ¿Crees que les gustó a los muchachos viajar con el grupo? ¿Te gustaría viajar a Hispanoamérica con un grupo de turistas?

Actividad 3: Lo mejor

En grupos de cuatro, decidan qué fue lo mejor y lo peor de todo el viaje para los muchachos y para los turistas. Usen frases como **lo más divertido fue . . . ; ahora, lo triste es . . . ; lo peor era que . . . ;** etc.

¿LO SABÍAN?

A lo largo de este libro se han visto muchos dichos y refranes *(proverbs)* que son parte de la cultura hispana. Cuando Álvaro y Juan Carlos están hablando del Sr. Ruiz, Álvaro lo ve venir y dice **"Hablando del rey de Roma (pronto asoma** [*he soon shows up*])". Usa la imaginación y trata de explicar los siguientes dichos:

1. Llama al pan, pan, y al vino, vino.
2. El dar es honor y el pedir, dolor.
3. Quién más tiene, más quiere.
4. Más vale estar solo que mal acompañado.
5. Es más viejo que la moda de andar a pie.

Actividad 4: ¿Sabes el refrán?

Aquí hay más refranes populares. Intenta completarlos con una terminación lógica de la segunda columna.

En boca cerrada	corazón que no siente.
Dime con quién andas	hay sólo un paso.
Ojos que no ven	no entran moscas.
Del odio al amor	que nunca.
Quien mucho duerme	y te diré quién eres.
Más vale tarde	poco aprende.

Ahora, en parejas, inventen situaciones para cada refrán. Por ejemplo:

✱ John no sabía que Carla ya no sale con Pete y le preguntó por él delante de su nuevo novio.

Lo esencial I

En la óptica

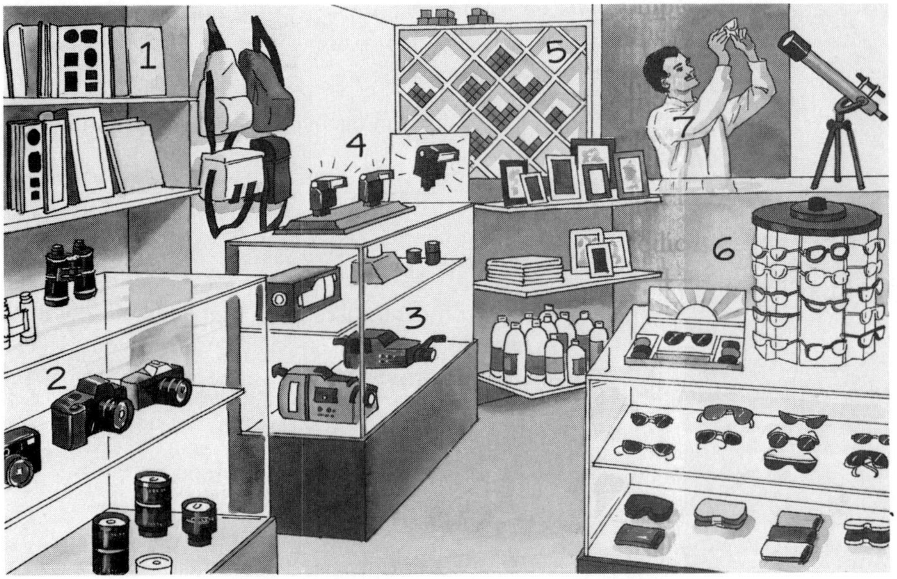

In some Hispanic countries it is common for optical stores to sell cameras and develop film.

1. el álbum (de fotos)
2. la cámara/máquina de fotos
3. la cámara de vídeo
4. el flash
5. el rollo/carrete
6. las gafas/los anteojos
7. el/la oculista

OTRAS PALABRAS RELACIONADAS

blanco y negro; color black and white; color
la diapositiva slide
enfocar to focus
el enfoque focus
los lentes de contacto (blandos/duros) contact lenses (soft/hard)
la pila battery
revelar (fotos) to develop (photos)
sacar fotos to take pictures

¿LO SABÍAN?

En todas las lenguas hay "frases hechas" que a menudo son iguales o parecidas en varios idiomas. Sin embargo, si miras la lista que sigue, verás unas diferencias curiosas entre algunas frases hechas del español y del inglés.

agua y jabón
besos y abrazos
blanco y negro
de pies a cabeza
huevos y jamón
perros y gatos
tarde o temprano
vivo o muerto

¿Cuáles son las expresiones correspondientes en inglés?

Actividad 5: Entrevistas

Habla con diferentes personas de la clase y escribe el nombre de las personas que usen o necesiten las siguientes cosas. Usa preguntas como **¿Cuándo usas anteojos?, ¿Usas anteojos sólo para leer?**, etc.

Busca personas que . . .

1. usen anteojos sólo para leer
2. usen lentes de contacto blandos
3. usen lentes de contacto duros
4. usen anteojos para ver a distancia
5. usen anteojos para manejar
6. no usen anteojos

UNICENTRO de la Visión

Garantizado por la Organización OB Behrens

tiene la recomendación cariñosa: regale ANTEOJOS.
Los tenemos de todas las marcas y de todos los precios
para DAMAS o CABALLEROS.
Venga antes de que sea tarde!
vea nuestra colección de anteojos de sol y monturas.

Actividad 6: Los consejos fotográficos

En grupos de cuatro, escriban un mínimo de cuatro consejos para sacar una buena foto.

✱ Hay que revisar las pilas.

Actividad 7: Las quejas

En parejas, "A" trabaja en una óptica y cubre el Papel B. "B" es un/a cliente y cubre el Papel A. El/La cliente recibe unas fotos que salieron bastante mal. Lean sólo las instrucciones para su papel.

PAPEL A

Trabajas en una óptica en México y revelas fotos. A veces los clientes te culpan *(blame)* por revelar mal las fotos, pero usas máquinas automáticas para hacer el revelado. Muchas veces son ellos los que no sacan bien las fotos. Ahora viene un/a cliente a buscar sus fotos, que no son muy buenas. Es evidente que la persona que las sacó no es muy buen fotógrafo: una foto tiene poca luz y otra está borrosa *(blurry)*.

PAPEL B

Estás haciendo turismo en México y ayer dejaste un rollo de fotos para revelar en una óptica. Hoy, al recibirlas, ves que las fotos salieron mal y tú piensas que las revelaron mal. Habla con el/la dependiente/a para quejarte; empieza diciendo, **Estas fotos están horribles . . .**

✱ Hacia la comunicación I

I. Expressing the Future: The Future Tense

Before studying the grammar explanation, answer the following question based on the conversation:

- Álvaro says, **"Tendré que volver pronto . . . "**, and Juan Carlos says, **"Sí, será mejor que lleguemos pronto . . . ."** Can you think of another way to say these sentences?

As you have already seen, the future may be expressed with the present indicative or with the construction **ir + a +** *infinitive:* **Te veo mañana. Voy a ver a mi padre mañana.** The future may also be expressed with the future tense. To form the future tense, add the following endings to all verbs **(-ar, -er, -ir):**

Note that the **nosotros** form has no accent.

mirar	
mirar**é**	mirar**emos**
mirar**ás**	mirar**éis**
mirar**á**	mirar**án**

traer	
traer**é**	traer**emos**
traer**ás**	traer**éis**
traer**á**	traer**án**

ir	
ir**é**	ir**emos**
ir**ás**	ir**éis**
ir**á**	ir**án**

El año que viene, Teresa y Marisel **irán** a Suramérica. — *Teresa and Marisel will go to South America next year.*

Si el vuelo llega a tiempo, Juan Carlos **comerá** con Claudia. — *If the flight arrives on time, Juan Carlos will eat with Claudia.*

The following groups of verbs have an irregular stem in the future tense, but use the same endings as regular verbs.

Drop *e* from infinitive	**Change *e* or *i* in infinitive to *d***	**Drop *e* and *c* from infinitive**
haber ⟶ **habr**é	poner ⟶ **pondr**é	decir ⟶ **dir**é
poder ⟶ **podr**é	salir ⟶ **saldr**é	hacer ⟶ **har**é
querer ⟶ **querr**é	tener ⟶ **tendr**é	
saber ⟶ **sabr**é	venir ⟶ **vendr**é	

Hay = there is/are
Habrá = there will be

Habrá muchos amigos esperando a los turistas. — *There will be many friends waiting for the tourists.*

Si Álvaro llega hoy, él y Diana **saldrán** a cenar esta noche. — *If Álvaro arrives today, he and Diana will go out to eat tonight.*

II. Expressing Hypothetical Actions and Reporting: The Conditional

The conditional tense may be used to express something that you would do in a hypothetical situation. It is also used to report what someone has said. The formation of this tense is similar to the future tense in that it adds the same endings to all verbs **(-ar, -er, -ir).**

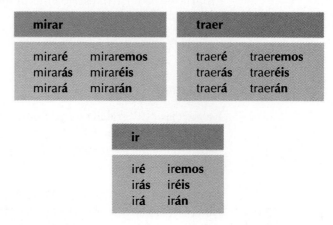

The conditional endings are the same as those of imperfect **-er** and **-ir** verbs. Unlike the imperfect endings, they are added to an irregular stem or to the infinitive.

mirar	
mirar**ía**	mirar**íamos**
mirar**ías**	mirar**íais**
mirar**ía**	mirar**ían**

traer	
traer**ía**	traer**íamos**
traer**ías**	traer**íais**
traer**ía**	traer**ían**

ir	
ir**ía**	ir**íamos**
ir**ías**	ir**íais**
ir**ía**	ir**ían**

Yo creía que **irías** al aeropuerto a esperar a Juan Carlos.
I thought you would go to the airport to wait for Juan Carlos. (hypothetical)

Álvaro me dijo que me **traería** unos aretes de jade mexicano.
Alvaro told me that he would bring me some Mexican jade earrings. (reporting)

The following groups of verbs have the same irregular stems in the conditional as they do in the future.

Hay = there is/are
Habría = there would be

Infinitive	Stem	Conditional
haber	habr-	**habr**ía
poder	podr-	**podr**ía
querer	querr-	**querr**ía
saber	sabr-	**sabr**ía
poner	pondr-	**pondr**ía
salir	saldr-	**saldr**ía
tener	tendr-	**tendr**ía
venir	vendr-	**vendr**ía
decir	dir-	**dir**ía
hacer	har-	**har**ía

Con el dinero que gana en la agencia, Teresa **podría** ir a Puerto Rico.
—No sé qué **haría** sin ella —dijo Juan Carlos.

With the money she earns at the agency, Teresa could (would be able to) go to Puerto Rico.
"I don't know what I would do without her," said Juan Carlos.

III. Describing: *Lo* + Masculine Singular Adjective

To characterize something in a general or abstract way, use the neutral article **lo** with a masculine singular adjective.

Lo bueno es que regresaron sin problemas.	*The good thing is that they returned without any problems.*
Lo más **interesante** del viaje fue la gente.	*The most interesting part of the trip was the people.*
Lo difícil para los españoles era la comida mexicana picante.	*The difficult thing for the Spaniards was the hot Mexican food.*

After studying the preceding examples, answer the following question:

- What does the title of the movie, ***Lo bueno, lo malo y lo feo*** with Clint Eastwood, mean in English? What would it mean if it were ***El bueno, el malo y el feo***?

Do mechanical drills, Workbook, Part I.

Actividad 8: Predicciones

En parejas, digan quiénes del grupo van a hacer estas acciones cuando el grupo de turistas regrese a España.

1. Irá al oculista.
2. Llamará a Claudia.
3. Saldrá con Juan Carlos.
4. Hablarán con don Alejandro.
5. Le dará un vestido a su hija.
6. No volverá a ver al Sr. Ruiz.

Actividad 9: ¿Qué pasará?

Todos los años Jean Dixon hace sus predicciones para el año siguiente. ¿Qué va a predecir Jean Dixon para el año que viene? En parejas, preparen diez predicciones para personas famosas y para el país en general.

✱ Liz Taylor se divorciará otra vez.
El Presidente de los Estados Unidos irá a Perú.

Actividad 10: La buena fortuna

En parejas, "A" predice el futuro; "B" no cree en estas cosas, pero de todos modos, visita a "A" para divertirse. "A" va a predecir la vida amorosa, el número de hijos, el trabajo, la salud, etc., de "B". Al terminar, cambien de papel.

Actividad 11: El "qué dirán"

La opinión de otros afecta a muchas personas. En muchos países hispanos, como en los Estados Unidos, la opinión de los vecinos es importante. En parejas, imagínense que Uds. viven en un pueblo pequeño. Si hacen las siguientes cosas, ¿qué harán los vecinos?

✷ si cuelgan *(hang)* la ropa delante de la casa
Si colgamos la ropa delante de la casa, los vecinos protestarán.

1. si tienen muchas fiestas en su casa
2. si pintan el exterior de la casa de color morado
3. si ponen flamencos rosados de plástico delante de la casa
4. si sus hijos tienen un conjunto de rock y ensayan *(rehearse)* en el garaje con la puerta abierta
5. si tienen un gran danés que ladra *(barks)* a toda hora

Actividad 12: Mentiras inocentes

¿Has mentido alguna vez para evitar problemas o por el bien de otra persona? Decide qué harías en las siguientes situaciones. Después, en parejas, compartan las respuestas con su compañero/a.

✷ Acabas de comprar algo y el dependiente te da el cambio; te das cuenta de que hay $10 de más.

a. decírselo al dependiente   c. algo diferente
b. darle las gracias

Yo le diría que me dio $10 de más. / Sería honesto/a y devolvería el dinero. / Le daría las gracias y saldría. / (etc.)

For hypothetical situations, use the conditional.

1. Vuelves de un viaje por México y traes diez botellas de tequila en el carro; el agente de aduanas te pregunta si traes alcohol.
   a. decirle que sí   c. algo diferente
   b. decirle que no
2. Tu esposo/a se está muriendo de cáncer, pero él/ella no lo sabe.
   a. decirle la verdad   c. algo diferente
   b. no decirle nada
3. Un policía te detiene porque tú manejabas a 125 kilómetros por hora y el límite de velocidad es 100.
   a. pedirle perdón por tu error   c. algo diferente
   b. decirle que ibas a 105
4. Un niño de cuatro años te dice que su hermana mayor le dijo que Santa Claus no existía.
   a. explicarle la verdad   c. algo diferente
   b. decirle que su hermana le mintió

125 kilómetros por hora = 80 mph

5. Sabes que un amigo casado está saliendo con otra mujer.
   a. no hacer nada
   b. hablar con él
   c. algo diferente
6. Tu mejor amigo/a va a estar en tu ciudad el viernes y Uds. quieren pasar el día juntos, pero tú tienes que trabajar.
   a. explicarle la verdad a tu jefe/a
   b. llamar al trabajo por la mañana y decir que estás enfermo/a
   c. algo diferente

Actividad 13: Los críticos

En parejas, escojan una película muy interesante que Uds. dos hayan visto y comenten distintos aspectos de la película. Usen expresiones como **lo bueno, lo malo, lo inesperado, lo interesante, lo cómico, lo triste, lo peor de todo,** etc.

✷ Lo mejor fue el final porque . . .
Lo más divertido fue cuando . . .

Actividad 14: El dilema

Hay problemas con el motor de un avión y el avión se está cayendo. Hay ocho pasajeros y un piloto, pero sólo hay cuatro paracaídas *(parachutes)*. En grupos de cuatro, lean las descripciones de las personas y decidan a quiénes les darían Uds. los paracaídas y por qué.

✷ Lo importante es que Antonio Sánchez tiene tres hijos; por eso le daría uno de los paracaídas.

1. Antonio Sánchez: 44 años, piloto, casado y con tres hijos
2. Pilar Tamayo: 34 años, soltera, doctora famosa por sus investigaciones sobre métodos anticonceptivos
3. Lola del Rey: 23 años, soltera, actriz; fue Miss Ecuador y salió segunda en el concurso de Miss Universo; hizo viajes con Bob Hope cantando para los soldados
4. Tommy González: 10 años, estudiante de cuarto grado, jugador de fútbol
5. Angustias Ramírez: 63 años, casada, con cinco hijos y siete nietos, abuela de Tommy González; ayuda a los pobres en un programa de la iglesia
6. Enrique Vallejo: 46 años, divorciado, con tres hijos, político importante, liberal, líder del movimiento laboral
7. El padre Pacheco: 56 años, cura católico de una iglesia para trabajadores migratorios, fundador del programa E.S.D. (Escuela sin drogas), una escuela para jóvenes que eran drogadictos
8. Lulú Camacho y Víctor Robles: 25 y 28 años, dos atletas que se dedican a levantar pesas y participan en competencias internacionales; hacen anuncios en la televisión para el Club Cuerposano

Nuevos horizontes

Estrategia de lectura: *Understanding the Writer's Purpose*

In writing a text, the writer chooses a purpose (informing, convincing, entertaining, etc.) and an audience (teachers, researchers, teenagers, etc.). He/She usually keeps the purpose and audience in mind when writing the text, in order to both achieve this purpose and to gear the level of discussion to the reader's knowledge. Therefore, when deciding whether to read a text, it is advisable to skim it to find out whether you are part of the intended audience.

Actividad 15: Preguntas

Antes de leer los artículos, contesta estas preguntas.

1. ¿Sabes qué exportan los Estados Unidos?
2. ¿Cuáles son los principales recursos económicos de este país?
3. ¿Sabes cuáles son algunos de los recursos económicos de los países hispanos?
4. ¿Sabes cuál es el problema económico que más afecta a Hispanoamérica?
5. ¿Cuál es el recurso más importante de Venezuela?

Actividad 16: Propósito y tono

Lee los tres textos relacionados con la economía hispana y busca cuál es el propósito de los diferentes autores (informar, entretener, convencer, etc.) y qué tono usan (serio, gracioso, irónico, etc.). Luego, di cuáles serían algunos posibles lectores de estos textos.

Recortes de periódico

La Señora Inflación

La gente se pregunta cómo podemos vivir con la Señora Inflación y nosotros contestamos: "No sé, pero con ella vivimos". Es verdad, la vemos todos los días por todos lados. Si vemos algo que nos gusta en una tienda, no dudamos en comprarlo inmediatamente porque sabemos que mañana viene la señora y le sube el precio. Por la mañana hay que estar bien despierto al tomar el autobús porque no es extraño que el día anterior la señora haya decidido aumentar el precio y que el conductor nos mire con cara de "¡Ufa! Otro que no se enteró todavía del aumento". ¿Cómo vivimos con esta señora? No sé, pero sobrevivimos.

El turismo en el mundo hispano

El turismo internacional es la principal fuente de ingresos para España, donde entra un promedio de 53 millones de turistas por año. Para México, el turismo es la segunda fuente de ingresos después del petróleo y entra en el país un promedio anual de cinco o seis millones de turistas. Otros países que han estado fomentando la industria turística son Puerto Rico, la República Dominicana y Cuba, tres países caribeños que se caracterizan por sus bellísimas playas y clima tropical.

Un cuento sabroso

Si no fuera por el gusto exigente de los bebedores de café de Arabia Saudita, el pueblo guatemalteco de Cobán, al otro lado del mundo, estaría en problemas.

Cobán, capital de la región montañosa de Alta Verapaz en Guatemala, es la fuente de la mayor parte del cardamomo que consume el mundo árabe: una especia dulce, picante y sumamente aromática que se emplea en la cocina de la India. De hecho, el café del cardamomo, conocido en el mundo árabe como *kahwe hal*, es considerado un símbolo de hospitalidad en todo el Cercano Oriente.

En Cobán, famoso por su iglesia católica del siglo XVI y las ruinas mayas que se encuentran en los alrededores, prácticamente nadie habla árabe y ninguno de sus 125.000 habitantes pone cardamomo en el café. Sin embargo, todos conocen perfectamente la conexión que existe entre la especia y el mundo árabe. "El cardamomo es la base de nuestra economía, y Guatemala es el principal exportador del mundo", expresa Otto Chavarría, importante *cardamomero* y uno de los 200.000 guatemaltecos que viven directa o indirectamente de la producción de esta especia. "En esta provincia el cardamomo es más importante que el café".

Se requieren cuatro vainas para producir un cuarto de cucharada de semillas. Ello explica por qué el cardamomo es tan costoso. A pesar de los cambios de precio experimentados en los últimos años, a 6 dólares el kilogramo el cardamomo sigue siendo una de las especias más caras, después del azafrán y la vainilla.

Un señor recoge vainas *(pods)* de cardamomo en Guatemala.

El Yunque, Puerto Rico. El único bosque pluvial *(rain forest)* que forma parte de los Estados Unidos.

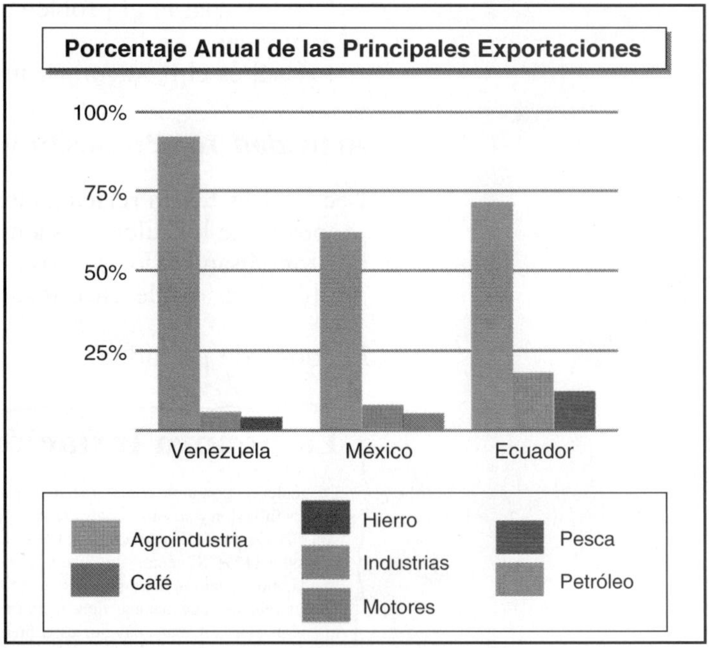

Actividad 17: Preguntas

Después de leer los artículos, contesta estas preguntas.

1. En el primer artículo, ¿cómo se refiere el autor a la inflación? ¿Por qué?
2. ¿Cuáles son algunos de los problemas diarios de la inflación?
3. ¿A qué países exporta Guatemala el cardamomo? ¿Para qué lo usan?
4. Nombra los países que tienen un alto índice de turismo.
5. ¿Cuáles pueden ser las consecuencias de que un país o región exporte un solo producto principal?

Estrategia de escritura: *Writing a Summary*

A summary includes the main points of a text, without details. As with a description, you address the questions *who?*, *what?*, *where?*, *when?*, and *why?* In order to do a summary, it is helpful to list the main points of the text first and then to use connectors or linking words to join the ideas.

Actividad 18: Un resumen

Completa este párrafo con las expresiones de la lista para obtener un resumen de las ideas principales de los textos presentados.

por ejemplo
en general
por un lado
a la vez
por otro lado
sin embargo

La situación económica actual de los países hispanos sufre de ciertos problemas graves, pero, ________________, hay fuentes de ingreso importantes. ________________ está el problema de la inflación galopante que afecta a muchos países. ________________ existen fuentes sólidas de ingreso como el turismo y las exportaciones de petróleo. Las exportaciones hispanas, ________________, son de consumo masivo en todo el mundo. ________________, hay países que exportan productos como ________________, el cardamomo, para mercados muy determinados.

Lo esencial II

Buscando trabajo

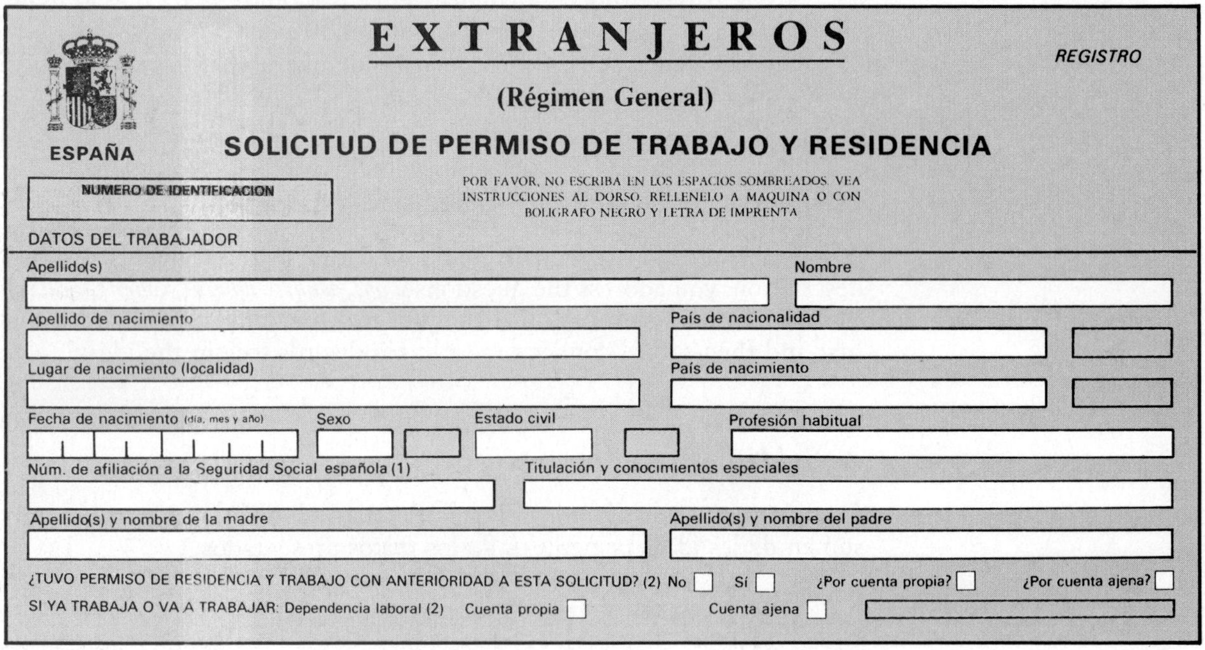

EXTRANJEROS

REGISTRO

(Régimen General)

ESPAÑA

SOLICITUD DE PERMISO DE TRABAJO Y RESIDENCIA

NUMERO DE IDENTIFICACION

POR FAVOR, NO ESCRIBA EN LOS ESPACIOS SOMBREADOS. VEA INSTRUCCIONES AL DORSO. RELLENELO A MAQUINA O CON BOLIGRAFO NEGRO Y LETRA DE IMPRENTA

DATOS DEL TRABAJADOR

Apellido(s) — Nombre

Apellido de nacimiento — País de nacionalidad

Lugar de nacimiento (localidad) — País de nacimiento

Fecha de nacimiento (día, mes y año) — Sexo — Estado civil — Profesión habitual

Núm. de afiliación a la Seguridad Social española (1) — Titulación y conocimientos especiales

Apellido(s) y nombre de la madre — Apellido(s) y nombre del padre

¿TUVO PERMISO DE RESIDENCIA Y TRABAJO CON ANTERIORIDAD A ESTA SOLICITUD? (2) No ☐ Sí ☐ ¿Por cuenta propia? ☐ ¿Por cuenta ajena? ☐

SI YA TRABAJA O VA A TRABAJAR: Dependencia laboral (2) Cuenta propia ☐ Cuenta ajena ☐

la carta de recomendación letter of recommendation
contratar to contract, hire
el contrato contract
el curriculum (vitae) résumé, curriculum vitae
el desempleo unemployment
despedir to fire
el empleo job, position; employment
la entrevista interview
la experiencia experience
el puesto job, position
rellenar to fill out
el seguro médico medical insurance
solicitar to apply for
la solicitud application
el sueldo salary
el título title; (university) degree
trabajar medio tiempo/tiempo completo to work part time/full time

¿LO SABÍAN?

En muchos países hispanos se divide el sueldo anual en catorce o quince pagos en vez de doce. De esta forma, una persona recibe normalmente el doble del sueldo mensual en julio y en diciembre. Mucha gente usa este dinero, el bono, para las vacaciones y para las compras de Navidad. ¿Te gustaría recibir bonos, o prefieres repartir el dinero igualmente en doce pagos?

Actividad 19: Definiciones

Termina estas frases con una palabra o frase lógica de la lista presentada en la sección *Buscando trabajo.*

1. Antes de una entrevista, tienes que rellenar una ________________.
2. Para solicitar un trabajo es bueno pedirles a varias personas una ________________.
3. Sólo trabajas veinte horas por semana; es decir que trabajas ________________ y no ________________.
4. La cantidad de dinero que recibes por semana o por mes es tu ________________.
5. Tu historia profesional se llama ________________.
6. Un beneficio que te pueden dar es ________________.

Actividad 20: Buscando trabajo

En parejas, "A" busca empleo y "B" es consejero/a en la agencia de empleos de la universidad. "A" quiere saber qué posibilidades de empleo hay, qué beneficios tienen, qué documentos tendrá que presentar, y qué debe incluir en su curriculum. Lean sólo las instrucciones para su papel.

PAPEL A

Tienes un título universitario en economía y estás empezando tus estudios de posgrado; por eso, necesitas un trabajo de medio tiempo. Tu idioma materno es el inglés pero hablas francés y español. Durante tus años de escuela secundaria trabajaste en McDonald's y mientras estudiabas en la universidad trabajabas en una compañía de importación escribiendo las cartas dirigidas a países hispanos y a Francia.

PAPEL B

Los siguientes son dos puestos disponibles *(available)*. Averigua las cosas que sabe hacer "A" y recomiéndale uno de estos puestos.

Camarero/a en el restaurante elegante El Charro; lunes, martes, fines de semana; 25 horas semanales; sueldo según experiencia; propinas; 2 semanas de vacaciones; sin seguro médico. Requisitos: buena presencia; con experiencia; una carta de recomendación del último jefe; curriculum; conseguir la solicitud en el restaurante. Avenida Guanajuato 3252.

Traductor/a para compañía de seguros; bilingüe (español/inglés); horario variable—más o menos 20 horas por semana; $25 la página; seguro médico incluido. Requisitos: un año de experiencia; examen de español e inglés; 3 cartas de recomendación; curriculum; título universitario. Para conseguir la solicitud, llamar al 467 43 89.

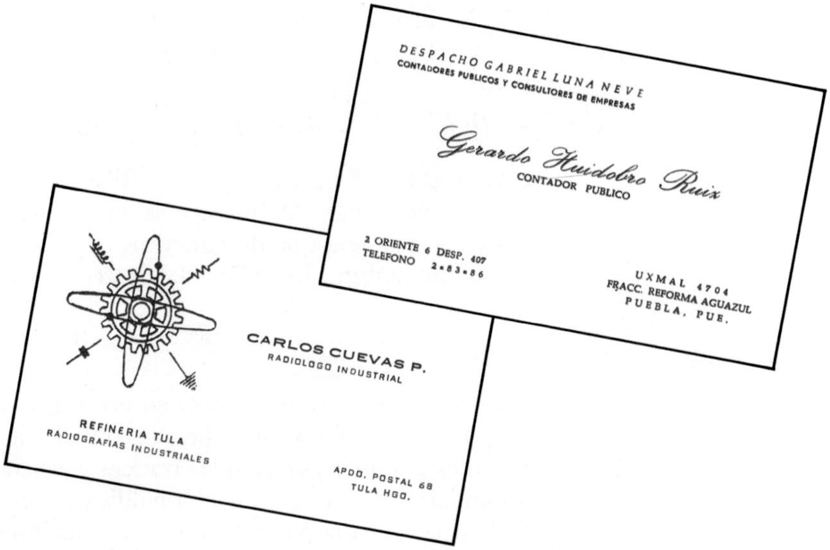

Actividad 21: El puesto ideal

Ahora, el/la consejero/a quiere simular una entrevista. "A" y "B" deben practicar entrevistas para los puestos presentados en la *Actividad 20.* Cambien de papel después de la primera entrevista.

¿A trabajar en la Patagonia?

La Patagonia, Argentina.

los chismes	gossip
fue pura casualidad	it was by pure chance
resultó ser . . .	it/he/she turned out to be . . .
tomarle el pelo (a alguien)	to pull someone's leg

Juan Carlos y Álvaro acaban de regresar de su viaje, y mientras estaban en Venezuela Juan Carlos conoció a un señor que le habló de un posible empleo. Ahora él está otra vez en Madrid con Teresa y Claudia, contándoles sobre el viaje y rellenando la solicitud.

Actividad 22: Escucha y responde

Mientras escuchas la conversación, anota las respuestas a estas preguntas.

1. ¿Dónde conoció Juan Carlos al señor?
2. ¿Por qué tiene el señor interés en ayudar a Juan Carlos?
3. ¿Qué tiene que hacer Juan Carlos?
4. ¿Está contento don Alejandro con el trabajo de Juan Carlos y Álvaro?
5. Si Juan Carlos consigue el trabajo, ¿adónde irá?

Expressing urgency

Approximating

Wondering

TERESA ¿Por qué no sigues contándonos de la Dra. Llanos y el Sr. Ruiz? Ayer no terminaste de explicarnos por qué ella lo odiaba a muerte. No me sorprendería verlos después muy amigos.

JUAN CARLOS ¿Amigos, ellos? Nunca. ¡Estás loca! Tú no los viste en el viaje.

CLAUDIA Y, ¿por qué no? Del odio al amor hay sólo un paso . . .

JUAN CARLOS Bueno, dejémonos de chismes, y ayúdenme a terminar esta solicitud, pues quiero mandarla antes de que cierren el correo esta tarde.

TERESA Lo que no entiendo es que te fuiste de viaje y llegaste con una oferta de trabajo. ¿Cómo es posible?

JUAN CARLOS Fue pura casualidad. Estábamos en Venezuela celebrando el cumpleaños del Sr. Ruiz en un club y me puse a hablar con un señor peruano que tendría unos cuarenta años. Resultó ser gerente de una empresa de ingenieros e íntimo amigo de un tío mío.

CLAUDIA Para mala suerte, Álvaro, y para suerte loca, Juan Carlos.

JUAN CARLOS Bueno, entonces cuando supo quién era mi tío y que yo estudiaba ingeniería, me dijo que por qué no solicitaba un puesto con su empresa. Y ahora tengo que mandarles esta solicitud a los jefes de personal.

CLAUDIA O sea, conoce a tu tío, ¿eh? . . . A eso se le llama tener palanca.

JUAN CARLOS Bueno, pero también tengo un buen curriculum, ¿no? Oye, Teresa, ¿crees que tu tío me escribiría una carta de recomendación?

TERESA Por supuesto. Él está feliz con los comentarios de la gente del tour, pues todo lo que dicen de ti y de Álvaro son maravillas. Lo malo es que esta tarde sale para Londres y no sé dónde estará ahora . . . Lo llamo ahora mismo a ver si está en la oficina.

JUAN CARLOS Con la recomendación de don Alejandro es posible que me den el puesto sin entrevistarme, ¿no crees?

CLAUDIA ¡Un momento, un momento! Lo que yo quisiera saber es dónde es ese trabajo . . . Creo que yo tengo derecho a saber . . . ¿eh?

JUAN CARLOS Pues . . . Lo único es que . . . es que es . . . es en la Patagonia . . .

CLAUDIA ¿La Patagonia? Pero, ¡eso está muy lejos!

JUAN CARLOS Calma, calma. Te estoy tomando el pelo. La oferta de trabajo es para Caracas, no para la Patagonia y ¡con un buen sueldo . . . !

Actividad 23: Un resumen

En parejas, digan cinco oraciones que resuman lo que pasó en la conversación entre Juan Carlos y las dos chicas.

Actividad 24: Predicciones

Escribe las respuestas a las siguientes preguntas y después, en parejas, comparen sus respuestas con las de su compañero/a. Deben estar preparados para defender sus predicciones.

1. Algún día, ¿serán amigos el Sr. Ruiz y la Dra. Llanos?
2. ¿Qué dirá don Alejandro en la carta de recomendación?
3. ¿Le dará el empleo a Juan Carlos?
4. ¿Qué pasará con Claudia y Juan Carlos?

¿LO SABÍAN?

En español se dice que si una persona está debajo de un árbol grande, está protegida por su sombra *(shade)*. Este dicho se refiere a lo importante que es conocer a personas de influencia para obtener un buen puesto o, a veces, para recibir favores. Esta costumbre tiene diferentes nombres en diferentes países hispanos: el enchufe, la corbata, la conexión, la palanca, tener padrino, etc. ¿Crees que esta costumbre sea común en muchos países? ¿Puedes pensar en algunas palabras o expresiones en inglés que se relacionen con esta costumbre? ¿Sabes de alguien que haya obtenido su puesto con "palanca"?

Actividad 25: Al fin

Di qué ocurrió en las siguientes situaciones, usando la frase **resultó ser** para terminar las oraciones.

1. Abraham Lincoln perdió varias elecciones, pero al final . . .
2. Compré un coche nuevo y . . .
3. Conseguí un puesto con la ONU (Organización de las Naciones Unidas) y . . .
4. Cuando Pablo conoció a su primera novia, ella era simpática, trabajadora y tenía ambiciones, pero después de unos años . . .
5. Para Juan Carlos el viaje . . .

Hacia la comunicación II

I. Expressing Probability: The Future and the Conditional

The future and the conditional tenses are often used to express probability or to wonder about a situation. When you wonder about the present, use the future tense. When you wonder about the past, use the conditional.

—¿Cuántos años **tendrá** ese muchacho?	*I wonder how old that guy is.*
—**Tendrá** unos diecinueve.	*He's probably (He must be) about nineteen.*
—¿Qué hora **será**?	*I wonder what time it is.*
—**Serán** las 3:00.	*It must be (It's probably) 3:00.*
—¿Cuántos años **tendría** cuando se casó?	*I wonder how old he was when he got married. (How old could he have been when he got married?)*
—**Tendría** unos veinticinco.	*He probably was (must have been) about twenty-five.*
—¿Qué hora **sería** cuando llegaron los chicos?	*What time could it have been when the guys arrived?*
—**Serían** las 3:00 de la mañana.	*It must have been (It probably was) 3:00* A.M.

Remember the acronym **ESCAPA**.

II. The Subjunctive in Adverbial Clauses

The following adverbial conjunctions are always followed by the subjunctive:

E	**en caso (de) que**	in the event that; in case
S	**sin que**	without
C	**con tal (de) que**	provided that
A	**antes (de) que**	before
P	**para que**	in order that, so that
A	**a menos que**	unless

En caso de que llueva, no iremos al parque.	*In the event that it rains, we won't go to the park.*
Van a entrar **sin que** nadie los **oiga**.	*They're going to come in without anybody hearing them.*

Yo voy, **con tal de que** tú no me **molestes** más. — *I'll go provided that you don't bother me any more.*

Llámame **antes de que salgas** para Caracas. — *Call me before you leave for Caracas.*

Me va a dejar su cámara **para que saque** fotos del viaje. — *He's going to leave me his camera so that (in order that) I can take pictures of the trip.*

Juan Carlos no aceptará el puesto **a menos que** Claudia **vaya** con él. — *Juan Carlos won't accept the job unless Claudia goes with him.*

Remember the acronym **SEPA**.

NOTE: **Sin que, en caso de que, para que,** and **antes de que** take the subjunctive when there is a change of subject. If there is no change of subject, use an infinitive immediately after the prepositions, omitting the word **que**.

Trabajo **para que mi familia viva** bien.
Trabajo **para vivir** bien.

Do mechanical drills, Workbook, Part II.

Ella se va a casar **sin que sus padres** lo **sepan.**
Ella se va a casar **sin decirles** nada a sus padres.

Actividad 26: Situaciones

Imagínate qué están haciendo las personas que dicen estas oraciones.

There are multiple possibilities.

✱ "Me encanta esta música".
Estará en un concierto.

1. "Está deliciosa. Realmente eres un genio".
2. "No puedo continuar. Estoy cansadísima".
3. "No me interrumpas. Debo terminar esto lo antes posible".
4. "Justo ahora que estoy aquí, suena el teléfono".

Actividad 27: Los misterios de la vida

En parejas, digan por qué creen que ocurrieron estas cosas.

✱ Gloria no fue a la entrevista de trabajo.
Estaría enferma.

1. No aceptaron a tu amigo Alfredo, un estudiante excelente, en la facultad de medicina.
2. Desaparecieron misteriosamente tus amigos Mariano y Rosa.
3. Tu amigo Felipe nunca tenía dinero y la semana pasada compró un carro nuevo.
4. Tu perra estaba más gorda. Siempre tenía hambre y no hacía más que comer y dormir.

Remember: **ESCAPA** and **SEPA**.

Actividad 28: Usa la imaginación

Completa las siguientes frases de forma original usando expresiones como **antes de que, sin que, para que,** etc.

✱ Juan Carlos no irá a Caracas a menos que le den el trabajo.

1. Don Alejandro entrevista a personas . . .
2. Teresa estudia turismo . . .
3. Claudia piensa casarse con Juan Carlos . . .
4. No le van a dar el trabajo a Juan Carlos . . .
5. Vicente y Teresa irán de vacaciones a Centroamérica . . .
6. Claudia le pregunta a Juan Carlos sobre sus planes . . .
7. Diana quiere quedarse en España . . .

Actividad 29: La diplomacia

Uds. van a llevar a un grupo de estudiantes norteamericanos de dieciséis años a México para vivir con familias durante un mes y no quieren que el grupo tenga problemas por razones culturales. Aquí hay algunas preocupaciones que Uds. tienen. Comenten la lista y sus posibles consecuencias.

Habrá problemas con el alcohol.
No querrán probar la comida.
Llegarán tarde por la noche.
Saldrán sin pedir permiso.
No hablarán en español.
Aprenderán malas palabras en la calle y las usarán en la casa.
(etc.)

Actividad 30: Los últimos detalles

Rellena esta carta que recibieron las familias mexicanas que van a hospedar *(host)* a los estudiantes. Usa las expresiones **en caso de que, sin que, con tal de que, antes de que, para que,** y **a menos que.**

Estimados Señores:

Muchas gracias por decidir participar en nuestro programa de intercambio estudiantil. Esta es la última carta que les voy a escribir antes de la llegada de los jóvenes a México. A continuación hay información que puede ayudarles:

1. ________________ los estudiantes lleguen, Uds. van a recibir su nombre, su dirección en los Estados Unidos y el nombre de sus padres. Si no tienen esta información, por favor comuníquense con nuestra oficina.
2. ________________ su estudiante tenga un accidente o se enferme, deben llevarlo a la Clínica de la Magdalena. Cada estudiante tiene seguro médico. Uds. no tienen que pagar nada. No tienen que avisar a la oficina ________________ sea algo serio.
3. Los estudiantes no pueden hacer viajes a otras ciudades ________________ tengan permiso escrito de sus padres y ________________ Uds. avisen a nuestra oficina.
4. Los estudiantes pueden salir de noche ________________ Uds. les den permiso. ________________ no tengan problemas, les recomendamos que impongan una hora de llegada.
5. Nuestra oficina no permite que los estudiantes cambien de casa ________________ el estudiante, la familia y el director del programa lo consideren necesario.

Los estudiantes llegarán el sábado a las 11:32 de la mañana en el vuelo número 357 de Aeroméxico. Uds. deben esperar enfrente de la sala de aduanas número 2. Allí los espero para recibir a los estudiantes.

Los saluda atentamente,

Rafael Huidobro Vicens

Remember: **ESCAPA** and **SEPA**.

Actividad 31: Evitando problemas

Para que los estudiantes estadounidenses no tengan problemas en México, escríbanles una carta dándoles razones que ellos puedan entender. Usen oraciones como **No deben salir de casa sin que sus padres mexicanos les den permiso. Hay que recordar que son sus padres en México y Uds. están en sus casas como invitados.**

Empiecen la carta así:

Querido grupo:

Pronto pasaremos un mes juntos en México. Uds. van a estar en un país extranjero y tienen que recordar que son representantes de los Estados Unidos. Como todos queremos que la experiencia sea maravillosa, tanto para Uds. como para los mexicanos que los van a aceptar en sus casas, tienen que recordar algunas cosas: . . .

Vocabulario funcional

EN LA ÓPTICA

el álbum (de fotos)	*photo album*
la cámara/máquina de fotos	*camera*
la cámara de vídeo	*video camera*
el flash	*flash*
las gafas/los anteojos	*eyeglasses*
el/la oculista	*eye doctor*
el rollo/carrete	*film*

OTRAS PALABRAS RELACIONADAS CON LA ÓPTICA

Ver página 421.

BUSCANDO TRABAJO

Ver página 432.

PALABRAS Y EXPRESIONES ÚTILES

antes que nada	*before anything else*
los chismes	*gossip*
dejar boquiabierto (a alguien)	*to leave (someone) dumbfounded*
es hora de + *infinitive*	*it's time* + infinitive
fue pura casualidad	*it was by pure chance*
resultó ser . . .	*it/he/she turned out to be . . .*
tomarle el pelo (a alguien)	*to pull someone's leg*

CAPÍTULO

17

El Museo del Prado, Madrid, España. Estatua de Diego Rodríguez de Silva y Velázquez, un famoso pintor español.

Chapter Objectives

- Discussing and giving opinions about art
- Expressing doubts and emotions in the past
- Giving implied commands in the past
- Expressing your ideas on love and romance
- Expressing reciprocal actions
- Describing hypothetical situations

El arte escondido

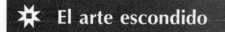

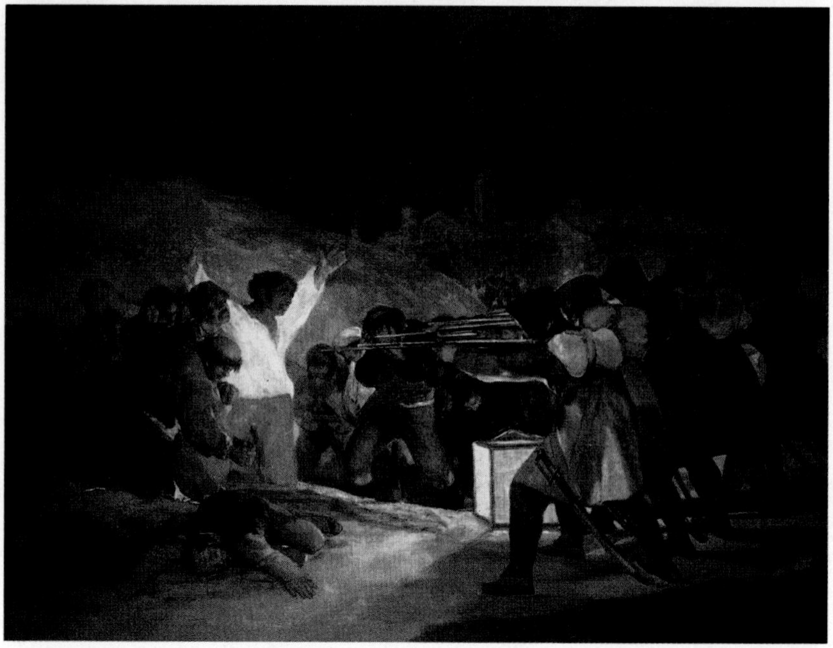

Los fusilamientos del tres de mayo, Francisco de Goya y Lucientes (1746–1828), español.

no veo la hora de + *infinitive*	I can't wait + *infinitive*
dar a conocer	to make known
en seguida	at once, right away

Diana y Álvaro van en el carro escuchando la radio cuando oyen una noticia increíble.

Actividad 1: Buscando información

Mientras escuchas la conversación y la noticia, anota las respuestas a las siguientes preguntas.

1. ¿Cuándo tendrá examen Álvaro?
2. ¿Qué encontraron en la casa de la señora?
3. ¿Qué le pasó a la señora?
4. ¿Qué le molesta a Álvaro?
5. ¿Cuántas veces ha ido Álvaro al Museo del Prado?

Showing impatience

Expressing doubt

Expressing purpose

Showing displeasure

Inquiring about past actions

ÁLVARO	No veo la hora de terminar el trimestre. A propósito, quería preguntarte, ¿qué tal van tus clases?
DIANA	Pronto tendré exámenes.
ÁLVARO	Sí, yo tengo uno de derecho penal el martes que viene.
DIANA	Y yo, uno de literatura.
ÁLVARO	¡Huy! Literatura, ¡qué aburrido!
DIANA	De aburrido, nada. A mí me encanta.
ÁLVARO	Pero la literatura es . . .
EL LOCUTOR	¡Atención! Interrumpimos para dar una noticia de última hora . . .
DIANA	¡Calla, calla! Escucha.
EL LOCUTOR	La dirección del Museo del Prado dio a conocer hoy el hallazgo de un cuadro de Goya que nadie sabía que existiera. Se trata de una de las pinturas de su época negra. El cuadro se encontró en la casa de una señora de noventa y ocho años que murió en la provincia de Zaragoza. Cuando sus hijos estaban sacando los muebles de la casa, encontraron la pintura debajo de la cama. Al principio se dubaba que fuera un original, pero al examinarla, los expertos en seguida se dieron cuenta de que era una obra maestra del gran pintor español. Al pedirle una declaración al director del museo, sólo ha dicho que valoran el cuadro en cientos de millones de pesetas . . .
ÁLVARO	Un loco del siglo XVIII pintó algo para que otro loco del siglo XX pagara millones de pesetas por su cuadro.
DIANA	¡Qué poco entiendes! El loco serás tú.
ÁLVARO	Es que el arte me aburre, la arquitectura me fascina, pero los cuadros . . .
DIANA	¿Has visitado el Museo del Prado alguna vez?
ÁLVARO	No, pero . . .
DIANA	Eres un inculto, mañana te llevo porque tengo que ir allí. Y vas a recibir una lección de arte.

Actividad 2: ¿Comprendiste?

Después de escuchar la conversación otra vez, completa estas oraciones.

1. Diana y Álvaro tienen exámenes porque . . .
2. La pintura de Goya se encontró . . .
3. El valor de la obra . . .
4. Diana le dice a Álvaro que es un loco porque . . .
5. Álvaro prefiere . . .
6. Mañana Álvaro . . .

Goya was the Garry Trudeau of his time. (Trudeau created the cartoon strip *Doonesbury*.) Goya's instrument was the brush.

¿LO SABÍAN?

Uno de los mejores museos de arte del mundo es el Museo del Prado de Madrid. El Prado tiene una colección artística de más de tres mil pinturas y unas cuatrocientas esculturas de artistas de todo el mundo. Además de obras de El Greco, Velázquez, Goya, Ribera y muchos otros artistas españoles, el Prado tiene la segunda colección de pintores flamencos del mundo, con obras de Rubens, El Bosco, Van Dyck y Brueghel, para mencionar unos pocos. En otro museo de Madrid, el Centro de Arte Reina Sofía, se puede ver la obra más política de Picasso, *Guernica,* y el estudio completo de dibujos que hizo el pintor cuando preparaba esta famosa obra.

Actividad 3: No veo la hora . . .

Escribe una lista de cuatro cosas que deseas que ocurran muy pronto. Después, en parejas, comparen su lista con la de su compañero/a y pregúntenle por qué quiere que pasen estas cosas.

✷ No veo la hora de terminar el semestre.

✷ Lo esencial I

El arte

1. el/la artista
2. el cuadro/la pintura
3. el dibujo
4. el/la escultor/a
5. la escultura

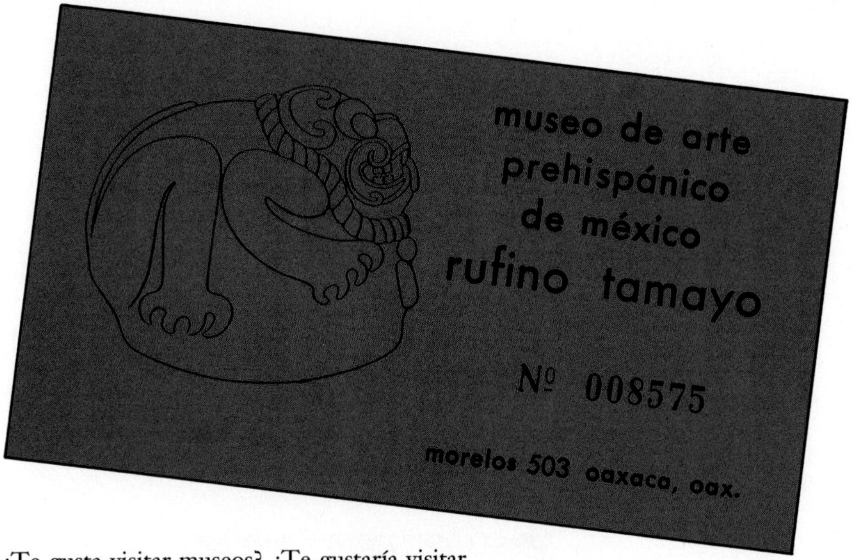

¿Te gusta visitar museos? ¿Te gustaría visitar éste?

When studying, try to associate these words with people or things: **pintor = Picasso; estatua = Venus de Milo.**

OTRAS PALABRAS RELACIONADAS CON EL ARTE

el bodegón still life
la copia copy
dibujar to draw, sketch
la escena scene
la estatua statue
la exhibición/exposición exhibition
la obra maestra masterpiece
el original original
el paisaje landscape
pintar to paint
el/la pintor/a painter
el retrato portrait

Actividad 4: ¿Hay artistas en la clase?

En parejas, háganle las siguientes preguntas a su compañero/a para ver si es una persona artística o una persona a quien le gusta el arte.

1. Cuando eras pequeño/a, ¿dibujabas o pintabas mucho?
2. Hoy día, ¿dibujas en tus cuadernos durante tus clases o cuando hablas por teléfono?
3. ¿Te gusta dibujar? ¿Pintar? ¿Has hecho alguna escultura?
4. ¿Has tomado clases de arte?
5. ¿Hay cuadros en tu casa o apartamento? ¿Son originales o copias?
6. ¿Te gusta visitar museos? ¿Cuál fue el último museo que visitaste?
7. ¿Qué pintores/artistas te gustan y por qué?

¿LO SABÍAN?

Muchos artistas hacen comentarios sociales como hizo Goya hace doscientos años. El arte chicano es un comentario social importante en los Estados Unidos. Los chicanos comenzaron a pintar murales urbanos en Chicago en 1968 y hoy en día hay murales en otras ciudades del país, especialmente en Los Ángeles. Estos murales representan, de forma a veces satírica, la historia mexicana, el movimiento de los trabajadores agrícolas y la experiencia mexicana en los Estados Unidos; en ellos se ve la influencia de los grandes muralistas de México.

La antorcha (torch) *de Quetzalcóatl*, Leo Tanguma, chicano. Este mural muestra la historia del chicano y su lucha por mantener sus costumbres dentro de la sociedad de los Estados Unidos.

Actividad 5: Críticos de arte

En grupos de cuatro, miren los cuadros de este capítulo y coméntenlos dando sus impresiones. Usen frases como **lo interesante es . . . , lo curioso es . . . , lo que (no) me gusta es . . . ,** etc. Incluyan el nombre del artista y del cuadro.

✱ Lo interesante de *Los fusilamientos del tres de mayo* de Goya es que no se ven las caras de los militares.

Actividad 6: Usando la imaginación

En parejas, escojan uno de los siguientes cuadros para inventar una historia sobre lo que no se puede ver, pero que ocurrió y ocurría fuera del cuadro.

(Arriba) *Niños jugando con fuego*, Rufino Tamayo, mexicano. (Izquierda) *Toro y gente*, Francisco Amighetti, costarricense. (Derecha) *Antes del juego*, Claudio Bravo, chileno.

Hacia la comunicación I

Remember: **hacer preguntas** = to ask questions.

I. Asking and Requesting: *Preguntar* versus *Pedir*

1. Use the verb **preguntar** when reporting a question or talking *about* a question that will be asked.

Me **preguntaron** cuántos años tenía.	*They asked me how old I was.*
Le voy a **preguntar** si quiere ir al museo conmigo.	*I'm going to ask her if she wants to go to the museum with me.*

2. Use the verb **pedir** when reporting or talking about a request *for* something or for someone to do something.

Pidieron varios millones por el cuadro.	*They asked for several million for the painting.*
Vamos a **pedirles** el dinero.	*We are going to ask them for the money.*
Ellos siempre me **piden** que los visite en Cuernavaca.*	*They always ask me to visit them in Cuernavaca.*

*NOTE: The subjunctive is used after **pedir** in a dependent clause introduced by **que.**

Review uses of the subjunctive, Ch. 8, 9, 13, 14, 15, and 16.

II. Speaking About the Past: The Imperfect Subjunctive

Before studying the grammar explanation, answer this question:

- What is the difference between the following pairs of sentences?
  a. **Se duda que el cuadro sea de Goya** and **Se dudaba que el cuadro fuera de Goya.**
  b. **Diana quiere que Álvaro vaya al museo** and **Diana quería que Álvaro fuera al museo.**

A. Formation of the Imperfect Subjunctive

You use the imperfect subjunctive in the same circumstances as the present subjunctive, except that you are referring to the past. To conjugate any verb in the imperfect subjunctive, apply the following rules:

1. Put the verb in the **Uds./ellos** form of the preterit:	**cerrar** ⟶ **cerraron**
2. Drop the final **-ron:**	**cerra-**
3. Add the appropriate **-ra** endings:	**cerrara, cerraras,** etc.

cerrar	
cerra**ron** ↓	
que cerra**ra**	que cerrá**ramos***
que cerra**ras**	que cerra**rais**
que cerra**ra**	que cerra**ran**

ser	
fue**ron** ↓	
que fue**ra**	que fué**ramos***
que fue**ras**	que fue**rais**
que fue**ra**	que fue**ran**

salir	
salie**ron** ↓	
que salie**ra**	que salié**ramos***
que salie**ras**	que salie**rais**
que salie**ra**	que salie**ra**

*NOTE: The **nosotros** form always takes an accent.

Quería que **vinieras** temprano. — *I wanted you to come early.*
Busqué un cuadro que **fuera** famoso. — *I looked for a painting that was famous.*
Teresa **iba** a llevar a Carlitos al museo para que **viera** un cuadro de Goya. — *Teresa was going to take Carlitos to the museum so that he could see one of Goya's paintings.*

B. Using the Subjunctive Tenses

In order to decide which form of the subjunctive to use **(hable, haya hablado** or **hablara),** follow these three guidelines:

1. If the first clause refers to the future or present, use the present subjunctive in the dependent clause to refer to a future or present action.

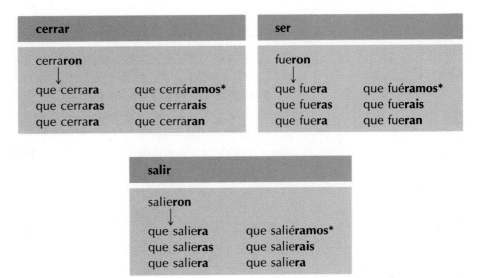

Le **pediré** que **venga** mañana. — *I'll ask him to come tomorrow.*
Dile que **venga** esta noche. — *Tell him to come tonight.*

Espero que **venga** el sábado. — *I hope (right now) that he's coming on Saturday (in the future).*

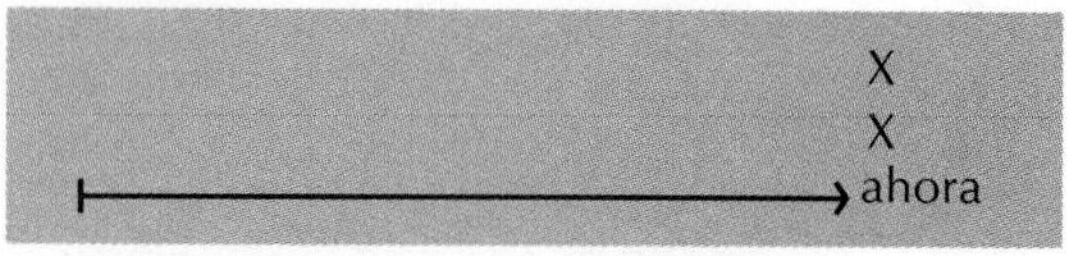

Me alegro de que **esté** bien. — *I'm happy (right now) that he is well (right now).*

2. If the first clause refers to the present, use the present perfect subjunctive in the dependent clause to refer to a past action.

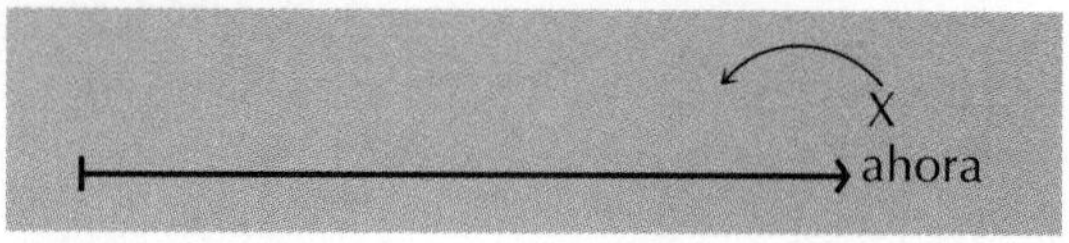

Espero que **haya llegado**. — *I hope (right now) that he has arrived.*

3. If the first clause refers to the past, use the imperfect subjunctive in the dependent clause.

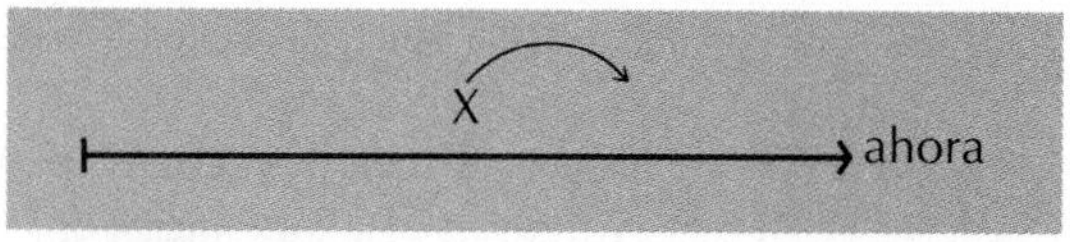

Me **pidió** que **viniera.** — *He asked me to come (at some time in the future).*

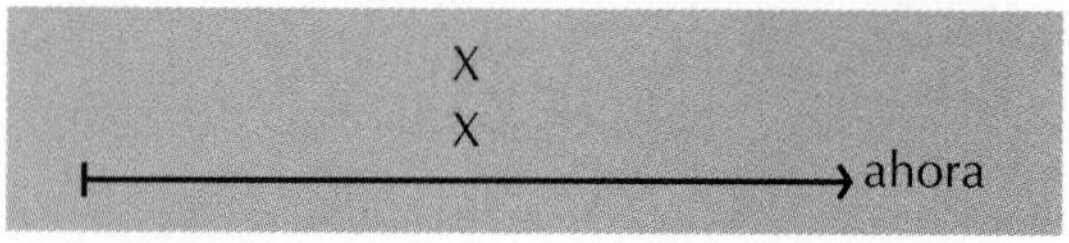

Do mechanical drills, Workbook, Part I.

Me alegraba de que **estuviera** bien. — *I was happy that he was well (at the same time in the past).*

Actividad 7: En el consultorio

Usando **siempre me pregunta** y **siempre me pide,** forma oraciones que diría un paciente hipocondríaco que visita a muchos médicos.

1. cómo me siento
2. si tengo fiebre
3. que explique los síntomas
4. mi número de la seguridad social
5. qué me duele
6. si duermo bien
7. qué como
8. si prefiero píldoras o inyecciones
9. que coma más frutas
10. que vuelva dentro de una semana

Be careful with imperfect and preterit!

Actividad 8: La indecisión

Tú tienes un jefe que siempre cambia de idea. Lee estas oraciones que explican qué quiere hoy y compáralo con lo que quería ayer.

✷ Hoy mi jefe me dice que me vista de una manera más formal, pero ayer me dijo que me vistiera de una manera mucho más informal.

1. Hoy mi jefe quiere que yo aprenda a usar una computadora IBM, pero ayer . . .
2. Hoy mi jefe me aconseja que tome las vacaciones en marzo, pero ayer . . .
3. Hoy mi jefe me dice que le prepare café, pero ayer . . .
4. Hoy mi jefe quiere un recepcionista nuevo que sepa hablar francés, pero ayer . . .
5. Hoy mi jefe pide que los documentos estén listos para mañana, pero ayer . . .
6. Hoy mi jefe busca un sistema de teléfonos que tenga cuatro líneas, pero ayer . . .
7. Hoy mi jefe quiere ir a Quito antes de que termine la semana, pero ayer . . .

Remember: Present or future ⟶ present subjunctive or present perfect subjunctive. Past ⟶ imperfect subjunctive.

Actividad 9: Consejos

En parejas, hablen de los consejos que les dieron sus padres, otros parientes o sus maestros cuando Uds. eran pequeños. ¿Cómo se comparan estos consejos con los consejos que les dan esas personas hoy día? Usen oraciones como **Antes me aconsejaban que . . . , pero ahora piensan que es mejor que yo . . . ; Cuando tenía diez años un profesor me dijo que . . . para que . . . , pero ahora . . . ;** etc.

Actividad 10: ¿Qué sabes?

En parejas, terminen las oraciones de forma lógica; si no saben, inventen una respuesta posible.

1. Simón Bolívar, José Martí, José de San Martín y Bernardo O'Higgins lucharon contra los españoles para que el pueblo hispanoamericano . . .
2. Los franceses intentaron construir el Canal de Panamá antes de que . . .
3. La leyenda de las Cataratas del Iguazú dice que los enamorados se fueron de la tribu sin que . . .
4. Miguel Littín entró en Chile en 1985 sin que el gobierno de Pinochet . . .
5. Todo el mundo tiene que ayudar a salvar la selva antes de que . . .
6. Hay que conservar el medio ambiente para que . . .
7. Los romanos vivieron seis siglos en España antes de que . . .

Actividad 11: La duda

Siempre hay gente que duda de los nuevos descubrimientos. En grupos de tres, imagínense qué dudas tenían los españoles a finales del siglo XV cuando oyeron que los Reyes Isabel y Fernando le habían dado dinero a Cristóbal Colón. Usen frases como **dudaban que . . . , era imposible que . . . , no creían que . . . , pensaban que estaba loco porque . . . ,** etc.

Nuevos horizontes

Estrategia de lectura: *Timed Reading*

One of the ways of improving your reading speed is by timing yourself when you read. The advantage of this technique is that it forces you not to stop and wonder about individual words, but rather to focus on main ideas. Regular practice of this technique can help you learn to read faster and also hone in on key ideas. You will have a chance to practice this strategy while you read the selection.

Actividad 12: Mira y contesta

Antes de leer el texto, contesta estas preguntas.

1. ¿Qué piensas que representen las obras de arte de la página 455? ¿Por qué crees que sean tan gordas las personas?
2. ¿Qué crees que quiera expresar el artista?
3. ¿Por qué piensas que se pinta un cuadro o se hace una escultura?

Actividad 13: Lectura veloz

En dos minutos, lee los siguientes textos sobre el artista Fernando Botero. Concéntrate en buscar las ideas principales que se presentan.

FERNANDO
BOTERO
Pinturas Dibujos Esculturas
Del 22 de Junio al 15 de Agosto de 1987
Sala A-O
MINISTERIO DE CULTURA
Centro de Arte Reina Sofía
C/. Santa Isabel, 52-28012 MADRID

"Después de haber estado colonizados durante siglos, nosotros los artistas hispanoamericanos sentimos con especial fuerza la necesidad de encontrar nuestra propia autenticidad. El arte ha de ser independiente . . . Quiero que mi pintura tenga raíces, porque estas raíces son las que dan sentido y verdad a lo que se hace. Pero, al mismo tiempo, no quiero pintar únicamente campesinos sudamericanos. Quiero poder pintar de todo, así también a María Antonieta, pero siempre con la esperanza de que todo lo que toque reciba algo del alma sudamericana . . ."

Esta es la primera gran exposición individual de Fernando Botero en España. Organizada por la Kunsthalle de Munich, se ha exhibido ya en Bremen y Frankfurt, de donde llega a Madrid, ciudad en que finaliza su intinerario.

Junto al casi centenar de obras que integran la exposición itinerante, procedentes de Galerías, Museos y Colecciones privadas de E.E.U.U. y Europa, se presentarán unas 30 obras más entre pinturas, dibujos y esculturas de la colección del artista, que quiere subrayar así la importancia que concede a su exposición en Madrid.

El mundo creado por Botero—nutrido del arte de Piero della Francesca, Velázquez, Rubens, Ingres o Bonard entre otros—es un mundo imaginario, una distorsión poética de lo cotidiano, en donde subyace la realidad latinoamericana que Botero transforma.

Sus temas surgen de las ciudades de su juventud, padres e hijos, curas, monjas, cardenales, militares, etc., que no sólo quedan plasmados en los óleos, sino también en sus monumentales esculturas; "gigantismo" no exento de inocencia que provoca en el espectador una respuesta de acercamiento a su obra, por otro lado difícil de olvidar, ya que la originalidad de su estilo la convierte inmediatemente en reconocible.

Botero ha realizado desde 1951 exposiciones individuales y colectivas, en las más importantes galerías y museos, en muchos de los cuales sus obras se encuentran en la colección permanente.

(Izquierda) *Hombre a caballo*, Fernando Botero. (Derecha) *Los Músicos*, Fernando Botero (1932–), Colombia.

Actividad 14: Preguntas

Después de leer el texto, contesta las siguientes preguntas.

1. ¿Dónde tuvo lugar la exposición de las obras de Botero?
2. ¿De dónde son las pinturas de esta exhibición?
3. ¿Qué influencias tuvo este artista?
4. ¿Cuáles son los temas de sus pinturas?
5. Botero dice que "El arte ha de ser *(should be)* independiente". ¿Independiente de qué?

Estrategia de escritura: *Describing a Scene*

To describe a scene for an audience who will not see it, you should look carefully at all the details and make a list of those that are essential to include. A description can include not only the physical characteristics but also the feelings that the scene evokes in you. The idea is to try to recreate a picture using words.

Actividad 15: Descripción de un cuadro

En parejas, observen detenidamente el siguiente grabado *(etching)* de Francisco de Goya. Coméntenlo y luego interpreten la frase que acompaña el grabado. Finalmente escriban un párrafo con una descripción y su interpretación de la frase.

El sueño de la razón produce monstruos, Francisco de Goya.

Lo esencial II

La expresión del amor

Y EN EL SUEÑO APRENDEN LA FELICIDAD DE LARGOS INSTANTES DE AMOR.

abrazar/el abrazo

UN BESO QUE PARECE NO ACABAR NUNCA.

besar/el beso

CIERTAMENTE NUNCA HA HABIDO ESPOSA TAN TRISTE.
He tenido gran suerte en casarme con Guido. Es muy bueno. Se ocupará de nosotros...

la novia vestida para la boda

Amante = lover (of a married person)

OTRAS PALABRAS RELACIONADAS CON EL AMOR

el/la amante lover *(usually a negative connotation)*
amar to love
la aventura amorosa affair
el cariño affection
casarse to get married
el compromiso engagement
el corazón heart
divorciarse to get divorced
el divorcio divorce
enamorarse de to fall in love with
estar comprometido/a to be engaged
feliz happy
la novia girlfriend; fiancée; bride
el novio boyfriend; fiancé; bridegroom
odiar to hate
la pareja couple; lovers *(positive connotation)*
pelearse to fight
querer to love; to want
querido/a, cariño dear *(terms of endearment)*
salir con to date, go out with (someone)
separarse (de) to separate
ser celoso/a to be a jealous person
la soledad loneliness
tener celos (de)/estar celoso/a (de) to be jealous (of)

Actividad 16: Opiniones

Lee estas oraciones y marca **sí** si te identificas con lo que dicen y **no** si no te identificas con lo que dicen. Después, en grupos de cuatro, comparen las respuestas y coméntenlas.

1. _____ Te enamoras fácilmente.
2. _____ Te molesta ver parejas que se besan y se abrazan en público.
3. _____ Es importante salir con una persona por lo menos un año para conocerla bien antes de casarse.
4. _____ Te gustaría casarte en una iglesia, sinagoga, etc.
5. _____ Para casarse, es más importante que exista amistad que amor.
6. _____ Te casarías con una persona que no supiera besar bien.
7. _____ Es mejor vivir juntos antes de casarse.
8. _____ Muchas parejas se divorcian rápidamente sin intentar solucionar sus problemas.
9. _____ En la televisión hay demasiadas aventuras amorosas y esto no refleja la realidad.
10. _____ Te gusta usar palabras como "cariño", "querido/a" y "mi amor" cuando hablas con tu novio/a.
11. _____ El refrán que dice "Más vale estar solo que mal acompañado" es verdad.
12. _____ El refrán, "Donde hubo fuego, cenizas *(ashes)* quedan", es verdad.

Actividad 17: La boda

En parejas, Uds. están comprometidos y van a casarse dentro de un mes. Escojan el Papel A o B, y lean solamente las instrucciones para su papel. Después conversen según las indicaciones.

PAPEL A

El fin de semana pasado fuiste a una fiesta sin tu novio/a y conociste a otro/a. Esta persona te gusta muchísimo y has decidido no casarte. Ve a casa de tu novio/a para decirle que no quieres casarte, pero sé diplomático/a para no herir *(hurt)* mucho sus sentimientos.

PAPEL B

Estás planeando todos los detalles de tu boda y justo en ese momento llega tu novio/a. Pregúntale a quién invitó él/ella y si reservó el salón para la fiesta.

¿Celebras el Día de los Enamorados? ¿Cómo lo celebras?

Actividad 18: Una telenovela

Las telenovelas siempre tienen un argumento *(plot)* muy complicado. Aquí tienen Uds. seis personajes que necesitan nombre, profesión y personalidad. En grupos de tres, descríbanlos y escriban una sinopsis breve del argumento de tres episodios de la telenovela para publicarla en una revista. Usen las palabras de la lista *La expresión del amor*.

La pregunta inesperada

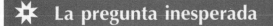

Don Quijote, Pablo Ruiz Picasso (1881–1973), España.

invitar	to invite; to treat
por algo será	there must be a reason

Juan Carlos invitó a Claudia a pasar el día en Alcalá de Henares, una pequeña ciudad que está a media hora de Madrid.

Hypothesizing

Actividad 19: Busca la información

Mientras escuchas la conversación, anota qué hay en Alcalá de Henares y después, di por qué están allí Juan Carlos y Claudia.

CLAUDIA	¿Por qué quisiste venir a Alcalá de Henares? No me dices nada, ¿eh? Tú te andas con unos misterios como si tuvieras algún secreto . . .
JUAN CARLOS	Pero, ¿no te parece romántico estar aquí, en el lugar donde nació Cervantes? Si no fuera por él, no habría

	existido Dulcinea y entonces yo no te podría llamar "mi Dulcinea".
CLAUDIA	Por favor, Juan Carlos, no seas cursi y vamos a almorzar que me estoy muriendo de hambre.
JUAN CARLOS	Bueno, vamos a comer en la Hostería del Estudiante.
CLAUDIA	¡Huy, huy, huy! ¿A qué se debe tanta elegancia? ¿Qué vamos a celebrar, tu nuevo puesto en Caracas? Supongo que me vas a invitar, ¿no?
JUAN CARLOS	Claro que te voy a invitar. Si venimos a Alcalá de Henares, por algo será . . .

En la Hostería del Estudiante (después de la comida)

CLAUDIA	La comida estaba deliciosa. ¿Tomamos el café en otro lugar?
JUAN CARLOS	No, mejor nos quedamos aquí porque quiero hablarte. Claudia . . . este . . . nosotros nos queremos, ¿no?
CLAUDIA	Claro que nos queremos. ¿A qué viene esa pregunta? No sé qué te pasa hoy; estás tan . . . tan no sé qué . . .
JUAN CARLOS	Pues es que . . . ya casi se acaba el año . . . y . . . yo me voy a Venezuela y tú te vuelves a Colombia.
CLAUDIA	No me lo recuerdes . . . Pero vamos a estar cerca . . . Vas a ir a visitarme, ¿no?
JUAN CARLOS	Por supuesto, pero . . . ya nos conocemos desde hace un año y . . . ¿Sabes que mi abuelo le propuso matrimonio a mi abuela aquí mismo hace cincuenta y cuatro años? Y . . . estaba pensando que . . . ¿Por qué no nos casamos tú y yo?
CLAUDIA	¡Cómo! . . . ¿Me estás tomando el pelo?
JUAN CARLOS	Claudia, ¡por favor! Hablo en serio. Quiero que te cases conmigo, que te vayas a Caracas conmigo y que pasemos el resto de nuestras vidas juntos.
CLAUDIA	Juan Carlos . . .
CLIENTES	Si fuera más joven yo me casaría con él . . . ¡Di que sí! . . . ¡Contesta que sí! ¡Acepta! . . . ¡No lo hagas sufrir! ¡Cásate!

Popping the question

Showing disbelief

Hypothesizing

Actividad 20: ¿Comprendiste?

Después de escuchar la conversación otra vez, contesta estas preguntas.

1. ¿Por qué es romántico Alcalá de Henares para Juan Carlos?
2. ¿Qué sabes de Cervantes?

3. ¿Qué van a hacer Juan Carlos y Claudia ahora que casi se acaba el año?
4. ¿Por qué fueron a la Hostería del Estudiante y no a otro restaurante?
5. ¿Va a decir que sí o que no Claudia? ¿Por qué crees eso?
6. En tu opinión, ¿cómo es Juan Carlos? ¿Romántico? ¿Cursi? ¿Cómo?

¿LO SABÍAN?

Alcalá de Henares fue un centro cultural muy importante en siglos pasados. Por su universidad pasaron muchas personas famosas, incluyendo al escritor más famoso de la lengua española, Miguel de Cervantes Saavedra. Cervantes escribió *Don Quijote de la Mancha,* la novela cumbre de la literatura española. La figura de Don Quijote representa el idealismo y Sancho Panza, su fiel compañero, el realismo. Del *Quijote* viene la palabra "Dulcinea", que tiene una connotación parecida a la de *Juliet* en inglés.

Actividad 21: Los estereotipos

La gente hispana tiene fama de ser muy romántica. En cambio, los norteamericanos tienen fama de ser fríos y poco apasionados. En grupos de cuatro, hablen sobre esta pregunta: ¿Creen que sean ciertos estos estereotipos? Justifiquen su opinión.

Hacia la comunicación II

I. Expressing Reciprocal Actions

Él la besa.

Ella lo besa.

Ellos se besan.

Review placement of reflexive pronouns, Ch. 4.

1. To express a reciprocal action, use the reflexive pronouns **nos, os,** and **se** with the corresponding form of the verb. Some common verbs used reciprocally are **abrazar, amar, besar, escribir, mirar, llamar, odiar,** and **querer.**

Las amigas **se** escriben a menudo.	*The friends write to each other often.*
Cuando entró mamá, **nos** estábamos besando.	*When Mom came in, we were kissing (each other).*

2. You may use **el uno al otro** *(each other)* for clarification. **El uno al otro** agrees in gender and number with the nouns or pronouns being modified.

Ellas se llaman **la una a la otra** todos los días.	*They call each other every day.*
Al ganar, los miembros del equipo se abrazaron **los unos a los otros**.	*Upon winning, the team members hugged each other.*

After studying the grammar explanation, answer this question:

- How many interpretations can you give for the sentence, **Nosotros nos miramos**?

II. Expressing Hypothetical Situations: The Imperfect Subjunctive and the Conditional

1. To express possible future plans that depend on meeting a condition, use the present indicative after **si,** and either **ir a** + *infinitive* or the future in the result clause.

***Si* Clause**		**Result Clause**
Si + *present indicative*	+	**ir a** + *infinitive* / future tense

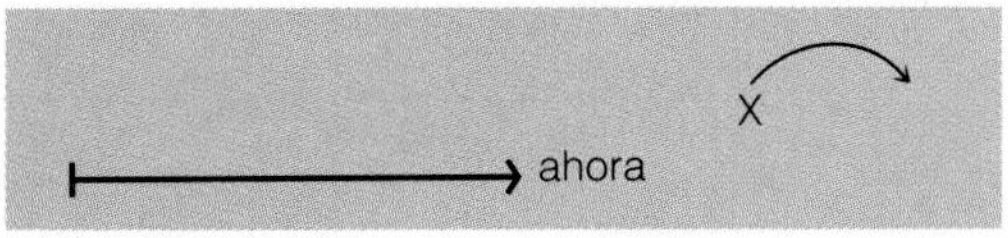

Si tenemos tiempo, **vamos a pasar** la tarde en el museo.	*If we have time, we are going to spend the afternoon in the museum.*
Si tengo dinero, **iré** a Machu Picchu.	*If I have money, I will go to Machu Picchu.*

When the subjunctive is used after **si**, it must be a form of the past subjunctive.

2. To express hypothetical situations about the present, use the imperfect subjunctive after **si** and the conditional in the result clause. Notice in the examples that the **si** clause expresses a contrary-to-fact situation.

***Si* Clause**		**Result Clause**
Si + *imperfect subjunctive*	+	conditional

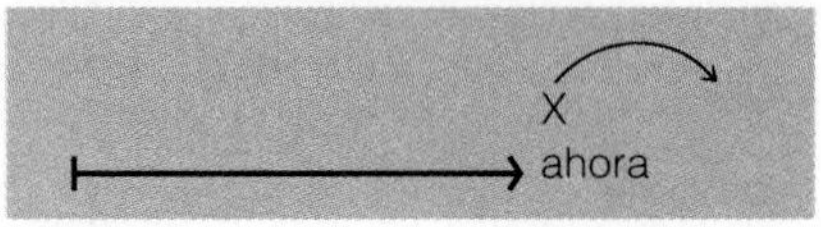

Si fueras presidente, ¿qué **harías**?	*If you were president (which you are not), what would you do?*
Si tuviera dinero, **iría** a Machu Picchu.	*If I had money (which I don't right now), I would go to Machu Picchu.*

After studying the grammar explanation, answer these questions:

- What is the difference in meaning between **Si tengo dinero, iré al cine** and **Si tuviera dinero, iría al cine**?
- How would you say the following sentence in Spanish: *I would (do it) if I could, but I can't, so I won't*?

Do mechanical drills, Workbook, Part II.

Actividad 22: La felicidad matrimonial

Explica qué pasa en cada dibujo, usando los verbos que se dan.

gritar

no/hablar/mirar

mirar

mirar

mirar

besar

abrazar

hablar

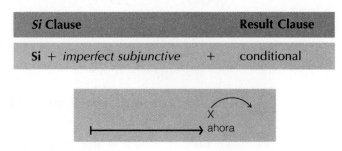

Actividad 23: ¿Qué pasaría?

En parejas, discutan qué pasaría en estas situaciones.

1. si no tuviéramos electricidad
2. si no existiera el teléfono
3. si pudiéramos viajar a través del tiempo
4. si los jóvenes no pudieran mirar televisión
5. si no existiera una edad mínima para beber en los Estados Unidos
6. si hubiera una mujer como presidenta de los Estados Unidos

Actividad 24: A lo loco

En grupos de seis, preparen situaciones hipotéticas. Tres personas lean el Papel A y tres personas lean el Papel B. Sigan las instrucciones.

A

Usen la imaginación y escriban cinco situaciones como las siguientes usando la forma de **yo** (cuanto más exageradas las ideas, mejor): **Si yo ganara $100 por hora . . . , Si tuviera un león en casa . . . , Si estuviera en Siberia** . . . , etc.

B

Usen la imaginación y escriban cinco resultados como los siguientes usando la forma de **yo** (cuanto más exageradas las ideas, mejor): **. . . tendría ocho carros, . . . sería feliz, . . . pondría mis zapatos en el armario,** etc.

Cuando estén listos, miren todas las frases del grupo y hagan combinaciones para formar oraciones. Compartan con la clase las que más les gusten.

✷ Si estuviera en Siberia, tendría ocho carros.

Actividad 25: Mi media naranja

Tu vida romántica está muy mal últimamente y por eso, decides ir a la agencia "Corazones solitarios" para encontrar a la persona de tus sueños. Tienes que completar un formulario. (El formulario continúa en la página 466.)

Nombre ____________________
Edad ____
Soltero/a ____ Divorciado/a ____
Fumas: Sí ____ No ____
Intereses: ____________________
Estás feliz cuando ____________________
Crees que la inteligencia de una persona es tan importante como su apariencia física. Sí ____ No ____

Termina estas frases: Si la persona que me selecciona . . .
fuera quince años mayor que yo, ______________________
tuviera otra religión, ______________________
fuera mucho más baja que yo, ______________________
no tuviera dinero, ______________________
no quisiera hijos, ______________________
no tuviera estudios universitarios, ______________________
viviera a más de cinco horas de mi casa, ______________________

Pienso que una noche perfecta es cuando ______________________

Actividad 26: La entrevista

Después de completar el formulario, vas a tener una entrevista con un/a empleado/a de la agencia. Trabajen en parejas, y basen la entrevista en las respuestas del formulario de la *Actividad 25*. Después, cambien de papel.

✳ A: Veo que Ud. no fuma. ¿Le molestaría salir con alguien si fumara?
B: Sí, me molestaría porque le tengo alergia al cigarrillo.

Vocabulario funcional

EL ARTE

el/la artista	*artist*
el cuadro/la pintura	*painting*
el dibujo	*drawing, sketch*
el/la escultor/a	*sculptor*
la escultura	*sculpture*

OTRAS PALABRAS RELACIONADAS CON EL ARTE

Ver página 447.

LA EXPRESIÓN DEL AMOR

abrazar	*to hug; to embrace*
el abrazo	*hug, embrace*
besar	*to kiss*
el beso	*kiss*

OTRAS PALABRAS RELACIONADAS CON EL AMOR

Ver página 457.

PALABRAS Y EXPRESIONES ÚTILES

dar a conocer	*to make known*
en seguida	*at once, right away*
invitar	*to invite; to treat*
no veo la hora de + *infinitive*	*I can't wait* + infinitive
por algo será	*there must be a reason*

CAPÍTULO

18

Juan Domingo Perón, Buenos Aires, Argentina (1951).

Chapter Objectives

- Discussing politics
- Narrating and describing in the past
- Discussing past, present, and future intentions
- Stating one's opinion and giving supporting evidence
- Hypothesizing
- Agreeing and disagreeing

¿Participación o apatía?

Manifestación a favor de la independencia de Puerto Rico enfrente del capitolio, San Juan, Puerto Rico. ¿Quieres que Puerto Rico sea el estado número 51 de los Estados Unidos?

desde luego	of course
por mi parte	as far as I'm concerned
al fin y al cabo	after all

Se acerca el final del año escolar y el momento de despedirse de los amigos. Claudia y Juan Carlos han decidido casarse y pronto se irán a Colombia donde se celebrará la boda. Ahora Juan Carlos, Álvaro, Diana e Isabel están hablando sobre sus planes para el futuro.

Actividad 1: Preguntas

Mientras escuchas la conversación, anota las respuestas a estas preguntas.

1. ¿Quién no va a ir a la boda y por qué?
2. ¿Qué planes tienen Diana y Marisel?
3. ¿Qué van a hacer de despedida?

ÁLVARO	Felicitaciones, Juan Carlos. ¿Ya saben vuestros padres que os vais a casar?
JUAN CARLOS	Desde luego. Anoche los llamamos y les dimos la noticia. Y Uds. van a ir, ¿no, Diana?

Indicating future plans

DIANA Yo no me perdería tu boda por nada del mundo. Voy a ir a Colombia y después regreso a los Estados Unidos porque no me dan más tiempo libre en el colegio donde enseño, pero regreso a España el verano que viene.

Reporting

ÁLVARO Sí, y Marisel me dijo que también iría a la boda antes de volver definitivamente a Venezuela. ¿Y tú, Isabel?

Giving an excuse

ISABEL Por mi parte, yo no voy a poder ir porque no tengo plata y mis papás quieren que termine los estudios en España.

Describing habitual past actions

JUAN CARLOS ¡Qué pena que no puedas ir! Pero entiendo; los papás siempre tienen sus razones. En mi caso, fue por la inestabilidad política que mis papás insistieron en que yo estudiara fuera de Perú. Cuando había huelgas de estudiantes, a menudo se cancelaban las clases y como yo participaba en los movimientos estudiantiles, ellos siempre estaban preocupados.

ÁLVARO Es lógico que se preocupen. Al fin y al cabo son nuestros padres; pero es que participar en la política te hace sentir que estás haciendo algo para que cambien las cosas.

DIANA En mi país hoy en día, muchos jóvenes no se preocupan por los asuntos internacionales, pero, en cambio, sí hay interés en asuntos como la ecología. ¿Saben? Mi padre estaba en Berkeley en los años sesenta y siempre cuenta de las manifestaciones estudiantiles que había contra la Guerra de Vietnam.

Stating reasons

ISABEL No sé . . . Yo creo que en muchos lugares hay apatía por lo que ocurre en el mundo; a veces por falta de interés, a veces por no tener ni voz ni voto o tal vez porque mucha gente tiene que preocuparse por sobrevivir . . . quién sabe . . .

JUAN CARLOS Bueno, bueno . . . ya es tarde. Recuerden que tenemos la reserva en el restaurante para nuestra comida de despedida. No se olviden de avisarles a Teresa y a Marisel que pasaremos por ellas a las 9:00.

Actividad 2: Preguntas

Después de escuchar la conversación otra vez, contesta estas preguntas.

1. ¿Quiénes van a ir a la boda?
2. ¿Por qué se preocupan los padres de Juan Carlos?
3. ¿Has oído recientemente alguna noticia sobre protestas estudiantiles en otros países?

4. ¿Te parece importante participar activamente en la política?
5. Isabel dice que a veces la gente no participa por no tener "ni voz ni voto". ¿Qué crees que significa esta frase?

Actividad 3: ¡Felicitaciones!

En grupos de cinco, uno de Uds. es Claudia, y los otros tienen que felicitarla *(congratulate)* y decir si pueden ir a la boda o no. Si dicen que no, tienen que decir por qué.

Actividad 4: La participación del pueblo

En grupos de tres, consideren por qué sólo vota más o menos un 50% de los votantes en las elecciones presidenciales de los Estados Unidos. ¿Qué significa esto para el país? ¿Sería posible hacer el voto obligatorio en los Estados Unidos?

Lo esencial I

La política

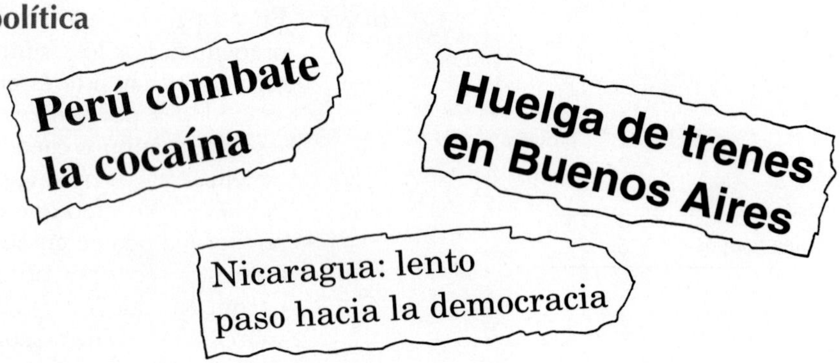

Perú combate la cocaína
Huelga de trenes en Buenos Aires
Nicaragua: lento paso hacia la democracia

Associate vocabulary words with people and places: **la democracia = los Estados Unidos; el dictador = Pinochet.**

LA POLÍTICA

la campaña (electoral)
las elecciones
el voto, votar

el golpe de estado *(coup d'état)*
la huelga *(strike)*
la manifestación *(demonstration)*
la protesta, protestar

la censura, censurar
la libertad de prensa *(free press)*

la anarquía
el capitalismo
el comunismo
la democracia
la dictadura *(dictatorship)*
el fascismo
el socialismo

PERSONAS O GRUPOS RELACIONADOS CON LA POLÍTICA

el/la presidente/a
el/la primer/a ministro/a
el/la dictador/a

el/la senador/a; el senado
el/la congresista; el congreso
el/la gobernador/a
el alcalde/la alcaldesa *(mayor)*

la Corte Suprema
el/la juez *(judge)*

las fuerzas armadas
los militares
el/la guerrillero/a

el/la candidato/a
el/la ciudadano/a *(citizen)*
el partido (político)

¿LO SABÍAN?

En algunos países hispanos, las campañas electorales son relativamente cortas. En España, por ejemplo, las campañas duran solamente tres semanas y terminan veinticuatro horas antes del día de la votación. Este día se llama "día de reflexión" y es ilegal hacer campaña política. ¿Qué opinas de esta idea? ¿Sería posible o conveniente hacer lo mismo en los Estados Unidos?

Actividad 5: ¿Participación o no?

Habla con algunos de tus compañeros para ver si son políticamente activos o no. Usa las preguntas que siguen.

1. ¿Saben los nombres de estas personas?

   tu congresista o tus senadores federales, el/la gobernador/a del estado, el/la secretario/a de defensa, el alcalde/la alcaldesa de la ciudad donde estudian, un/a juez de la Corte Suprema de los Estados Unidos

2. ¿Han hecho estas cosas?

   votar en las últimas elecciones presidenciales, escribir una carta a un/a representante, participar en una campaña política, ir a una manifestación

   Si no han hecho estas cosas, ¿las piensan hacer en el futuro?

Remember:
No creo que + *subjunctive*
Creo que + *indicative*

Actividad 6: La libertad de expresión

En grupos de cuatro, hablen sobre la libertad de prensa y la libertad de palabra que existe en los Estados Unidos. Mencionen las ventajas y las desventajas. ¿Creen que un neonazi o una persona de extrema izquierda deba poder hablar libremente? ¿Creen que se debería prohibir a los cantantes cantar canciones llenas de violencia y con referencias a drogas?

¿LO SABÍAN?

Los hispanos de los Estados Unidos se sienten muy unidos a la gente de Hispanoamérica y con frecuencia esto se ve en el arte que producen. Ester Hernández, de California, tomó su inspiración para esta obra de los tejidos *(weavings)* de las mujeres indígenas de Centroamérica. En la foto del tejido ensangrentado se ven claramente dos atrocidades: la destrucción del medio ambiente, representada por las imágenes de los árboles, y la destrucción de la población indígena, reflejada en las figuras muertas de mujeres embarazadas y hombres. Los helicópteros simbolizan el poder destructivo de los gobiernos dictatoriales, los militares y otras naciones poderosas que los apoyan. ¿Sabes algo sobre algunas de las atrocidades en Hispanoamérica? ¿Has visto alguna película sobre este tema?

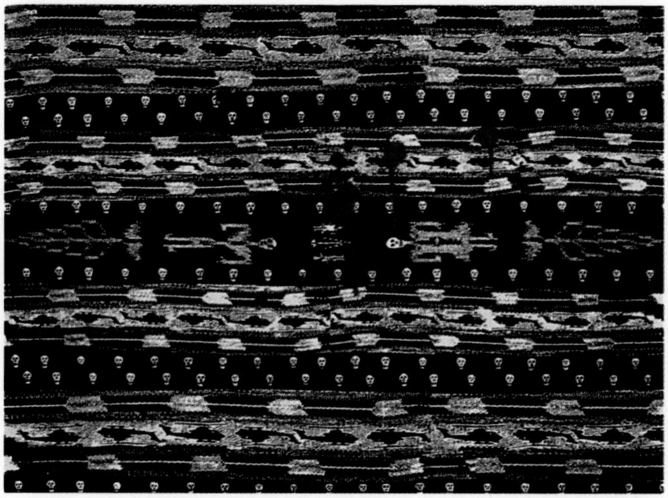

Tejido de los desaparecidos, Ester Hernández, California.

To express obligation you can use the following phrases: **tener que** + *infinitive*, **deber** + *infinitive*, **es mejor que ... , es bueno que ... , es necesario que ...**

Actividad 7: Americanos todos

En grupos de cuatro, hagan una lista de tres cosas específicas que pueden hacer los Estados Unidos para mejorar las relaciones con Hispanoamérica y tres cosas que pueden hacer los países hispanoamericanos para lograr ese mismo objetivo. Tengan en cuenta lo que aprendieron estudiando la lengua española y la cultura hispana en este curso y lo que sepan de noticias recientes.

Hacia la comunicación I

This chapter introduces no new grammar points. The activities that follow provide general review practice.

Actividad 8: El humor

En grupos de tres, miren los siguientes chistes políticos y expliquen la ironía.

1. A Maximiliano, el Emperador de México del siglo pasado, lo llamaban los mexicanos "el Em**peor**ador".
2. En Chile bajo Pinochet, alguien escribió enfrente de una prisión: "Los derechos del hombre son tres: ver, oír y callarse".

Quino is an Argentine cartoonist famous for his social and political comments.

© Joaquín Salvador Lavado (Quino), from *Potentes, prepotentes e impotentes*

Actividad 9: El papel de la religión

La constitución de los Estados Unidos dice que hay separación entre la Iglesia y el Estado, pero en las monedas dice *In God We Trust* y cuando una persona se presenta ante un juez comúnmente tiene que poner la mano encima de la Biblia. ¿A qué se debe esto? En grupos de tres, decidan si la religión juega un papel en el gobierno de los Estados Unidos.

¿LO SABÍAN?

La Iglesia católica es una fuerza activa y participante en la política hispana. Debido a la importancia de la religión en la vida diaria, los gobiernos tratan de tener buenas relaciones con la Iglesia y, en algunos países, hay una cláusula en la constitución que habla del papel de la Iglesia. Sin embargo, en otros países hay separación entre la Iglesia y el Estado, como por ejemplo en México, donde desde el siglo pasado estos dos poderes son independientes.

Remember:
Doubt = subjunctive
Certainty = indicative

Actividad 10: Monolingüe, bilingüe, trilingüe, políglota

Hay gente que dice que es más fácil aprender un idioma de pequeño, en parte porque los niños no tienen miedo de cometer errores. Sin embargo, otros afirman que es mejor aprender cuando uno es adulto porque tiene mejor memoria y mejor habilidad mental. En grupos de cuatro, consideren si es bueno que el estudio de lenguas sea obligatorio en las escuelas primarias. ¿Quieren que sus hijos aprendan una lengua extranjera en la escuela primaria? Hablen también sobre cómo creen que les pueda servir a Uds. su conocimiento de la lengua española en futuros empleos y en la vida en general. Usen frases como las siguientes:

Creo que . . .
Es obvio que . . .
Dudo que . . .
Es verdad que . . .
Es probable que . . .
No creo que . . .
Es evidente que . . .
Tienes razón, pero . . .
Es posible . . . (etc.)

Actividad 11: Problemas del momento

En grupos de tres, hablen sobre estas preguntas:

1. ¿Qué ha hecho el gobierno que les haya afectado personalmente?
2. ¿Cuáles son las responsabilidades del gobierno hacia los ciudadanos con respecto a la salud, el medio ambiente y la defensa nacional?

El no dejó de inyectarse drogas... por eso lo dejé.
No sé si compartió con otros las agujas. Solo sé que se inyectaba, y eso es peligroso. Creo que yo no le importaba tanto como para dejar las drogas. El sabía que los dos podíamos adquirir el SIDA, y le rogué que no lo hiciera. Hasta le pedí que buscara consejo y tratamiento contra las drogas. Yo hice todo lo posible, pero él no me hizo caso. Por eso . . . lo dejé.
AMERICA RESPONDE AL SIDA
1-800-344-SIDA
1-800-344-7432
Este ha sido un mensaje del Centro para el Control de las Enfermedades de los Estados Unidos

Actividad 12: Un debate

En dos grupos grandes, hagan un debate sobre la violencia y el sexo en los programas de televisión. El Grupo A va a defender la libertad de expresión y el Grupo B piensa que los programas están destruyendo la moral del país y que los más afectados son los niños. Tomen cinco minutos para prepararse antes del debate.

GRUPO A

Hay libertad de palabra.
Puedes mirar o no mirar los programas.
La televisión sólo es un reflejo de la sociedad.
(etc.)

GRUPO B

Ver la violencia produce violencia.
Los niños no saben qué es ficción y qué es realidad.
Hay gente que imita lo que ve en los programas.
(etc.)

Nuevos horizontes

Resumen de estrategias de lectura

In this book, you have seen strategies that can help you in your comprehension of a written text. Among other strategies, you have learned to brainstorm before reading to activate your background knowledge, to predict the contents of a passage, to scan a text to look for specific information, to skim a passage to get its basic ideas, as well as to recognize prefixes, suffixes, and false cognates. In this final chapter, apply the strategies you feel would be most helpful as you read the selection.

Actividad 13: Preguntas

Antes de leer el artículo, contesta estas preguntas.

1. ¿Qué movimientos o protestas ha habido en tu universidad este año?
2. ¿Hablas de política con tus amigos?
3. ¿Cuáles son los temas políticos actuales?

La sobremesa (charla después de comer) en una cafetería de Torremolinos, España.

Actividad 14: Ideas principales

Lee el siguiente artículo sobre política y busca las ideas principales. Luego escribe un título para este artículo.

Editorial

EL UNIVERSAL PRIMERA SECCIÓN

Por Hugo Torres

Como todos sabemos, uno de los temas de conversación diaria en los países hispanoamericanos es la política: "¿Viste lo que ocurrió en Perú?" "Con este gobierno no vamos a llegar a ningún lado". "¿Se enteró del golpe de estado en . . . ?" Todos hablamos de política, algunos con más conocimiento del tema, otros con menos, pero todos tenemos algo que decir.

Por un lado están los estudiantes universitarios que, por ser jóvenes, tienen mucha energía e ilusiones de que "las cosas van a cambiar". Los partidos políticos intentan conquistar su simpatía, ya que estos jóvenes serán mañana el futuro de los países. Por otro lado están los escritores como participantes políticos activos, pues ellos influyen en el destino de sus países con sus libros y ensayos que con frecuencia critican la situación actual.

Aunque sea solamente con la palabra y no con actos, todos tratamos de arreglar el mundo y predecir su futuro. ¿Y qué futuro le espera a Hispanoamérica? Es muy difícil predecirlo, pero en gran parte dependerá de su situación económica y lo que ocurra con la deuda externa. El pago de esta deuda presiona económicamente a países como México, Perú y Argentina y puede causar inestabilidad no sólo económica sino también política. La inestabilidad política en algunos países ha provocado golpes de estado y dictaduras militares, y también ha motivado a países hermanos a seguir sus pasos. Debido a la inestabilidad política y económica es imposible predecir qué ocurrirá en muchos países tales como Nicaragua y El Salvador, pero sí se puede prever que su recuperación política y económica será dolorosa.

Es momento de que hablemos menos y hagamos más por tratar de solucionar los problemas del mundo hispanoamericano.

Actividad 15: Tus preguntas

Prepara un mínimo de cuatro preguntas sobre el texto; luego hazles estas preguntas a tus compañeros.

1. ¿Quiénes . . . ?
2. ¿Cómo . . . ?
3. ¿Dónde . . . ?
4. ¿Qué . . . ?
5. ¿Cuándo . . . ?
6. ¿Por qué . . . ?

Use the future tense.

Actividad 16: Escritura libre

En grupos de cuatro, imagínense cómo será el mundo en el año 2010 y hagan un *brainstorming* de las diferentes ideas. Luego, individualmente, escoge una idea y escribe libremente sobre ella durante diez minutos. Finalmente, escoge las oraciones que prefieras, organízalas y revisa la gramática y puntuación.

La despedida

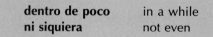

dentro de poco	in a while
ni siquiera	not even

Después de un año en España, los amigos se despiden. Hoy Claudia y Juan Carlos salen para Colombia y por eso los chicos están juntos por última vez en la cafetería del aeropuerto.

Actividad 17: Siguiendo el hilo

Mientras escuchas la conversación, concéntrate en buscar información sobre estos temas:

1. el papel de don Alejandro en la vida de los chicos
2. cómo se siente Isabel y por qué
3. qué le pasa a Isabel

CLAUDIA	Teresa, no te olvides de darle a tu tío las gracias otra vez por toda la ayuda que nos dio a Juan Carlos y a mí este año.
ISABEL	De veras, él ha sido como un papá para todos nosotros.
CAMARERO	¿Van a tomar algo?
TERESA	Sí, a mí tráigame un café, por favor.
JUAN CARLOS	A mí también, un café. ¿Vas a comer algo, Claudia?
CLAUDIA	No sé, estoy nerviosa. Lo único que quiero es un café con leche.
TERESA	¿Ni siquiera una tostada? Deberías comer algo antes del viaje.
CLAUDIA	Es que no puedo, estoy muy nerviosa.
ISABEL	Para mí, también un café. ¡Cómo quisiera ir a tu matrimonio! Pero tú entiendes, ¿no, Claudia? Yo estaré muy cerca de ti ese día con mi pensamiento.
CLAUDIA	Claro que entiendo, pero te voy a echar de menos y tienes que prometerme que cuando regreses a Chile, vas a pasar por Venezuela a visitarnos.
ISABEL	Eso sí te lo prometo . . . y por eso, no te voy a decir "adiós" sino "hasta luego".
TERESA	Miren, ahí viene Diana con Álvaro, Marisel y Vicente.
DIANA	Ay, casi no llegamos . . . Pero traemos dos botellas de champán para la despedida y un pasaje para Isabel . . .
ISABEL	¡Qué? . . . ¿Un pasaje?
ÁLVARO	Sí, hemos hablado con don Alejandro y entre todos te hemos comprado un pasaje para que puedas ir a la boda.
ISABEL	Pero . . . pero . . .
CLAUDIA	¡Qué felicidad! Dentro de poco, estaremos todos juntos otra vez.

Comparing

Expressing a desire

Promising

Expressing surprise

Actividad 18: Tus reacciones

Después de escuchar la conversación otra vez, contesta estas preguntas.

1. Si estuvieras en un país extranjero, ¿considerarías como tu padre a un pariente?
2. Si fueras Claudia, ¿estarías nervioso/a? ¿Por qué sí o no?
3. ¿Por qué dice Isabel que le va a decir "hasta luego" a Claudia y no "adiós"?
4. Si te despides de una persona querida, ¿prefieres despedirte en el aeropuerto o antes de ir al aeropuerto? ¿Por qué?

Hacia la comunicación II

Actividad 19: Una obra de teatro

Lean el siguiente minidrama. Luego, en grupos de tres, prepárense para representarlo en clase. Una persona es ELLA, otra persona es ÉL, y la otra persona es el/la director/a que va a ayudar a los actores a hacer el mejor papel posible. Es importante que Uds. exageren los papeles.

A la luz de la luna

ANÓNIMO

PERSONAJES
ÉL, ELLA, LA LUNA

ACTO ÚNICO

La escena representa un lugar apartado de un parque público, en Madrid. Un banco, a la derecha. Es una noche de luna clarísima de primavera. ELLA, sentada en el banco, lee con un abanico[1] en una mano; hay varios libros al lado, en el banco. Por la izquierda entra ÉL, vestido de viaje. La mira, sonríe, tose . . . y pasa. Ella no lo mira; lee medio dormida y bosteza[2] frecuentemente. Al ver que ÉL se va, ELLA suspira[3] y deja caer el libro . . . ÉL, como es muy educado, se detiene, se atusa[4] el bigote, se sonríe otra vez y recoge el libro.

---

[1]fan [2]yawns [3]sighs [4]strokes

ELLA *(Sorprendida.)* ¡Ah . . . !
ÉL *(Dándole el libro.)* ¡Ejem . . . !
ELLA Gracias.
ÉL Ah . . .
ELLA *(Sonríe.)* Ah . . .
ÉL *(Indicando el libro.)* ¿Bueno?
ELLA Bastante.
ÉL ¿Me quedo?
ELLA *(Sorprendida.)* ¿Cómo?
ÉL ¿Me quedo?
ELLA Sí . . .
ÉL *(Sentándose.)* Gracias.
ELLA *(Se abanica.)* ¡Uf . . . !
ÉL ¿Calor?
ELLA Mucho.
ÉL *(Mirando hacia el parque.)* ¡Bonito!
ELLA Sí.
ÉL ¿Con frecuencia?
ELLA Bastante.
ÉL ¿Dónde . . . ?
ELLA ¿Cómo . . . ?
ÉL ¿ . . . vive?
ELLA ¿Yo?
ÉL Sí.
ELLA Cerca.
ÉL ¿Dónde?
ELLA Ciudad.
ÉL ¿Dónde?
ELLA Allá. *(Los dos se ríen.)*
ÉL Ah . . .
ELLA ¿Usted?
ÉL Ciudad.
ELLA ¿Segovia?
ÉL No.
ELLA ¿Granada?
ÉL No.
ELLA ¿Barcelona?
ÉL Sí.
ELLA ¿Negocios?
ÉL Sí.
ELLA ¡Bien!
ÉL ¿Contenta?
ELLA Bastante.
ÉL ¿Por qué?
ELLA Porque . . .
ÉL ¡Amo . . .
ELLA ¿Cómo?
ÉL . . . Luna! *(Señalando la luna.)*
ELLA Ah . . .
ÉL Pues . . .
ELLA ¿Pues?
ÉL Bonita. *(Mirando la luna, pero hablándole a ELLA.)*
ELLA ¡Fresco!
ÉL ¡Bonita!
ELLA ¿Cómo!
ÉL ¡Adorable!
ELLA ¡No!
ÉL ¡Preciosísima!
ELLA ¡Señor!
ÉL Luna. *(Inocente.)*
ELLA ¡Ah . . . ! *(Levantándose.)*
ÉL ¿Cómo?
ELLA ¡Adiós!
ÉL ¿Por qué?
ELLA Casa.
ÉL ¿Por qué?
ELLA Esposo. *(Coqueta.)*
ÉL ¡¡¡CARAMBA!!!
ELLA Síííííí . . .
ÉL ¡Demonios!
ELLA Sí.
ÉL ¡Cielos!
ELLA No.
ÉL ¿Qué . . . ?
ELLA Chiste.
ÉL ¡Ah . . . !
ELLA Mire . . .
ÉL ¿Qué?
ELLA Luna.
ÉL ¿Nueva?
ELLA Sí.
ÉL Yo . . .
ELLA Ah . . .
ÉL . . . amo . . .
ELLA ¿Luna?
ÉL ¡¡No!!
ELLA ¿A quién? *(Coqueta.)*
ÉL ¡A usted!
ELLA ¡Cómo!
ÉL ¡A ti!

ELLA Aaaah . . .
ÉL ¿Cómo?
ELLA Adiós.
ÉL No.
ELLA Sí.
ÉL ¿Por qué?
ELLA Tarde.
ÉL ¿A casa?
ELLA Necesario.
ÉL ¡Quédate!
ELLA No puedo.
ÉL ¿Por qué?
ELLA Madre.
ÉL Aaaah . . .
ELLA Sííííí . . .
ÉL Yo . . .
ELLA ¿Cómo?
ÉL . . . voy . . .
ELLA ¿Cómo?
ÉL . . . contigo.
ELLA ¡¡NO!!
ÉL ¿Por qué?
ELLA Padre.
ÉL ¿Cruel?
ELLA Sí.
ÉL Oh.
ELLA Sí.
ÉL Mira . . .
ELLA ¿Qué?
ÉL Luna.
ELLA Magnífica.
ÉL Y tú.
ELLA Estupenda.
ÉL Como tú.
ELLA Preciosa.
ÉL ¡Divina!
ELLA ¿Luna?
ÉL ¡No!
ELLA ¿Quién?
ÉL ¡Tú!
ELLA Ah . . .
ÉL ¿Mañana?
ELLA ¿Cómo?
ÉL ¿Vendrás?
ELLA ¿Y usted?
ÉL Sí.
ELLA Pues . . .
ÉL ¿Vendrás?
ELLA Tal vez.
ÉL ¿¿¿Cómo???
ELLA Sí.
ÉL ¡¡Ah!!
ELLA ¿Contento?
ÉL ¡Muchísimo!
ELLA Pues . . .
ÉL ¿Pues?
ELLA ¿Hasta . . .
ÉL . . . mañana?

(ÉL sale por la derecha y ELLA sale por la izquierda.)

FIN

Actividad 20: Análisis

En grupos de tres, hablen sobre el juego que hay entre los dos personajes del drama: ¿Cuáles son algunos adjetivos que describen a los personajes? ¿Conocen a algunas personas que actúen así en la vida real? ¿Creen que cuando una persona sale con otra exista a veces un juego? Si contestan que sí, ¿hay reglas *(rules)* para este juego? ¿Cuáles son? ¿Eran estas reglas iguales para sus padres?

Actividad 21: A la luz de la luna II

En parejas, después de haber presentado el drama, escojan una de estas actividades.

1. Reescriban una parte de la conversación extendiendo las líneas para incluir frases u oraciones completas sin cambiar el tono del diálogo.
2. Con frases u oraciones completas, escriban la escena del encuentro de la noche siguiente en el parque.
3. Escriban una escena donde él conoce a los padres de ella. Usen frases u oraciones completas. Recuerden cómo son los padres de ella.
4. Escriban una escena que tenga lugar veinte años más tarde cuando ellos les explican a sus hijos cómo se conocieron.

Actividad 22: Tu futuro

Contesta estas preguntas y después compara y comenta tus respuestas con las de un/a compañero/a.

1. Di cinco cosas que quieres hacer antes de tener cincuenta años.
2. Di una cosa que tus padres quieren que hagas, pero que no piensas hacer. Di por qué.
3. Di una cosa que has hecho que sea poco común.
4. Di algo que nunca harías en tu vida.

Actividad 23: Preparación necesaria

Contesta las siguientes preguntas y luego, en parejas, hablen sobre sus metas *(goals)* para el futuro, la preparación que ya tienen y denle sugerencias a la otra persona sobre otras cosas que puede hacer para estar mejor preparada.

1. ¿Qué estarás haciendo en el año 2005?
2. ¿Qué cosas has hecho ya que te hayan preparado para tu futuro?
3. ¿Qué estás haciendo ahora mismo para prepararte?
4. ¿Qué necesitas hacer todavía?

Actividad 24: No lo sabía antes

Escribe diez cosas que aprendiste en esta clase que no tengan nada que ver con la lengua española. Puedes incluir datos históricos, costumbres, diferencias entre países, etc. Después, en parejas, comparen y comenten las listas.

Vocabulario funcional

LA POLÍTICA

Ver página 470.

PERSONAS O GRUPOS RELACIONADOS CON LA POLÍTICA

Ver página 471.

PALABRAS Y EXPRESIONES ÚTILES

al fin y al cabo	*after all*
dentro de poco	*in a while*
desde luego	*of course*
ni siquiera	*not even*
por mi parte	*as far as I'm concerned*

REFERENCE SECTION

APPENDIX A: Verb Charts

NOTE: In the sections on stem-changing and spelling-changing verbs, only tenses in which a change occurs are shown.

Regular Verbs

Infinitive	hablar	comer	vivir
Present participle	hablando	comiendo	viviendo
Past participle	hablado	comido	vivido

Simple Tenses

	hablar	**comer**	**vivir**
Present indicative	habl**o**	com**o**	viv**o**
	as	**es**	**es**
	a	**e**	**e**
	amos	**emos**	**imos**
	áis	**éis**	**ís**
	an	**en**	**en**
Imperfect indicative	habl**aba**	com**ía**	viv**ía**
	abas	**ías**	**ías**
	aba	**ía**	**ía**
	ábamos	**íamos**	**íamos**
	abais	**íais**	**íais**
	aban	**ían**	**ían**
Preterit	habl**é**	com**í**	viv**í**
	aste	**iste**	**iste**
	ó	**ió**	**ió**
	amos	**imos**	**imos**
	asteis	**isteis**	**isteis**
	aron	**ieron**	**ieron**
Future indicative	hablar**é**	comer**é**	vivir**é**
	ás	**ás**	**ás**
	á	**á**	**á**
	emos	**emos**	**emos**
	éis	**éis**	**éis**
	án	**án**	**án**

	hablar	comer	vivir
Conditional	habla**ría** **ías** **ía** **íamos** **íais** **ían**	come**ría** **ías** **ía** **íamos** **íais** **ían**	vivi**ría** **ías** **ía** **íamos** **íais** **ían**
Affirmative and negative commands **tú:** **Ud.:** **Uds.:** **vosotros/as:**	habl**a**, no habl**es** habl**e**, no habl**e** habl**en**, no habl**en** habl**ad**, no habl**éis**	com**e**, no com**as** com**a**, no com**a** com**an**, no com**an** com**ed**, no com**áis**	viv**e**, no viv**as** viv**a**, no viv**a** viv**an**, no viv**an** viv**id**, no viv**áis**
Present subjunctive	que habl**e** **es** **e** **emos** **éis** **en**	que com**a** **as** **a** **amos** **áis** **an**	que viv**a** **as** **a** **amos** **áis** **an**
Imperfect subjunctive	que habl**ara** **aras** **ara** **áramos** **arais** **aran**	que com**iera** **ieras** **iera** **iéramos** **ierais** **ieran**	que viv**iera** **ieras** **iera** **iéramos** **ierais** **ieran**

Compound Tenses

	hablar	comer	vivir
Present perfect indicative	he hablado has hablado, *etc.*	he comido has comido, *etc.*	he vivido has vivido, *etc.*
Pluperfect indicative	había hablado habías hablado, *etc.*	había comido habías comido, *etc.*	había vivido habías vivido, *etc.*
Future perfect	habré hablado habrás hablado, *etc.*	habré comido habrás comido, *etc.*	habré vivido habrás vivido, *etc.*
Conditional perfect	habría hablado habrías hablado, *etc.*	habría comido habrías comido, *etc.*	habría vivido habrías vivido, *etc.*
Present perfect subjunctive	que haya hablado hayas hablado, *etc.*	que haya comido hayas comido, *etc.*	que haya vivido hayas vivido, *etc.*
Pluperfect subjunctive	que hubiera hablado hubieras hablado, *etc.*	que hubiera comido hubieras comido, *etc.*	que hubiera vivido hubieras vivido, *etc.*

Stem-Changing Verbs

		-ar verbs: **e > ie**			**-er** verbs: **e > ie**	
Infinitive		**pensar** to think			**entender** to understand	
Present indicative		**pienso**	pensamos		**entiendo**	entendemos
		piensas	pensáis		**entiendes**	entendéis
		piensa	**piensan**		**entiende**	**entienden**
Affirmative commands		**piensa**	pensad		**entiende**	entended
		piense	**piensen**		**entienda**	**entiendan**
Present subjunctive	que	**piense**	pensemos	que	**entienda**	entendamos
		pienses	penséis		**entiendas**	entendáis
		piense	**piensen**		**entienda**	**entiendan**

		-ar verbs: **o > ue**			**-er** verbs: **o > ue**	
Infinitive		**contar** to tell; to count			**volver** to return	
Present indicative		**cuento**	contamos		**vuelvo**	volvemos
		cuentas	contáis		**vuelves**	volvéis
		cuenta	**cuentan**		**vuelve**	**vuelven**
Affirmative commands		**cuenta**	contad		**vuelve**	volved
		cuente	**cuenten**		**vuelva**	**vuelvan**
Present subjunctive	que	**cuente**	contemos	que	**vuelva**	volvamos
		cuentes	contéis		**vuelvas**	volváis
		cuente	**cuenten**		**vuelva**	**vuelvan**

		-ir verbs: **e > i**	
Infinitive		**servir** to serve	
Present participle		**sirviendo**	
Present indicative		**sirvo**	servimos
		sirves	servís
		sirve	**sirven**
Affirmative commands		**sirve**	servid
		sirva	**sirvan**
Present subjunctive	que	**sirva**	**sirvamos**
		sirvas	**sirváis**
		sirva	**sirvan**
Preterit		serví	servimos
		serviste	servisteis
		sirvió	**sirvieron**
Imperfect subjunctive	que	**sirviera**	
		sirvieras, *etc.*	

-ir verbs: **e > ie or i**		-ir verbs: **o > ue o u**	
Infinitive	**sentir** to feel; to regret		**dormir** to sleep	
Present participle	**sintiendo**		**durmiendo**	
Present indicative	**siento**	sentimos	**duermo**	dormimos
	sientes	sentís	**duermes**	dormís
	siente	**sienten**	**duerme**	**duermen**
Affirmative commands	**siente**	sentid	**duerme**	dormid
	sienta	**sientan**	**duerma**	**duerman**
Present subjunctive	que **sienta**	**sintamos**	que **duerma**	**durmamos**
	sientas	**sintáis**	**duermas**	**durmáis**
	sienta	**sientan**	**duerma**	**duerman**
Preterit	sentí	sentimos	dormí	dormimos
	sentiste	sentisteis	dormiste	dormisteis
	sintió	**sintieron**	**durmió**	**durmieron**
Imperfect subjunctive	que **sintiera**		que **durmiera**	
	sintieras, *etc.*		**durmieras,** *etc.*	

Verbs With Spelling Changes

	Verbs in **-car:** c > qu before **e**		Verbs in **-gar:** g > gu before **e**	
Infinitive	**buscar** to look for		**llegar** to arrive	
Preterit	**busqué**	buscamos	**llegué**	llegamos
	buscaste	buscasteis	llegaste	llegasteis
	buscó	buscaron	llegó	llegaron
Affirmative commands	busca	buscad	llega	llegad
	busque	**busquen**	**llegue**	**lleguen**
Present subjunctive	que **busque**	**busquemos**	que **llegue**	**lleguemos**
	busques	**busquéis**	**llegues**	**lleguéis**
	busque	**busquen**	**llegue**	**lleguen**

	Verbs in **-ger** and **-gir:** **g** > **j** before **a** and **o**		Verbs in **-guir:** **gu** > **g** before **a** and **o**	
Infinitive	**coger** to pick up		**seguir** to follow	
Present indicative	**cojo**	cogemos	**sigo**	seguimos
	coges	cogéis	sigues	seguís
	coge	cogen	sigue	siguen
Affirmative commands	coge	coged	sigue	seguid
	coja	**cojan**	**siga**	**sigan**
Present subjunctive	que **coja**	**cojamos**	que **siga**	**sigamos**
	cojas	**cojáis**	**sigas**	**sigáis**
	coja	**cojan**	**siga**	**sigan**

	Verbs in **-zar: z** > **c** before **e**	
Infinitive	**empezar** to begin	
Preterit	**empecé**	empezamos
	empezaste	empezasteis
	empezó	empezaron
Affirmative commands	empieza	empezad
	empiece	**empiecen**
Present subjunctive	que **empiece**	**empecemos**
	empieces	**empecéis**
	empiece	**empiecen**

	Verbs in **-eer:** unstressed **i** > **y**	
Infinitive	**creer** to believe	
Present participle	**creyendo**	
Preterit	creí	creímos
	creíste	creísteis
	creyó	**creyeron**
Imperfect subjunctive	que **creyera**	**creyéramos**
	creyeras	**creyerais**
	creyera	**creyeran**

Irregular Verbs

	caer to fall	**conducir** to drive
Present indicative	caigo, caes, cae, caemos, caéis, caen	conduzco, conduces, conduce, conducimos, conducís, conducen
Preterit	caí, caíste, cayó, caímos, caísteis, cayeron	conduje, condujiste, condujo, condujimos, condujisteis, condujeron
Imperfect	caía, caías, *etc.*	conducía, conducías, *etc.*
Future	caeré, caerás, *etc.*	conduciré, conducirás, *etc.*
Conditional	caería, caerías, *etc.*	conduciría, conducirías, *etc.*
Present subjunctive	que caiga, caigas, caiga, caigamos, caigáis, caigan	que conduzca, conduzcas, conduzca, conduzcamos, conduzcáis, conduzcan
Imperfect subjunctive	que cayera, cayeras, cayera, cayéramos, cayerais, cayeran	que condujera, condujeras, condujera, condujéramos, condujerais, condujeran
Participles	cayendo, caído	conduciendo, conducido
Affirmative commands	cae, caed caiga, caigan	conduce, conducid conduzca, conduzcan

	conocer to know, be acquainted with	**construir** to build
Present indicative	conozco, conoces, conoce, conocemos, conocéis, conocen	construyo, construyes, construye, construimos, construís, construyen
Preterit	conocí, conociste, conoció, conocimos, conocisteis, conocieron	construí, construiste, construyó, construimos, construisteis, construyeron
Imperfect	conocía, conocías, *etc.*	construía, construías, *etc.*
Future	conoceré, conocerás, *etc.*	construiré, construirás, *etc.*
Conditional	conocería, conocerías, *etc.*	construiría, construirías, *etc.*
Present subjunctive	que conozca, conozcas, conozca, conozcamos, conozcáis, conozcan	que construya, construyas, construya, construyamos, construyáis, construyan
Imperfect subjunctive	que conociera, conocieras, conociera, conociéramos, conocierais, conocieran	que construyera, construyeras, construyera, construyéramos, construyerais, construyeran
Participles	conociendo, conocido	construyendo, construido
Affirmative commands	conoce, conoced conozca, conozcan	construye, construid construya, construyan

		dar to give		**decir** to say; to tell
Present indicative		doy, das, da, damos, dais, dan		digo, dices, dice, decimos, decís, dicen
Preterit		di, diste, dio, dimos, disteis, dieron		dije, dijiste, dijo, dijimos, dijisteis, dijeron
Imperfect		daba, dabas, *etc.*		decía, decías, *etc.*
Future		daré, darás, *etc.*		diré, dirás, *etc.*
Conditional		daría, darías, *etc.*		diría, dirías, *etc.*
Present subjunctive	que	dé, des, dé, demos, deis, den	que	diga, digas, diga, digamos, digáis, digan
Imperfect subjunctive	que	diera, dieras, diera, diéramos, dierais, dieran	que	dijera, dijeras, dijera, dijéramos, dijerais, dijeran
Participles		dando, dado		diciendo, dicho
Affirmative commands		da, dad dé, den		di, decid diga, digan

		estar to be		**freír** to fry
Present indicative		estoy, estás, está, estamos, estáis, están		frío, fríes, fríe, freímos, freís, fríen
Preterit		estuve, estuviste, estuvo, estuvimos, estuvisteis, estuvieron		freí, freíste, frio, freímos, freísteis, frieron
Imperfect		estaba, estabas, *etc.*		freía, freías, *etc.*
Future		estaré, estarás, *etc.*		freiré, freirás, *etc.*
Conditional		estaría, estarías, *etc.*		freiría, freirías, *etc.*
Present subjunctive	que	esté, estés, esté, estemos, estéis, estén	que	fría, frías, fría, friamos, friáis, frían
Imperfect subjunctive	que	estuviera, estuvieras, estuviera, estuviéramos, estuvierais, estuvieran	que	friera, frieras, friera, friéramos, frierais, frieran
Participles		estando, estado		friendo, frito
Affirmative commands		está, estad esté, estén		fríe, freíd fría, frían

	haber to have *(auxiliary verb)*	**hacer** to do; to make
Present indicative	he, has, ha, hemos, habéis, han	hago, haces, hace, hacemos, hacéis, hacen
Preterit	hube, hubiste, hubo, hubimos, hubisteis, hubieron	hice, hiciste, hizo, hicimos, hicisteis, hicieron
Imperfect	había, habías, *etc.*	hacía, hacías, *etc.*
Future	habré, habrás, *etc.*	haré, harás, *etc.*
Conditional	habría, habrías, *etc.*	haría, harías, *etc.*
Present subjunctive	que haya, hayas, haya, hayamos, hayáis, hayan	que haga, hagas, haga, hagamos, hagáis, hagan
Imperfect subjunctive	que hubiera, hubieras, hubiera, hubiéramos, hubierais, hubieran	que hiciera, hicieras, hiciera, hiciéramos, hicierais, hicieran
Participles	habiendo, habido	haciendo, hecho
Affirmative commands	———	haz, haced haga, hagan

	ir to go	**oír** to hear
Present indicative	voy, vas, va, vamos, vais, van	oigo, oyes, oye, oímos, oís, oyen
Preterit	fui, fuiste, fue, fuimos, fuisteis, fueron	oí, oíste, oyó, oímos, oísteis, oyeron
Imperfect	iba, ibas, iba, íbamos, ibais, iban	oía, oías, *etc.*
Future	iré, irás, *etc.*	oiré, oirás, *etc.*
Conditional	iría, irías, *etc.*	oiría, oirías, *etc.*
Present subjunctive	que vaya, vayas, vaya, vayamos, vayáis, vayan	que oiga, oigas, oiga, oigamos, oigáis, oigan
Imperfect subjunctive	que fuera, fueras, fuera, fuéramos, fuerais, fueran	que oyera, oyeras, oyera, oyéramos, oyerais, oyeran
Participles	yendo, ido	oyendo, oído
Affirmative commands	ve, id vaya, vayan	oye, oíd oiga, oigan

	poder to be able, can	**poner** to put
Present indicative	puedo, puedes, puede, podemos, podéis, pueden	pongo, pones, pone, ponemos, ponéis, ponen
Preterit	pude, pudiste, pudo, pudimos, pudisteis, pudieron	puse, pusiste, puso, pusimos, pusisteis, pusieron
Imperfect	podía, podías, *etc.*	ponía, ponías, *etc.*
Future	podré, podrás, *etc.*	pondré, pondrás, *etc.*
Conditional	podría, podrías, *etc.*	pondría, pondrías, *etc.*
Present subjunctive	que pueda, puedas, pueda, podamos, podáis, puedan	que ponga, pongas, ponga, pongamos, pongáis, pongan
Imperfect subjunctive	que pudiera, pudieras, pudiera, pudiéramos, pudierais, pudieran	que pusiera, pusieras, pusiera, pusiéramos, pusierais, pusieran
Participles	pudiendo, podido	poniendo, puesto
Affirmative commands	———	pon, poned ponga, pongan

	querer to want; to love	**saber** to know (how)
Present indicative	quiero, quieres, quiere, queremos, queréis, quieren	sé, sabes, sabe, sabemos, sabéis, saben
Preterit	quise, quisiste, quiso, quisimos, quisisteis, quisieron	supe, supiste, supo, supimos, supisteis, supieron
Imperfect	quería, querías, *etc.*	sabía, sabías, *etc.*
Future	querré, querrás, *etc.*	sabré, sabrás, *etc.*
Conditional	querría, querrías, *etc.*	sabría, sabrías, *etc.*
Present subjunctive	que quiera, quieras, quiera, queramos, queráis, quieran	que sepa, sepas, sepa, sepamos, sepáis, sepan
Imperfect subjunctive	que quisiera, quisieras, quisiera, quisiéramos, quisierais, quisieran	que supiera, supieras, supiera, supiéramos, supierais, supieran
Participles	queriendo, querido	sabiendo, sabido
Affirmative commands	quiere, quered quiera, quieran	sabe, sabed sepa, sepan

	salir to leave, go out	**ser** to be
Present indicative	salgo, sales, sale, salimos, salís, salen	soy, eres, es, somos, sois, son
Preterit	salí, saliste, salió, salimos, salisteis, salieron	fui, fuiste, fue, fuimos, fuisteis, fueron
Imperfect	salía, salías, *etc.*	era, eras, era, éramos, erais, eran
Future	saldré, saldrás, *etc.*	seré, serás, *etc.*
Conditional	saldría, saldrías, *etc.*	sería, serías, *etc.*
Present subjunctive	que salga, salgas, salga, salgamos, salgáis, salgan	que sea, seas, sea, seamos, seáis, sean
Imperfect subjunctive	que saliera, salieras, saliera, saliéramos, salierais, salieran	que fuera, fueras, fuera, fuéramos, fuerais, fueran
Participles	saliendo, salido	siendo, sido
Affirmative commands	sal, salid salga, salgan	sé, sed sea, sean

	tener to have	**traer** to bring
Present indicative	tengo, tienes, tiene, tenemos, tenéis, tienen	traigo, traes, trae, traemos, traéis, traen
Preterit	tuve, tuviste, tuvo, tuvimos, tuvisteis, tuvieron	traje, trajiste, trajo, trajimos, trajisteis, trajeron
Imperfect	tenía, tenías, *etc.*	traía, traías, *etc.*
Future	tendré, tendrás, *etc.*	traeré, traerás, *etc.*
Conditional	tendría, tendrías, *etc.*	traería, traerías, *etc.*
Present subjunctive	que tenga, tengas, tenga, tengamos, tengáis, tengan	que traiga, traigas, traiga, traigamos, traigáis, traigan
Imperfect subjunctive	que tuviera, tuvieras, tuviera, tuviéramos, tuvierais, tuvieran	que trajera, trajeras, trajera, trajéramos, trajerais, trajeran
Participles	teniendo, tenido	trayendo, traído
Affirmative commands	ten, tened tenga, tengan	trae, traed traiga, traigan

	valer to be worth	venir to come
Present indicative	valgo, vales, vale, valemos, valéis, valen	vengo, vienes, viene, venimos, venís, vienen
Preterit	valí, valiste, valió, valimos, valisteis, valieron	vine, viniste, vino, vinimos, vinisteis, vinieron
Imperfect	valía, valías, *etc.*	venía, venías, *etc.*
Future	valdré, valdrás, *etc.*	vendré, vendrás, *etc.*
Conditional	valdría, valdrías, *etc.*	vendría, vendrías, *etc.*
Present subjunctive	que valga, valgas, valga, valgamos, valgáis, valgan	que venga, vengas, venga, vengamos, vengáis, vengan
Imperfect subjunctive	que valiera, valieras, valiera, valiéramos, valierais, valieran	que viniera, vinieras, viniera, viniéramos, vinierais, vinieran
Participles	valiendo, valido	viniendo, venido
Affirmative commands	val, valed valga, valgan	ven, venid venga, vengan

	ver to see
Present indicative	veo, ves, ve, vemos, veis, ven
Preterit	vi, viste, vio, vimos, visteis, vieron
Imperfect	veía, veías, veía, veíamos, veíais, veían
Future	veré, verás, *etc.*
Conditional	vería, verías, *etc.*
Present subjunctive	que vea, veas, vea, veamos, veáis, vean
Imperfect subjunctive	que viera, vieras, viera, viéramos, vierais, vieran
Participles	viendo, visto
Affirmative commands	ve, ved vea, vean

Reflexive Verbs

		levantarse to get up; to stand up
Present indicative		me levanto, te levantas, se levanta nos levantamos, os levantáis, se levantan
Participles		levantándose, levantado
Affirmative and negative commands	**tú:**	levántate, no te levantes
	Ud.:	levántese, no se levante
	Uds.:	levántense, no se levanten
	vosotros/as:	levantaos, no os levantéis

APPENDIX B: Answers to Grammar Questions

Chapter 1, I, page 23

I.
- Él se llama = *His name is.* Ella se llama = *Her name is.*
- Me llamo . . . /Soy . . .
- ¿Cómo te llamas? / ¿Cómo se llama Ud.?
- ¿Cómo se llama Ud.?

Chapter 1, I, page 24

II.
- ¿De dónde eres?
- ¿De dónde es Ud.?
- Mi madre es de . . .
- Mi novio/novia es de . . .

Chapter 1, II, page 36

III.
- 1. ¿De dónde eres?; ¿De dónde es Ud.? 2. ¿Eres de Lima/Caracas . . . ?; ¿Es Ud. de Lima/Caracas . . . ? Eres de Lima/Caracas . . . ¿no?; Ud. es de Lima/Caracas . . . ¿no? 3. Eres de Quito, ¿no?/¿verdad?; Ud. es de Quito, ¿no?/¿verdad?; ¿Eres de Quito?; ¿Es Ud. de Quito?
- Sí, son de Guatemala.; No, no son de Guatemala.; No, son de . . .

Chapter 2, I, page 46

II.
- Tengo/Tenemos radio.
- Tenemos televisor.
- ¿Tiene Ud. estéreo?
- Mis amigos no tienen vídeo.

Chapter 2, I, page 47

II.
- *'s* = **de**
- El disco es de Carlos; El disco es del Sr. González; El disco es de la Srta. López; El disco es de los estudiantes.
- ¿De quién(es) es la toalla?
- ¿De quién(es) son las plantas?

Chapter 2, I, page 48

III.
- Me gusta la revista; Me gustan los periódicos de Nueva York; Me gusta el vídeo; Me gusta el estéreo de Carmen.

Chapter 2, I, page 48

III.
- A Raúl no le gusta la novela. A Raúl no le gustan las novelas.
- You (sir, madam) like tea; John/He likes tea; Ann/She likes tea.
- A Tomás le gusta la música.
- Al señor Porta le gusta la Coca-Cola y a la señora Bert no (le gusta la Coca-Cola).

Chapter 2, II, page 61

III.
- Álvaro is referring to a future action.

Chapter 3, II, page 87

I.
- Carmen está cansada.
- ¿Cómo es ella? = *What is she like?* ¿Cómo está ella? = *How is she (feeling, doing)?*
- Use **ser** with *generous*, *courageous*, *interesting*, and *honest*, since these describe the being. Use **estar** with *upset* and *elated*, since these describe the state of being.

Chapter 6, II, page 170	I.	• **Les** refers to Olga and Nando; **le** refers to **nadie**; **les** refers to Olga and Nando. • No.
Chapter 7, II, page 199	I.	• a. las botellas b. el niño c. el ron • No, they receive the action. • Before the verb: **¿Dónde las pongo?**
Chapter 7, II, page 200	II.	• Elena • Ramón
Chapter 8, I, page 212		• No. • What the women are looking for.
Chapter 8, II, page 227	II.	• Two: **yo, tú;** Two: **tú, yo.** • que
Chapter 9, I, page 240	I.	• Possibility • Certainty
Chapter 10, I, page 266	I.	• ***Te*** refers to **tú** (the mother) and ***la*** refers to **la tarjeta**. ***Te*** refers to **tú (Vicente)** and ***lo*** refers to **el regalo.**
Chapter 10, II, page 280	II.	• Habitual actions in the past
Chapter 11, I, page 294	I.	• One action in progress interrupted by another. • a. Telling time in the past. b. Telling age in the past. c. Describing in the past (weather). d. Habitual or repeated action in the past.
Chapter 11, II, page 310	I.	• The woman • ¿Lo compraste al fin?
Chapter 12, I, page 324	I.	• a. jugaba c. íbamos d. salían, hacían, bailaban e. jugaba, estudiaba f. pensaba *Words that help:* c. todos los días d. siempre e. mientras
Chapter 12, II, page 338	II.	• In my family, the youngest is the tallest. • En mi familia, el menor es el más alto.
Chapter 13, II, page 363	II.	• Escuchen, regresen
Chapter 14, I, page 376	I.	• He is giving a command and he is using the **tú** form.
Chapter 14, II, page 388	I.	• He is referring to **los grupos**
Chapter 15, I, page 403	I.	• The first sentence, (a)

Chapter 15, II, page 412	I.	• **Había salido** happened first.
Chapter 16, I, page 423	I.	• Tengo que/Voy a tener que volver pronto. Sí, es/va a ser mejor que lleguemos pronto.
Chapter 16, I, page 426	III.	• First title: *The good thing, the bad thing, and the ugly thing.* Second title: *The good one (person), the bad one (person) and the ugly one (person).*
Chapter 17, I, page 450	II.	• a. Doubt in the present vs. doubt in the past. b. Influence (wish) in the present vs. influence in the past
Chapter 17, II, page 463	I.	• We look at ourselves. We look at each other. We looked at ourselves. We looked at each other.
Chapter 17, II, page 464	II.	• In the first sentence there's a chance that the speaker will have the money and will go to the movies. In the second sentence, the speaker doesn't have the money to go to the movies; the statement is hypothetical. • Lo haría si pudiera, pero no puedo, así que no lo haré.

APPENDIX C: Accentuation and Syllabication

Diphthongs

1. A diphthong is the combination of a weak (i, u) and a strong vowel (a, e, o) or the combination of two weak vowels. When two vowels are combined, the strong or the second of two weak vowels takes a slightly greater stress in the syllable:

v***ue***lvo ***au***tomático t**ie**ne conc**ie**nc***ia*** c***iu***dad

2. When the stress of the word falls on the weak vowel of a strong-weak combination, no diphthong occurs and the weak vowel takes a written accent mark to break the diphthong:

pa-ís dí-a tí-o en-ví-o Ra-úl

Stress

1. If a word ends in **n, s** or a **vowel,** the stress falls on the *next-to-last syllable.*

lava**pla**tos e**xa**men **ho**la aparta**men**to

2. If a word ends in any **consonant** other than **n** or **s,** the stress falls on the *last syllable.*

espa**ñol** us**ted** regu**lar** prohi**bir**

3. Any exception to rules 1 and 2 has a written accent mark on the stressed vowel.

televisi**ó**n tel**é**fono **á**lbum cent**í**metro

4. Question and exclamation words, **cómo, dónde, cuál, qué,** etc., always have accents.

5. Certain words change meaning when written with an accent although pronunciation remains the same.

cómo	how	**como**	like
dé	give	**de**	of/from
él	he/him	**el**	the
más	more	**mas**	but
mí	me	**mi**	my
sí	yes	**si**	if
sólo	only	**solo**	alone
té	tea	**te**	you
tú	you	**tu**	your

6. Demonstrative pronouns usually have a written accent to distinguish them from demonstrative adjectives (except for **esto, eso,** and **aquello,** which are always neuter pronouns).

éste este niño éstas estas blusas

Syllabication

1. Syllables usually end in a vowel.

ca-sa   ba-su-ra   dro-ga

2. A diphthong is never separated unless the stress of the word falls on the weak vowel of a strong-weak vowel combination.

a-mue-blar   ciu-dad   ju-lio   BUT: dí-a

3. Two consonants are usually separated. Remember that **ch, ll,** and **rr** are each a single consonant in Spanish.

al-qui-ler   por-te-ro   ca-le-fac-ción   BUT: pe-rro

4. The consonants **l** and **r** are never separated from the preceding consonant, except from the letter **s.**

po-si-ble   a-cla-rar   a-bri-go   BUT: ais-lar

5. When there is a cluster of three consonants, the first two stay with the preceding vowel unless the third consonant is an **l** or an **r,** in which case the last two consonants stay with the vowel that follows.

ins-ti-tu-ción   BUT: ex-pli-car   des-crip-ción

6. When there is a cluster of four consonants, they are always divided between the second and third consonants.

ins-crip-ción   ins-truc-ción

Spanish-English Vocabulary

This vocabulary includes both the active and passive vocabulary found throughout the lessons. The definitions are limited to the context in which the words are used in the book. Active words are followed by a number that indicates the chapter in which the word appears as an active item; the abbreviation *Pre.* refers to the *Capítulo preliminar*. Names of cities, countries, and many obvious cognates are not included.

The following abbreviations are used:

adj.	adjective	*m.*	masculine
adv.	adverb	*subj.*	subjunctive
f.	feminine	*v.*	verb
inf.	infinitive		

a to; at; **al (a + el)/a la** to the; **A la/s . . .** At . . . o'clock 5; ~ **la vez** at the same time; ~ **lo mejor** perhaps 10; ~ **menudo** often 12; ~ **partir de** starting from, ~ **pesar de que** in spite of; **¿~ qué hora . . . ?** At what time . . . ? 5; **¿~ quién?** to whom; ~ **tiempo** on time 7; in time; ~ **veces** at times 12; ~ **ver** let's see
abajo below
abanicarse to fan oneself
el abanico fan
abierto/a open
el/la abogado/a lawyer 1
abrazar to hug; to embrace 17
el abrazo hug; embrace 17
el abrigo coat 5
abril April 4
abrir to open 6; **Abre/Abran el libro en la página . . .** Open your book to page . . . Pre.
abrocharse el cinturón to buckle the seat belt 11
el/la abuelo/a grandfather/grandmother 6
aburrido/a: estar ~ to be bored; **ser** ~ to be boring 3
acabar de + *inf.* to have just + *past participle* 5
académico/a academic
acaso: por si ~ in case 15
el accidente accident
la acción action
el aceite oil 9
el acelerador accelerator 11
el acento accent
acentuar to accent
aceptado/a accepted
aceptar to accept, agree to do
el acercamiento closeness
acercarse to approach, come near
ácido/a: la lluvia ácida acid rain 15
acompañar to accompany
aconsejar to advise 8
acordarse (o > ue) de to remember
acostar (o > ue) to put someone to bed 5
acostarse (o > ue) to go to bed 5
acostumbrarse a to become accustomed to
la actividad activity Pre.; **Mira/Miren la actividad . . .** Look at activity . . . Pre.
activo/a active, lively
el actor/la actriz actor/actress 1
actual present-day, current
acuerdo: de ~ agreed, O.K. 13
adecuado/a adequate
además besides 11
Adiós. Good-by. Pre.
la adivinanza guessing game
adivinar to guess
la admisión admission
¿Adónde? Where? (with verb of motion); **¿~ vas?** Where are you going? 3
adorar to adore
adquisitivo: poder ~ purchasing power
la aduana customs 7; **el/la agente de aduanas** customs official
la aerolínea airline 7
el/la aeromozo/a steward/ess, flight attendant
el aeropuerto airport 7
afectar to affect
afeitar: la crema de~ shaving cream 2
afeitarse to shave 4
la afición liking, fondness
el/la aficionado/a enthusiast, fan
el afiche poster
afirmar to state, assert
africano/a African 3
la agencia de viajes travel agency 3
la agenda agenda

el/la agente: ~ de aduanas customs official; **~ de viajes** travel agent 1
agosto August 4
agradable pleasant
agredir to assault, attack
agresivo/a aggressive 15
agrícola agricultural
el agua (*f.*) water 8; **~ de colonia** cologne 2; **~ dulce** fresh water; **~ potable** drinking water; **~ salada** salt water
el aguacate avocado
el agujero hole
ahora now; **~ mismo** right now 11
ahorrar to save
el aire acondicionado air conditioning 11
aislado/a isolated
el ajedrez chess 9; **jugar (al) ajedrez** to play chess 9
el ajo garlic 12
ajustar to adjust; to fasten
al + *inf.* upon + *-ing* 15
el ala (*f.*) wing
el albergue hostel
el álbum (de fotos) (photo) album 16
el alcalde/la alcaldesa mayor 18
alcanzar to reach
la alcoba bedroom
alcohólico/a alcoholic
la alconafta fuel made of sugar cane
alegrarse de to be happy about 9
la alegría happiness
alemán/alemana German 3
la alfombra rug 8
algo something 6; **¿~ más?** Something/Anything else? 12; **Por ~ será.** There must be a reason. 17
el algodón cotton 5
alguien someone 6
algún/alguno/a/os/as some/any 7; **algunas veces** sometimes 12
el alivio relief
el alma (*f.*) soul
el almacén department store
almorzar (o > ue) to have lunch 5
el almuerzo lunch
¿Aló? Hello? 7
el alojamiento lodging, accommodation
alquilar to rent 8
el alquiler the rent 8
alrededor around
alternar to alternate
el altiplano high plateau
alto/a tall 3
el/la alumno/a student
allá over there 4
allí there 4
el ama de casa (*f.*) housewife 1
amable nice 15
el/la amante lover *(usually a negative connotation)* 17
amar to love 7
amarillo/a yellow 5
ambicioso/a ambitious 15
ambiente: el medio ~ the environment 15
la ambulancia ambulance 11
ambulante: una enciclopedia ~ a walking encyclopedia 14
el/la amigo/a friend
la amnesia amnesia
el amor love; **¡Por ~ de Dios!** For heaven's sake! (*literally*, "For the love of God!") 8
amueblado/a furnished 8
amueblar to furnish
el analfabetismo illiteracy
anaranjado/a orange *(color)* 5
la anarquía anarchy 18
el/la anciano/a old man/woman
andar to go; to walk; to amble
andinismo: hacer ~ mountain climbing, mountaineering
andino/a Andean
la anexión annexation
el anillo ring 13
el aniversario anniversary
anoche last night 6
anotar to take notes, jot down
anteayer the day before yesterday 6
los anteojos eyeglasses 16
el/la antepasado/a ancestor
anterior former, previous, front part
antes before; **~ de** (+ *inf.*) before + *-ing*; **~ que nada** before anything else 16
el antibiótico antibiotic 11
el anticonceptivo contraceptive
el anticuerpo antibody
antiguo/a ancient, antique
la antigüedad antiquity, ancient times
antipático/a unpleasant; disagreeable 3
la antorcha torch
anunciar to advertise; announce
el anuncio advertisement, notice, announcement
añadir to add 9; to increase
el año year 1; **~ Nuevo** New Year's Day; **~ pasado** last year 6; **~ que viene** next year
apagar to turn off 11
aparecer to appear
apartado/a remote
el apartamento apartment 8
aparte separate
la apatía apathy
el apellido: el primer apellido first last name (father's name) 1; **el segundo apellido** second last name (mother's maiden name) 1
apoyar to support
el apoyo support
apreciado/a esteemed
aprender to learn 3
aprovechar to make use of, take advantage of
la apuesta bet, wager
el apunte note; annotation; **tomar apuntes** to take notes
el apuro: sacar de un apuro (a alguien) to get (someone) out of a jam 13
aquel/aquella that (over there) 4; **aquellos/aquellas** those (over there) 4

aquél/aquélla that one (over there) 4; **aquéllos/aquéllas** those ones (over there) 4
aquí here 4
árabe Arab 3
la araña spider
el árbol tree
el arco arch
el arete earring 13
argentino/a Argentinian 3
el argumento argument (reasoning); plot
el armario closet 8
el/la arqueólogo/a archaeologist
el/la arquitecto/a architect
arquitectónico/a architectural
arrancar to start the car 11
arreglar to fix; to arrange 9; ~ **el carro** to fix the car 9
el arreglo arrangement
arriba above, up
el arroz rice
el arte art 2
la artesanía craftsmanship, handicraft
el artículo article
el/la artista artist 17
la arveja pea 12
el ascensor elevator
el asesinato murder
así like this/that 13
asiático/a Asian, Asiatic 3
el asiento seat 7
la asignatura subject
asimilarse to assimilate
asimismo likewise
asistir a to attend (class; church, etc.) 6
la asociación association
asociar to associate
asomar to appear; to stick out
la aspiradora vacuum cleaner 8
la aspirina aspirin 11
el asunto matter, subject
el/la atleta athlete 1
atraer to attract
atrás back, behind, rear
atrasar to slow down, delay; to be late
atusar to smooth down (a mustache)
aumentar to increase
el aumento increase
aun even
aún still, yet
aunque although
el auto car 6
el autobús bus 6
la autopista freeway, expressway 12
el autorretrato self-portrait
auxilios: primeros ~ first aid
avanzado/a advanced
el ave (*f.*) bird; poultry 12
la avenida avenue
la aventura adventure; ~ **amorosa** affair 17
averiguar to find out (about)
el avión airplane 6; **por avión** air mail
avisar to advise; to inform
el aviso sign
ayer yesterday 6
la ayuda help
el/la ayudante helper, assistant
ayudar to help 7; ~ **a** + *inf.* to help + *inf.*
la azafata flight attendant
el azafrán saffron
azteca Aztec
el azúcar sugar
azul blue 5

la baba: caérsele ~ (a alguien) to drool/dote (over someone)
la bahía bay
bailar to dance 2
el bailarín/la bailarina dancer
el baile dance
bajar to go down; ~ **de** to get off 13
bajo/a short (in height) 3; low (voice)
el bajo first floor
el balcón balcony
el banano banana; banana tree
el banco bank 3; bench
la banda band 12
el bandoneón concertina, type of accordion
la bandurria mandolin
bañarse to bathe 4
la banera bathtub 8
el baño bathroom 7; **el traje de baño** bathing suit 5
barato/a cheap, inexpensive 5
la barba beard 4
barbaridad: ¡Qué ~ ! How awful!
el barco ship, boat 6
el barrio neighborhood
basado/a based
basar to base
¡Basta (de . . .) ! (That's) enough (. . .) ! 14
bastante enough
bastardilla: en ~ in italics
la basura garbage, waste 15; **sacar** ~ to take out the garbage
la batalla battle
la batata sweet potato
el bate bat 10
la batería battery 11; drums 12
el baúl trunk 11
beber to drink 2
la bebida drink 12
el béisbol baseball
la belleza beauty
bello/a beautiful; **bellísimo/a** very beautiful 6
besar to kiss 17
el beso kiss 17
la biblioteca library 3
la bicicleta bicycle 6
el bidé bidet 8
bien O.K.; well Pre.
bienvenido/a welcome
el bigote mustache 4
bilingüe bilingual
el billar billiards 9
el billete bill (paper money) 14; ticket
la biología biology 2
el bistec steak 12
blanco/a white 5; **blanco y negro** black and white 16
blando/a soft 16
el bloque block
la blusa blouse 5
la boca mouth 4

la boda wedding 6
el bodegón still life 17
la bola: ~ de bolos bowling ball 10
el boleto ticket
el bolígrafo ball-point pen Pre.
boliviano/a Bolivian 3
los bolos bowling 10
la bolsa stock exchange
el bolso: ~ de mano hand luggage 7
bonito/a pretty 3
boquiabierto: dejar ~ (a alguien) to leave (someone) dumbfounded 16
bordado/a embroidered
borracho/a drunk 3
borroso/a blurry
el bosque woods 12
el bosquejo outline
bostezar to yawn
la bota boot 5
la botánica store that sells herbs, candles, books, and religious articles *(Puerto Rico, Cuba)*
la botella bottle
el botones bellboy 7
el boxeo boxing 10
brasileño/a Brazilian 3
el brazalete bracelet
el brazo arm 4
breve brief
brindar to toast
el broche brooch 13
bueno/a good 3; **es ~** it's good 8; **Buenas noches.** Good night. Good evening. Pre.; **Buenas tardes.** Good afternoon. Pre.; **Buenos días.** Good morning. Pre.
buscar to look for 6
la búsqueda search
el buzón mailbox 10

el caballero gentleman
el caballo horse 15
la cabeza head 4
la cabina cabin
cabo: al fin y al ~ after all 18
cada each, every
la cadena chain 13; network
caer to fall; to drop 13; **caersele un empaste** to lose a filling 14; **Me cae (la mar de) bien.** I like him/her a lot. 15; **Me cae mal.** I don't like him/her. 15
el café coffee 2
la cafetera coffeepot 8
la cafetería cafeteria, bar, short-order restaurant 1
la caída fall, drop
la caja cashier's desk 14; box
el/la cajero/a cashier 14
la calabaza gourd
el calcetín sock
la calculadora calculator 2
el cálculo calculus
la calefacción heat 8
el calendario calendar
cálido/a warm, hot
caliente warm
calor; hace ~ it's hot 4; **tener ~** to be hot 5
calvo/a bald
los calzones/calzoncillos women's/men's underwear
¡Calla! Quiet!
callarse to be silent, keep quiet
la calle street 8
la cama bed 2
la cámara camera 2; **~ de vídeo** video camera 16
el/la camarero/a waiter/waitress 1
cambiar to change; **~ de papel** to switch roles; **~ (dinero)** to exchange; to change (money) 14; **cambiando de tema** changing the subject 10
el cambio exchange rate; change 14; exchange; **~ de raíz** stem change; **en cambio** in exchange; on the other hand; instead; **cambios** gears (car)
el camello camel
caminar to walk 2
el camino road, path
el camión truck 6
la camisa shirt 5
la camiseta T-shirt 5
la campana bell
la campaña (electoral) (electoral) campaign 18
el campeón/la campeona champion 10
el campeonato championship
el/la campesino/a peasant, farmer
el campo countryside 12; **~ de fútbol** soccer field
canadiense Canadian 3
el canal de televisión TV channel
la canción song
la cancha (tennis, basketball) court
el/la candidato/a candidate 18
cansado/a tired 3
el cansancio fatigue, tiredness, weariness
el/la cantante singer
cantar to sing 2
la cantidad quantity
el canto singing, song
la caña (de azúcar) (sugar) cane
el caparazón shell
capaz capable
la capital capital (city); **¿Cuál es ~ de . . . ?** What is the capital of . . . ? Pre.
el capitalismo capitalism 18
el capítulo chapter
la cápsula capsule 11
la cara face 4; **Cuesta un ojo de ~.** It costs an arm and a leg. 5
el cardamomo cardamom
la carga load, cargo, burden
cargar to carry, transport
la caries cavity 14
el cariño affection 17; **cariño** dear *(term of endearment)* 17
la carne meat 12; **~ de res** beef 12
caro/a expensive 5; **Te va a salir caro.** It's going to cost you. 10
la carrera course of study; career; race

la carreta wagon, cart
el carrete film 16
la carretera road, highway 12
el carro car 6
la carta letter 4; menu 12; ~ **de recomendación** letter of recommendation 16
las cartas: jugar a ~ to play cards 9
el cartel poster
el/la cartero letter carrier 10
la casa house; home 3
casado/a: está ~ is married 6
casarse (con) to marry; to get married (to) 6
el casco de bicicleta, moto, fútbol americano bicycle, motorcycle, football helmet 10
casi almost 11
la casilla box
caso: en ~ **(de) que** in case that
el cassette tape, cassette 2
el castillo castle
casualidad: fue pura ~ it was by pure chance 16; **por (pura)** ~ by (pure) chance 15
la catarata waterfall 12; cataract (of the eyes)
catarro: tener ~ to have a cold 11
catorce fourteen 1
el/la cazador/a hunter
cazar to hunt
la cebolla onion 9
la cédula ID card
la celebración celebration
celebrar to celebrate
celos: tener ~ **(de)** to be jealous (of) 17
celoso/a: estar ~ **(de)** to be jealous (of) 17; **ser** ~ to be jealous 17
la cena dinner
cenar to have supper/dinner
la ceniza ash
la censura censorship 18
censurar to censor 18
el centavo cent
el centenar hundred
centígrados centigrade/ Celsius 4
cepillarse: ~ **el pelo** to brush one's hair 4; ~ **los dientes** to brush one's teeth 4
el cepillo: ~ **de dientes** toothbrush 2; ~ **de pelo** hairbrush 2
cerca de near 6
cercano/a near, close by
el cerdo pork 12; pig
el cerebro brain
cero zero 1
cerrado/a closed
la cerradura lock
cerrar (e > ie) to close 5; **Cierra/Cierren el libro.** Close your book. Pre.
certificado/a certified 10
la cerveza beer 2
el ciclismo cycling 10
el/la ciclista cyclist
cien one hundred 1
la ciencia science
cierto/a sure, certain, true; **es cierto** it's true 9; **por cierto** by the way
la cifra numeral
el cigarrillo cigarette
la cigüeña stork
cinco five 1
cincuenta fifty 1
el cine movie theater 3
la cinta tape, cassette 2
el cinturón belt; ~ **de seguridad** seatbelt 11
la cirugía surgery
la cita appointment; date 14; quote
la ciudad city 12; ~ **universitaria** college campus
el/la ciudadano/a citizen 18
el clarinete clarinet 12
claro/a light 5; clear; **es claro** it's clear 9
Claro. Of course. 2; **¡** ~ **que no!** Of course not!; **¡** ~ **que sí!** Of course! 2
la clase lesson; class 3
clasificar to rate
la cláusula clause
el claustro cloister
clavar to fix upon; to nail down
el/la cliente client
el clima climate
cobarde cowardly 15
cobrar to charge; to collect
cobro: llamada a ~ **revertido** collect phone call 7
la cocina kitchen 8; ~ **eléctrica/de gas** electric/gas stove 8
cocinar to cook 9
el/la cocinero/a cook
el coche car 6
el código postal postal code, zip code
el codo elbow 4
el cognado cognate
el cojín pillow, cushion
cola: hacer ~ to stand in line 10
la colección collection
coleccionar to collect 9; ~ **estampillas** to collect stamps 9; ~ **monedas** to collect coins 9
el colegio mayor dormitory 1
colgar (o > ue) to hang
la coliflor cauliflower 12
la colina hill 12
colmo: para ~ to top it all off 11
colocado/a positioned, arranged
colombiano/a Colombian 3
la colonia cologne 2; colony
el color color 5; **¿De qué color es?** What color is it? 5
el collar necklace 13
combatir to combat, fight
combinar to combine
el combustible fuel
la comedia comedy
el comedor dining room 8
comentar to comment on; to gossip
el comentario comment
comenzar (e > ie) to begin 5

comer to eat 2
la comida meal 7
el comienzo beginning, start
como like, as; ~ **consecuencia** as a consequence; ~ **resultado** as a result
¿Cómo? What? / What did you say? 1; **¿ ~ estás?** How are you? Pre.; **¿ ~ que . . . ?** What do you mean . . . ? 7; **¿ ~ se dice en español?** How do you say in Spanish? Pre.; **¿ ~ se escribe?** How do you spell? Pre.; **¿ ~ se llama (usted)?** What's your name? *(formal)* Pre.; **¿ ~ se llega a . . . ?** How do you get to . . . ?; ~ **si** as if; **¿ ~ te llamas?** What's your name? *(informal)* Pre.
la cómoda chest of drawers 8
cómodo/a comfortable
el/la compañero/a companion; partner
la compañía comercial company, business
comparar to compare
compartir to share
completar to fill out; to complete, finish
comprar to buy 2
comprender to understand Pre.
comprensivo/a understanding
comprobar to check
comprometido/a engaged 17
el compromiso engagement 17
la computadora computer 2
común common; **en ~** in common
la comunicación communication
la comunidad community
el comunismo communism 18
con with 3; ~ **cuidado** carefully; ~ **frecuencia** frequently, often 12; ~ **mucho gusto** with pleasure; **¿ ~ quién vas?** With whom are you going? 3; ~ **tal (de) que** provided that
la concordancia concordance, harmony
concordar to agree
el concurso contest
conducir to drive 11
conectar to connect
la conferencia lecture, talk
la confianza confidence
el congelador freezer 8
el/la congresista congressman/woman 18
el congreso congress 18
el conjunto group (as in rock group) 12; outfit
conocer to know (a person/place/thing) 4; **dar a ~** to make known 17
conocido/a known
el conocimiento knowledge
la conquista conquest
conquistar to win, conquer, overcome
la consecuencia consequence; **como consecuencia** as a consequence
conseguir to get, obtain 13
el/la consejero/a counselor
el consejo advice 8
la conservación conservation 15
conservar to conserve, preserve; to take care of 15
consistir en to consist of
constante constant
constantemente constantly 9
constituido/a made of
construir to build 7
consultar to consult
el consultorio doctor's office 14
el consumidor consumer
el consumo consumption
la contaminación contamination, pollution 15
contar (o > ue) to tell; to count 6
contemporáneo/a contemporary
el contenido content
contento/a happy 3
el contestador automático answering machine
contestar to answer 6; **(Ana), contéstale a (Vicente) . . .** (Ana), answer (Vicente) . . . Pre.
continuamente continually 9
continuar to continue 12
contra: estar en ~ to be against
contradecir to contradict
la contra oferta counter offer
contratado/a contracted, hired
contratar to contract, hire 16
la contratapa inside cover
el contrato contract 16
la conversación conversation
conversar to converse, talk
convertir (e > ie > i) to convert
la copa stemmed glass, goblet; ~ **Mundial** World Cup (soccer)
la copia copy 17
el corazón heart 17
la corbata tie 5
el cordero lamb 12
corregir (e > i > i) to correct
el correo post office; mail 10
correspondiente corresponding
correr to run 2
la corrida de toros bullfight
cortar to cut 9
la Corte Suprema Supreme Court 18
la cortina curtain
corto/a short (in length) 3
la cosa thing
coser to sew 9
la costa coast 12
costar (o > ue) to cost 5; **Cuesta un ojo de la cara.** It costs an arm and a leg. 5
costarricense Costa Rican 3
la costumbre custom, habit
cotidiano/a daily
crear to create
creciente growing, increasing
crédito: la tarjeta de crédito credit card 14
creer to believe 7
la crema de afeitar shaving cream 2
criar breed, rear, raise
el croissant croissant 14
el crucero cruise
crucigrama; hacer crucigramas to do crossword puzzles 9
la cruz cross
cruzar to cross (the street) 13

la cuadra city block 13
el cuadrado square
el cuadro painting 17; **de cuadros** plaid 5
¿Cuál? Which? 1; **¿ ~ es tu/su número de . . . ?** What is your . . . number? 1; **¿ ~ es el origen de tu familia?** Where is your family from? 3; **¿ ~ es la capital de . . . ?** What is the capital of . . . ? Pre.
cualquier any; whichever
cuando when; **de vez en ~** once in a while, from time to time 12
¿Cuándo? When? 2
¿Cuánto? How much?; **~ cuesta/n . . . ?** How much is/are . . . ? 5
¿Cuántos? How many?; **¿ ~ años tiene él/ella?** How old is he/she? 1
cuarenta forty 1
la cuaresma Lent
el cuarto room 8; **~ de hora** quarter (of an hour) 5; **~ de servicio** maid's room 8
cuarto/a fourth 8
cuatro four 1
cuatrocientos four hundred 6
el cuatro four-stringed guitar used in Andean and Caribbean music
cubano/a Cuban 3
los cubiertos silverware 9
cubrir to cover 12
la cuchara spoon 9
la cucharada spoonful
el cuchillo knife 9
el cuello neck
la cuenta check; account; bill; **~, por favor.** The check, please. 12; **darse cuenta de algo** to realize something 7; **tener en cuenta** to take into account, bear in mind
el cuento story
el cuero leather 5
el cuerpo body 4
el cuestionario questionnaire
el cuidado care; **con cuidado** carefully; **tener cuidado** to be careful
cuidar to care for, take care of; **~ plantas** to take care of plants 9
culpar to blame
cultivado/a cultured, cultivated
la cultura culture
la cumbre summit, height
el cumpleaños birthday 4; **feliz cumpleaños** happy birthday
cumplir to complete; to turn ___ (years old)
el/la cuñado/a brother-in-law/sister-in-law 6
el cura priest
curar to cure, treat
la curiosidad curiosity; indiscretion; question
el curriculum (vitae) résumé, curriculum vitae 16
cursar to study, take
cursi overly cute; tacky, in bad taste 12
el curso course
el champán champagne
el champú shampoo 2
Chao. By. / So long. Pre.
la chaqueta jacket 5
el charango small, five-stringed guitar
la charla talk, conversation
charlar to chat, talk
Chau. By. / So long. Pre.
el cheque check; **~ de viajero** traveler's check 13
chévere: ¡Qué chévere! Great! *(Caribbean expression)* 12
el/la chico/a boy/girl 1
el chile chili pepper
chileno/a Chilean 3
la chimenea chimney
los chismes gossip 16
el chiste joke, funny story
chocar to crash 11
el chocolate chocolate, hot chocolate 14
el chofer driver, chauffeur 13
el chorizo sausage (pork, seasoned)
la chuleta chop 12
el churrasco steak (in Argentina) 12
el churro Spanish cruller 14

la dama: la primera dama first lady
danés: gran danés great dane
la danza dance
dar to give 6; **~ a conocer** to make known 17; **~ de comer** to feed; **~ un paseo** to take a walk; **~le la vuelta** to turn over 9; **~ una excusa** to give an excuse; **~ una vuelta** to take a ride; to go for a stroll/walk 15; **~ vergüenza** to make ashamed; **~se cuenta de algo** to realize something 7
el dato fact, piece of information
de of; from 1; **¿ ~ acuerdo?** O.K.?, Agreed? 13; **~ compras** shopping; **~ cuadros** plaid 5; **¿ ~ dónde eres?** Where are you from? (informal) Pre.; **~ lunares** polka dotted 5; **~ nada.** You're welcome. Pre.; **(~ parte) ~ . . .** It/This is . . . *(telephone)* 7; **¿ ~ parte de quién?** Can I ask who is calling? 7; **¿ ~ qué color es?** What color is it? 5; **¿ ~ qué material/tela es?** What material is it made out of? 5; **~ quien** about whom; **¿ ~ quién/es?** Whose? 2; **~ rayas** striped 5; **~ repente** suddenly 6; **~ segunda mano** secondhand, used 8; **¿ ~ veras?** Really? 2; **~ vez en cuando** once in a while, from time to time 12
debajo de below 6
deber to owe; **~** + *inf.* ought to/should + *v.* 4
debido/a due; **debido a** due to, because of

el/la decano/a dean
decidir to decide 6
décimo/a tenth 8
decir (e > i) to say; to tell 5; **¿Cómo se dice . . . en español?** How do you say . . . in Spanish? Pre.; **Diga/Dígame** Hello? (on telephone) 7; **dile a . . .** tell . . . Pre.; **¡No me diga/s!** No kidding! 5; **¿Qué quiere ~ . . . ?** What does . . . mean? Pre.
el dedo finger 4; **~ meñique** little finger; **~ del pie** toe 4
dejar to leave behind; to let, allow 6; **~ caer** to drop; **~ de** + *inf.* to stop, quit + *-ing* 10; **~ boquiabierto (a alguien)** to leave (someone) dumbfounded 16
del = de + el of
delante de in front of 6
deletrear to spell
delgado thin 3
demás remaining, rest
demasiado too much 3
la democracia democracy 18
democrático/a democratic
¡Demonios! Damn! What the devil!
demostrar to demonstrate
el/la dentista dentist 1
dentro: ~ de within, inside; **~ de poco** in a while 18
el departamento department; apartment
depender de to depend on
el/la dependiente/a store clerk 1
el deporte sport 10
el/la deportista athlete
el depósito security deposit 8
la derecha right-hand side; **a ~ de** to the right of 6
el derecho right; law; **~ penal** criminal law
derecho: seguir ~ to keep going straight 13
el derrame de petróleo oil spill
desafortunadamente unfortunately
desarrollado/a developed
desarrollar to develop
el desastre disaster
desayunar/se to have breakfast 4
el desayuno breakfast 7
descansar to rest
el/la descendiente descendant
desconocido/a unknown
describir to describe
la descripción description
el descubrimiento discovery
descubrir to discover
el descuento discount
desde since, from; **~ hace** for (time duration); **~ . . . hasta** from . . . until; **~ luego** of course 18
deseable desirable
desear to want; to desire 3
el desempleo unemployment 16
el deseo wish, desire
desesperado/a desperate
el desfile de modas fashion show
el desierto desert
desnudo/a naked
el desodorante deodorant
el desorden disorder
despacio slow, slowly; **Más ~, por favor.** More slowly, please. Pre.; **¿Puede hablar más ~, por favor?** Can you speak more slowly, please? 7
la despedida farewell
despedir to fire 16; **~se** to say good-by
despejado/a clear, sunny; spacious
despertar/se (e > ie) to wake someone up/to wake up 5
después after 3; **~ de que** after
el destino destination; destiny 7
destrozado/a ruined, destroyed
la destrucción destruction 15
destruido/a destroyed
destruir to destroy 15
la desventaja disadvantage
el detalle detail
detener to detain
detenidamente thoroughly
determinado/a specific
detrás de behind 6
la deuda debt
el/la deudor/a debtor
devolver (o > ue) to vomit 11; to return, send back
el día day; **Buenos días.** Good morning. Pre.; **hoy (en) día** today; nowadays 12; **ponerse al día** to bring up to date; **todos los días** every day 3
el diablo devil
el diálogo dialogue
el diamante diamond 13
la diapositiva slide 16
diario/a daily
el diario diary, journal
diarrea: tener ~ to have diarrhea 11
dibujar to draw 17
el dibujo drawing, sketch 17
el diccionario dictionary 2
diciembre December 4
el/la dictador/a dictator 18
la dictadura dictatorship 18
el dicho saying
el diente tooth 4; **cepillarse los dientes** to brush one's teeth 4; **la limpieza de dientes** teeth cleaning 14; **la pasta de dientes** toothpaste 2
diez ten 1
la diferencia difference; **a diferencia de** unlike; in contrast to
diferente different; **~ de** different from
difícil difficult
el dinero money 2; **~ en efectivo** cash 14
el/la dios/a god/goddess; **¡Por el amor de Dios!** For heaven's sake! 8
la dirección address 1
las direcciones directions

directamente directly
el/la director/a director 1
dirigido/a directed
el disco record 2; ~ **compacto** compact disc 2
discutir to argue; to discuss
el/la diseñador/a designer
disfrutar to enjoy
disparar to fire, shoot
disponible available
disputarse to argue
la distancia distance; **larga distancia** long distance
el distrito district
diurno/a diurnal, daytime
diversificar to diversify
la diversión amusement, entertainment, recreation
divertido/a entertaining, amusing
divertirse (e > ie > i) to have fun 5
divinamente divinely 9
divino/a divine, wonderful
divorciado/a: está ~ is divorced 6
divorciarse to get divorced 17
el divorcio divorce 17
doblar to turn 13; to fold
doble: la habitación ~ double room 7
doce twelve 1
el/la doctor/a doctor 1
el documental documentary
el dólar dollar
doler (o > ue) to hurt 10
el dolor ache, pain; ~ **de muela** toothache 14
doloroso/a painful
doméstico/a domestic
el domicilio residence
domingo Sunday 2; **el ~** on Sunday 2; **los domingos** on Sundays 2
dominicano/a Dominican 3
don/doña title of respect used before a man/woman's first name
donde where
¿dónde? where?; **¿ ~ estás?** Where are you? 3; **¿De ~ eres?** Where are you from? *(informal)* Pre.; **¿De dónde es Ud.?** Where are you from? *(formal)* Pre.
dorado/a gilded, covered with gold
dormir (o > ue > u) to sleep
dormirse (o > ue > u) to fall asleep 5
el dormitorio bedroom 8
dos two 1
doscientos two hundred 6
dramático/a dramatic
la droga drug
la ducha shower 8
ducharse to take a shower 4
duda: no hay ~ (de) there is no doubt 9
dudar to doubt 9
dudoso: es ~ it's doubtful 9
el/la dueño/a de un negocio owner of a business 1
dulce sweet 14
el dulce: ~ de leche custard cream
durante during
el durazno peach
duro/a hard 16; **huevo duro** hard-boiled egg 14

e and
la ecología ecology 15
la economía economics 2; economy
el/la economista economist 1
el ecuador equator
ecuatoriano/a Ecuadoran 3
echar to throw; to put in, add; to throw out; ~ **de menos** to miss (someone or something) 10; ~ **la casa por la ventana** to go all out; ~ **el mal de ojo** to put a curse on
la edad age; ~ **Media** Middle Ages
el edificio building 8
el (dinero en) efectivo cash 14
ejecutar to execute
ejemplar exemplary, model
ejemplificar to exemplify
el ejemplo example; **por ejemplo** for example
el ejercicio exercise Pre.; **Mira/ Miren el ejercicio . . .** Look at exercise . . . Pre.
el ejército army
el ejote green bean
el the (*masculine singular*) 2
él he 1
las elecciones election 18
la electricidad electricity 8
el electrodoméstico appliance 8
el elefante elephant 15
elegir (e > i > i) to choose, select
ella she 1
ellos/as they 1
embarazada pregnant 11
embargo: sin ~ however, nevertheless 12
el embrague clutch 11
la emergencia emergency
la emisora radio station
empacar to pack
el empaste filling 14; **caerse un empaste** to lose a filling 14
el emperador emperor
empezar (e > ie) to begin 5
el/la empleado/a employee; ~ **(de servicio)** maid 7
emplear to employ, use
el empleo job/position; employment 16
la empresa enterprise; company
en in; on; at; ~ + **barco/tren/** etc. by boat/train/etc. 6; ~ **general** in general; ~ **peligro** in danger 15; **¿~ qué página, por favor?** What page please? Pre.; **¿~ qué puedo servirle?** How can I help you?; ~ **realidad** really, actually; ~ **seguida** at once, right away 17
enamorado/a in love 3
enamorarse de to fall in love with 17
Encantado/a. Nice to meet you. 1
encantador/a enchanting, delightful
encantar to like a lot, love 10
encendido/a lit
las encías gums

enciclopedia: una ~ ambulante a walking encyclopedia 14
encima de on top of 6
encontrar (o > ue) to find 5
el encuentro encounter, meeting
la encuesta inquiry, poll
el enchufe socket; plug
la energía energy; **~ nuclear** nuclear energy 15; **~ solar** solar energy 15
enero January 4
enfadarse to get angry
enfermarse to become sick
la enfermedad sickness, illness 11
el/la enfermero/a nurse
enfermo/a sick 3
enfilado/a in rows
enfocar to focus 16
el enfoque focus 16
enfrente de facing, across from 6
enfurecerse to become enraged, angry
enojado/a angry, mad 3
enojarse to become angry
la ensalada salad 9
ensangrentado/a stained with blood
ensayar to rehearse
el ensayo essay
enseñar to teach; to indicate, point out
entender (e > ie) to understand 5; **No entiendo.** Pre.
enterarse to find out, learn
el entierro burial
entonces then 1
la entrada entrance ticket 13; entrance
entrar (en) to enter 6
entre between, among
entrenar to train
entretener to entertain
la entrevista interview 16
el/la entrevistador/a interviewer
entrevistar to interview
enviado/a sent
el equipaje luggage 7
el equipo team; equipment, gear 10
equivocado: el número ~ wrong number 7
la escala stop 7; **hacer escala** to make a stop 7
escalar to climb
la(s) escalera(s) stair(s), staircase 13
escalofríos: tener ~ to have the chills 11
la escena scene 17
el/la esclavo/a slave
la esclusa lock (canal gate)
escoger to choose, select 8
escondido/a hidden
escribir to write 2; **~ cartas/poemas.** to write letters/poems 9; **Escribe./Escriban.** Write. Pre.
el/la escritor/a writer
el escritorio desk 2
la escritura writing
escuchar to listen 2; **Escucha./Escuchen.** Listen. Pre.
la escuela school 3; **~ primaria** elementary school; **~ secundaria** high school
el/la escultor/a sculptor 17
la escultura sculpture 17
ese/a that 4
ése/a that one 4
esencial essential
el esfuerzo effort
la esmeralda emerald 13
eso that 4; **por eso** therefore 2; that's why 15
esos/as those 4
ésos/as those ones 4
el espacio blank, space
la espada sword
la espalda back 4
español Spanish 3
los espárragos asparagus 12
la especia spice
especial special
la especie species
específico/a specific
el espejo mirror 8; **~ retrovisor** rearview mirror 11
la esperanza hope 8
esperar to wait (for); to hope (for) 7
el espíritu spirit
el/la esposo/a husband/wife 6
el esqueleto skeleton
el esquema diagram; sketch; outline
el esquí skiing; ski
esquiar to ski 2
los esquíes: ~ de agua water skis 10; **~ de nieve** snow skis 10
la esquina corner 13
esta this; **~ tarde/noche** this afternoon/evening 2
estable stable
establecer to establish
la estación season 4; station
estacionar to park
el estadio stadium 10
el estado state; **~ civil** marital status
estadounidense from the U.S. 3
la estampilla stamp 10
el estándar standard
el estante shelf 8
estar to be 3; **~ a dieta** to be on a diet; **~ celoso/a (de)** to be jealous (of) 17; **~ comprometido/a** to be engaged 17; **~ de acuerdo (con)** to agree (with); **~ en** to be in/at 3; **~ embarazada** to be pregnant; **~ listo/a** to be ready 3; **~ loco/a** to be crazy 3; **~ resfriado/a** to have a cold 11; **~ seguro/a (de)** to be sure 9; **está casado/a** is married 6; **está divorciado/a** is divorced 6; **~ mareado/a** to be dizzy 11; **está nublado** it's cloudy 4; **¿Está . . . , por favor?** Is . . . there, please? 7
la estatua statue 17
el este east 12
este/a this 4
éste/a this one 4
el estéreo stereo 2
el esteroide steroid
el estilo style
estimado/a esteemed, respected
estimar to estimate
esto this 4

el estómago stomach 4
estornudar to sneeze 11
estos/as these 4
éstos/as these ones 4
la estrategia strategy
la estrella star
el estreno debut
el/la estudiante student 1
estudiar to study 2
el estudio study
la estufa stove 8
estúpido/a stupid 3
la etapa stage
étnico/a ethnic
europeo/a European 3
evidente; es ~ it's evident 9
evitar to avoid
exactamente exactly
el examen examination; test
exceder to exceed
excéntrico/a eccentric
la excepción exception
la excursión excursion, side trip 13
la excusa excuse
exento/a exempt
la exhibición exhibition 17
exigente demanding
existir to exist
éxito: tener ~ to be successful
el éxodo exodus
la experiencia experience 16
la explicación explanation
explicar to explain 6
la exposición exhibition 17
la expresión expression
expulsar to expel, throw out
externo/a external, outside
la extinción extinction 15
extranjero/a foreign
el/la extranjero/a foreigner
extrañar/se to miss/to find strange
extraño/a strange

la fábrica factory 15
fabuloso/a fabulous
fácil easy
fácilmente easily 9
la facultad department of a university
la falda skirt 5
falso/a false
la falta lack
faltar to lack; to be missing 10
la falla fault line
la familia family 3
famoso/a famous
fantasía: de ~ costume (jewelry) 13
el fantasma ghost
fantástico/a fantastic, great; **es ~** it's fantastic 9
la farmacia pharmacy, drugstore 3
fascinar to like a lot; to fascinate 10; **¡Me fascina/n!** I love it/them! 5
el fascismo fascism 18
favor: por ~ please 1
favorito/a favorite
febrero February 4
la fecha date 4
la felicidad happiness
felicitar to congratulate
feliz happy 17; **~ cumpleaños** happy birthday
feo/a ugly 3
la fianza security deposit 8
la ficción fiction
la ficha record card, index card
la fiebre fever 11; **tener fiebre** to have a fever 11
fiel faithful, loyal
la fiesta party
la figura figure
la fila row, line
el filete fillet; sirloin 12
el fin end; **~ de semana** weekend 2; **al fin y al cabo** after all 18; **por fin** at last 7
el final ending; **al final de** at the end of
finalmente finally
fino/a fine, elegant
la firma signature 14
firmar to sign 14
flaco/a skinny 3
flamenco/a Flemish
el flan Spanish egg custard 12
el flash flash (in photography) 16
la flauta flute 12
el flautín piccolo
la flor flower
el flujo flow, stream
fobia: tenerle ~ a . . . to have a fear of . . . ; to hate . . . 14
el folleto brochure, pamphlet
fomentar to promote, foster, encourage
el fondo bottom
forjar to forge, shape, make
formado/a formed
formar to form
el formulario form
la foto(grafía) photograph; photography; **sacar fotos** to take pictures 16
la fractura fracture, break 11
francés/francesa French 3
la frase phrase
frecuencia: con ~ frequently, often 12
frecuente frequent
frecuentemente frequently 9
el fregadero kitchen sink 8
freír (e > i > i) to fry 9
el freno brake 11
la fresa strawberry 14
fresco/a fresh; cool; **hace fresco** it's chilly 4
frío/a cold; **hace frío** it's cold 4; **tener frío** to be cold 5
el frijol bean 12
frito/a fried 14; **los huevos fritos** fried eggs 14
la frontera frontier
frustrado/a frustrated
frustrante frustrating
la fruta fruit 9
el fuego fire
la fuente fountain; source
fuerte strong
la fuerza strength, power, force; **las fuerzas armadas** armed forces 18
fumar to smoke 7; **la sección de (no) ~** (no) smoking section 7
funcionar to function, work, run
el/la fundador/a founder
funerario/a funeral, funerary

el funicular cable car
el fusilamiento shooting, execution
el fútbol soccer; ~ **americano** football
el futuro future

las gafas eyeglasses 16; ~ **de sol** sunglasses 5
galopante runaway; galloping
la galleta cookie; cracker 14
la gallina chicken 15
el gallo rooster
el/la ganador/a winner
ganar to win; to earn 10; to gain
ganas: tener ~ de + *inf.* to feel like + *-ing* 6
la ganga bargain
el garaje garage 8
la garganta throat
el gas gas 8
la gaseosa soda
la gasolinera gas station
gastar to spend
los gastos expenses 8
el gato cat 15
el gemelo cufflink 13; twin
general: en ~ in general
generalmente generally 9
el/la genio genius
la gente people
la geografía geography
la geología geology
el/la gerente manager
el gesto gesture
el/la gigante giant
la gira tour
el/la gitano/a gypsy
el/la gobernador/a governor 18
el/la gobernante person in power, ruler, governor
el gobierno government
el gol goal, point
el golpe: ~ de estado coup d'état 18
gordo/a fat 3
la grabación recording
el grabado etching
la grabadora tape recorder 2
grabar to record
Gracias. Thank you. Pre.; **Un millón de ~.** Thanks a lot. 4
gracioso/a funny
el grado degree; **Está a —— grados (bajo cero).** It's —— degrees (below zero). 4
graduar/se to graduate
la gramática grammar
grande large, big 3; great
gratis free
grave grave, serious
la gripe flu 11; **tener gripe** to have the flu 11
gris gray 5
gritar to shout, scream 6
el grupo group
el guante de béisbol, boxeo, ciclismo baseball, boxing, racing glove 10
guapo/a good-looking 3
guatemalteco/a Guatemalan 3
la guayabera specific style of men's shirt
la guerra war
el/la guerrillero/a guerrilla 18
el/la guía guide; ~ **turístico/a** tour guide 13
el guisante pea 12
la guitarra guitar 2
gustar to like, be pleasing 2; **me gustaría** I would like 3; **No me gusta/n nada.** I don't like it/them at all. 5
el gusto taste; pleasure

haber to have *(auxiliary verb)* 13
había there was/there were 10
la habichuela green bean 12
la habitación room 2; ~ **doble** double room 7; ~ **sencilla** single room 7
el/la habitante inhabitant
habitar to inhabit
hablar to speak 2; **Habla . . .** It/This is . . . 7; **¿Puede hablar más despacio, por favor?** Can you speak more slowly, please? 7; **¿Quién habla?** Who is speaking/calling? 7; **Quisiera hablar con . . . , por favor.** I would like to speak with . . . , please. 7
hace (weather): ~ **buen tiempo** it's nice out 4; ~ **calor** it's hot 4; ~ **fresco** it's chilly 4; ~ **frío** it's cold 4; ~ **mal tiempo** it's bad out 4; ~ **sol** it's sunny 4; ~ **viento** it's windy 4
hacer to do 2; to make; ~ **caso (de)** to pay attention (to); ~ **cola** to stand in line 10; ~ **escala** to make a stop 7; ~ **punto** to knit; ~ **rompecabezas** to do jigsaw puzzles 9
hacia toward
el hall entrance hall 8
el hallazgo discovery, finding
el hambre hunger; **tener hambre** to be hungry 5
hasta until 6; ~ **luego.** See you later. Pre.; ~ **mañana.** See you tomorrow. Pre.; ~ **que** until 15
hay there is/there are 4; ~ **que** + *inf.* one/you must + *verb* 9; **No ~ de qué.** Don't mention it/You're welcome. 1; **no ~ duda (de)** there's no doubt 9
el helado ice cream 12
la hembra female
la herencia heritage
la herida injury, wound 11
el/la herido/a injured man/woman
herir to hurt, injure
el/la hermanastro/a stepbrother/sister 6
el/la hermano/a brother/sister 6
el hielo ice 10; **los patines de hielo** ice skates 10
el hierro iron
el/la hijastro/a stepson/daughter 6
el/la hijo/a son/daughter 6
hilar to spin (thread)
el hilo thread; theme; ~ **dental** dental floss 14; **seguir ~** to follow (a story, train of thought)
hispano/a Hispanic

hispanoamericano/a Hispanic American
la historia history 2; story
el hogar home; fireplace, hearth
la hoja leaf; sheet (of paper)
Hola. Hi. Pre.
el hombre man; ~ **de negocios** businessman 1
el hombro shoulder 4
el homenaje homage, tribute
hondureño/a Honduran 3
honrado/a honest 15
honrar to honor
la hora hour 5; ~ **de salida** time of departure 7; ~ **de llegada** time of arrival 7; **es ~ de** + *inf.* it's time + *inf.* 16; **No veo ~ de** + *inf.* I can't wait + *inf.* 17; **¿A qué hora . . . ?** At what time . . . ? 5; **¿Qué hora es?** What time is it? 5
el horario schedule
el horizonte horizon
el horno oven; ~ **(de) microondas** microwave oven 8
el hospedaje lodging
hospedar to lodge, give lodging
el hospital hospital 3
el hostal inn
el hotel hotel 6
hoy today 2; ~ **(en) día** today; nowadays 12
el hoyo hole
la huelga strike 18
el huésped guest
el huevo egg 9; **los huevos (fritos, revueltos, duros)** (fried, scrambled, hard-boiled) eggs 14
el huracán hurricane

la ida one way; outbound trip 7
ida y vuelta round trip 7
la idea idea
la identidad identity
la identificación identification
identificar to identify
el idioma language
la iglesia church 3
ignorante ignorant 15
igual equal, (the) same; **al ~ que** just like, whereas
Igualmente. Nice to meet you, too. / Same here. 1
ilimitado/a unlimited, boundless
la imagen image
imaginarse to imagine
impar odd
el imperio empire
importante important; **es ~** it's important 8
importar to matter 10; **No importa.** It doesn't matter. 2
impresionante impressive
el impuesto tax 13
incaico/a Incan
incierto/a uncertain
incluido/a included
incluir to include
inca Incan; **el/la ~** Inca
el inculto uncivilized person
indicar to indicate
el índice index
indígena indigenous, native
indio/a Indian 3; **el/la ~** Indian man/woman; **el/la indio/a americano/a** American Indian
inesperado/a unexpected
la inestabilidad instability
inexplicable unexplainable
el infarto heart attack
la infección infection 11
la influencia influence
influir to influence
la información information
el informe report
el/la ingeniero/a engineer 1
el inglés English language 2
inglés/inglesa English 3
ingresar to admit (as a patient)
los ingresos income, revenue
iniciar to initiate, start
la injusticia injustice
inmediatamente immediately 9
el inodoro toilet 8
inofensivo/a harmless
instalar to install
las instrucciones: Lee/Lean ~. Read the instructions. Pre.
el instrumento instrument 12
integrar to make up, compose
inteligente intelligent 3
intentar to try
el intercambio exchange
interesar to interest
interno/a internal
interrumpir to interrupt
la introducción introduction
las instrucciones instructions, directions. Pre.
introducir to introduce
inútil useless
inventar to invent
la inversión investment
invertir (e > ie > i) to invest
la investigación research
el invierno winter 4
la invitación invitation
el/la invitado/a guest
invitar to invite 7; to treat 17
la inyección injection 11
ir to go; ~ **a** + *inf.* to be going to . . . 2; ~ **de compras** to shop; go shopping 5
irlandés/irlandesa Irish 3
irrespetuoso/a disrespectful
la isla island 12
italiano/a Italian 3
el itinerario itinerary 13
la izquierda left-hand side; **a ~ de** to the left of 6

el jabón soap 2
el jamón ham 9
el jarabe (cough) syrup 11
el jardín flower garden
la jardinería gardening 9
el/la jefe/a boss, chief
joven young 3
el/la joven youth, young person
las joyas jewelry
la joyería jewelry store
la judía verde green bean 12
el juego game; ~ **electrónico/de vídeo** electronic/video game 9
jueves Thursday 2; **el ~** on Thursday 2; **los jueves** on Thursdays 2
el/la juez judge 18

jugar (u > ue) to play (a sport or game) 5; ~**se la vida** to risk one's life 11
el jugo juice 14
el juguete toy
julio July 4
junio June 4
junto/a together
justo/a just, fair
la juventud youth

el kleenex Kleenex, tissue 2
el kilómetro kilometer

la the (*feminine singular*) 2
los labios lips 4
el lado side; **al lado de** beside 6; **por otro lado** on the other hand 14; **por todos lados** on all sides; **por un lado** on the one hand 14
ladrar to bark
el lago lake 12
la lágrima tear
la laguna lagoon, small lake
la lámpara lamp 2
la lana wool 5
el lápiz pencil Pre.
largo/a long 3; **a lo largo de** alongside; **larga distancia** long distance
las the (*feminine plural*) 2
lástima: es una ~ it's a shame/pity; **¡Qué lástima!** What a shame! 9
la lata: ~ de aluminio aluminum can
el lavabo bathroom sink 8
la lavadora washing machine 8
el lavaplatos dishwasher 8
lavar to wash 4
lavarse to wash up, wash (oneself) 4
la lección lesson
la lectura reading
la leche milk
la lechuga lettuce 9
leer to read 2; **Lee/Lean las instrucciones.** Read the instructions. Pre.
lejos de far from 6
la lengua tongue 4; language
la lenteja lentil 12
los lentes de contacto (blandos/duros) (soft/hard) contact lenses 16
el león lion 15
levantar to lift
levantarse to stand up Pre.; to get up 4; **Levántate./Levántense.** Stand up. Pre.
la ley law
la leyenda legend
la libertad de palabra/prensa freedom of speech/the press 18
libre free (with nothing to do) 13
la librería bookstore 3
el libro book Pre.; **Abre/Abran el libro en la página . . .** Open your book to page . . . Pre.; **Cierra/Cierren el libro.** Close your book. Pre.
la licencia (de conducir) driver's license 11
ligero/a light
limitar con to border on
el limpiaparabrisas windshield wiper 11
limpiar to clean 8
la limpieza de dientes teeth cleaning 14
lindo/a pretty
la línea line; ~ **aérea** airline 7
lío: ¡Qué lío! What a mess! 11
la lista list
listo/a: ser ~ to be clever 3; **estar ~** to be ready 3
la literatura literature 2
lo que what (the thing that)
Lo siento. I'm sorry. 7
loco/a crazy 3; **¡Ni ~!** Not on your life! 14
el/la locutor/a (radio/TV) commentator
lograr to get, obtain, achieve
los the (*masculine plural*) 2
las luces headlights 11
la lucha fight, struggle
luego later; **desde ~** of course 18; **Hasta ~.** See you later. Pre.
el lugar place
lujoso/a luxurious
la luna moon; ~ **de miel** honeymoon 6
lunares: de ~ polka dotted 5
lunes Monday 2; **el ~** on Monday 2; **los lunes** on Mondays 2
la luz electricity, light 8

la llamada telephone call; ~ **a cobro revertido** collect call 7; ~ **de larga distancia** long distance call 7; ~ **local** local call 7
llamar to call; to phone
llamarse to be called; **Me llamo . . .** My name is . . . Pre.
la llanta tire 11
la llave key
llegada arrival 7; **la hora de ~** time of arrival 7
llegar to arrive 6; ~ **con atraso** to arrive late 7
llenar to fill, fill out
lleno/a full
llevar to carry, take along; to wear 2; **llevarse bien/mal (con alguien)** to get along/not to get along (with someone) 15
llorar to cry 6
llover (o > ue) to rain 4; **llueve** it's raining 4
la lluvia rain; ~ **ácida** acid rain 15

el macho male
la madera wood
la madrastra stepmother 6
la madre mother 1
la madrina godmother; maid of honor
el/la maestro/a teacher; **la obra maestra** masterpiece 17
mago: Los Reyes Magos The Three Wise Men

el maíz corn
mal lousy, awful Pre.; **el ~ de ojo** a curse 9
la maleta suitcase 7; **las maletas** luggage
malo/a bad 3
la mamá mom 1
mami mom, mommy
mandar to send 6; to command
el mandato command
manejar to drive 7
la manera way, manner
la manga sleeve 5
la manifestación demonstration 18
manifestar to demonstrate
la mano hand 4; **de segunda mano** secondhand, used 8
la mantequilla butter 14
mantener to maintain
la manzana apple
mañana tomorrow 2; **Hasta mañana.** See you tomorrow. Pre.; **la ~** morning 2
el mapa map
maquillarse to put on makeup 4
la máquina machine; **~ de afeitar** electric razor 2; **~ de escribir** typewriter 2; **~ de fotos** camera 16
el mar sea 12
la maravilla wonder, marvel
maravilloso/a wonderful
la marca brand
marcar to mark; to dial; **~ directo** to dial direct 7; **~ un gol** to score a goal/point
mareado/a: estar ~ to be dizzy 11
el mariachi mariachi musician/group
la mariposa butterfly
los mariscos shellfish
marrón brown 5
martes Tuesday 2; **el ~** on Tuesday 2; **los martes** on Tuesdays 2
marzo March 4
más more 2; **¿Algo ~?** Something/Anything else? 11; **~ de** + *number* more than; **~** + *n./adj./v.* + **que** more . . . than; **~ o menos.** So, so. Pre.
mascar to chew
la máscara mask; costume
la mascota pet
matar to kill
el mate maté (tea, plant), maté vessel
las matemáticas mathematics 2
la materia class; subject; material
la matrícula license plate 11; tuition
matrimonial: cama ~ double bed
el matrimonio marriage
maya Mayan
mayo May 4
la mayonesa mayonnaise
mayor old 3; older 6; **la ~ parte de** most of
la mayoría majority
mediados middle, halfway through
mediano/a average
la medianoche midnight 5
las medias stockings; socks 5
la medicina medicine 11
el médico doctor 1
la medida measure, measurement
medio/a half; **media (hora)** half (an hour) 5; **media pensión** breakfast and one meal included 7; **en medio de** in the middle of; **el medio de transporte** means of transportation; **el medio ambiente** environment 15
el mediodía noon 5
medir to measure
mejor better 12; **a lo ~** perhaps 10; **es ~** it's better 8
mejorar to improve, better
el melocotón peach; peach tree
melón melon
la memoria memory
memorizar to memorize
mencionar to mention
menor younger 6
menos less; **~ de** less than; **a ~ que** unless; **por lo ~** at least 15
el mensaje message
el/la mensajero/a messenger
mensual monthly
la mente mind
mentir (e > ie > i) to lie 7
la mentira lie
el menú menu 12
menudo: a ~ often 12
meñique: el dedo ~ little finger
el mercadeo marketing
el mercado market
la mermelada marmalade, jam, jelly 14
el mes month 4; **~ pasado** last month 6; **todos los meses** every month 12
la mesa table 2; **poner ~** to set the table 9
mestizo/a of mixed Indian and European blood
la meta goal
meter la pata to put one's foot in it, meddle, interfere
el método method
el metro subway 6
mexicano/a Mexican 3
la mezcla mixture
mi/s my 1
el miedo fear; **tener miedo** to be scared 5
el miembro member
mientras while 11; **~ tanto** meanwhile 9
miércoles Wednesday 2; **el ~** on Wednesday 2; **los ~** on Wednesdays 2
mil one thousand 6
los militares military 18
la milla mile
un millón one million 6; **~ de gracias.** Thanks a lot. 4
el mínimo minimum

ministro/a: el/la primer/a ~ prime minister 18
la minoría minority
el minuto minute 5
mío/a mine 14; **el/la ~** mine 14
mirar to look (at) 2; **Mira/Miren el ejercicio/la actividad . . .** Look at the exercise/the activity . . . Pre.
el/la mismo/a the same; **ahora mismo** right now 11
el misterio mystery
misterioso/a mysterious
la mitad half
mítico/a mythical
la moda fashion, trend
el modelo model; **el/la modelo** (fashion) model
moderno/a modern
modificar to modify, alter
el modo manner, way
el mole (poblano) black chili sauce
molestar to bother 3
momento: un ~ just a moment
la moneda currency; coin 14; **coleccionar monedas** to collect coins 9
la monja nun
el mono monkey 15
el monstruo monster
la montaña mountain 12
montar to ride; **~ en bicicleta** to ride a bicycle 10; **~ en carro** to ride in a car
morado/a purple 5
moreno/a brunet/te; dark skinned 3
morir/se (o > ue > u) to die 7
el/la moro/a Moor; Moslem
la mosca fly
el mostrador check-in counter
mostrar (o > ue) to show
motivar to motivate
la moto/motocicleta motorcycle 6
el motor engine 11
el mozo waiter; young man
el/la muchacho/a boy/girl, young man/woman
mucho/a many, a lot (of) 2; very much Pre.; **muchas veces** many times 12; **Mucho gusto.** Nice to meet you. 1
mudar/se to move
muebles furniture
la muela molar 14; **~ de juicio** wisdom tooth 14; **el dolor de muela** toothache 14
la muerte death
muerto/a dead
la mujer woman; **~ de negocios** businesswoman 1
la multa fine
el mundo world; **todo ~** everybody, everyone 13
la muñeca doll; wrist
el museo museum 3
la música music 2
muy very 3; **¡ ~ bien!** Very well! Pre.

nacer to be born 15
nacido/a born
el nacimiento birth
la nación nation
la nacionalidad nationality; **¿De qué nacionalidad eres/es?** What nationality are you? 3
nada nothing 6; **antes que ~** before anything else 16; **De ~.** You're welcome. Pre.
nadar to swim 2
nadie no one 6
el nailon nylon 5
la naranja orange 14
la nariz nose 4
narrar to narrate
la náusea nausea 11; **tener náuseas** to feel nauseous 11
navegable navigable
la navidad Christmas
necesario/a necessary; **es necesario** it's necessary 8
necesitar to need 3
el negocio business; **el hombre/la mujer de negocios** businessman/woman 1
negro/a black 5
nervioso/a nervous
nevar to snow 4; **nieva** it's snowing 4
la nevera refrigerator 8
ni loco/a Not on your life 14
ni . . . ni neither . . . nor 12
ni siquiera not even 18
nicaragüense Nicaraguan 3
el/la nieto/a grandson, granddaughter
la nieve snow
el nilón nylon 5
ningún/ninguno/a (not) any; none/no one 7
el/la niño/a boy/girl
el nivel level
no no 1; **¿ ~ ?** right?, isn't it? 1
la noche night, evening; **Buenas noches.** Good evening. Pre.; **la Nochebuena** Christmas eve
nombrar to name
el nombre (de pila) first name 1
el norte north 12
nosotros/as we 1
la nota grade; note
notar to note, notice
la noticia news item
novecientos nine hundred 6
la novela novel 2
noveno/a ninth 8
noventa ninety 1
noviembre November 4
el/la novio/a boyfriend/girlfriend 1; fiancé/fiancée; groom/bride 17
nublado: está ~ it's cloudy 4
el nudo knot (nautical)
nuestro/a our 3; ours; **el/la nuestro/a** ours 14
nueve nine 1
nuevo/a new 3
numerar to number
el número number; shoe size 5; **~ equivocado** wrong number 7
nunca never 6
nutrido/a de full of, abounding in

o or 2; **~ sea** that is 8
o . . . o either . . . or

el objeto object
la obra maestra masterpiece 17
obtener to obtain 13
obvio: es ~ it's obvious 9
el océano ocean 12
octavo/a eighth 8
octubre October 4
el/la oculista eye doctor 16
la ocupación occupation
ocupado/a busy 4
ocupar to fill (a position)
ocurrir to happen, occur
ochenta eighty 1
ocho eight 1
ochocientos eight hundred 6
odiar to hate 7
el oeste west 12
la oficina office 3
ofrecer to offer 6
el oído inner ear 4
oír to hear 7; **Oye** Listen 1
ojalá (que) + *subj.* I hope that . . . 8
el ojo eye 4; **Cuesta un ojo de la cara.** It costs an arm and a leg. 5; **el mal de ojo** a curse 9; **¡Ojo!** Watch out!
la ola wave
el óleo oil (paint)
olvidar to forget 13
la olla pot 9
once eleven 1
la opción option
opcional optional 13
el/la operador/a operator
la óptica optician's shop
la oración sentence
el orden order
la orden order (command)
el ordenador computer
ordenar to arrange, put in order
la oreja ear 4
organizar to organize
el orgullo pride
orgulloso/a proud 15
el origen origin 3; **¿Cuál es ~ de tu familia?** Where is your family from? 3
el original original 17
el orisha god of Yoruba origin
el oro gold 13; **de oro** made of gold
la orquesta (sinfónica) (symphony) orchestra 12
oscuro/a dark 5
el oso bear 15
la ostra oyster
el otoño fall, autumn 4
otro/a other; another 3; **el uno al otro** each other; **otra vez** again
¡Oye! Hey! 1

el padrastro stepfather 6
el padre father 1
los padres/papás parents 6
los padrinos best man and maid of honor; godparents
pagar to pay (for) 6
la página page Pre.; **Abre/Abran el libro en la página . . .** Open your book to page . . . Pre.; **¿En qué página, por favor?** What page, please? Pre.
el pago payment
el país country
el paisaje landscape 17
el pájaro bird 15
la palabra word; **la libertad de palabra** freedom of speech 18
palanca: tener ~ to know people in the right places
el palo de golf golf club 10
la pampa Argentine prairie
el pan bread 9
panameño/a Panamanian 3
la pandereta tambourine
los pantalones pants 5
la pantera panther
la pañoleta scarf
la papa potato; **las papas fritas** potato chips; french fries 2
el papá dad 1
el papel paper Pre.; role
papi dad, daddy
el paquete package 10
par even
un par (de) a pair (of)
para for; **~ colmo** to top it all off 11; **~ +** *inf.* in order to + *verb*; **~ que** in order that; **¿~ qué?** for what (purpose)?; **¿~ quién?** for whom?
el parabrisas windshield 11
el paracaídas parachute
la parada stop
el parador inn, hotel
paraguayo/a Paraguayan 3
parecer to seem 10
parecido/a similar
la pared wall
la pareja couple; lovers *(positive connotation)* 17; pair
el/la pariente relative 6
el parque park 3
el párrafo paragraph
la parte: De parte de . . . It/This is . . . *(telephone)* 7; **¿De parte de quién?** Can I ask who is calling? 7; **por mi parte** as far as I'm concerned 18
participar to participate
particular private
el partido game, match 10; **~ (político)** political party 18
partir: a ~ de starting from
pasado/a: el (sábado/mes/año) pasado last (Saturday/month/year) 6; **la semana pasada** last week 6
el pasaje (plane) ticket 7
el/la pasajero/a passenger 7
el pasaporte passport 1
pasar to spend (time) 13; **~ por** to pass by/through 13; **pasarlo bien/mal** to have a good/bad time 14
el pasatiempo pastime, hobby 9
pascua: la Pascua Florida Easter
pasear to take a walk
paseo: dar un ~ to take a walk
el pasillo hallway 8
el paso step
la pasta de dientes toothpaste 2
la pastilla pill 11
la pata paw, foot

la patata potato *(Spain)* 2; **patatas fritas** potato chips; french fries
paterno/a paternal 6
patinar to skate 10
los patines de hielo/de ruedas ice skates/roller skates 10
el patrimonio heritage
el pavo turkey 12
la paz peace
el pedido request
pedir (e > i > i) to ask for 5
peinarse to comb one's hair 4
el peine comb 2
pelearse to fight 17
la película movie 3
el peligro danger; **en peligro** in danger 15
peligroso/a dangerous
el pelo hair 4; **tomarle ~ (a alguien)** to pull someone's leg 16; **cepillarse ~** to brush one's hair 4
la pelota ball 10
la peluquería hairdresser's
la pena grief, sorrow; **(no) vale ~** it's (not) worth it 11; **es una pena** it's a pity 9; **¡Qué pena!** What a pity! 9
el pendiente earring
el pensamiento thought
pensar (e > ie) to think 5; **~ (en)** to think (about) 5; **~ +** *inf.* to plan to 5
la pensión boarding house; **media pensión** breakfast and one meal included 7; **pensión completa** all meals included 7
peor worse 12
pequeño/a small 3
la percepción extrasensorial ESP
perder (e > ie) to lose 5; **perder +** *means of transportation* to miss the . . . 7
perdido/a lost
Perdone. I'm sorry.
perezoso/a lazy 15
perfecto/a perfect
la perforación drilling
el perfume perfume 2
la perfumería perfume shop
el periódico newspaper 2
el/la periodista journalist
la perla pearl 13
la permanencia stay
el permiso de conducir driver's license 11
pero but 3
el perro dog 15
el personaje character
la personalidad personality
personalmente personally
pertenecer a to belong to
peruano/a Peruvian 3
pesado/a heavy
la pesa weight 10
pesar to weigh; **a ~ de que** in spite of
la pesca fishing
el pescado fish
pescar to fish 9
el peso weight
el petrodólar petrodollar (a unit of hard currency held by oil-producing countries)
el petróleo oil
el pez fish 15
picante spicy
el pico beak
el pie foot 4
la piedra rock, stone
la piel skin, hide
la pierna leg 4
la pila battery 16
la píldora pill 11
el pilote stilt
pilotear to fly a plane
la pimienta pepper 9
pintar to paint 9
el/la pintor/a painter 17
pintoresco/a picturesque
la pintura painting 17
pisar to step on 11
la piscina pool 3
el piso floor 8
la pista clue; **~ de aterrizaje** landing strip
la pizarra chalkboard
la placa license plate 11
el placer pleasure
el plan plan; diagram
planear to plan
el plano diagram
la planta plant 2; **~ baja** first or ground floor
plasmado/a formed, created
la plata slang for "money" (*literally*, "silver") 8; **de plata** made of silver
el plátano plantain; banana
el plato course, plate 9; dish
la playa beach 3
la plaza plaza, square 3
la pluma pen
la población population
poblado/a populated
poco/pocos a little/few 3; **dentro de poco** in a while 18; **poco a poco** little by little
el poder power; **~ adquisitivo** purchasing power
poder (o > ue > u) to be able, can 5; **¿podrías +** *inf.***?** could you . . . ? 4; **¿Puede decirme como . . . ?** Can you tell me how . . . ? 13; **¿Puede hablar más despacio, por favor?** Can you speak more slowly, please? 7; **No puedo más.** I can't take it anymore. 9
la poesía poem 9; poetry
el/la polígIota polyglot, a person who knows several languages
la política politics
el/la político/a politician
el pollo chicken 12
poner to put, place 3; **~ la mesa** to set the table 9; **~se al día** to bring up to date; **~se la ropa** to put on one's clothes 4; **~se rojo/a** to blush
por for; by 5; **~ algo será.** There must be a reason. 17; **~ aquí** around here; **~ avión** airmail; **~ + barco/tren/**etc. by boat/train/etc. 6; **~ cierto** by the way; **~ ejemplo** for example; **¡~ el amor de Dios!** For heaven's sake! (literally, "For the love of God!") 8; **~ eso** therefore 2; that's why 15; **~ falta de** for lack of; **~ favor**

please 1; ~ **fin** at last 7; ~ **lo general** in general; ~ **lo menos** at least 15; ~ **lo tanto** therefore; ~ **mi parte** as far as I'm concerned 18; ~ **otro lado** on the other hand 14; ~ **(pura) casualidad** by (pure) chance 15; ~ **si acaso** (just) in case 15; ~ **suerte** luckily 15; ~ **supuesto.** Of course. 2; ~ **última vez** for the last time; ~ **un lado** on the one hand 14
¿Por qué? Why? 3
el porcentaje percentage
porque because 3
el portero doorman; janitor 8; ~ **automático** intercom; electric door opener 8
portugués/portuguesa Portuguese 3
la posesión possession 2
el posgrado graduate studies
posible possible 7; **es** ~ it's possible 9
posiblemente possibly 9
postal: la (tarjeta) ~ post-card 10
el postre dessert 9
el pozo well
la práctica practice
practicar to practice
el precio price 7
precolombino/a pre-Columbian
predecir to predict
la preferencia preferance
preferir (e > ie > i) to prefer 5
el prefijo prefix
la pregunta question
preguntar to ask (a question) 6; **(Vicente), pregúntale a (Ana) . . .** (Vicente), ask (Ana) . . . Pre.
preguntarse to wonder
preocupado/a worried 3
preocuparse to worry; **No te preocupes.** Don't worry. 3
el premio prize
la prensa press 18; **la libertad de prensa** freedom of the press 18
preparar to prepare
la presa dam
la presentación introduction
presentado/a presented
presidencial presidential
el/la presidente/a president 18
prestado/a loaned; borrowed
prevalecer to prevail
prever to foresee
la primavera spring 4
primero/a first 8; **el/la primer/a ministro/a** prime minister 18; **el primer plato** first course 9; **los primeros auxilios** first aid
el/la primo/a cousin 6
el principio beginning
prisa: tener ~ to be in a hurry
probable: es ~ it's probable 9
probablemente probably 9
probar (o > ue) to taste 5
probarse (o > ue) to try on (clothes) 5
la procedencia (point of) origin
procedente de coming from, originating in
producir to produce 7
el/la profesor/a teacher 1
el programa program
el/la programador/a de computadoras computer programmer 1
prohibir to prohibit 8
el promedio average
prometedor/a promising
prometer to promise
pronto soon
la propaganda advertising
la propina tip, gratuity 13
propio/a own
proponer to propose
el propósito purpose, intention
el/la protagonista main character
protegido/a protected
la protesta protest 18
protestar to protest 18
provenir de to come from
la provincia province
próximo/a next
el proyecto project
el/la psicólogo/a psychologist
el público audience
el pueblo town, village 12
el puente bridge 12
la puerta door 11; ~ **(de salida) número . . .** gate number . . . 7
el puerto port 12
puertorriqueño/a Puerto Rican 3
pues well (then)
el puesto job, position 16
la pulgada inch
la pulsera bracelet 13
el punto point
la pupila pupil (of the eye)
pura: fue ~ **casualidad** it was by pure chance 16

que that, who 8
Qué: ¿~? What? 2; **¡~** + *adj.***!** How + *adj.*! 4; **¡~** + *noun* + **más** + *adj.***!** What a + *adj.* + *noun*!; **¡~ barbaridad!** How awful!; **¡~ chévere!** Great! *(Caribbean expression)* 12; **¿~ hay?** What's up? 1; **¿~ hora es?** What time is it? 5; **¡~ lástima!** What a shame! 9; **¡~ lío!** What a mess! 11; **¡~ mala suerte!** What bad luck! 9; **No hay de ~.** Don't mention it. You're welcome. 1; **¡~ pena!** What a pity! 9; **¿~ quiere decir . . . ?** What does . . . mean? Pre.; **¿~ tal?** How are you? *(informal)* Pre.; **¿~ tiempo hace?** What's the weather like? 4; **¡~ va!** No way! 11
quedar: Te queda bien. It looks good on you. / It fits you well. 5
quedarse en + *place* to stay in + *place* 10
la queja complaint
quejarse to complain 11
quemar to burn 13
querer (e > ie > i) to want; to love 5; **quisiera/quisiéramos** I/We would like 7; **Quisiera hablar con . . . , por favor.** I would like to speak with . . . , please. 7

querido/a dear (*term of endearment*) 17
el queso cheese 9
quien who; **de ~** about whom 15
¿Quién/es? Who? 1; **¿De parte de ~?** Can I ask who is calling? 7; **¿De ~?** Whose? 2; **¿~ habla?** Who is speaking/calling? 7
el quilate carat
químico/a chemical
quince fifteen 1
quinientos five hundred 6
quinto/a fifth 8
quitar to remove
quitarse la ropa to take off one's clothes 4
quizás + *subj.* perhaps/maybe 9

el/la radio radio 2
la radiografía x-ray 11
la raíz root
la ranchera type of Mexican song
rápido/a fast
la raqueta racquet 10
el rascacielos skyscraper
el rato period of time
el ratón mouse
el ratoncito toothfairy
la raya stripe; **de rayas** striped 5
el rayo beam of light; lightning
el rayón rayon
la razón reason; **tener razón** to be right
real royal; true
la realidad reality; **en realidad** really, actually
realizar to accomplish
realmente really
reanudar to resume
la rebaja discount, sale
rebelde rebellious, rebel
la recámara bedroom
la recepción front desk 7
el/la recepcionista receptionist 1
la receta recipe; **~ médica** prescription 11
recibir to receive 3
el reciclaje recycling 15
reciclar to recycle 15
reciente recent
el recipiente container
el reclamo complaint
recoger to pick up, gather
recomendación: carta de ~ letter of recommendation 16
reconocer to recognize
reconocible recognizable
recordar (o > ue) to remember
recorrer to traverse, tour; to look over
recreativo/a recreational
recto/a straight
el recuerdo memory; memento
el recurso resource
rechazar to reject
redondo/a round
referir/se (e > ie > i) to refer to
el reflejo reflection; reflex
el refrán proverb, saying
regalar to give (a present) 6
el regalo present, gift 6
regatear to haggle over, bargain for
la regla rule
regresar to return 3
regular not bad Pre.
rehusar to refuse
la reina queen
reinvertir (e > ie > i) reinvest
la relación relation
relacionado/a related
relativamente relatively
el reloj watch 13; clock 2
rellenar to fill out 16
relleno/a filled
el remite return address 10
repente: de ~ suddenly 6
repetir (e > i > i) repeat 7; **Repite./Repitan.** Repeat. Pre.
el/la reportero/a reporter
representar to represent
el requisito requirement
res: carne de ~ beef 12
la reserva reservation
resfriado/a: estar ~ to have a cold 11
resfrío: tener un ~ to have a cold 11
la residencia (estudiantil) dormitory 1
respirar to breathe
responder to answer, respond
la responsabilidad responsibility
la respuesta answer Pre.; **(María), repite ~, por favor.** (María), repeat the answer please. Pre.
el restaurante restaurant 3
el resultado result; **como resultado** as a result
resultó ser . . . it/he/she turned out to be . . . 16
el resumen summary
resumir to summarize
el retraso delay 7
el retrato portrait 17
el (espejo) retrovisor rearview mirror 11
revelar (fotos) to develop (photos) 16
revertido: la llamada a cobro ~ collect call 7
revés: al ~ backwards
revisar to check 11
la revista magazine 2
revolver (o > ue) to mix 9
revuelto/a scrambled 14; **los huevos revueltos** scrambled eggs 14
el rey king
los reyes king and queen
rico/a rich
el río river 12
la riqueza wealth, riches, richness
rítmico/a rhythmic
el ritmo rhythm
robar to steal
la rodilla knee 4
rocoso/a rocky
rojo/a red 5; **ponerse ~** to blush
el rollo film 16
el rompecabezas jigsaw puzzle 9
romper/se to break 12; **romperse (una pierna)** to break (a leg) 11
el ron rum

la ropa clothes; ~ **interior** men's/women's underwear 5; **ponerse ~** to put on one's clothes 4; **quitarse ~** to take off one's clothes 4
el ropero closet 8
rosa pink 5
rosado/a pink 5
el rubí ruby
rubio/a blond/e 3
la rueda wheel; **los patines de ruedas** roller skates 10
el ruido noise
la ruina ruin
ruso/a Russian 3

sábado Saturday 2; **el sábado** on Saturday 2; **los sábados** on Saturdays 2
saber to know (facts/how to do something) 3; **¿Sabe(s) dónde está . . . ?** Do you know where . . . is? 13; **¿No sabías?** Didn't you know? 9; **No sé (la respuesta).** I don't know (the answer). Pre.
la sabiduría learning, knowledge
sabroso/a tasty, delicious
sacar to get a grade; to take out 6; ~ **de un apuro (a alguien)** to get (someone) out of a jam 13; ~ **la basura** to take out the garbage; ~ **fotos** to take pictures 16; **Saca/Saquen papel/ bolígrafo/lápiz.** Take out paper/ a pen/a pencil. Pre.
el sacerdote priest
el saco sports coat 5
sagrado/a sacred
la sal salt 9
la sala living room 8; ~ **de emergencia** emergency room
la salchicha sausage 14
salida departure 7; **la hora de ~** time of departure 7
salir to leave, go out 2; ~ **con** to date, go out with (someone) 17; ~ **de** to leave (a place) 6; **Te va a ~ caro.** It's going to cost you. 10
el salón hall, room for a large gathering; formal living room
la salsa music from the Caribbean
saltar to jump
el salto waterfall; jump, dive
la salud health; **tener buena salud** to be in good health 11
el saludo greeting Pre.
salvadoreño/a Salvadorian 3
salvaje wild 15
salvar to save
sangrar to bleed 11
la sangre blood 11
la sangría sangria (a wine punch) 2
el/la santo/a saint
el/la sartén frying pan 9
satisfecho/a satisfied
el saxofón saxophone 12
el secador hair dryer
la secadora clothes dryer
secar to dry
la sección section; ~ **de (no) fumar** (no) smoking section 7
seco/a dry
el/la secretario/a secretary 1
el secreto secret 6
secundario/a secondary
sed: tener ~ to be thirsty 5
la seda silk 5
seguida: en ~ at once, right away 17
seguir (e > i > i) to follow 7; ~ **derecho** to keep going straight 13
según according to
segundo/a second 8; **de segunda mano** secondhand, used 8; **el segundo apellido** second family name, mother 1; **el segundo plato** second course 9
el segundo second (time) 5
la seguridad security
seguro/a safe; **estar ~ (de)** to be sure (of) 9
el seguro médico medical insurance 16
seis six 1
seiscientos six hundred 6
seleccionar to select
la selva jungle 12
el sello stamp 10
la semana week 2; ~ **pasada** last week 6; ~ **que viene** next week 2; ~ **Santa** Holy Week
la semejanza similarity
la semilla seed
el senado senate 18
el/la senador/a senator 18
sencillamente simply
sencillo/a simple, easy; **la habitación sencilla** single room 7
la sensación feeling 5
sensato/a sensible 15
la sensibilidad sensitivity
sensible sensitive 15
sentarse (e > ie) to sit down 5; **Siéntate./Siéntense.** Sit down. Pre.
el sentido feeling
sentir/se (e > i > i) to feel 7; **sentir** to feel sorry 9; **Lo siento.** I'm sorry. 7
señalar to indicate, point out
señor/Sr. Mr. 1; **el señor** the man 1
señora/Sra. Mrs./Ms. 1; **la señora** the woman 1
señorita/Srta. Miss/Ms. 1; **la señorita** the young woman 1
separarse (de) to separate 17
septiembre September 4
séptimo/a seventh 8
ser to be 3; ~ + **de** to be from 1; ~ **celoso/a** to be jealous 17; **resultó ~** it/he/she turned out to be 16; **Somos tres.** There are three of us. 9; **Son las . . .** It's . . . (time) 5
la serpiente snake 15
serrano: el jamón ~ a type of ham
la servilleta napkin 9
servir (e > i > i) to serve 5; **¿En qué puedo servirle?** How can I help you?
sesenta sixty 1

setecientos seven hundred 6
setenta seventy 1
el sexo sex
sexto/a sixth 8
si if 3
sí yes 1
siempre always 3
siete seven 1
el siglo century
el significado meaning
significar to mean
siguiente following
silenciosamente silently
la silla chair 2; ~ **de ruedas** wheelchair
el sillón easy chair, arm chair 8
la similitud similarity
la simpatía sympathy
simpático/a nice 3
sin without; ~ **embargo** however, nevertheless 12; ~ **que** without
sino but rather; ~ **que** but rather; on the contrary; but instead
el síntoma symptom 11
siquiera: ni ~ not even 18
el sitio place
la situación situation
sobre about
el sobre envelope 10
sobrepasar to surpass
sobresaliente outstanding
sobrevivir to survive
el/la sobrino/a nephew/niece 6
el socialismo socialism 18
la sociología sociology 2
el sofá sofa, couch 2
el sol sun; **las gafas de sol** sun glasses 5; **hace sol** it's sunny 4
solamente only 9
el/la soldado soldier
la soledad loneliness 17
solicitar to apply for 16
la solicitud application 16
solitario/a lonely, solitary
solo/a alone 3
sólo only
soltero/a: es ~ is single 6
la sombra shadow
el sombrero hat 5
sonar (o > ue) ring/make a loud noise, sound
soñar (con) to dream (of/about)
la sopa soup 12
el soplón/la soplona tattletale
soportar to tolerate
sordo/a deaf
sorprenderse de to be surprised about 9
la sorpresa surprise
la sortija ring
soso/a dull
el/la sospechoso/a suspect
el sostén bra
el squash squash 10
su/s his/her/your *(in/formal)*/ their 1
subir to go up, climb 4; to raise
subrayar to underline, emphasize
el subtítulo subtitle
el/la suegro/a father-in-law/ mother-in-law 6
el sueldo salary 16
el suelo ground; floor
suelto/a separate, unmatched
el sueño dream; **tener sueño** to be tired 5
la suerte luck; **por suerte** by chance 15; **¡Qué mala suerte!** What bad luck! 9; **tener suerte** to be lucky 9
el suéter sweater 5
sufrir to suffer
la sugerencia suggestion
sugerido/a suggested
sugerir (e > ie > i) to suggest
la suma sum; amount
sumar to summarize; to add up, total
el supermercado supermarket 3
suponer to suppose
supuesto: por ~ of course 2
el sur south 12
surgir to emerge, arise
el suspenso suspense
suspirar to sigh
el sustantivo noun
la sutileza subtlety
suyo/a his/her/your/their 14; **el/la suyo/a** his/hers/yours/ theirs 14

tacaño/a stingy, cheap
el tacón heel
tal vez + *subj.* perhaps/maybe 9
la talla size 5
el tamaño size
también too, also 1
el tambor drums
tampoco neither, nor
tan so 13; ~ **. . . como** as . . . as 13
el tanque de gasolina gas tank 11
tanto: mientras ~ meanwhile 9; **por lo** ~ therefore; **tanto/a . . . como** as much . . . as 13
tantos/as . . . como as many . . . as 13
el tapiz tapestry
tardar to be late, to take a long time
tarde afternoon 2; late; **Buenas tardes.** Good afternoon. Pre.
la tarea homework 2
la tarjeta card 10; ~ **de crédito** credit card 14; ~ **postal** postcard 10
el taxi taxi 6
el/la taxista taxi driver 13
la taza cup 9
el té tea 2
el teatro theater 3
el techo roof
tejer to knit; to weave 9
el tejido weave; fabric
la tela cloth, fabric, material
el/la teleadicto/a television addict
el teléfono telephone 1
el telegrama telegram 10
la telenovela soap opera
la televisión television (programming)
el televisor television set 2
el tema theme
el temor fear

la temperatura temperature 4
el templo temple
temprano early 4
tender to hang
el tenedor fork 9
tener to have 2; ~ **. . . años** to be . . . years old 1; ~ **buena salud** to be in good health 11; ~ **calor** to be hot 5; ~ **catarro** to have a cold 11; ~ **celos (de)** to be jealous (of) 17; ~ **diarrea** to have diarrhea 11; ~ **en cuenta** to take into account, bear in mind; ~ **escalofríos** to have the chills 11; ~ **éxito** to succeed; ~ **fiebre** to have a fever 11; ~ **frío** to be cold 5; ~ **ganas de** + *inf.* to feel like *-ing* 6; ~ **gripe** to have the flu 11; ~ **hambre** to be hungry 5; ~ **lugar** to take place 5; ~ **miedo** to be scared 5; ~ **náuseas** to be nauseous 11; ~ **palanca** to know people in the right places; ~ **prisa** to be in a hurry; ~ **que** + *inf.* to have to . . . 2; ~ **razón** to be right; ~ **un resfrío** to have a cold 11; ~ **sed** to be thirsty 5; ~ **sueño** to be tired 5; ~ **suerte** to be lucky 9; ~ **tos** to have a cough 11; ~ **vergüenza** to be ashamed 5; **No tengo idea.** I don't have any idea. 3; ~**le fobia a . . .** to have a fear of . . . to hate 14; **No, tiene el número equivocado.** No, you have the wrong number. 7
tercero/a third 8
terminar to finish 6
la ternera veal 12
el terremoto earthquake
terrestre terrestrial
el tesoro treasure
el texto text
el tiburón shark
el tiempo weather 4; time; tense; **a tiempo** on time 7; in time; **hace buen (mal) tiempo** 4; **medio tiempo** part-time 16; **¿Qué tiempo hace?** What's the weather like? 4; **tiempo completo** full-time 16
la tienda store 3
la tierra earth
tinto: el vino ~ red wine
el tío uncle 3; **la tía** aunt 6
típico/a typical
el tipo type
tirar to pull; throw out
el título title; (university) degree 16
la toalla towel 2
tocar to play (an instrument); to touch 3
el tocino bacon 14
todavía still, yet 8; ~ **no** not yet 8
todo/a everything; every, all 6; **todo el mundo** everybody, everyone 13; **todos** all 1; everyone 6; **todos los días** every day 3; **todos los meses** every month 12
tomar to eat, have food or drink; to take (a bus, etc.) 6; **tomarle el pelo (a alguien)** to pull someone's leg 16
el tomate tomato 9
la tonelada ton
el tono tone
la tontería foolishness
tonto/a stupid 3
el torneo tournament 5
el toro bull 15
torpe clumsy, awkward
la torre tower
la torta cake 12
la tortilla omelette (in Spain) 2
la tortuga tortoise
tos: tener ~ to have a cough 11
toser to cough 11
la tostada toast 14
la tostadora toaster 8
totalmente totally
el tour tour 13
trabajar to work 2; ~ **medio tiempo** to work part-time 16; ~ **tiempo completo** to work full-time 16
el trabajo work
traducir to translate 3
traductor/a translator
traer to bring 3
el traje suit 5; ~ **de baño** bathing suit 5
tranquilamente quietly 9
tranquilo/a quiet, tranquil
transporte: el medio de ~ means of transportation
trasero/a back, rear
el traslado transfer 13
el tratado treaty
el tratamiento treatment
tratar de to try to
tratarse de to be about
a través de across, through
trece thirteen 1
treinta thirty 1
el tren train 6
tres three 1
trescientos three hundred 6
la tribu tribe
el trineo sled
triste sad 3
triunfar to triumph
el trombón trombone 12
la trompeta trumpet 12
tronar (o > ue) to thunder
el trozo piece
el truco trick
tu/s your *(informal)* 1
tú you Pre.
el turismo tourism
tuyo/a yours 14; **el/la** ~ yours 14

Ud. (usted) you *(formal)* Pre.
Uds. (ustedes) you *(formal/informal)* 1
últimamente lately/recently
último/a last, most recent
un, una a, an 2
el uniforme uniform 10
unir to unite, join together
la universidad university 3
uno one 1; **el** ~ **al otro** each other
unos/as some 2
urbano/a urban
uruguayo/a Uruguayan 3

usar to use 3
útil useful

la vaca cow 15
las vacaciones vacation
la vaina green bean
Vale. O.K. 2; **(No) ~ la pena.** It's (not) worth it.; **(No) ~ la pena** + *inf.* It's (not) worth + *-ing.* 11
valiente brave 15
el valor value
valorar to value, price
el valle valley 12
variar to vary
la variedad variety
varios/as several
vasco/a Basque
el vaso glass 9
¡Vaya! Wow! 8
veces: a ~ at times 12; **algunas ~** sometimes 12; **muchas ~** many times 12
el/la vecino/a neighbor
veinte twenty 1
veloz swift, fast
el vendaje bandage 11
el/la vendedor/a seller; sales person
vender to sell 3
venezolano/a Venezuelan 3
venir (e > ie > i) to come 5
la ventaja advantage
la ventana window
la ventanilla car window
ver to see 3; **a ~** let's see; **no veo la hora de** + *inf.* I can't wait + *inf.* 17
el verano summer 4
veras: ¿de ~? really 2
la verdad the truth
¿verdad? right? 1; **es verdad** it's true 9
verdadero real, true 12
verde green 5
la verdura vegetable 12
la vergüenza shame; **tener vergüenza** to be ashamed 5
vertir to shed (a tear)
el vestido dress 5
vestirse (e > i > i) to get dressed 5
la vez point in time; **a ~** at the same time; **de vez en cuando** once in a while, from time to time 12; **en vez de** instead of; **por última vez** for the last time
viajar to travel 6
el viaje trip 13; **el/la agente de viajes** travel agent 1
el/la viajero/a traveler; **el cheque de viajero** traveler's check 13
la vida life; **jugarse ~** to risk one's life 11
el vídeo VCR; videocassette 2; **la cámara de vídeo** video camera 16
viejo/a old 3
viento: hace ~ it's windy 4
viernes Friday 2; **el ~** on Friday 2; **los ~** on Fridays 2
el vinagre vinegar 9
el vino wine 2; **~ tinto** red wine
el violín violin 12
el violonchelo cello 12
la visita visit
la vista view
el/la visitante visitor
visitar to visit 2
vivir to live 3
vivo/a bright; alive
el volante steering wheel 11
el volcán volcano 12
volver (o > ue) to return, come back 5; **~ a** + *inf.* to do (something) again 13
volverse to become
vomitar to vomit 11
vosotros/as you *(plural, informal)* 1
la votación vote
el/la votante voter
votar to vote 18
el voto vote 18
la voz voice
el vuelo flight 7
la vuelta return trip 7; **darle ~** to turn over, flip 9; **dar una vuelta** to take a ride; to go for a stroll/walk 15
vuestro/a your 3; **el/la ~** yours 14

y and 1
ya already; now 8; **~ no** no longer, not any more 8; **~ que** since 13; **¡~ voy!** I'm coming! 14
la yerba herb; grass
yo I 1
el yogur yogurt 14

el zafiro sapphire
la zanahoria carrot
los zapatos shoes 5; **~ de tenis** tennis shoes, sneakers 5
la zona zone; **~ central** Midwest
el zumo juice 14

Index

Permissions and Credits

Text Permissions

(Continued from p. ii) **Chapter 13:** pages 354–355, "If you want a big new market . . . " by Julia Lieblich, *Fortune*, November 21, 1988, pp. 181–188. Copyright © 1988 Time Inc. All rights reserved. **Chapter 16:** page 430, Un cuento sabroso," by Larry Luxner. *Américas* Volume 44, Number 1 (1992) pp. 2–3. Reprinted from *Américas*, a bimonthly magazine published by the General Secretariat of the Organization of American States in English and Spanish. **Chapter 17:** pages 454–455, Brochure text from the exposition "Fernando Botero, Pinturas, Dibujos, Esculturas." Reprinted by permission of the Ministry of Culture, Spain. **Chapter 18:** pages 480–482, "A la luz de la luna." Reprinted by permission of the Department of Liberal Studies, Division of University Outreach, University of Wisconsin-Madison.

Photo Credits

Preliminary Chapter: page 1, David R. Frazier Photolibrary; 5 left, Kathy Squires; 5 right, Odyssey/Frerck/Chicago; **Chapter 1:** page 18, Comstock/Stuart Cohen; 19, Chip & Rosa María de la Cueva Peterson; 25, Peter Menzel; 36, Leo de Wys Inc./Steve Brown; 38 top left, Andrew Miller; 38 top middle left, Tony Stone Worldwide/Tom & Michelle Grimm; 38 top middle right, Stock Boston/Dorothy Littell; 38 top right, Odyssey/Frerck/Chicago; 38 bottom left, Odyssey/Frerck/Chicago; 38 bottom middle left, Stock Boston/Owen Franken; 38 bottom middle right, Odyssey/Frerck/Chicago; 38 bottom right, Tony Stone Worldwide/Suzanne Murphy; **Chapter 2:** page 40, Odyssey/Frerck/Chicago; 55, DAS Photo/David Simson; 60, Bettmann/Ron Scherl; 63, Leo de Wys Inc./Charles Bowman; 64, Leo de Wys Inc./Steve Vidler; **Chapter 3:** page 66, Photo Researchers/Mathias Oppersdorff; 69 left, DAS Photo/David Simson; 69 right, Comstock/Russ Kinne; 80, Tony Stone Worldwide/Jadwiga López; 86, Photo Researchers/Porterfield & Chickering; 88, Odyssey/Frerck/Chicago; **Chapter 4:** page 94, Stock Boston/Bob Daemmrich; 95, Adventure Photo/Bruce Klepinger; 106, Monkmeyer/Ted Bumiller; 111, Comstock/Stuart Cohen; 116, Odyssey/Frerck/Chicago; **Chapter 5:** page 121, Odyssey/Frerck/Chicago; 122, Stuart Cohen; 134, Comstock/Stuart Cohen; 139 top, © 1990, Ulrike Welsch; 139 bottom, Andrew Brilliant; 141, Larry Luxner; 142, Photo Researchers/David Frazier; **Chapter 6:** page 149, Peter Menzel; 150, Tony Stone Worldwide/Chad Ehlers; 152, D. Donne Bryant Stock Photo/Carlos Goldin; 153, Odyssey/Frerck/Chicago; 163 left, Photo Researchers/F. Gohier; 163 right, Leo de Wys Inc./J. Messerschmidt; 167, Stuart Cohen; **Chapter 7:** page 176, Stuart Cohen; 177, Leo de Wys Inc./Steve Vidler; 181, Peter Menzel; 192 left, Leo de Wys Inc./Steve Vidler; 192 right, Comstock/Stuart Cohen; 193, Odyssey/Frerck/Chicago; 197, Martha Cooper; **Chapter 8:** page 206, Comstock/Stuart Cohen; 207, D. Donne Bryant Stock Photo/Montero; 219, Leo de Wys Inc./Steve Vidler; 224, Comstock/Stuart Cohen; 226, D. Donne Bryant Stock Photo/Inga Spence; **Chapter 9:** page 233, Odyssey/Frerck/Chicago; 236, UPI/Bettmann; 242, The Stock Market/Ben Simmons; 247 left, Odyssey/Frerck/Chicago; 247 right, D. Donne Bryant Stock Photo/James D. Nations; 251, John Williamson; 256, Leo de Wys Inc./Robert Knight; **Chapter 10:** page 260, D. Donne Bryant Stock Photo/Robert Fried; 261, Comstock/Franklin Viola; 272, Tony Stone Worldwide/Robert Frerck; 273, D. Donne Bryant Stock Photo/Joe Cavanaugh; 277, Sygma/P. Perrin; 278, Viesti Assoc./Joe Viesti; 283, Odyssey/Frerck/Chicago; **Chapter 11:** 286, Tony Stone Worldwide/Robert Frerck; 289, Stock Boston/Steve Maines; 291, Odyssey/Frerck/Chicago; 302, Tony Stone Worldwide/Philip & Karen Smith; 306, Victor Englebert; 308, Odyssey/Frerck/Chicago; **Chapter 12:** page 314, Photo Researchers/Mathias Oppersdorff; 316, Viesti Assoc./Joe Viesti; 319, Peter Menzel; 320, Puerto Rico News Service, courtesy Carnegie Hall Archives; 330 left, Beryl Goldberg; 330 right, Gamma Liaison/R. Gaillarde; 333, Odyssey/Frerck/Chicago; 334, D. Donne Bryant Stock Photo/D. Donne Bryant; 339 left, Odyssey/Frerck/Chicago; 339 right, Stock Boston/Owen Franken; **Chapter 13:** page 342, Gamma Liaison/Randy Taylor; 345, Odyssey/Frerck/Chicago; 351, Leo de Wys Inc./Steve Vidler; 354, The Coca-Cola Company; 358, Stock Boston/Martin Rogers; **Chapter 14:** page 369, Peter Menzel; 370, Leo de Wys Inc./J. Messerschmidt; 374, Monkmeyer/Hugh Rogers; 381, Odyssey/Frerck/Chicago; 383, Leo de Wys Inc./Steve Vidler; 386, Odyssey/Frerck/Chicago; **Chapter 15:** page 394, Odyssey/Frerck/Chicago; 395, Odyssey/Frerck/Chicago; 397, Chip & Rosa María de la Cueva Peterson; 400, Stock Boston/Eric Simmons; 408 left, Viesti Assoc./

Joe Viesti; 408 right, Stock Boston/Barbara Alper; 410, Photo Researchers/James Hanley; **Chapter 16:** page 417, Image Works/Crandall; 418, Stuart Cohen; 430 bottom, Odyssey/Frerck/Chicago; 430 top, Larry Luxner; 435, Owen Franken; **Chapter 17:** page 443, Tony Stone Worldwide/Paul Meredith; 444, Scala/Art Resource, New York; 448, William A. Cotton/Colorado State University; 449 top, Private Collection; 449 bottom left, Courtesy, Museo de Arte Costarricense; 449 bottom right, Private Collection, Courtesy, Marlborough Gallery; 455 left, Private Collection, Courtesy, Marlborough Gallery; 455 right, Private Collection, Courtesy, Marlborough Gallery; 456, Gift of Mr. and Mrs. Burton S. Stern, Mr. and Mrs. Bernard S. Shapiro and the M. and M. Karolik Fund, Courtesy, Museum of Fine Arts, Boston; 457, LANCIO SPA-Rome; 460, © 1993 ARS, N.Y./SPADEM, Paris; **Chapter 18:** page 467, UPI/Bettmann; 468, Larry Luxner; 472, © 1984 Ester Hernández; 476, Stuart Cohen/Comstock.

Illustrations

Conrad Bailey: pages 14, 31, 32, 41, 43, 49, 58, 67, 84 (bottom), 98, 100, 104, 114, 117, 136, 138, 154, 165, 180, 234, 249, 287, 321, 327, 340, 343, 360, 391, 392, 478, 480.

Taylor Bruce: pages 97, 127, 188, 189, 222, 223, 239, 250, 268, 290, 318, 384, 392, 421, 446.

Mike Kowalski: pages 2, 3, 4, 6, 30, 50, 56, 70, 72, 81, 83, 102, 108 (right), 109, 140, 155, 164, 211, 237, 295, 297, 315, 332, 356, 398, 399, 401, 462, 464.

Linda Bleck: pages 108 (far left), 435.

Will Winslow: pages 84 (top), 459.

Joyce A. Zarins: pages 37, 124, 125, 190, 275, 292, 304, 323, 329, 330, 331, 359.

Realia

Page 9 top left *Venezuela Farándula*; 9 bottom, Instituto de estudios norteamericanos; 9 top right, Restaurante VégéTarien; 10, Gregory E. Robins, D.D.S.; 22, Tomás Lozano Seisdedos; 26, Festejos M.A.R., C.A.; 52, Ordenadores Atari, S.A.; 126, Revista *Estar Viva* / Editorial G + J; 137, Copyright Diario *El País*, S.A.; 147, Revisa *Noticias* - Editorial Perfil S.A.; 179 top left, Minicines Astorias; 179 top right, Restaurante El Hidalgo; 179 bottom left, Peluqueros Pedro Molina; 179 bottom right, Librería Compás; 182, Administración Turística Española; 183, Reprinted courtesy of Greyhound Lines, Inc. and Martínez/Siboney, Hispanic Marketing and Advertising; 184, © 1991 AT&T; 195, Venezuelan International Airways; 210, Copyright Diario *El País*, S.A.; 217, Periódico Segundamano; 293, OTC Pharmaceutical Co.; 303, Fernando Revuelta; 305, Uno Auto Renta Ltda; 322, Departamento de Agricultura de los EE. UU., septiembre de 1986, Program Aid No. 1386-S; 325, Slim International Esthetic Center de Argentina; 347 left, Aeroméxico; 347 right, Pulmantur; 356, Courtesy, Kentucky Fried Chicken; 358, Christian Duvenet; 366, Courtesy of United Airlines; 372, Espasa-Calpe, S.A.; 377, Courtesy of Nestlé, S.A., owner of the Nescafé ® trademark; 382, Teatro de la Ciudad y Ballet Folclórico Nacional de México. Directora General Silvia Lozano; 402 left, Asociación Conciencia-Folleto de Campaña "Vivamos en un paisaje limpio," Argentina; 402 right, Fundación Vida Silvestre Argentina; 422, Unicentro de la Visión; 434 left, Carlos Cuevas; 434 right, Gerardo Huidobro Ruiz; 447, Museo Rufino Tamayo; 454–455, Brochure text from the exposition "Fernando Botero, Pinturas, Dibujos, Esculturas." Reprinted by permission of the Ministry of Culture, Spain; 459, Club Los Globos; 473, © Joaquín Salvador Lavado (Quino), from *Potentes, Prepotentes e Impotentes*. Used with permission; 475, Center for Disease Control, Atlanta.

Simulated Realia

Catherine Hawkes: pages 7, 54, 62, 105, 130, 134, 151, 180, 184, 191, 195, 243, 275, 292 (top and bottom), 323, 335, 346, 364, 367, 373, 406, 407, 410, 429, 430, 470.

AMÉRICA DEL SUR